AF811401

SECCION DE OBRAS DE ECONOMIA CONTEMPORANEA

POBREZA: UN TEMA IMPOSTERGABLE

NUEVAS RESPUESTAS A NIVEL MUNDIAL

BERNARDO KLIKSBERG
(Compilador)

POBREZA: UN TEMA IMPOSTERGABLE

NUEVAS RESPUESTAS A NIVEL MUNDIAL

FONDO DE CULTURA ECONOMICA

PROGRAMA DE LAS NACIONES UNIDAS PARA EL DESARROLLO

Cuarta edición ampliada, 1997

D.R. 1993 FONDO DE CULTURA ECONOMICA, S. A. DE C. V.
Av. de la Universidad, 975; 03001 México, D. F.
ISBN 980-6125-22-3
Portada: Fotografía de Emma Robson (fuente, PNUD)
Diagramación: María Soledad Vergara Navas
Impreso por LITOPAR, C. A. de Artes Gráficas. Caracas, 1997

A mi madre, Clara Kliksberg, quien fue en vida modelo de solidaridad activa con el prójimo. A mi padre, Eliezer, de inquietud intelectual incansable. A mis estímulos cotidianos: Ana, José, Rubén y Joel.

INDICE

COMPILADOR

BERNARDO KLIKSBERG. Ex Director del Proyecto Regional de las Naciones Unidas para América Latina de Modernización del Estado (PNUD-CLAD). Asesor de ONU, BID, OIT, OEA y otros organismos internacionales.

AUTORES

BERNARDO KLIKSBERG.

ADOLFO GURRIERI. Ex Director de Desarrollo Social. Comisión Económica para América Latina (CEPAL).

ALBERTO MINUJIN. Asesor Regional, UNICEF. Oficina Regional para América Latina y el Caribe.

JOSE WEINSTEIN. Ex Subdirector FOSIS, Chile. Director del Programa de Mejoramiento de la Calidad y Equidad, Ministerio de Educación, Chile.

DAVID FASENFEST. Investigador, Universidad de Michigan. USA.

MARK JACOBS. Profesor, Universidad George Mason. USA.

MYRNA MANDELL. Profesora, Universidad de California. USA.

JAMES MIDGLEY. Decano, School of Social Work, Louisiana State University. USA.

HARI MOHAN MATUR. Experto de Naciones Unidas, Kampala, Uganda.

MARY RACELIS. Directora Regional de UNICEF con sede en Nairobi.

HARRY W. BLAIR. Profesor, Universidad de Yale. USA.

CHRISTOPER POLLITT. Profesor, Universidad de Brunel. Inglaterra.

JOSE SULBRANDT. Asesor de las Naciones Unidas. Profesor, Universidad de Santiago. Chile.

ANDERSEN COSTA ESPING. Profesor, Universidad de Harvard. USA.

WALTER CORPI. Profesor, Swedish Institute for Social Research.

CARLOS FRANCO. Director de Investigación del Centro de Estudios para el Desarrollo y la Participación (CEDEP). Perú.

PREFACIO

FERNANDO ZUMBADO
Director para América Latina y el Caribe
del Programa de las Naciones Unidas
para el Desarrollo.

¿Cuándo progresa realmente una sociedad? La pregunta parece obvia. Sin embargo, por mucho tiempo se han confundido indicadores abstractos, que esconden desigualdades, con el bienestar de la gente. Hay progreso cuando mejoran las condiciones de vida de las personas, cuando se avanza en el Desarrollo Humano.

El Programa de las Naciones Unidas para el Desarrollo (PNUD), por mandato de los Gobiernos que integran las Naciones Unidas, ha lanzado mundialmente su iniciativa de desarrollo humano tratando de identificar con precisión en qué consiste el progreso, cómo medirlo, cuándo saber que se está retrocediendo o avanzando, y aplicar todo ello a la propuesta de políticas y proyectos que ayuden a mejorar la vida de la gente.

Los primeros resultados obtenidos han permitido al PNUD ofrecer internacionalmente un conjunto de indicadores en continuo perfeccionamiento que miden el desarrollo humano (DH) integrando índices de salud, nutrición, educación, producto per cápita ponderado por la distribución del ingreso, poder adquisitivo real, cultura, protección del medio ambiente, libertad, y otras dimensiones ligadas al espíritu del hombre. En base a estos indicadores, el PNUD estructuró sus tablas mundiales de DH de los países, lo que ha despertado un renovado interés sobre el tema.

Estas tablas indicaron contradicciones existentes. Ciertos países con grandes recursos y altos potenciales económicos, proporcionan a su gente un DH muy limitado. En cambio, sociedades modestas con recursos limitados han logrado coeficientes mejores. Eso, por ejemplo, es claramente visible en América Latina donde los países mejor ubicados en la tabla mundial son pequeños y modestos.

El PNUD ha indagado en profundidad los porqués en sus informes anuales sobre el Desarrollo Humano (1990 a 1996) y en la labor de investigación de sus proyectos nacionales y regionales en América Latina, el Caribe y en otras regiones.

Entre las constataciones centrales se halla la de que el objetivo final del desarrollo es con frecuencia relegado. Asimismo, la verificación de que una sociedad puede alcanzar buenos indicadores macroeconómicos y sin embargo la vida cotidiana de la mayoría de sus habitantes puede empeorar, porque el avance económico aunque requisito imprescindible para el progreso, no se "derrama automáticamente". Por el contrario, hace falta una estructura equitativa del ingreso, y políticas sociales bien concebidas y diseñadas para que el bienestar llegue a las grandes mayorías.

Estas conclusiones resultan especialmente significativas para la actual situación de América Latina. Las Cumbres de Presidentes de la Región han subrayado una y otra vez que el principal problema que enfrentan los países es superar la pobreza y que el futuro de la democracia depende del éxito en ese campo.

Tal apelación se halla fundada en datos alarmantes sobre los que el PNUD viene llamando la atención repetidamente en los últimos años.[1] Entre ellos:

* Los países latinoamericanos tiene porcentajes de su población en situación de pobreza que van del 35 al 80% y las cifras respectivas siguen aumentando.

* El consumo por habitante cayó en la década del 80 en casi todos los países de la región.

* La pobreza afecta a sectores crecientes, incluyendo en los últimos años a los trabajadores industriales.

* También se observa un creciente deterioro de la situación de amplios sectores de la clase media.

Frente a estas realidades el gasto público social en muchos casos ha tendido a reducirse. Los estudios de PREALC con apoyo del PNUD indican

---

1. Puede verse al respecto, Fernando Zumbado Jiménez. *En el Camino del Desarrollo Humano*. PNUD, 1993.

que tiene una importancia clave en el ingreso de las familias pobres. Los gastos del Estado en educación, salud, vivienda, seguridad social, complementación alimentaria y otros, a pesar de problemas de eficiencia son esenciales para los hogares más pobres.

Por otro lado, debe hacerse lo posible para que los ingresos de los pobres aumenten más rápidamente que el ingreso promedio de los países. Los procesos reales no parecen ir en esa dirección. Los Informes de Desarrollo Humano del PNUD indican que en América Latina y el Caribe los ingresos y las oportunidades se distribuyen peor que en cualquier otra región del mundo. Al mismo tiempo, los sistemas tributarios, que podrían cumplir una significativa función redistribuidora, son de una debilidad extrema.

El problema de la pobreza tiene implicaciones éticas, económicas y políticas de primer orden. Atenta contra los derechos humanos mantener a sectores amplios de la población en situación de desempleo, desnutrición y marginalidad. Al mismo tiempo, el desasosiego social tan amplio compromete seriamente la estabilidad democrática. Es difícil imaginar que la misma pueda afianzarse mientras grandes sectores son excluidos de la economía y la sociedad. Por otra parte, sin progreso social y estabilidad democrática, no se dan las condiciones imprescindibles para afrontar las exigencias del desarrollo económico en nuestros días. La desigualdad atenta contra el crecimiento económico al reducir los mercados internos, generar incertidumbres y alejar de hecho capitales y créditos. Asimismo, sin una obra de mano moderna, lo que implica una población en buenas condiciones de salud, con educación y capacitación avanzada, y que siente que comparte los beneficios del desarrollo, difícilmente habrá competitividad real frente a un mercado internacional, que obliga a competir en base a conocimiento.

¿Cómo actuar frente a esta situación? Es necesario promover un doble frente de consensos internacionales y nacionales. En el plano mundial, es imperiosa la necesidad de un consenso que abra al Sur los mercados del Norte. Está sucediendo lo contrario, 20 de 24 países industrializados han subido sus barreras aduaneras considerablemente con respecto a las que tenían hace 10 años. Son imprescindibles asimismo nuevos tratos que reduzcan el peso de la deuda externa y aumenten las inversiones en el Sur.

El consenso debe promover un mundo más equitativo, y asegurar objetivos comunes como el progreso en medio ambiente, el enfrentamiento del narcotráfico, la erradicación del terrorismo, el desarme y la no proliferación nuclear.

En el campo nacional se impone que los países de la región adopten como meta prioritaria la superación de la pobreza y concierten amplios pactos sociales para tal fin. La inequidad reinante debe ser reemplazada por estructuras mucho más razonables en beneficio colectivo. Urge, asimismo, redefinir el papel del Estado, alejándolo de funciones en las que no es eficiente, pero haciéndolo mucho más fuerte y capaz en tareas en las que es irremplazable, como son muchas de las que tienen que ver con el campo social. El gasto social es actualmente bajo en la región. Oscila entre 50 y 800 dólares por cabeza al año. No es casualidad que aquellos países que han tenido un gasto social más alto durante períodos prolongados tengan los mejores índices de desarrollo humano de América Latina y el Caribe.

En este contexto, una cuestión clave es la que pioneramente el CLAD y el Proyecto Regional del PNUD de Modernización del Estado han avanzado en toda la región bajo la denominación de "gerencia social". Es urgente modernizar y hacer más eficientes los procesos de ejecución de las políticas y programas sociales.

De una buena gerencia social dependen cuestiones tan importantes como la optimización del uso de los recursos públicos, la apertura real a la participación ciudadana en la gestión de los programas sociales, el ajuste efectivo de los programas a las particulares necesidades de los pobres con pleno respeto por sus endoculturas, la transparencia y el control de los recursos empleados.

Esta obra que se inscribe en la amplia labor de investigación, asesoría y formación en gerencia social que su autor, Bernardo Kliksberg, Director del Proyecto Regional antes mencionado, ha venido llevando a cabo en estas materias, hace un aporte innovativo y relevante a toda la región en esta crucial temática.

La obra ha sido pensada con una concepción audaz y sugerente. No se trata de ver los problemas técnicos de gerencia social meramente como temas gerenciales, sino de conectarlos en todo momento con el marco más amplio al que deben servir. La gerencia social debe ser un instrumento efectivo para una política social agresiva protectora de los más débiles y para un modelo de desarrollo productivo orientado finalmente hacia el desarrollo humano. La visión puramente tecnocrática es superada en la obra por un pensamiento más amplio integrador de las diferentes dimensiones del problema. Se llega así a propuestas de envergadura como las que inicialmente plantea el mismo compilador. Entre ellas: articular estrechamente la políticas económica y la social; construir una red de cooperación permanente entre sector público, organizaciones no gubernamentales, sociedad civil, y comunidades de base para la acción en el campo social, que aproveche las mejores posibilidades de cada uno de los actores; contribuir desde la gerencia social a favorecer la articulación creciente de la población asistida y así poder establecer condiciones serias para la tan ambicionada meta de la autosustentación de las comunidades, objetivo final de los programas sociales modernos; formar recursos humanos especializados en gerencia social que es, como lo demuestra el compilador, una "gerencia específica", diferente de la gerencia pública y tradicional y del "business administration"; incorporar a esta gerencia específica los avances científico-tecnológicos revolucionarios que se están produciendo en ciencias gerenciales.

El compilador ha logrado reunir aportes creativos y consistentes de personalidades de todo el mundo de bien ganado prestigio en la materia.

Tras el trazado de un cuadro de la situación latinoamericana con aportes del compilador, CEPAL, SELA, Alberto Menujin (UNICEF) y José Weinstein (Ministerio de Educación, Chile), se enfocan problemas estratégicos en gerencia social. Kliksberg presenta una agenda inicial detallada, que luego es planteada en incisivos trabajos de Myrna Mandell, de la Universidad de California, que aborda el complejo campo de la gerencia intergubernamental, Mark Jacobs, de la Universidad Georges Mason, y David Fasenfest, de la Universidad de Michigan, y el mismo Kliksberg, que analiza cuestiones claves para la modernización del Estado en lo social, que demuestran en sus trabajos dificultades reales en los procesos de implementación, y las limitaciones de los mercados en el campo social. James Midgley, Decano de la Facultad de Trabajo Social de la Universidad de Pennsylvania, se centra en las dificultades que, en la práctica, obstruyen el avance de la participación comunitaria, y realiza agudas aportaciones al respecto en base a la experiencia mundial. También lo hacen Hari Mohan Matur, experto del PNUD en Africa, y Mary Racelis, Directora Regional de Unicef en dicho continente. La municipalización de los programas sociales, aspecto central en la descentralización de los mismos, es tratada por Harry W. Blair, de la Universidad de Yale. Christoper Pollitt, de la Universidad de Brunel, Inglaterra, hace un sugerente planteo sobre qué es calidad en los servicios públicos. José Sulbrandt, del Proyecto Regional del PNUD de Modernización del Estado, critica las metodologías usuales de evaluación de los programas sociales contribuyendo con diseños alternativos.

Bernardo Kliksberg y José Sulbrandt presentan una propuesta completa para formar gerentes sociales realmente especializados en las complejas cuestiones que se plantean en este campo. Su programa ha sido llevado a la práctica por el CLAD y el citado Proyecto del PNUD con muy exitosos resultados en numerosos países, y empleado por múltiples organismos internacionales.

La obra finaliza con la presentación de dos modelos de gerencia social concreta con numerosos logros y enseñanzas: el escandinavo analizado por Andersen Costa Esping, de la Universidad de Harvard, y Walter Corpi del Swedish Institute for Social Research, y la mundialmente galardonada experiencia de Villa El Salvador del Perú, examinada por el Director del CEDEP del Perú, Carlos Franco.

En su conjunto el meritorio y riguroso esfuerzo de Kliksberg nos aporta pensamiento fresco, integrado, basado en investigaciones sistemáticas y experiencias de campo y un arsenal de propuestas para actuar.

El Programa de las Naciones Unidas para el Desarrollo que da prioridad al tema de la pobreza se distingue en copatrocinar esta valiosa obra, la que viene a llenar una sentida necesidad y está destinada a convertirse en una fuente de consulta esencial tanto para la acción práctica como para la docencia y la reflexión en esta materia.

El trasfondo conceptual que la enmarca, la necesidad de revertir el actual círculo perverso de inestabilidad social, riesgos para la democracia, y dificultades para el progreso económico, por uno virtuoso, de superación de la pobreza, estabilidad democrática y avance económico, es el gran desafío para el futuro de América Latina y el Caribe. Mejorar las condiciones de vida de las grandes mayorías es la meta final y ella debe orientar nuestros esfuerzos.

INTRODUCCION

El Club de Roma ha pronosticado que el gran problema mundial de las próximas décadas ha de ser el de la pobreza. El prestigioso Instituto Worldwatch de Washington, que preside Lester Brown, ha señalado que "uno de cada tres niños está subalimentado, 1.220 millones de personas carecen de agua segura, tres millones de infantes mueren por año de enfermedades prevenibles con vacunas, un millón de mujeres muere cada año por problemas de salud vinculados con la reproducción, mil millones de adultos no saben leer ni escribir".

La Cumbre Social Mundial de Copenhague testimonió un cuadro de polarizaciones sociales en crecimiento. Indicó que el 20% más rico de la población mundial es dueño del 82,7% del Producto Bruto Mundial, del 81,2% del comercio mundial, del 94,6% de los préstamos comerciales, del 80,6% del ahorro interno, y el 80,5% de la inversión interna. La tendencia es a una desigualdad creciente. Según el informe, las distancias entre el 20% más rico y el 20% más pobre de la población mundial se han duplicado en los últimos 30 años.

Las tendencias y disparidades mencionadas tienen una expresión particularmente aguda en América Latina. Los serios problemas sociales que arrastraba la región, se "dispararon" en la década de los 80, y actualmente la situación es totalmente alarmante en muchos países, compromete agudamente la vida cotidiana de la mayor parte de los latinoamericanos, y pone en tela de juicio la misma viabilidad de las democracias.

Sin embargo, a pesar de la gravedad y trascendencia del problema, el debate al respecto en la región y la propuesta de soluciones concretas, es en líneas generales limitado. Con frecuencia el debate está estacionado en aproximaciones superficiales que sólo tocan las manifestaciones finales del problema, pero no profundizan en sus causas estructurales. Otras veces se aferra a mitos y racionalizaciones, o a "trasladar el problema hacia adelante", prometiendo soluciones en un futuro hipotético de bienestar total. Suele caracterizarse también por enfoques unidimensionales que reducen el análisis a uno de los planos intervinientes.

Urge mejorar la calidad de este debate y avanzar hacia un estilo de reflexión y discusión totalmente abierto, decidido a buscar causas últimas, atento a las evidencias empíricas que indican el agravamiento de la situación objetiva en muchos países, a pesar de las promesas, y sobre todo dirigido a idear salidas efectivas.

Esta obra se propone aportar una discusión de este tipo sobre la pobreza. Ha procurado promover y reunir trabajos que tienen en común su carácter no convencional, su intención de enfrentar los mitos, su independencia de criterio, su conexión con la realidad, su búsqueda de nuevo conocimiento, y su apelación a la experiencia.

La obra procura abordar desde esta perspectiva general un conjunto de áreas que son estratégicas para que el debate sobre la pobreza pueda avanzar. Las áreas incluidas no son desde ya todas las posibles. Así la obra no ingresa detenidamente a la discusión macroeconómica. Por otra parte, tiene un foco central en el tema de la gerencia social. Todos los temas tratados son de alta relevancia para el mejoramiento del debate que se persigue.

Se han seleccionado autores y trabajos que en su conjunto ofrecen un amplio panorama internacional del estado de la reflexión sobre la pobreza, y presentan experiencias y soluciones. En esta cuarta edición, además, se agregan nuevos trabajos escogidos especialmente.

Integran el grupo, autores latinoamericanos, organismos de análisis internacionales como la CEPAL, el SELA, la UNICEF, autores norteamericanos, de las Universidades de Harvard, California, George Mason, Michigan, Louisiana y Yale, autores europeos de la Universidad de Brunel, de Inglaterra, y del Swedish Instituto of Social Research, expertos de las Naciones Unidas en Africa. En todos los casos, tienen una vasta trayectoria en el campo social como apoyo de sus aportes, y algunos han hecho contribuciones mundialmente reconocidas en esta materia.

Esta obra recorre momentos sucesivos de análisis de la problemática de la pobreza. En primer término, examina la situación general de América Latina. El compilador ofrece un cuadro de la situación social de la región, y cuestiona mitos y dogmas circulantes en este campo; Adolfo Gurrieri, de la División de Desarrollo Social de la CEPAL, reflexiona sobre dilemas sociales planteados por el ajuste estructural; el Sistema Económico Latinoamericano se plantea cómo incorporar la equidad como un componente orgánico a las políticas de desarrollo; Alberto Minujin (UNICEF) examina el problema de los "nuevos pobres", las clases medias en descenso, y José Weinstein, investigador chileno, se interna en la vida cotidiana de las áreas marginales urbanas.

Un segundo momento de análisis está dedicado a problemas de carácter estratégico en la implementación concreta de políticas sociales.

Los dos trabajos iniciales identifican y examinan problemas de este orden en América Latina. Así, el compilador de la obra plantea una serie de dilemas gerenciales claves en la práctica de la región en gerencia social. La División de Desarrollo Social de la CEPAL aborda la problemática regional en dos áreas específicas relevantes, seguridad social y salud. Junto a ellos, tres trabajos sobre cuestiones claves. David Fasenfest, de la Universidad de Michigan, y Mark Jacobs, de la Universidad George Mason, se focalizan en el proceso de implementación. En el primer caso, indagando las restricciones del papel del mercado en política social. En el segundo, detectando dificultades usuales surgidas en casos concretos que llevan a conclusiones útiles. Myrna Mandell, de la Universidad de California, propone uno de los temas problemáticos más frecuentes en gestión social: el de cómo coordinar la acción de múltiples instituciones desenvolviendo una gerencia intergubernamental eficiente. Por último, el autor trabaja sobre la modernización del Estado para el desarrollo social.

Un tercer momento de análisis está dedicado a un "tema maestro" en implementación de políticas sociales: la cuestión de la participación. Las potencialidades, limitaciones, dificultades operacionales, experiencias de campo en diversas realidades, son precisadas y revisadas en trabajos de James Migdley, de la Universidad de Pennsylvania, Hari Mohan Matur, experto de las Naciones Unidas en Africa, y Mary Racelis, Directora Regional de UNICEF en Africa.

Los siguientes momentos de análisis están dedicados a cuatro temas prácticos presentes permanentemente en los procesos de implementación de política social en nuestros días. Harry W. Blair, de la Universidad de Yale, trabaja sobre la municipalización de programas sociales; Cristopher Pollitt, de la Universidad de Brunel, de Inglaterra, cuestiona mitos muy difundidos en la prestación de servicios públicos en razonamiento del que se desprenden conclusiones muy significativas para la ejecución de políticas sociales; José Sulbrandt, Asesor de las Naciones Unidas, pone en tela de juicio las metodologías comunes de evaluación de programas sociales y formula propuestas alternativas; B. Kliksberg y J. Sulbrandt, procuran contestar al importante interrogante de cómo preparar gerentes sociales, aportando una propuesta completa probada en la práctica con significativos resultados.

La obra se cierra presentando dos experiencias, una europea y otra latinoamericana, reconocidas mundialmente como modelos exitosos de gerenciamiento social. La del modelo escandinavo a cargo de Andersen Costa Esping, de la Universidad de Harvard, y Walter Carpi, del Swedish Institute for Social Research, y la de Villa El Salvador, del Perú, Premio Príncipe de Asturias, España, como experiencia modelo internacional, analizada por Carlos Franco, del Centro de Estudios para el Desarrollo y la Participación, del Perú.

Las perspectivas de América Latina en el campo social son actualmente sombrías. Amplios sectores de la población están afectados por carencias múltiples. Las sociedades no logran garantizar a sus miembros derechos considerados hoy mundialmente como derechos humanos fundamentales, como el derecho a una ocupación estable, y a un sustento digno.

Es imperioso tanto moral como social y políticamente, encontrar soluciones para proteger estos derechos existenciales básicos, en cuya observancia está en juego la supervivencia de la democracia misma. Inscrita y comprometida con esta problemática, esta obra intenta estimular y contribuir con perspectivas de la región, e incorporarla a este debate imprescindible, hasta el presente demorado y muchas veces eludido o mediatizado.

BERNARDO KLIKSBERG

I

AMERICA LATINA:
UN CUADRO SOCIAL CRITICO

¡COMO ENFRENTAR LOS DEFICIT DE AMERICA LATINA!

ACERCA DE MITOS, IDEAS RENOVADORAS, Y EL PAPEL DE LA CULTURA

BERNARDO KLIKSBERG

I. REPLANTEAR LA AGENDA

La situación social de América Latina es motivo actualmente de profunda preocupación. Los datos disponibles testimonian agudos déficit en incremento en áreas claves para la vida cotidiana de la mayoría de la población. Recientemente advirtió al respecto Shadid Javed Burki, Vicepresidente del Banco Mundial para América Latina: "América Latina es notable como una región en la que la pobreza, particularmente la pobreza absoluta, parece no registrar mejora alguna... La proporción de personas en la pobreza absoluta en la región se incrementó entre 1987 y 1993".[1]

En el mismo sentido ha indicado Gert Rosenthal, Secretario General de la CEPAL, que la pobreza en América Latina creció en comparación con las décadas comprendidas entre los años 1950 y 1980.[2]

El aumento de la magnitud y profundidad de los procesos de pauperización en la región, requiere un replanteo de fondo de los abordajes con que normalmente se ha analizado su evolución social. Hay demasiados vacíos a los que ellos no contestan, y surgen numerosos interrogantes sin respuesta clara.

Ese replanteo es imprescindible para llegar a nuevas propuestas portadoras de innovación sustantiva en esta materia crucial.

---

1. Shadid Javed Burki. Disertación en Foro de Diálogo Interamericano. Washington, junio de 1996.
2. Declaraciones de Gert Rosenthal, *El Tiempo,* Bogotá, 11 de diciembre de 1995.

Los resultados limitados de muchas de las políticas hasta ahora aplicadas están indicando insuficiencias severas en los marcos conceptuales en los que se apoyan.

Este es un terreno donde, como ha sugerido Carlos Fuentes, es imprescindible "pasar del cambio imaginado, a la imaginación del cambio".[3]

Urgen abordajes que arrancando de análisis rigurosos de las causas del deterioro, lleguen a alternativas de acción efectivamente imaginativas.

Una de las dimensiones más marginadas en la discusión sobre el tema, es el del rol que puede jugar la cultura, en toda propuesta relevante de cambio. Las vinculaciones entre los procesos de implementación de políticas y programas sociales, y las condiciones y potencialidades culturales de las comunidades han sido muy limitadamente exploradas.

La cultura no aparece con frecuencia como un tema de la agenda de cambio en el que es posible apoyarse, sino como una restricción u obstáculo externo que dificulta la aplicación de las políticas diseñadas.

Replantear la agenda supone, como una de las dimensiones a agregar a la misma, reintegrar el tema de la cultura en su plenitud.

Este trabajo se propone llamar la atención sobre la necesidad de abrir y explorar sistemáticamente las vinculaciones situación social/respuestas posibles/marcos culturales. Su objetivo se halla autolimitado a presentar el tema para invitar a su indagación detallada. Para ello se recorrerán tres momentos de análisis sucesivos. En primer lugar, se trazará un perfil sumario de la situación social de la región. En segundo lugar, se identificarán ciertos mitos y estructuras de razonamiento fuertemente anclados en las percepciones de grupos sociales de alta influencia que actúan como mitos "bloqueadores" en la superación de los problemas. En tercer término, se señalarán algunas líneas de trabajo sobre posibles aportes desde lo cultural a la problemática social.

II. TENDENCIAS EN EL CAMPO SOCIAL

El análisis de la evolución de la situación social latinoamericana permite observar la presencia de ciertas tendencias de carácter inquietante, que por su vigor y persistencia, parecen sólidamente asentadas en aspectos estructurales de la realidad.

---

3. Carlos Fuentes. Imaginación y cambio. *El País*, Madrid, 23 de noviembre de 1995.

La Cumbre Presidencial de Miami llamó la atención sobre que "casi la mitad de la población del Hemisferio vive en la pobreza".[4] Un informe cercano, producido por una Comisión de notables presidida por Patricio Aylwin y patrocinada por el BID, CEPAL y el PNUD, indica luego de puntualizar diversos déficits sociales de consideración, que "los hechos descritos precedentemente que afligen, en mayor o menor medida, a casi la mitad de los habitantes de América Latina y el Caribe -pobreza, falta de trabajo, marginación social-, constituyen un escándalo desde el punto de vista moral, son un obstáculo o freno al desarrollo e importan una peligrosa amenaza a la paz social y a la estabilidad política de nuestra naciones".[5] En base a estas y otras fuentes internacionales, es posible identificar ciertas tendencias de desarrollo en la región, entre las cuales se hallan las que se indican sumariamente a continuación.

A) *Crecimiento absoluto y relativo de la pobreza*

Las estimaciones disponibles indican un aumento del porcentaje de familias de la región ubicadas por debajo de la línea de pobreza. Así, las mediciones de la CEPAL, señalan que en 1980 dicho porcentaje era del 41,09%, en 1986 habría ascendido al 43,5% y en 1990 se ubicaba en el 47%.

En una población con fuerte crecimiento demográfico, ello significa, junto al aumento de la pobreza relativa, un incremento considerable en las dimensiones absolutas de la pobreza. El número de pobres habría aumentado en sesenta millones de 1980 a 1990.

B) *Degradación de la "calidad de la pobreza"*

Las fuentes disponibles tienden a señalar que aumenta el segmento de la pobreza que ingresa en la clasificación de "pobreza extrema". Se incluye en dicha categoría a las familias que si gastaran todo el ingreso que reciben exclusivamente en comprar alimentos, hipótesis irreal dado la imprescindibilidad de otros consumos, igual no les alcanzaría para adquirir el mínimo de proteínas y calorías necesarias. Ese grupo de población ha aumentado su proporción en el total ubicado por debajo de la línea de la pobreza. Tiene aguda expresión física en el crecimiento de las áreas marginales en los principales centros urbanos de la región.

---

4. Doumento final, Cumbre de las Américas, Miami, 1994.

5. *Informe de la Comisión Latinoamericana y del Caribe sobre el Desarrollo Social.* BID, Naciones Unidas, PNUD, 1995.

C) *El carácter discriminatorio de la pobreza hacia los niños*

Las tendencias en curso han llevado a una acentuación de la pobreza en el sector más débil de la población, los niños. Según resaltó recientemente Carol Bellamy, Directora Ejecutiva de UNICEF, de un total de 237 millones de niños menores de 16 años, 118 millones son pobres. La tercera parte de ellos se halla en la indigencia. 600.000 niños perecen anualmente por causas que podrían evitarse. Bellamy sintetiza la situación destacando que "los niños llevan la peor parte de la pobreza y del extremo desequilibrio en la distribución de la riqueza que existe en casi todo el hemisferio".[6]

Estas realidades discriminatorias se expresan en múltiples planos. La OIT ha denunciado el aumento acelerado de la mano de obra infantil en el área. Ha estimado que en 1990 existían en ella 20 millones de niños trabajadores menores de 14 años. Esa situación contravenía las legislaciones y compromisos internacionales vigentes, los dejaba fuera del sistema escolar o los inducía a la deserción, y los sometía a condiciones de vida deteriorantes. Por otra parte, ha aumentado continuamente la población de niños en situación de riesgo, que viven en las calles de grandes ciudades de América Latina, en medio de cuadros de vida lóbregos y peligrosos. Al mismo tiempo resultan preocupantes los indicadores de desnutrición. La UNICEF plantea que es necesario rescatar de la desnutrición a unos 6 millones de niños. Una expresión de la regresividad de los procesos en marcha en ese plano es que, a pesar de los avances médicos, los especialistas en nutrición han identificado en algunos países y áreas, una reducción de los pesos y tallas de los niños al nacer.

D) *La "feminización de la pobreza"*

Otro sector de población particularmente afectado por los déficits sociales es el de las mujeres humildes. Ha crecido fuertemente en la región el número de hogares de recursos limitados con un solo cónyuge, la mujer, al frente del mismo. En la casi totalidad de los países, los hogares con jefatura femenina superan al 20% del total de hogares, y se observa un ascenso significativo en este indicador. En los hogares modestos eso implica condiciones de vida mucho más duras para la mujer. Debe al mismo tiempo que trabajar intensamente, desarrollar las tareas del hogar y llevar sobre sí el peso de los dos roles básicos del marco familiar. Por otra parte, su trabajo se lleva a cabo normalmente en condiciones de discriminación salarial y ocupacional, y

---

6. Carol Bellamy en Tercera Conferencia Americana sobre la Infancia. Chile. 9 de agosto de 1996.

bajo el peso de fuertes estereotipos y prejuicios adversos. Los hogares a cargo de una mujer, tienden según los estudios existentes a presentar índices de pobreza relativa mayores.

La mujer rural, asimismo, registra agudamente el impacto de la pobreza. A las condiciones sociales desfavorables, se suman marcadas discrimina- ciones culturales, y se produce entre otros aspectos una intensa exclusión del sistema educativo. Es restringida o dificultada su asistencia a la escuela. En amplias zonas las tasas de analfabetismo de las mujeres campesinas superan ampliamente a las tasas promedio, y a las masculinas.

E) *Empleo e ingresos*

Según indican numerosos análisis, las condiciones básicas de empleo e ingresos de buena parte de la población de la región han experimentado severas dificultades en los últimos 15 años. Entre los principales procesos en curso se observan los que siguen:

a) Entre 1980 y 1992 disminuyó constantemente el empleo en el sector moderno. Entre otros testimonios coincidentes al respecto, destaca Oscar Altimir que si bien ha crecido la productividad en empresas medianas y grandes en los últimos años, el empleo en ese segmento se ha reducido en más del 3% anual.[7]

b) Se ha degradado seriamente la calidad de los empleos. Según las estimaciones de Víctor E. Tokman, 8 de cada 10 empleos creados desde 1980 fueron generados en el sector informal.

   El empleo total en dicho sector pasó de significar el 40,6% de la mano de obra ocupada no agrícola en 1980, a representar el 55,7% de la misma en 1995.[8]

   El empleo informal conformado entre otras ocupaciones por el cuentapropismo, los servicios personales, los servicios domésticos, la buhonería y formas de intermediación semejantes, etc., se caracteriza por su inestabilidad, precariedad, baja productividad, y limitados

---

7. Oscar Altimir. *Inequality, employment and poverty in Latin America: a overview*. CEPAL, 1995.

8. Víctor E. Tokman. Jobs and Solidarity. Main Challenges for the post-adjustment in Latin America. Development thinking and practice Conference. IDB, Washington, September 1996.

ingresos. Se estima que la productividad promedio en ese sector es de una tercera a una cuarta parte de la productividad en el sector moderno. Asimismo, los informales carecen virtualmente de protección social.

c) En este marco de dificultades laborales serias, los ingresos de los asalariados y de los informales han tendido a reducirse marcadamente. Los salarios mínimos reales descendieron de un índice de 100 en 1980 a 70,1 en 1995. En la década de 1980 al 90, los asalariados de las empresas medianas y grandes perdieron el 7% del valor real de su salario, los que trabajaban en empresas pequeñas y el sector publico el 30% de su salario real. El ingreso de los informales se redujo en esa década en un 42%.

d) En el caso de quienes han mantenido sus trabajos se observa, según indica Alfredo Costa Filho, debilitamientos en sus condiciones laborales como: "corte de horas extras, reducción de beneficios asociados a adiestramiento, maternidad/paternidad, vacaciones, fomento de la dimisión voluntaria, baja de contribuciones sociales del empleador, regímenes de media jornada, etc."[9]

e) Además de incrementarse las tasas de desocupación, ha subido el período promedio de duración de la misma.

f) Un caso elocuente ilustrativo de otros es el de los servidores públicos. Su peso en la mano de obra total no agrícola, con mucha frecuencia sobreestimado era en 1980 de 15,7%. Pasó en 1995 a representar el 13,6%. Pero además de la pérdida de puestos de trabajo, el deterioro en los niveles salarios reales mínimos y promedio fue de tal significación, que se ha estimado que actualmente cerca del 20% de los empleados públicos integran hogares ubicados por debajo de la línea de pobreza.[10]

Los procesos señalados conforman un cuadro donde una buena parte de la población supuestamente ocupada integra un "circuito informal" caracterizado por ocupaciones inestables, baja productividad, imposibilidad de absorber tecnología avanzada, bajos ingresos. Se hallan inmersos en una "precarización" que a su vez transmiten a la generación siguiente.

---

9. Alfredo Costa Filho. Un desarrollo social con nueva escala: nota sobre el espacio entre el gobierno y la empresa privada. Coloquio sobre una nueva generación de políticas de desarrollo. PNUD/DRALC, septiembre de 1995.

10. Idem anterior.

Las perspectivas que se ofrecen a amplios sectores de las nuevas generaciones oscilan entre la "precarización" señalada y la desocupación abierta. Las tasas de desocupación juvenil abierta han crecido fuertemente en toda la región, y tienden a sobrepasar el 20%.

F) *La irrupción de los "nuevos pobres"*

Junto a la pobreza conformada históricamente en la región, y a los denominados "pobres estructurales", aparecen hoy contingentes crecientes de sectores de las clases medias en "picada" que se caracterizan con la categoría de "nuevos pobres".

Se trata de grupos sociales que por la estabilidad de su ocupación, el prestigio de la misma, los ingresos que reportaba, sus acumulaciones previas en campos como la educación, la cultura, y la misma vivienda formaban parte de la clase media, y ahora están experimentando serias crisis en todos esos planos.

Entre ellos se hallan funcionarios públicos como, entre otros, maestras, enfermeras, empleados de línea, cuyos ingresos han perdido buena parte de su valor adquisitivo, pequeños comerciantes e industriales, que están marcando récords de quiebras y convocatorias, empleados administrativos de empresas de diversa índole también con ingresos reales en baja, jubilados cuyos haberes se han visto mermados seriamente en términos de capacidad de compra efectiva, buena parte de las profesiones liberales antes "pasaje" a la clase media y ahora con graves dificultades ocupacionales.

Diversos indicadores directos e indirectos dan cuenta del crecimiento de este grupo social. Entre ellos, Alberto Minujín estima que en el caso argentino significaban en 1990 el 18,4% de la población cuando en 1974 casi no tenían existencia estadística.[11] Recientemente, este amplio sector social llevó a cabo una "huelga de deudores bancarios" en México frente a la imposibilidad de afrontar préstamos contraídos, ante los desequilibrios de empleo e ingresos que se presentaron en sus realidades. Se ha estimado que medida con criterios estrictos, 30% de la cartera de créditos de los bancos mexicanos tiene más de tres meses de atraso.[12]

---

11. Ver en esta misma obra, Alberto Minujín. *Estrujados. La clase media en América Latina*.
12. John Anderson. Debtors disrobe in banking protest. *The Washington Post*, June 15, 1996.

En Venezuela se calcula que la clase media se redujo en un tercio en los últimos 25 años.[13]

Los "nuevos pobres" tienen rasgos sociológicos muy particulares. Ante todo no se reconocen como un sector social específico. Mantienen los valores propios de la clase media. Tratan a veces de "esconder" su nueva pobreza, que no es coherente con dichos valores. Han debido en muchos casos trasladarse de la escuela privada, que no pueden ya pagar, a la pública, y de la salud privada a los servicios generales. Sienten un profundo "desarraigo social" ante esta crisis producida en un corto período de tiempo, cuyos orígenes no pueden explicarse con facilidad y que tienden con frecuencia a atribuir a errores personales de ellos mismos.

G) *El debilitamiento de la unidad familiar*

Se está produciendo en el marco de las situaciones descritas un serio deterioro en las bases de la institución "fortaleza" de cualquier tejido social, la unidad familiar. De acuerdo a evidencias múltiples, la familia tiene roles insustituibles para la "salud" de la sociedad. Su papel de formadora de valores, de los niños, de protección a su maduración afectiva, de cuidado directo de su desarrollo sano, de ayuda y sostén del proceso educativo de la escuela, de marco de pertenencia básico, y otros roles de una lista muy amplia y abierta, la convierten en célula esencial del tejido social. Por ejemplo, como se señala hoy con frecuencia en economía, no hay ningún sistema de protección social que supere su eficiencia, ni produzca una relación input/output mayor.

En la región hay un serio proceso de debilitamiento de la familia, particularmente agudo en los sectores pobres, fuertemente influido por las circunstancias antes caracterizadas. El ascenso antes señalado de los hogares humildes en los que la mujer queda sola al frente de los mismos, es indicativo de este proceso. Su otra cara, es la "deserción" del hogar de los maridos. Este último sector ha sido limitadamente estudiado. ¿Por qué se produce el "abandono", qué razones de fondo determinan una tendencia consistente de esta magnitud? En un trabajo pionero, Rubén Katzman construye un relevante cuadro de hipótesis.[14] Sintéticamente, se plantea que el jefe de un hogar pobre siente en primer lugar que no puede cumplir un rol fundamental que se espera de él: proveer buena parte de los ingresos del hogar. La precarización y la

---

13. Data information resources, citado por *The New York Times*, February 9, 1996.
14. Rubén Katzman. ¿Por qué los hombres son tan irresponsables? *Revista de la CEPAL*, abril de 1992.

desocupación combinadas le dejan limitado margen al respecto. Al mismo tiempo, la presencia de los medios masivos en cada rincón de la sociedad, "excita" a las familias de todas las condiciones a aspirar como pautas de consumo, a las que exhiben los medios, típicas de la clase media. Esa presión se desata también en las familias humildes. El jefe del hogar se encuentra sin ocupación estable ante expectativas crecidas. Como consecuencia, siente que pierde diariamente "legitimidad" en su papel. Asimismo, que uno de sus roles principales, el de servir de "modelo de referencia" a sus hijos, está cuestionado casi totalmente. Su imagen se devalúa ante su entorno familiar, y ante él mismo. Entra en situación "cuasianómica", y percibe las dos posibilidades clásicas en casos de stress hipertenso. El enfrentamiento de los problemas para lo que no ve caminos, o la "fuga". La "deserción" del hogar parece tener fuertes raíces en este "círculo sin salida".

El deterioro de la familia va a repercutir sobre el desarrollo del niño en múltiples planos, desde el directamente biológico hasta el intelectual, afectivo y moral. Inducirá, como lo demuestran diversos estudios al respecto, entre otras consecuencias, a un menor rendimiento escolar, o lo impulsará hacia un abandono rápido de la escuela.

H) *El ascenso de la violencia*

Las sociedades latinoamericanas enfrentan actualmente un serio problema de ascenso de los índices de criminalidad y del clima de inseguridad. Estudiando rigurosamente el problema, Luis C. Ratinoff indica que se considera que un escenario de incidencia del delito moderado controlable con estrategias normales es el de 0,5 a 5 homicidios violentos anuales por cada 100.000 habitantes. De 6 a 8 por 100.000 se ingresaría en un escenario donde las estrategias convencionales tendrían aplicación limitada. Por arriba de ese umbral, en la conversión de la violencia en un "fenómeno epidémico", con subculturas que la practican en su interior y gravísimos daños sociales. La tasa latinoamericana ha venido creciendo y se ubica actualmente en un 20 por 100.000.[15]

Los costos sociales, económicos y existenciales de este nivel de delito, son altísimos. Por otra parte, de acuerdo a los datos existentes, la delincuencia tiende a concentrarse en edades cada vez más jóvenes. Las causas de su aumento son complejas, y están en exploración. Claramente guardan relación con muchos de los procesos antes mencionados. Entre ellas, destaca como

---

15. Luis C. Ratinoff. *Delincuencia y paz ciudadana*. BID, febrero de 1996.

el último cuadro reseñado, el debilitamiento de la familia, puede estar privando a la sociedad de la principal fuente de regulación del comportamiento con que cuenta. La "anomia familiar" dificulta la transmisión a las nuevas generaciones de valores esenciales para trazar fronteras, y prevenir conductas delictivas.

El conjunto de déficits de diverso orden referenciados funciona interrelacionadamente generando un "círculo perverso de exclusión". Se van dando hacia el interior de la sociedad "profecías que se autorrealizan". El circuito de carencias nutricionales, crisis familiar, deserción educativa, conduce a imposibilidad de competir en el mercado laboral, y al desempleo y la precarización, que se transmiten hacia las generaciones siguientes. Los "excluidos", que de acuerdo a las estimaciones no son una minoría sino casi la mitad de la población, no forman parte de la fuerza de trabajo regular, y tienen una participación errática como consumidores en el mercado.

El informe Aylwin retrata así la situación: "La pobreza genera marginalidad y esta alimenta la pobreza. En realidad, los pobres no participan en la vida económica, ni en la social, ni en la política. Están excluidos del mercado y su presencia política o su influencia social se mantienen en el plano formal antes que en real... En realidad, al excluir a los pobres de la economía y de la sociedad, se les niega el derecho de luchar para liberarse de su pobreza.[16]

III. ACERCA DE MITOS Y ESTRUCTURAS DE RAZONAMIENTO "BLOQUEADORAS"

Los agudos problemas sociales que se presentan en la región, son totalmente contradictorios con su elevado potencial natural de recursos económicos. Se trata de una zona dotada de enormes posibilidades en campos que van desde los minerales estratégicos hasta fuentes de energía de toda índole, y excelentes condiciones agropecuarias.

Es necesario buscar las explicaciones en la historia socioeconómica de América Latina, en su modo de inserción en la economía internacional, en los errores cometidos en la elaboración de políticas, y otros campos conexos. En cualquier análisis será útil ver el papel activo que en la dificultad de concebir e impulsar soluciones renovadoras han tenido ciertos mitos y estructuras de razonamiento fuertemente influyentes, que "bloquean" los caminos hacia su encuentro.

---

16. Informe de la Comisión Latinoamericana y del Caribe sobre el Desarrollo Social, op. cit.

Trataremos a continuación de poner a foco esquemáticamente algunos de ellos.

La teoría del derrame

Se ha ofrecido con frecuencia a las sociedades la visión de que el esfuerzo debía centrarse en ciertas metas macroeconómicas que automáticamente conducirían a la solución del conjunto de problemas sociales en etapas posteriores. La realidad indica la imprescindibilidad de que los países crezcan a fuertes tasas, obtengan equilibrios macroeconómicos, aseguren la estabilidad, y mejoren su competitividad. Sin embargo, la suposición de que por sí el crecimiento se "derramaría" hacia el conjunto de la población, y que se trata en definitiva de un problema de "tiempo y paciencia histórica", se ha demostrado infundada. El análisis hecho por el sistema de Naciones Unidas en sus informes de Desarrollo Humano sobre la experiencia de 130 países en las últimas décadas, indica que las interrelaciones entre desarrollo económico y desarrollo social son mucho más complejas que la versión sugerida desde la teoría del derrame. Las hipótesis centrales de la misma no han funcionado virtualmente en ningún caso. Si no median interconexiones activas y sistemáticas entre lo económico y lo social, esta ultima área permanecerá sin soluciones. Los países que han logrado resultados en ambos campos se han caracterizado por superar la visión simplista del derrame, y avanzar hacia una activa política "socioeconómica".

La perspectiva reduccionista del desarrollo

¿Cuáles son las "palancas" del desarrollo? En la región se ha tendido a poner el acento en la acumulación de capital, como un eje central del mismo, y en la postergación de otras formas de gasto o inversión para privilegiar dicha acumulación. Sin embargo, el desarrollo se ha demostrado como un proceso mucho más multifacético en la experiencia histórica reciente. El Banco Mundial distingue actualmente cuatro formas de capital. Se hallan los activos naturales, recursos con que un país cuenta como dotación natural. Otra forma son los activos construidos creados por la labor de dicha sociedad que incluyen, entre otras dimensiones, los activos fijos, las infraestructuras, el capital financiero, el capital comercial. Pero junto a ellos hay otras dos formas de capital, el capital humano conformado por la calidad de la población, en aspectos claves como nutrición, salud y educación, y el capital social. Esta última categoría hace referencia a que toda sociedad tiene determinado acervo en términos de valores, cultura, grado de "inteligencia" de sus instituciones. Debería agregarse a ello aspectos intangibles pero de gran peso como el "stock de redes de cooperación" con que cuenta una sociedad en su interior, y la capacidad de generar permanentemente redes que entrelacen los esfuerzos de sus actores en relación a metas de interés colectivo. Asimismo, su "pluralismo organizacional", es decir, la existencia de múltiples formas de organización que le den la mayor flexibilidad posible para contestar a diferentes desafíos. En las visiones de desarrollo de fines de este milenio, se está revalorizando el peso de estas dos últimas formas de capital. Recursos humanos y capital social parecen dos palancas formidables del desarrollo. La experiencia de las sociedades que han invertido sistemática y consistentemente en recursos humanos y en algunos casos en formas del capital social y ahora están obteniendo resultados totalmente diferenciales respecto a otras en términos de progreso tecnológico y competitividad, así lo indica. Entre ellas, con heterogeneidad de situaciones se hallan países que han logrado simultáneamente buenas metas de progreso económico y desarrollo social, como Canadá, los países escandinavos, Holanda y Bélgica, Japón, los tigres asiáticos, Israel.

No solamente el crecimiento económico de por sí no soluciona los problemas sociales, sino en la nueva visión en expansión, la falta de inversión social impide el crecimiento económico sostenido. Indica al respecto James Wolfensohn, Presidente del Banco Mundial: "Sin desarrollo social paralelo no habrá desarrollo económico satisfactorio".[17] Amartya Sen, prominente autoridad en el tema social, plantea en un reciente trabajo que ha habido al respecto errores de fondo en la concepción que denomina de "sangre, sudor y lágrimas", que se "sobrevendió" al mundo en desarrollo. Desde esta concepción tan difundida en América Latina, se reclaman enormes sacrificios en lo social al servicio de un futuro supuesto de prosperidad expansiva. Pero señala el catedrático de Harvard que la realidad indica que hay profundas interdependencias entre el desarrollo humano y la expansión de las capacidades productivas. El crecimiento y la productividad están ligados a las inversiones en nutrición, salud, educación y rubros semejantes. Por ende, los sacrificios referidos pueden minar las bases de un crecimiento sostenido.[18]

El relegamiento del tema de la inequidad

Estructuras de razonamiento de fuerte peso en la región han relegado de la agenda de discusión el tema de la inequidad. En algunos casos, considerándolo

---

17. James Wolfensohn. El gasto social es clave. *Clarín*, Buenos Aires, 23 de febrero de 1996.
18. Amartya Sen. Development thinking at the beginning of the 21st Century. Development thinking and practice conference. IDB, september 1996.

marginal a los grandes debates sobre la línea del desarrollo. En otros, sugiriendo que en definitiva un fuerte grado de inequidad formaría parte del "sangre, sudor y lágrimas" necesario para que se produjera la acumulación de capital planteada.

La experiencia de los "países exitosos" ha seguido un camino casi opuesto. Han tendido a ubicar el problema en el centro de la agenda, y a desarrollar políticas consistentes de mejoramiento de los niveles de equidad. Los resultados diferenciales en uno y otro son muy indicativos. Un riguroso trabajo econométrico de Birdsall, Ross y Sabot, "La desigualdad como restricción al crecimiento en América Latina",[19] explora la evolución de los indicadores de inequidad en América Latina y el Sudeste asiático en las ultimas cuatro décadas. Mientras que en la primera región la inequidad ha seguido pronunciándose, hasta convertirse hoy, según estimaciones, en la región más desigual del mundo, en el Sudeste asiático ha habido un esfuerzo sistemático por mejorarla. En tanto la polarización entre el 20% de población, ubicada en los estratos superiores, y el 20% más bajo, se redujo de 4,2 a 1 en Taiwan, de 8 a 1 en Corea, y es de 4 a 1 en Noruega, creció de 27 a 1 en Brasil, de 26 a 1 en México, y ascendió en toda América Latina. La inequidad se paga caro, además de socialmente, en términos de eficiencia macroeconómica. El mejoramiento de la equidad, a través de diversas reformas, entre ellas la universalización de la educación y la mejora de su calidad, fue base en el progreso del Sudeste asiático. Asimismo, fue obstáculo grave en América Latina. Entre otros aspectos, según indican los autores, la baja desigualdad estimula el crecimiento por las siguientes vías:

- Contribuye a la estabilidad política y macroeconómica
- Incrementa la eficiencia de los trabajadores de bajos ingresos.
- Hay una menor brecha entre los ingresos rurales y los urbanos, lo que genera diversos efectos económicos beneficiosos.
- Reduce la necesidad de instituciones reguladoras que operen en este campo.

El gasto social: ¿gasto o inversión?

Varios mitos fuertemente arraigados en el medio latinoamericano caracterizan la realización de programas en el campo social como un "gasto",

---

19. Nancy Birdsall. "La desigualdad como limitación al crecimiento en América Latina". *Gestión y Política Pública*, CIDE, México, primer semestre de 1996.

le asocian características de "concesión" a "presiones clientelares", o "compensación" para atenuar impactos, y finalmente adjudican una especie de "ineficiencia congénita" a su gestión. Se trataría, por tanto, de un gasto casi improductivo, necesariamente destinado a la ineficiencia, y que estaría en consecuencia distrayendo recursos de usos más útiles para la economía.

Funcionando en el marco de parámetros culturales de ese tipo, el gasto social pierde credibilidad y los programas respectivos serían en definitiva "ilegítimos".

A nivel internacional, la mitología ha sido totalmente superada, y las preocupaciones son otras. Se señala continuamente, por ejemplo, que una de las inversiones más rentables en el mundo hoy es dedicar recursos a la educación de las niñas jóvenes, porque aumentar su capital cognoscitivo va a incidir fuertemente en sus pautas de fertilidad, y en sus capacidades para manejar etapas cruciales como el preparto, el parto mismo y la lactancia. El Banco Mundial señala que tres años más de escolaridad de las madres, pueden reducir la mortalidad infantil en un 15 por mil. Asimismo, se demuestra que un campesino con educación primaria completa tiene una productividad superior en un 70% al que no la ha completado. Las ideas que se manejan son que lo social es una inversión no un gasto. Que debe ser una prioridad y no sólo para el sector público sino para toda la sociedad. Que todos los actores sociales en conjunto deben sumar esfuerzos para invertir recursos adecuados en la materia. La preocupación es mejorar crecientemente la calidad de esa inversión, y aprender de programas sociales gerenciados con excelencia las claves de sus éxitos. Nancy Birdsall sostiene al respecto: "Los programas en educación y salud pueden parecer consumos, pero en realidad buenos programas son inversiones en las capacidades, productividad y futuros ingresos de la gente".[20]

La mitología circulante en la región al respecto, dificulta seriamente concentrar esfuerzos en mejorar la calidad de la gerencia social, que debería ser el tema, y los desvía hacia la negación y descalificación del gasto social.

La reducción continua del gasto social que se ha producido en la región, con frecuencia "racionalizada" por esa ideología, ha incidido en deterioros severos en áreas donde por las dificultades económicas la demanda de la población crecía. Así se estima que, con excepción de la seguridad social, el gasto real per cápita bajó en América Latina entre 1980 y 1990 en todos los

---

20. Nancy Birdsall. Smart ways to lend. *The Journal of Commerce*. June 27, 1996.

rubros. Con índice 100 en 1980, era en 1990 en educación 83,7, en salud 94,8, en vivienda 66,6, en otros servicios (subsidios, agua, gastos regionales, etc.), 67,2.[21]

La cultura, un área ajena al desarrollo

Los mitos circulantes dan todavía un lugar aún más secundario que el gasto social tradicional, a las asignaciones a cultura. Habría una especie de desvinculación cuasitotal entre cultura y desarrollo. Se trataría de un campo ajeno a los esfuerzos por mejorar la economía, e incluso a la política social. Un área que, por ende, no tendría por qué figurar en la agenda mayor de los temas del desarrollo, y sería relegable para otra etapa cuando se hubieran cubierto ampliamente las metas trazadas. Estos mitos, que no logran captar los roles claves que juega de hecho la cultura, en los esfuerzos por el desarrollo, llevan mecánicamente a su marginación en las agendas y en las asignaciones presupuestarias.

La renuncia a la solidaridad

Un reciente añadido de gran trascendencia a la mitología circulante es la reacción frente a las realidades de la exclusión social de amplios sectores de población antes consignadas, en términos de "razonamiento fatalista". La polarización, la inequidad acentuada, y la exclusión, serían fenómenos inevitables, y las sociedades latinoamericanas estarían predestinadas a conformarse con un porcentaje de población reducido con todas las posibilidades, y un gran número con niveles de vida precarios en pobreza, o indigencia. Tras este mito, habría subyacente una idea de fuerza mayor: la renuncia expresa a la solidaridad. Ella no estaría acorde con los tiempos históricos. Sería una concepción prescindible.

La marginación del tema del perfil de sociedad

Una gran exclusión del debate es con frecuencia la de revisar hacia dónde va el perfil mismo de sociedad. Cada una de las concepciones analizadas, de los mitos mencionados, y las estructuras de razonamiento operantes, tiene impactos en términos de perfil de sociedad.

La teoría del derrame implica así, lanzar generaciones a fuertes carencias, bajo la promesa de un escenario que automáticamente será mejor para las

---

21. Rosella Cominetti. *Gasto social y ajuste fiscal en América Latina*. Gobierno de los Países Bajos/CEPAL, abril de 1994.

siguientes. La visión reduccionista del desarrollo, significa dar un rol menor a los recursos humanos e ignorar parte fundamental de la creación de una sociedad, como lo es la generación y acumulación del capital social. El relegamiento de la inequidad, implica saltear el "stress social" agudo que vivirá la sociedad como consecuencia de ella. La desvalorización del gasto social, lleva a cortar apoyos en momentos de mayor necesidad. La renuncia a la solidaridad, es casi una opción por determinado perfil de sociedad, donde los derechos humanos básicos estarían fuera del alcance de vastos sectores de la misma. Tendrían garantizados derechos ciudadanos, pero no derechos sociales elementales, como el derecho al empleo, la salud y la educación, entre otros.

Este tema resulta insoslayable en cualquier perspectiva de análisis. El perfil que vaya adquiriendo la sociedad será el hábitat donde se llevarán a cabo los esfuerzos por el desarrollo económico, social y el fortalecimiento democrático. Si ese perfil resulta conflictivo y contradictorio con esos esfuerzos, los mismos carecerán de sustentabilidad. Una sociedad dominada por mitos y razonamientos que legitiman mecanismos como el sacrificio de generaciones, el aumento de la inequidad, la desvalorización de la cultura, entre otros, generará intensas tensiones que reducirán los umbrales de gobernabilidad democrática. La inestabilidad y los costos directos de las privaciones e inequidades, comprometerán las posibilidades de crecimiento económico sostenido y la competitividad de la economía.

Por otra parte, como lo destaca Amartya Sen, el perfil de sociedad es en últimas instancia un fin en sí mismo. Define la calidad de la vida de sus miembros. Como ejemplifica invertir en educación femenina, además de ser productivo macroeconómicamente y deseable en términos de desarrollo social, significa contribuir a cambiar la discriminación de género vigente y, por ende, a avanzar en la calidad de vida global de la sociedad.

Entre las causas principales que han bloqueado la solución de los graves problemas sociales que hoy verifica la realidad de la región, se hallan mitos y modelos de razonamiento como lo señalados.

Avanzar en el camino del desarrollo social va a requerir un enorme esfuerzo colectivo de superación de estos "bloqueos" y progreso en dirección a concepciones renovadoras. Entre los temas que requieren "aire fresco" se halla el del rescate de la cultura para los esfuerzos por solucionar los problemas sociales. A continuación se pone a foco esa interrelación.

IV. CULTURA Y DESARROLLO SOCIAL; UNA AGENDA PARA LA ACCION

Desde la perspectiva de los mitos y estructuras de razonamiento del tipo de las identificadas, la labor en el campo cultural tiende a ser percibida con "estereotipos" bien definidos. Es una actividad "puro gasto", sus resultados son difícilmente medibles, no tiene una "tasa de retorno sobre la inversión" clara, su gestión sería realizada con alta ineficiencia. En definitiva, desde este enfoque su grado de legitimidad social es bajo y no puede esperarse mucho de sus contribuciones a problemas como los sociales.

Con frecuencia la cultura es percibida a partir de estos parámetros no como "oportunidad" sino como "obstáculo". Aparece y reaparece como tal en los intentos por llevar adelante desde arriba los programas sociales que la comunidad "no sabe que necesita", pero son los necesarios. Dificulta la ejecución de los mismos. Crea problema inesperados.

La mitología no coincide en este campo como en otros, con los hechos observables. La cultura comienza a ser releída con fuerza creciente como una parte central del capital social de una sociedad. Se verifica que los países que han sabido apoyarse en ella, y potenciarla, han generado a partir de la misma modelos organizacionales inéditos, conocimiento nuevo, redes de cooperación interna potentes. Todo ello, ha enriquecido su perfil como sociedades y simultáneamente ha mejorado su "calidad de país" y su competitividad.

Entre otras posibilidades, la cultura puede realizar aportes fundamentales al desarrollo social. Los valores, las actitudes, las tradiciones, a favor de la cooperación, la solidaridad, el voluntarismo que presenta la cultura de ciertos países, se hallan en la base de sus logros en materia de creación de una sociedad civil fuerte y diversificada. Así, la multiplicidad de organizaciones voluntarias, de trabajo social en países como Canadá, Suecia, Noruega, Dinamarca, Finlandia e Israel, entre otros, tiene una raíz central en el impulso que desde la cultura surge permanentemente para esos desarrollos. Un estudio sobre el voluntarismo en Israel indica que el 25% de la población realiza tareas voluntarias, generando servicios principalmente sociales que constituyen el 8% del Producto Bruto Nacional. En 1984 había 3.186 organizaciones voluntarias registradas, en 1991 habían pasado a 15.000. La explicación de la fortaleza del voluntariado la encuentra el estudio principalmente en la cultura: "Los textos y las tradiciones hebreas pusieron el énfasis en el deber de servir a Dios y al prójimo como precepto al que quedan obligados todos y cada uno...

La cultura judía lleva en su médula los deberes de dar y de hacer para mejorar la realidad".[22]

Los cambios desfavorables en el campo de la cultura pueden hacer retroceder los logros obtenidos. Así, analizando el panorama en los EE.UU., donde a fines de los 80 el amplio movimiento de voluntarios y entidades no lucrativas ocupaba el 6,5% de la fuerza de trabajo, Robert Putnam indica que las asociaciones voluntarias llegaron a su cúspide una generación atrás, cuando la política y las actividades públicas tenían mayor prestigio. Según sus investigaciones, ha habido cambios en la cultura, entre ellos la mayor dedicación de tiempo a la televisión que constituye un responsable fundamental en el desplazamiento de parte de la labor voluntaria".[23]

Frente a la agenda de problemas sociales que presenta la región, la cultura no sólo no es un obstáculo, sino que puede ser un aliado formidable para la nueva generación de políticas sociales que hoy se requiere. Entre otras áreas de interrelación que deberían explorarse sistemáticamente, extrayendo consecuencias en términos de acción, se pueden identificar en nómina principalmente ilustrativa las siguientes:

a) La población pobre tiene un importante capital cultural que movilizado puede generar respuestas muy creativas y acordes a su realidad y a sus problemas de supervivencia. América Latina ofrece múltiples ejemplos de ese tipo. Uno de lo más característicos es el de Villa El Salvador del Perú. Esta vasta experiencia social protagonizada por más de 250.000 habitantes marginales de Lima, llegados en su mayor parte de la sierra peruana, se inició en la más absoluta indigencia de recursos, y se ha convertido por sus logros en un modelo de referencia internacional. UNESCO premió a Villa El Salvador como una de las más desafiantes experiencias en educación popular, las Naciones Unidas como una promotora ejemplar de formas de vida comunitaria. El Gobierno de España le otorgó el Premio Príncipe de Asturias por el impresionante desarrollo alcanzado por esta comunidad en el área social y cultural. Partiendo de la miseria, instalados en arenales inservibles en las afueras de Lima, los miembros de la Villa llevaron a cabo en un período de tiempo limitado un gigantesco esfuerzo de autoconstrucción colectiva en múltiples terrenos, basado en la movilización de sus propias

---

22. Iehoshua Faigon. El voluntarismo en la sociedad israelí. *Pensamiento Judio Contemporáneo*. 1992.
23. Mencionado por Robert Kuttner. No market for civility. *The Washington Post*, September 1, 1996.

capacidades latentes. Satisficieron las necesidades alimentarias esenciales, dieron cobertura de salud a toda la población, tienen tasas de matriculación del 87% de los niños en primaria, y del 95% de los jóvenes en secundaria. Su índice de analfabetismo es del 3,5%, mucho menor a la media nacional, lo mismo que sus tasas de mortalidad infantil, y bruta. Construyeron más de 50.000 viviendas, convirtieron parte del arenal en tierras cultivables, pusieron en funcionamiento un parque industrial de microempresas.

En la base de sus progresos se halla la generación, a partir de la cultura de solidaridad y cooperación que trajeron de los Andes, de fórmulas de autogestión y trabajo en común casi inéditas. En el interior de la Villa fundaron más de 4.000 unidades organizativas que trabajan sobre todo los problemas de los habitantes de la misma. En el centro de su cultura se halla lo que los analistas denominan "su explícita autodefinición como una comunidad urbana autogestionaria centrada en el desarrollo de valores comunitaristas, autogestores y participativos".[24]

Junto a los modelos originales de autoorganización, la cultura milenaria de la que son portadores, contribuyó incluso con "herramientas técnicas" muy concretas. Las "lagunas de oxidación" inventadas por los Incas para recoger los desechos, les permitieron transformar los mismos en abonos con los que crearon "verde" en zonas casi descartadas.

La misma atmósfera de creatividad social desde la propia cultura acompaña a otras experiencias de la región, como la de marginales en centros urbanos del Brasil, campesinos indígenas en Bolivia, y madres pobres a cargo de hogares de cuidado diario en Colombia y Venezuela, entre muchas otras.

La cultura de los pobres es capital social que, potenciado, puede servir de base de respuesta para problemas sociales esenciales.

La tecnología doméstica, los saberes, las costumbres, las capacidades innatas de autoorganización existentes en sus culturas, pueden contribuir a soluciones innovadoras y adecuadas a sus realidades en educación, salud, agricultura, construcción, y otras áreas.

---

24. Carlos Franco. Imágenes de Villa El Salvador. Incluido en B. Kliksberg (comp.), *¿Cómo enfrentar la pobreza? Aportes para la acción*. Grupo Editor Latinoamericano, 2ª edic. 1992.

b) La actividad cultural puede constituir un instrumento maestro para la promoción de la articulación social. El fortalecimiento de dicha articulación resulta a su vez una condición clave para que las comunidades humildes puedan participar en forma real y efectiva en el diseño y la gestión de los programas sociales, con todos los beneficios que ello implica en términos de acercamiento de los mismos a sus necesidades, eficiencia de su funcionamiento, y control social de su marcha. La deseada y tan convocada actualmente participación de la comunidad requiere de un tejido social fuerte. La creación de espacios culturales, y la labor común en cultura, pueden ayudar significativamente en ese plano.

c) La labor cultural puede aportar elementos relevantes al fortalecimiento de la unidad familiar. En dicha labor las familias pueden encontrar apoyos para algunos de sus problemas, y fuentes de estímulo. Pueden asimismo encontrar valores y tradiciones que reforzarán sus mecanismos de defensa para proteger la familia, asediada por las condiciones externas desfavorables mencionadas con anterioridad.

d) La acción cultural puede ser un factor crucial en mejorar la autoestima de la población pobre. El cultivo de una identidad cultural fuerte y productiva, puede dar elementos de autorreconocimiento cruciales frente a las situaciones de desvalorización permanente que afronta. La elevación de la autoestima colectiva e individual, puede a su vez ser un motor poderoso para el redoblamiento de sus luchas y la concepción de nuevas iniciativas. Este rol de los valores de la cultura como proporcionadores de autoestima, aparece con toda fuerza en Villa El Salvador. Señalan los investigadores: "Cuando se asiste con alguna frecuencia a reuniones de pobladores y se conversa con los fundadores de la comunidad o sus dirigentes, no resulta difícil advertir expresiones recurrentes de autoconfianza colectiva, certidumbres sobre su disposición de un poder organizado, una cierta creencia en las capacidades de la comunidad para proponerse objetivos y unirse para su logro".[25]

En otra experiencia de carácter diferente en la Argentina, las conclusiones son similares respecto al efecto potenciador de grandes proporciones que puede tener el crecimiento de la autoestima en la cultura de la comunidad. Señala Gastón Bordelois respecto al "programa social

---

25. Idem anterior

agropecuario", que a través del mismo se reconoce a los pequeños productores minifundistas organizados en grupos, "capacidad no sólo para identificar sus problemas sino también de aportar soluciones, asumiendo el protagonismo correspondiente. Se les hace descubrir una instancia de autovaloración que resulta trascendente para la afirmación personal y grupal". Los resultados son sorprendentes según informa el autor que es el coordinador del programa: "Resulta una experiencia que nos impacta y conmueve ver de qué manera estos pobladores rurales que viven en situaciones socioeconómicas críticas se motivan con la posibilidad de trabajar mancomunadamente en procura de una mejora de sus niveles de vida, contando con modestas ayudas económicas y técnicas. Es que han sido recordadas y reconocidas sus existencias y sus necesidades, y se les ha dado el espacio necesario para que puedan volcar sus aportes y esfuerzos personales, participando activamente en el proceso de cambio. Son, en definitiva, valorados como personas y se les reconoce su capacidad de asumir un rol protagónico y ser corresponsables en la tarea de su propia elevación. Se advierte un cambio total en la actitud que esas personas tienen con respecto al resto de la sociedad, a sí mismos, y frente a sus familias".[26]

e) La acción cultural puede complementar y ampliar la labor de la escuela pública, actualmente con graves insuficiencias en las áreas pobres. Se observa el avance de serios déficits ligados a temas como el descenso del gasto educativo real, y la ampliación de la brecha de inequidad. Informes del Banco Mundial indican que entre otros aspectos: "La calidad promedio de la educación primaria en América Latina es funesta... La baja calidad del sistema educativo se refleja en el alto nivel de repetición, uno de los más altos del mundo en desarrollo".[27] Según una encuesta reciente del Ministerio de Educación del Brasil, el 70% de los estudiantes brasileños de secundaria no saben hacer operaciones básicas de matemáticas, y la mitad de los mismos es incapaz de formular un juicio propio de los textos que lee.[28]

La labor cultural puede extender considerablemente el ámbito de acción de la tarea educativa. Los espacios culturales pueden motivar y atraer

---

26. Gastón Bordelois. Reflexiones desde una experiencia concreta. En *Desarrollo Humano: un diálogo con la economía y las ciencias sociales*. Programa Argentino de Desarrollo Humano, 1995.

27. *América Latina y la crisis mexicana: nuevos desafíos*. Banco Mundial, 1995.

28. Encuesta del Ministerio de Educación. *Folha São Paulo*, julio de 1996.

a sectores que han abandonado la escuela. Desde la cultura puede ayudarse seriamente a tratar de mejorar aspectos centrales como el interés y actitudes hacia la lectura. Escuela y cultura con su bagaje de "marcos informales" de educación, pueden constituir un equipo de trabajo que incida en los resultados finales.

f) La acción cultural puede cumplir significativos roles en la lucha por prevenir los alarmantes avances de la criminalidad en la región. La cultura puede ofrecer espacios realizadores a los contingentes de jóvenes que se hallan fuera del mercado de trabajo. Puede también proporcionarles marcos de pertenencia básicos, frente a la sensación de aislamiento social que con frecuencia viven. Asimismo, sus mensajes pueden reforzar valores positivos, y ayudar a contrarrestar influencias regresivas que están actuando sobre ellos.

g) La cultura, como lo indica la pionera línea de trabajo abierta al respecto por la red regional liderada por el Centro de Estudios Latinoamericanos de la Universidad de Maryland, es estratégica para el fortalecimiento efectivo del proceso democrático en la región. Construir una cultura para la democracia aparece, como la señalan los documentos iniciales generados por la red, como un elemento *sine qua non* para su funcionamiento activo.[29]

La cultura, como lo indican las áreas de exploración referidas, sólo ejemplificativas de una nómina que puede ser mucho más extensa, es una "inversión social" de consecuencias multiplicadoras en gran escala respecto a los problemas sociales del Continente. Es imprescindible reinstalar la cultura y sus posibilidades en la búsqueda de soluciones para los agobiantes problemas sociales de la región. Estamos en un continente excepcionalmente dotado en este plano. Como nos recuerda Carlos Fuentes: "Alucinados por el progreso, creíamos que avanzar era olvidar, dejar atrás las manifestaciones de lo mejor que hemos hecho: la cultura riquísima de un continente indio, europeo, negro, mestizo, mulato cuya creatividad aún no encuentra equivalencia económica, cuya continuidad aún no encuentra correspondencia política".[30]

---

29. Ver al respecto, *Cultura y democracia*, de Saúl Sosnowski, Director del Centro, Universidad de Maryland, 1996.

30. Carlos Fuentes. Introducción al *Informe de la Comisión Latinoamericana y del Caribe sobre el Desarrollo Social*, op. cit.

POBREZA, RECURSOS HUMANOS, Y ESTRATEGIAS DE DESARROLLO

ADOLFO GURRIERI

INTRODUCCION

Durante los últimos años han aparecido en el ámbito de las Naciones Unidas una serie de documentos en los que se coloca un énfasis especial en los conceptos de desarrollo humano, desarrollo de los recursos humanos y superación de la pobreza. Dichos conceptos son parte del acervo de ídeas de las Naciones Unidas desde hace tiempo, pero no cabe duda que ahora han cobrado una importancia especial, quizás debido a la generalizada preocupación por los denominados ''efectos sociales'' de la crisis. Por este motivo, jugarán un papel importante en las deliberaciones de la Reunión Especial de la Asamblea General y la próxima Estrategia Internacional de Desarrollo.

El objeto principal de esta nota es describir qué se entiende en dichos documentos por superación de la pobreza y desarrollo de los recursos humanos, y mostrar que a ellos se les atribuyen distintos significados que conviene poner de manifiesto. Rastreando el trasfondo de tales significados se llega a la conclusión que su diversidad puede ordenarse por la respuesta que en ellos se da a una cuestión decisiva. ¿Serán capaces los programas de ajuste estructural de dar solución a los problemas de empleo y pobreza de los países en desarrollo? Las respuestas a ese interrogante sirven de eje estructurador a todo el planteamiento y, por supuesto, dan sus diversos significados a los planteamientos de desarrollo de los recursos humanos y superación de la pobreza.

Esta nota se divide en tres partes; en las dos primeras se examinan algunas propuestas sobre superación de la pobreza y desarrollo de los recursos humanos, mientras en la tercera se presentan algunas reflexiones personales sobre la relación entre los programas de ajuste estructural y las estrategias de desarrollo social más adecuadas para los países de América Latina.

I. PROPUESTAS DE SUPERACION DE LA POBREZA

1. *La protección de los pobres durante el ajuste estructural*[1]

De todas las propuestas comentadas en esta nota, ésta es la que abarca un ámbito menor de problemas y propone medidas menos profundas para enfrentarlos. Tiene dos rasgos característicos. Primero, es complementaria y subordinada a los programas de ajuste estructural, ya que su supuesto básico es que dichos programas constituyen el núcleo de la estrategia global y de su éxito depende el desarrollo social futuro; su objetivo es proteger a los que transitoriamente no pueden incorporarse o son excluidos del proceso de crecimiento económico impulsado por los mismos. Segundo, se limita a lo que pueda hacerse mediante el gasto público social cuyo monto, se admite, resulta muy difícil de aumentar en medio de la actual restricción fiscal.[2]

Lo principal de esta propuesta se concreta en dos conjuntos complementarios de medidas:

a) Reasignar el gasto social para aumentar la eficiencia del mismo. Para ello se debiera ante todo focalizar o concentrar los recursos en aquellos que más lo necesitan, sean ciertos estratos de ingresos, zonas geográficas, grupos de edad o sexo, etc., privilegiando además ciertas actividades de los servicios sociales, que se consideran más necesarias para ellos, tales como la medicina preventiva, la educación básica, las viviendas populares, etc. Los recursos públicos sociales deben concentrarse en los ''más pobres'', los ''menos pobres'' debieran pagar por los servicios que demanden, sean éstos públicos o privados.

La focalización del gasto social se presenta como una respuesta a la pretensión de universalizar los servicios sociales; ésta última tendría, entre

---

1. Banco Mundial, Protección de la población pobre durante períodos de ajuste, Washington, marzo de 1987

2. La mayor preocupación de esta propuesta pareciera consistir en evitar que continúe la reducción relativa y absoluta del gasto público social. Así se afirma: "La acumulación de la deuda y los pagos de intereses relacionados han obligado a muchos gobiernos a reducir su gasto en los sectores sociales. En el conjunto de América Latina, la proporción del gasto en salud en el gasto público total disminuyó de 9% en 1980 a 5,5 en 1985, y la del gasto en educación de 15% a 10% en el mismo período. ¿Cómo pueden revertirse estas tendencias? G. Psacharopoulos, Recovering growth with equity. World Bank Poverty Alleviation activities in Latin America, World Bank, abril de 1989, p. 14.

otros, dos defectos decisivos: sería imposible de realizar debido a los cuantiosos recursos que exigiría y a la vez sería injusta porque favorecería por igual a personas que tienen necesidades y recursos muy diferentes.

Además de la focalización, que aumentaría la eficiencia social del gasto público, debieran aplicarse medidas tendentes a mejorar la eficiencia técnica a fin de incrementar la cantidad y calidad de los servicios por unidad de costo.

b) La reasignación del gasto con el objeto de maximizar la eficiencia social y técnica del mismo debiera ser complementada con programas especiales orientados sobre todo a mejorar los niveles de alimentación y nutrición de grupos especialmente vulnerables y a brindar empleos de emergencia.

Esta primera propuesta para superar a la pobreza, que combina los programas de ajuste estructural con la eficiencia en el uso de los recursos públicos sociales y la realización de algunos programas masivos para atacar algunos problemas específicos, ha sido criticada desde distintos ángulos. En esta nota sólo se hará referencia a tres críticas, que han servido de base para la elaboración de propuestas más amplias y profundas de superación de la pobreza.[3]

Por un lado, se argumenta que el gasto social público por habitante varía mucho en los países de América Latina, pero en la mayoría de ellos su nivel actual es insuficiente para erradicar la pobreza aunque fuera usado de manera eficiente; por ello, las propuestas de superación de la pobreza requieren recursos considerablemente mayores que los disponibles en la actualidad.

Por otro, el carácter transitorio de la propuesta mencionada pondría de manifiesto una confianza excesiva en los resultados sociales favorables que tendrían los procesos de ajuste estructural. Se señala que, en realidad, las experiencias conocidas no permiten suponer que dichos procesos provocarán necesariamente un mayor crecimiento económico o, al menos, que el mismo aumentará a corto plazo y con un ritmo considerable y que sus frutos se distribuirán de manera equitativa. O sea, se desconfía del dinamismo económico que pueda lograrse con los programas de ajuste estructural, de la rapidez con que pudiera dar sus frutos y de la forma de la distribución de los mismos.

3. Un examen más amplio de esas críticas se presenta en CEPAL, División de Desarrollo Social, El desarrollo social en los años noventa: principales opciones. LC/R.703/Rev. 1, diciembre de 1988.

Finalmente, se sostiene que una política orientada a la equidad no puede limitarse a los servicios sociales y mucho menos al ámbito reducido del gasto público social; sería como proponer que la política económica se limitase a la asignación eficiente del gasto público económico. Así, debería también ocuparse de aspectos tales como políticas de empleo y salarios, impositiva, de precios e ingresos, etc.

En síntesis, podría decirse que el núcleo de las críticas giran en torno a la insuficiencia de las políticas propuestas para superar la pobreza a corto plazo y a la capacidad de los programas de ajuste estructural para impulsar el crecimiento económico y el desarrollo social a largo plazo. A partir de las mismas se abren dos opciones. Si se cree que dichos programas podrían impulsar el crecimiento económico pero no el desarrollo social --al menos con la rapidez y amplitud deseables-- las políticas para superar la pobreza tendrían que ser más amplias, profundas y prolongadas. Si, por el contrario, se estima que no tendrá éxito en ninguno de los objetivos, o que los agravará, las propuestas serán aún más radicales y se orientarán a proponer estrategias alternativas centradas en la erradicación de las causas estructurales de la pobreza.

2. *La humanización del ajuste estructural*

Los que desconfían de la capacidad de los programas de ajuste para impulsar el desarrollo social, aunque puedan estimular el crecimiento económico, han elaborado una gran variedad de propuestas. Todas comparten una idea básica: dudan de que el ajuste estructural librado así mismo pueda solucionar al menos en un lapso razonable los problemas de inequidad y pobreza, y por lo tanto proponen programas amplios que, a veces, en la medida en que estiran sus fronteras, penetran en el campo económico y alteran el propio ajuste estructural. Son siempre fórmulas híbridas que combinan el ajuste con una mayor preocupación social.[4]

Estas fórmulas híbridas a veces expresan la intención de articular teórica y prácticamente dos preocupaciones, el crecimiento económico y la equidad

4. Existen muchas expresiones de este tipo de propuestas; entre las más divulgadas destacan: H. Chenery (y otros), *Redistribution with growth*. Oxford University Press, London, 1974; G.a. Cornia (y otros) *Ajuste con rostro humano*. Siglo XXI Editores, Madrid, 1987; PREALC, *Ajuste y deuda social. Un enfoque estructural*. Santiago de Chile, 1987. Dichas propuestas corresponden a agencias de Naciones Unidas, el Banco Mundial (en su enfoque de los años 70), UNICEF y OIT.

social, sin sacrificar a una en favor de la otra. En otros casos, dicha articulación pone de manifiesto más bien el deseo de combinar lo deseable con lo posible. Jaguaribe señala expresamente que su propuesta es el resultado de la aplicación de un criterio que denomina "mínimax": el máximo que concederían los estratos altos con el mínimo que exigirían los estratos bajos.[5]

La mayor amplitud de estas propuestas se expresa en principio en un mayor esfuerzo fiscal; además de la mayor eficiencia en la asignación del gasto social y de la reorientación del gasto público para apoyar a los gastos sociales[6] señalan en general la necesidad de reformar la estructura tributaria a fin de aumentar la carga sobre los estratos altos.

Dicha amplitud se manifiesta también en cuanto al contenido de la propuesta. Además de la reestructuración de los servicios sociales con fines de equidad y eficiencia, se preocupan por estimular en escala importante a los sectores económicos que absorben más empleo, a los pequeños propietarios rurales y al sector informal urbano. Podría decirse que agregan a la propuesta anterior una especial preocupación por la generación de empleo productivo y el mejoramiento de los niveles de producción, productividad e ingreso de los sectores populares urbanos y rurales. O sea, por aquellos grupos sociales urbanos y rurales que no serían alcanzados por los beneficios del crecimiento económico al menos por un tiempo prolongado, y los cuales no sólo deberían mejorar su acceso a los servicios sociales, sino también su situación en cuanto a empleo productivo e ingreso.

3. *El crecimiento distributivo*

Un tercer conjunto de propuestas está compuesto por aquellas que creen que así como el tipo de crecimiento económico pasado fue incapaz de superar

5. H. Jaguaribe (y otros), Brasil. Reforma o caos, Paz e Terra, Rio de Janeiro, 1989.

6. La idea de reducir otros rubros del gasto público con el fin de elevar el gasto social ha sido propuesta hace mucho tiempo. Véase, por ejemplo, CEPAL División de Desarrollo Social, "Desarrollo equitativo, algunas sugerencias para la acción", Santiago de Chile, 1987. Ha sido apoyada también por el Banco Mundial. Así, en su exposición en la reunión anual del FMI y del Banco Mundial (Washington, 22-28 de septiembre de 1989) el Presidente de este último, Sr Barber Conable, afirmó que "los países de bajos ingresos en conjunto asignan a defensa alrededor de 20% del presupuesto del gobierno central... lo que excede al gasto combinado de educación y salud". Subrayó además que los gastos militares en estos países en general no han sido reducidos y que en varios de los países en desarrollo más grandes la deuda militar constituye un tercio o más del servicio total de la deuda.

las causas estructurales de la pobreza --de ahí que en varios casos coexistieron altas tasas de crecimiento con persistencia de la pobreza-- tampoco lo logrará el promovido por el ajuste estructural, sobre todo en aquellos países que tienen altos niveles de pobreza y escasos recursos materiales, financieros y humanos.[7]

En tales casos, el incipiente sector moderno no podrá arrastrar a los sectores tradicionales, que seguirán en ese estado si no se remueven los factores estructurales económicos, sociales y políticos causantes de su retraso y pobreza.

El primer rasgo definitorio de este tipo de propuestas es que sugieren orientar las políticas públicas en favor de los sectores económicos, estratos técnico productivos y grupos sociales rezagados o postergados. El chorreo no alcanza o no les llega; el núcleo de la estrategia debe ser la lucha contra la pobreza.

El segundo rasgo definitorio es que ponen el acento en las políticas distributivas; tales políticas son las que afectan los factores económicos que condicionan la distribución primaria del ingreso, tales como la propiedad y control de los activos productivos, los desniveles de productividad de la estructura productiva (heterogeneidad estructural), y la orientación de la política sobre los distintos sectores y grupos (política de inversión, precios, etc.).

Las políticas redistributivas, características de las otras propuestas, sólo procuran corregir la distribución primaria mediante transferencias de ingresos, bienes y servicios entre los grupos sociales; a juicio de esta propuesta son insuficientes.

II. PROPUESTAS DE DESARROLLO DE LOS RECURSOS HUMANOS

Con respecto a los conceptos de desarrollo humano y desarrollo de los recursos humanos sucede algo semejante a lo visto con el de superación de la pobreza; el mismo concepto puede referirse a problemas y soluciones muy

7. Un buen ejemplo de este tipo de propuesta se presenta en CEPAL, "La pobreza en América Latina: dimensiones y políticas", Estudios e Informes, No. 54, Santiago de Chile, 1985. Véase también, Sergio Molina, "La pobreza. Descripción y Análisis de políticas para superarla", Revista de la CEPAL, No. 18, diciembre de 1982.

distintos. También de manera análoga, los diferentes enfoques pueden ordenarse de acuerdo a su nivel de amplitud y profundidad.

1. *Recuperación de la dimensión humana del desarrollo*

Estas propuestas participan de una preocupación común: los aspectos humanos del desarrollo han quedado relegados o han sido descuidados, y a ellos debiera dárseles la importancia merecida.[8]

El tema ha sido bien planteado en el documento citado del Comité de Planificación del Desarrollo, donde se subraya la diferencia existente entre el desarrollo definido como aumento de la oferta de bienes y servicios y el definido como expansión de las capacidades de la población. Señala que habitualmente se cometen dos errores: se supone que ambos significan lo mismo y se da primacía al primero sobre el segundo. Lo que propone es combinar ambas concepciones de manera más equilibrada, lo que se justifica mediante razones teóricas e históricas:

a) Desde el punto de vista teórico, los recursos utilizados en el mejoramiento del nivel de vida (educación, salud, etc.) deben ser vistos como una inversión productiva en capital humano y no como un gasto improductivo. Muchos ejemplos demostrarían que los países que alentaron en gran escala el desarrollo del capital humano, como el Japón y Corea del Sur, lograron excelentes resultados.

b) Desde el punto de vista histórico es fácilmente demostrable que si bien existe una asociación positiva entre crecimiento del ingreso por habitante y mejoramiento de las condiciones de vida de la población, existen también muchas sorprendentes desviaciones de esa tendencia. Por un lado, países en que el mejoramiento de las condiciones de vida se ha rezagado en relación al crecimiento del ingreso por habitante y, por otro, países en que el mejoramiento de las condiciones de vida ha superado al crecimiento del ingreso por habitante.

---

8. Véase en especial, Committee for Development Planning, Human resources development: a neglected dimension of development strategy, United Nations, New York, 1988. En la misma línea está The Amman Statement, formulado en la reunión sobre "Development: the Human dimension", organizada por el UNDP y la North-South Round Table of the Society for International Development, Amman, Jordania.

La idea central de estas propuestas es que debido a la crisis se ha puesto un énfasis excesivo en los problemas relativos a como manejar la crisis y recuperar el crecimiento, en desmedro de la dimensión humana del desarrollo. Su objetivo consiste en contrarrestar esta tendencia, y lograr un mejor equilibrio entre los dos objetivos.

En términos prácticos dicha idea se expresa en una defensa del nivel de los gastos públicos en educación, salud y nutrición, basada en que constituyen una inversión en capital humano y no un consumo del que puede prescindirse. Su justificación tiende a ser distinta a la de las propuestas orientadas a compensar los efectos sociales del ajuste estructural (más en términos de capital humano y no de equidad) pero sus recomendaciones son similares; todas ellas centradas en un uso más eficiente, social y técnicamente, del gasto público social.

Acompañan al ajuste estructural, que constituye el núcleo principal de la estrategia, tratando de aminorar sus efectos negativos, corregir sus excesos y facilitarle los recursos humanos adecuados.

2. *El desarrollo de los recursos humanos como núcleo de la estretegia*[9]

El Plan de Acción de Jakarta tiene algunas semejanzas con las propuestas anteriores, pero se diferencia de ellas en que procura colocar al desarrollo de los recursos humanos en el centro de la estrategia. Dicho desarrollo no es concebido como la parte social --menor y subordinada-- de una estrategia económica que se rige por otros criterios, sino que procura ser el elemento articulador de una estrategia económico-social integrada, un marco general que sirva para orientar las estrategias de desarrollo nacionales y la cooperación regional e internacional.

Su punto de partida está en dos tesis sostenidas desde hace mucho por la CEPAL:

a) Ciertos tipos históricos (patrones, estilos) de crecimiento económico, aun siendo exitosos en cuanto a su dinamismo, no mejoran necesariamente las condiciones de vida de la mayoría de la población, ni provocan la utilización plena de los recursos humanos disponibles.

9. Economic and Social Commission for Asia and the Pacific (ESCAP), Jakarta Plan of Action on Human Resources Development in the ESCAP region, Jakarta, Indonesia, abril de 1988.

b) Debe rechazarse el supuesto teórico, común en las estrategias de desarrollo, de que si se utilizaran los medios o instrumentos económicos adecuados se alcanzarían los objetivos sociales deseados; por el contrario, existe una interdependencia entre medios y fines, que son a la vez económicos y sociales.

El Plan de Acción de Jakarta sostiene que la idea de desarrollo de los recursos humanos permite superar ambos criterios. Subraya que a veces pareciera existir acuerdo general en que el desarrollo del potencial pleno de los seres humanos es el objetivo principal del desarrollo económico y social, pero se lo ignora a la hora de realizar las estrategias. Por ello, las estrategias debieran ser reorientadas en base al criterio que el desarrollo humano es precondición necesaria y objetivo último del desarrollo; ello significa tanto la utilización plena de los recursos humanos y de su calidad, con vistas a aumentar la productividad y los ingresos, sobre todo de los más necesitados, como la distribución equitativa de los frutos del desarrollo.

Si el desarrollo se guiara por este criterio sería económico y social al mismo tiempo; la elevación de la productividad se basaría en el mejoramiento amplio de la condición humana, lo que a su vez haría posible mayores mejoramientos de aquélla. De este modo, el desarrollo se basaría en la relación positiva entre desarrollo de los recursos humanos y elevación de la productividad.

El Plan de Jakarta detalla su propuesta en 33 recomendaciones de política y 106 propuestas de acción; sin llegar a ese nivel de detalle se pueden mencionar las tres principales áreas temáticas y de acción en relación al desarrollo de los recursos humanos.

a) Empleo y desarrollo de la fuerza de trabajo

Llaman la atención sobre algunos aspectos negativos de la situación actual, tales como el aumento de la fuerza de trabajo por presión demográfica, una demanda interna y externa inestable y en deterioro, y la obsolescencia de capacidades por el desarrollo tecnológico. Debido a la incertidumbre de la demanda y del cambio tecnológico sugieren acentuar la flexibilidad en la formación, crear una capacitación productiva amplia y no restringida, y desarrollar una capacidad empresarial capaz de aprovechar todas las oportunidades existentes.

Asimismo, dada la dificultad de absorción en el sector formal, sugieren desarrollar formas alternativas de empleo basadas en el autoempleo y el desarrollo de la capacidad empresarial, expandir el empleo en el sector servicios; apoyar al sector informal y al campesinado y facilitar la coexistencia de los sectores formal e informal.

b) Ciencia y tecnología

En esta segunda área, estructuran sus ideas a partir del hecho de que los desarrollos tecnológicos recientes en informática, biotecnología, microelectrónica, energía, etc., sugieren dos caminos de acción: mejorar los recursos humanos para aprovechar el potencial de ese progreso técnico, y adaptar las nuevas tecnologías para que su impacto sea favorable al empleo, dada la abundancia de fuerza de trabajo.

c) Calidad de vida

Esta área se centra en la tesis del fracaso de las formas de desarrollo predominantes para mejorar la equidad y erradicar la pobreza, y de allí la necesidad de aplicar medidas específicas en sectores tales como educación, salud, nutrición, etc.

En síntesis, esta propuesta se plantea el desarrollo de los recursos humanos en el marco de varios procesos principales, que incluyen los demográficos, económicos, científico-tecnológicos y sociales, y procura señalar que debería hacerse en esas condiciones.

3. *La dimensión humana frente al ajuste estructural*

La Declaración de Khartoum,[10] surgida de la Conferencia Internacional sobre la Dimensión Humana de la recuperación económica y el desarrollo de Africa, se basa, como las anteriores, en el criterio de que debiera dársele a la condición humana la consideración que merece.

Para ello señalan dos razones. Primero, la profundidad de la crisis, cuyos efectos sobre las condiciones de vida de la población son tan profundos que, a su juicio, "desafían la sobrevivencia misma del pueblo africano". Segundo, que muchos de los programas de ajuste estructural, aplicados para

10. Economic Commission for Africa, The Khartoum Declaration. Towards a human focused approach to socioeconomic recovery and development in Africa. Khartoum, marzo de 1988.

enfrentar la crisis, han desgarrado a la sociedad y no han contribuido a mejorar sino a empeorar las condiciones de vida.

De allí que dicha Declaración es un llamado de atención sobre los efectos de la crisis y de los programas de ajuste estructural. Su preocupación por la condición humana no se expresa en una propuesta que complemente los programas de ajuste, sino, todo lo contrario, como una demanda de que tales programas sean reorientados.

A su entender, la defensa de la condición humana no se alcanzará mediante los programas de ajuste estructural porque ellos adolecen de varios defectos importantes:

a) Son incompletos, es decir, realizados como si los equilibrios fiscales, externos y de precios fueran fines en sí mismos, condiciones suficientes para el crecimiento económico, al tiempo que los desequilibrios en las condiciones humanas, vinculados al empleo, ingreso, nutrición, salud y educación no reciben la misma prioridad. Hasta que estos últimos desequilibrios no constituyan una preocupación central de los programas de ajuste y estabilización ellos no deberían ser considerados como estrategias adecuadas para el desarrollo.

b) Se los aplica de manera mecánica sin dar suficiente consideración a las realidades nacionales económicas, humanas y culturales, estableciendo una brecha entre los modelos y la realidad. Por lo tanto, no pueden evaluar cuán rápido se puede expandir la producción, ni por dónde, por quién y de qué; ni tampoco proyectan adecuadamente su impacto sobre la condición humana, ya que ésta no está en el centro de dichos programas.

c) Son demasiado estrechos en la perspectiva temporal. En efecto, no puede esperarse a que se alcance el equilibrio externo y fiscal para mejorar la condición humana ni para ampliar la inversión humana que fortalezca la capacidad institucional, productiva y científico-técnica, que constituyen la base de un desarrollo más estable y menos vulnerable. Por lo tanto, el mensaje principal de la Declaración de Khartoum es que los programas de ajuste estructural deberán:

1. Ser sólo una parte, complementaria y armónica, de las estrategias nacionales de desarrollo, para asegurar su coherencia; de esa manera se evitará su alejamiento de la realidad y se les dará la perspectiva correcta y de largo plazo de la que suelen carecer.

2. Colocar en el centro de su preocupación a la condición humana, dando la prioridad que merece a la superación de los desequilibrios que la misma presenta.

En cuanto a las propuestas concretas que expresan esta preocupación por la condición humana, la Declaración de Khartoum es una lista de objetivos menos articulados y exhaustivos que los del Plan de Jakarta, pero en el mismo sentido que éstos últimos; y pueden ser subsumidos en las tres áreas o dimensiones mencionadas: empleo y desarrollo de la fuerza de trabajo, aprovechamiento y adaptación del progreso científico-técnico y mejoramiento de la calidad de vida de los grupos menos aventajados.

III. LOS DILEMAS DE LOS EFECTOS SOCIALES DEL AJUSTE ESTRUCTURAL

1. *La ambivalencia del desarrollo*

Los seis tipos de propuestas presentadas muestran que conceptos idénticos o muy parecidos pueden esconder estrategias muy diferentes; como casi no existe estrategia en la actualidad que no exprese su preocupación por la pobreza, la inequidad y el descuido de la dimensión humana, lo importante es conocer cómo se define el problema y qué se propone para solucionarlo. Además, el examen de las propuestas puso de manifiesto que detrás de ambos conceptos generales, superación de la pobreza y desarrollo de los recursos humanos, existen propuestas con muy distinto grado de amplitud y profundidad.[11]

De todas maneras, el significado más importante de la mayoría de los documentos que ponen énfasis en los aspectos sociales y humanos del

11. La preocupación por la equidad y la pobreza pareciera abarcar a todos los enfoques del desarrollo, aun a aquellos tradicionalmente alejados de la misma. Por ejemplo, el Director Administrativo del FMI ha dicho "subyace a todas las metas del FMI para la próxima década la necesidad de buscar no sólo el crecimiento sino también un crecimiento de alta calidad. Esto significa políticas que respeten la necesidad de proteger el medio ambiente. Significa polítcas económicas que, en todos los países, sean sensibles a los problemas de la distribución equitativa de los frutos del crecimiento y significa programas que mejoren las condiciones de vida de los miembros más postergados de la sociedad", Michel Camdessus, Necesidad de un crecimiento económico sostenido, *El Mercurio*, Santiago de Chile, septiembre de 1989. Es un paso importante que haya un reconocimiento general de la importancia de estos objetivos, pero este artículo intenta mostrar que ese acuerdo se esfuma cuando se examinan los medios (políticos y programas) mediante los cuales los mismos se alcanzarían; en este punto la discrepancia sigue siendo muy grande, quizá aún mayor que en décadas pasadas debido al ascenso actual del liberalismo económico y a la pérdida relativa de influencia de las soluciones socialdemócratas.

desarrollo es que contribuyen a contener la ofensiva economicista, tan fuerte en estos años, tratando de lograr un enfoque más equilibrado entre las dimensiones económicas y sociales del desarrollo. El péndulo se ha inclinado demasiado en una dirección y es necesario y conveniente establecer un nuevo equilibrio.

No es la primera vez que tal cosa sucede. Por cierto, el crecimiento económico de la inmediata posguerra, alentado por una gran confianza en el decisivo papel impulsor de la acumulación de capital físico - en lo cual coincidían entonces keynesianos y marxistas - comenzó a ser criticado a principios de los años sesenta. No sólo se llamó la atención sobre el papel que la acumulación del capital humano jugaba entre las condiciones del crecimiento sino que, sobre todo, se observó que al contrario de lo previsto el crecimiento económico podía ir acompañado por una mayor desigualdad social y una tenaz persistencia de altos niveles de pobreza en parte importante de la población.

En la CEPAL, dichas preocupaciones se plantearon con fuerza en aquellos años. Raúl Prebisch formuló su concepto de "redistribución dinámica del ingreso",[12] en que el énfasis sigue puesto en el crecimiento económico, pero se proponen medidas para redistribuir equitativamente los incrementos de ingreso generados por el dinamismo económico; es una redistribución *con* crecimiento o *del* crecimiento. Aníbal Pinto retomó el concepto de redistribución equitativa de los frutos del crecimiento, ya insinuado en los primeros escritos cepalinos, y formuló la idea de una redistribución *mediante* el crecimiento, es decir, de impulsar una modalidad o estilo de crecimiento que, por sus sesgos favorables a los estratos tecnológicos y grupos sociales más rezagados, diera lugar, por su misma dinámica, a una eliminación directa de la inequidad y la pobreza.[13] Una década más tarde, aproximadamente, se plantearon de nuevo ambas ideas en trabajos de la OIT y del Banco Mundial, lo que contribuyó a darles difusión internacional.[14]

---

12. Raúl Prebisch, Hacía una dinámica del desarrollo latinoamericano, Fondo de Cultura Económica, México, 1963.

13. Aníbal Pinto, Concentración del progreso técnico y sus frutos en el desarrollo latinoamericano, en *Inflación, Raíces estructurales*, Fondo de Cultura Económica, México, 1973 (la primera publicación del artículo data de 1964).

14. H. Chenery (op.cit.) y OIT, "Employment, incomes and inequality. A strategy for increasing production and employmento in Kenya", Ginebra, 1972.

A partir de aquellos años, la evaluación que hizo la CEPAL de la evolución económica y social entre 1950 y 1980 estuvo siempre guiada por la idea central de que el desarrollo económico logrado, impresionante en muchos aspectos, no había sido acompañado por un ritmo semejante de desarrollo social;[15] había existido una "asincronía" entre ambos, para usar un concepto de Germani. La interpretación de esa trayectoria ambivalente, que gira en torno a los conceptos de insuficiencia dinámica y heterogeneidad estructural, constituye uno de los activos más importantes del pensamiento estructuralista latinoamericano.

Un ejemplo típico de la ambivalencia de ese proceso está dado por la absorción productiva de fuerza de trabajo. Para sintetizarlo, N. García acuñó la frase "absorción creciente con subempleo persistente": entre 1950 y 1980 la creación de empleo formal no agrícola creció a la considerable tasa de 3.7% anual, pero ello sólo consiguió reducir la PEA subempleada de 46% a 42%.[16] Considerable dinamismo, pero insuficiente para absorber la PEA subempleada al principio del proceso y la que se agregaba a causa del gran crecimiento de la población.

A decir verdad, la misma ambivalencia se manifestaba en las distintas áreas sociales. Aumento considerable de la esperanza de vida como consecuencia del gran desarrollo de la medicina preventiva que en la mayoría de los países permitió reducciones considerables de la mortalidad infantil mediante la aplicación de nuevas técnicas masivas, pero gran retraso en la medicina curativa y en la prevención y tratamiento de las enfermedades que forman el núcleo duro de la mortalidad adulta. Avances importantes en la escolaridad, sobre todo básica, junto a la persistencia de graves problemas de retención, deserción, desigualdad en el acceso, etc.

La ambivalencia del período 1950-1980 ha dado lugar a una controversia, que permanece abierta, en la cual unos subrayan los aspectos positivos y otros los negativos. Pero nadie tiene dudas respecto al carácter negativo de lo que ha sucedido durante la década de los ochenta en términos económicos y

15. E. Iglesias, Desarrollo y Equidad. El desafío de los años ochenta, Revista de la CEPAL, No. 15, diciembre de 1981.

16. Norberto García, Absorción creciente con subempleo persistente, Revista de la CEPAL, No. 18, diciembre de 1982.

sociales. Es cierto que, pese a todo parece haber continuado el avance en algunos sectores específicos, en especial, se ha logrado reducir la mortalidad infantil debido sobre todo a las campañas de vacunación y contra la diarrea,[17] pero el panorama general es negativo si se lo observa desde la perspectiva que brinda la evolución del empleo, el ingreso medio, los salarios, el gasto público social, etc.[18] Evaluaciones de la División de Estadísticas y Proyecciones CEPAL indican que entre 1970 y 1986 aumentó en 7 de 8 países analizados el porcentaje de hogares bajo la línea de pobreza en el área urbana; es muy probable que haya existido una disminución entre 1970 y 1980 y un brusco aumento entre 1980 y 1986, pero la información disponible no permite comprobarlo. En Argentina aumentó de 5 a 9%, en Guatemala de 41 a 54%, en México de 20 a 38%, en Panamá de 25 a 30%, en Perú de 28 a 44%, en Uruguay de 10 a 15% y en Venezuela de 20 a 28%. Sólo en Colombia se advierte una reducción de 38 a 35%. Si bien estos datos son todavía preliminares su tendencia y la magnitud de la misma sirven para indicar la profundidad de los efectos sociales de la crisis y permiten concluir que se inició la década de los años 90 con niveles de pobreza que para la mayoría de los países de América Latina son bastante peores que los existentes en 1970.

Ante esta situación dramática, es necesario plantearse de una manera clara el contenido del desafío decisivo del desarrollo social que, en pocas palabras, consiste en la necesidad de superar la desigualdad, el desempleo, el subempleo, y la pobreza en un escenario caracterizado por una crisis económica persistente, un rápido y profundo cambio tecnológico, una creciente democratización y un todavía veloz crecimiento de la población.

Cuando se elaboran estrategias orientadas al desarrollo de los recursos humanos y la superación de la pobreza no se presta la atención debida al crecimiento de la población. De acuerdo con las proyecciones del Centro Latinoamericano de Demografía entre 1980 y el año 2000 bajará la tasa de natalidad en América Latina de 3.3 a 2.6%, la tasa de fecundidad se reducirá de 4.2 a 3.2% y la de crecimiento de la población total de 2.4 a 1.9%. Pero

---

17. UNICEF, Estado Mundial de la Infancia 1989, Barcelona, 1989.

18. CEPAL, La dinámica del deterioro social en América Latina y el Caribe en los años ochenta, LC/G.1557, abril de 1989.

esta reducción en las tasas irá acompañada por aumento de la población en términos absolutos; entre aquellos años se estima que la población crecerá un 56%, o sea de 353 a 550 millones, al tiempo que la población en edad activa, de 15 a 64 años aumentará 69%, pasando de 197 en 1980 a 392 millones en el año 2000. Si se mantuviera la tasa de participación existente en 1980 (57%), la población económicamente activa pasaría de 113 millones en ese año a 189 millones en el año 2000, o sea, se habrían incorporado 76 millones de personas más a la fuerza de trabajo.

2. *El ajuste estructural y sus áreas*

El crecimiento de la población, en especial de aquélla en edad activa, implica un desafío considerable, lo mismo que el cambio tecnológico y la creciente democratización. Si en este escenario debe superarse al menos la pobreza y la subutilización de la fuerza de trabajo, cabe hacerse la pregunta fundamental acerca de si los programas de ajuste estructural constituyen una respuesta adecuada a dicho desafío. Es decir, ¿serán capaces los programas de ajuste estructural de generar empleo productivo y superar la pobreza en la magnitud necesaria? El interrogante es absolutamente pertinente. Si las estrategias aplicadas entre 1950 y 1980, centradas en el crecimiento económico, no tuvieron los resultados sociales esperados, ¿qué efectos tendrán las que se apliquen con el mismo signo durante un período de crisis? La controversia existente acerca de estos programas induce a la tentación de dar una respuesta general. Si uno se fijara en algunos ejemplos positivos de países que habiendo llevado a cabo programas de ajuste estructural han logrado recuperar su crecimiento podría darse una respuesta favorable; pero también podrían encontrarse sin dificultad, sobre todo en América Latina y en el Africa, al sur del Sahara, muchos otros ejemplos de países que pese a haber hecho prolongados esfuerzos para ajustar sus economías, se han estancado o retrocedido económicamente. Evidentemente, la cuestión se muestra demasiado compleja para dar una respuesta general.

En la tarea de dar una respuesta, antes que nada, debiera reconocerse que el concepto ajuste estructural abarca al menos tres aspectos que, aunque relacionados, son analíticamente distinguibles. A menudo, al usar este concepto se hace referencia sólo o preferentemente a uno solo de éstos tres aspectos.

En primer lugar, el ajuste estructural se refiere al logro de equilibrios macroeconómicos, en especial la estabilidad de precios y el ajuste de las cuentas fiscales y externas. El logro de tales equilibrios es absolutamente necesario, al menos dentro de ciertos márgenes, en todas las economías y varias experiencias recientes en América Latina han demostrado que la hiperinflación es la peor situación posible tanto desde el punto de vista económico como del social y político. Con respecto a este aspecto del ajuste estructural no cabría discusión alguna, aun cuando también debiera reconocerse que no existe un solo camino para lograrlo, del mismo modo que los desequilibrios no responden siempre a las mismas causas. En América Latina no se han hecho los esfuerzos suficientes para encontrar caminos heterodoxos de estabilización y ajustes fiscal y externo que tengan la menor influecia negativa posible sobre el desarrollo social; más bien dichos procesos han respetado la estructura de poder económico existente, haciendo recaer sus efectos en mucha mayor proporción sobre los estratos más débiles de la población. Entonces, en cuanto a este aspecto del ajuste estructural, debiera admitirse explorar con mucho mayor tenacidad formas alternativas de llevarlo a cabo que pongan de manifiesto una sistemática preocupación por la equidad.

Un segundo aspecto del ajuste se refiere a la adecuación de la política económica de los países latinoamericanos a las actuales condiciones de la economía internacional. Dichas condiciones se refieren sobre todo a la tasa moderada de crecimiento económico de los países centrales en los próximos años, la escasa disponibilidad de recursos frescos, la persistencia del deterioro de los precios de los productos primarios y, por último pero no al final, las exigencias de los países centrales en cuanto al pago de la deuda. Esta adecuación a las condiciones de la economía internacional es en parte una adaptación al mercado internacional y en parte también al poder que surge de esa situación de mercado que, como es sabido, ha debilitado considerablemente la influencia de los países latinoamericanos tanto en el campo financiero como comercial.

Sería ilusorio pensar que podrían no tomarse en consideración las condiciones impuestas en la actualidad por la economía internacional, de modo tal que esta parte del ajuste constituye también una inevitable necesidad. Sin embargo, dicho ajuste debiera ser mucho más activo de lo que ha sido en la práctica; es decir, al mismo tiempo que se reconocen aquellas condiciones debiera lucharse con todas las fuerzas posibles para cambiarlas. Es evidente que los países latinoamericanos deberían tener una posición mucho más firme en las negociaciones de la deuda externa, al mismo tiempo que aumentar de manera considerable los mecanismos de cooperación e integración regionales de modo de aliviar los efectos provocados por las condiciones negativas de la economía internacional y, al mismo tiempo, cambiar en la medida de lo posible la desmedrada posición que dichos países tienen en la estructura de poder económico internacional.

El tercer aspecto del ajuste estructural es el referido a la creación de las condiciones internas para el crecimiento económico. Los dos aspectos señalados con anterioridad constituyen también condiciones para el crecimiento, pero en los programas de ajuste estructural se consideran también otras condiciones. Ellas se refieren sobre todo a algunos de los factores que históricamente se han considerado decisivos para impulsar el desarrollo capitalista. Entre ellos destacan, en principio los cambios institucionales que giran en torno a la liberalización de los mercados de factores y bienes, la privatización y concomítante reducción del papel del Estado, y la apertura externa; todo ello llevaría a una mayor competencia y una más eficiente asignación de los recursos. Dichos cambios institucionales debieran ser acompañados por estimulos para la empresa privada que alentaran la inversión privada nacional, incluyendo el retorno de capitales, y la inversión extranjera; tales estímulos se sintetizan en la existencia de una alta tasa de rentabilidad. Los cambios institucionales y los estímulos a la empresa privada debieran también ser garantizados por ''un clima de confianza'' que se expresa sobre todo en el respeto a la propiedad privada y a la libre disposición de sus beneficios.

Este aspecto del ajuste estructural es el que ha provocado las mayores resistencias, sobre todo por el hecho de que ha sido defendido por sus partidarios con el carácter de un dogma doctrinario.[19] Esta ideologización de la controversia ha llevado a un examen sesgado de la experiencia histórica tanto lejana como reciente, iluminando u oscureciendo aspectos de la misma según sean favorables o desfavorables para la tesis que se desea sostener. Tal situación no es nueva pues la evolución del capitalismo se ha caracterizado por la existencia de una controversia permanente en que partidarios y

---

19. Al decir de Hans Singer, defienden con tal tenacidad los programas de ajuste estructural que suelen convertir su necesidad en virtud. Véase de este autor, El desarrollo en la postguerra. Lecciones de la experiencia de 1945 a 1985, *Comercio Exterior*, Vol. 39, Num. 7, julio de 1989.

adversarios han contribuido a distorsionar la interpretación del proceso real. Como es sabido, los críticos del capitalismo anunciaron muchas veces su destrucción o desaparición definitiva, teniendo que admitir a la vuelta de los años, y en más de una oportunidad, que tales pronósticos habían sido equivocados. Por otro lado, los defensores del mismo pronosticaron muchas veces que su despliegue iba a permitir la conformación de sociedades equitativas, equilibradas y poco conflictivas, teniendo que admitir también reiteradamente que dicha esperanza no se ha cumplido, al menos en la mayor parte del mundo en desarrollo.

Probablemente, la única manera de evitar los errores a que puede llevar la controversia ideológica en este aspecto tan fundamental para las estrategias de desarrollo consista en llevar adelante con gran lucidez un triple proceso de esclarecimiento: primero, evaluar por separado cada uno de los aspectos constitutivos de los programas de ajuste estructural, evitando su aceptación o rechazo en bloque; segundo, examinar con la mayor objetividad posible las experiencias exitosas de desarrollo para extraer de ellas enseñanzas valiosas; tercero, tomar en cuenta las condiciones estructurales nacionales que se pretenden transformar. Es probable que este triple examen permita combinar mejor aspectos que en la controversia aparecen polarizados. Por cierto, los sostenedores actuales de los programas de ajuste poco han contribuido a aclarar las cosas porque asumen los programas en bloque, realizan un análisis sesgado de las experiencias históricas y procuran aplicar programas semejantes subestimando las diferencias nacionales.

Resulta evidente la necesidad de otorgar una consideración especial a las características estructurales de las economías y sociedades nacionales en las cuales se procura aplicar un programa de ajuste estructural. Dichos programas, orientados hacia el crecimiento económico, suelen colocar un énfasis especial en el uso de tecnologías capital intensivas y, por lo tanto, encuentran dificultades considerables para absorber productivamente a la fuerza de trabajo. Un ejemplo interesante en este sentido es la denominada "revolución verde" que produjo una verdadera transformación en el agro latinoamericano en cuanto al crecimiento de la producción y de la productividad, pero lo hizo a costa de una gran concentración de la riqueza y del ingreso y una masiva migración de la población agraria a las ciudades; fue la economía urbana la que debió hacerse cargo de la fuerza de trabajo que no fue absorbida en el agro, pese a la considerable expansión de la producción.[20]

En estas circunstancias, podría formularse la hipótesis de que programas de ajuste estructural orientados por este tipo de modernización productiva serán tanto menos adecuados cuanto mayores sean el nivel de subutilización de la fuerza de trabajo existente y la tasa de crecimiento de la población en edad activa. Ordenados de acuerdo a estas dos variables los países latinoamericanos muestran una gran diversidad. Por ejemplo, en uno de los extremos, se encuentran aquellos países que tienen un crecimiento de la población en edad activa superior al 2.8% y un porcentaje de hogares urbanos por debajo de la línea de pobreza superior al 35%; entre ellos se cuentan Perú, Guatemala, México, Nicaragua, Honduras, El Salvador, Bolivia y Ecuador. En el otro extremo, países como Argentina, Uruguay, Chile y Cuba presentan tasas de crecimiento de la población en edad activa inferiores al 1.7% y niveles de pobreza urbana que no alcanzan al 20%. Si el desafío social principal consiste en superar la pobreza y la subutilización de fuerza de trabajo pareciera ser evidente que cada país debiera tomar en consideración las circunstancias en las cuales se encuentra y orientar su estrategia de desarrollo de acuerdo con ellos. Es decir, no definir (o aceptar) *a priori* una estrategia dada de desarrollo, supuestamente aplicable *urbi et orbe*. Todos los países necesitan combinar los objetivos de crecimiento con los de equidad pero parecería evidente que los que tienen altos niveles de pobreza y fuertes ritmos de crecimiento de la población económicamente activa deberían tomar muy en consideración estrategias como las sugeridas en el Plan de Acción de Jakarta, que ponen un énfasis especial en la solución directa de los problemas del empleo y la satisfacción de las necesidades básicas. Por otra parte, aquellos países que tienen niveles de pobreza considerablemente inferiores y pausados ritmos de crecimiento de la PEA, podrían suponer con razón que si realizan esfuerzos considerables centrados en la modernización tecnológica de punta podrían, a mediano plazo, mejorar las condiciones de vida y de empleo de la población, que son considerablemente menos exigentes que en los países del otro grupo.

20. R. Brignol Mendes. El sector rural en el contexto socioeconómico de Brasil, Revista de la CEPAL, No. 33, diciembre de 1987.

Esta simple ilustración pone de manifiesto que deberían tomarse muchas precauciones antes de llevar a la práctica un conjunto de políticas generales supuestamente aplicables a todas las situaciones nacionales. Asimismo, subraya el hecho de que en muchos países de América Latina existen condiciones estructurales que harían deseable la aplicación de estrategias centradas en el empleo y la pobreza. Tema de otro artículo es el de si existen actualmente las condiciones económicas y políticas, internas y externas, para que estas estrategias pudiesen ser realizadas.

LA INCORPORACION DE LA EQUIDAD EN LA ESTRATEGIA DE DESARROLLO PARA AMERICA LATINA Y EL CARIBE*

SISTEMA ECONOMICO LATINOAMERICANO (SELA)

I. EL GRADO DE EQUIDAD EN AMERICA LATINA

Para lograr una mejor evaluación del tema, que permita llegar a un diagnóstico de la situación social prevaleciente, resulta importante hablar de equidad entre países, por una parte, y dentro de los países por la otra. En el primer caso, sería la inequidad propia de la evolución de las relaciones entre países desarrollados y en vías de desarrollo, la cual constituye uno de los rasgos principales del sistema económico internacional actual. Este caracteriza la situación económica y social de la región. En el plano interno, la inequidad se refleja en una heterogeneidad estructural.

1. *Grado de equidad entre países*

La igualdad de los Estados es un principio político-jurídico con mayor factibilidad de reflejarse en los hechos si la relación de fuerzas entre ellos tuviera un mayor equilibrio relativo. Existen numerosos ejemplos de como la declinación jurídica de la soberanía comunes en los procesos de integración tiende a tener una mayor equidad cuando se trata de países con jerarquía análoga, como por ejemplo entre dos países del ''centro''.

Una base teórica que intentó dar una explicación a dichas inequidades fue la tesis del ''centro'' y ''periferia'' y la teoría de la dependencia. Partiendo del concepto de dos polos en la economía mundial con estructuras productivas diferentes, los cuales, teóricamente deberían beneficiarse de las ventajas comparativas pero que en los hechos la ''periferia'' transfería

---

* Secciones del trabajo del SELA ''La incorporación de la equidad en la estrategia de desarrollo para América Latina y el Caribe''. XVVI Reunión ordinaria del Consejo Latinoamericano. Publicado con autorización del SELA.

crecientes ingresos hacia los "centros" y se estancaba científica y tecnológicamente [1], mientras que la teoría de la dependencia incluía el ingrediente político [2] y la teoría del capitalismo periférico integraba todos los elementos en una teoría global del capitalismo. [3]

En el plano económico, la falta de equidad en las relaciones entre países se evidenció con el enorme drenaje de recursos que los en desarrollo transfirieron a los desarrollados, como una de las consecuencias de la deuda externa [4].

En lo social, basta con recordar que las últimas cifras de la CEPAL, UNICEF y la UNESCO indican que el número de pobres en la región alcanzó a 200 millones en 1990.

2. *Grado de equidad dentro de los países.*

La inequidad dentro de los países de América Latina surge, principalmente, de su heterogeneidad estructural. Existen enormes diferencias en lo que se refiere a productividad, ingresos y, en general, grado de desarrollo. Se configuran tres estratos: el llamado "primitivo", cuyos niveles de productividad e ingresos por habitantes probablemente son semejantes a los que caracterizaron la economía colonial. En el otro extremo, un "polo moderno", definido por actividades de extracción, industriales y de servicios, que funcionan a niveles de productividad semejante a los promedios de las economías desarrolladas, y finalmente, el "intermedio" que, de cierta manera, corresponde más cercanamente a la productividad media del sistema nacional. El problema radica, fundamentalmente, en que, por lo general, el

---

1. Véase CEPAL, "El desarrollo económico de América Latina y sus principales problemas", Santiago de Chile, 1949. Segunda versión: Raúl Prebisch, en "Boletín Económico de América Latina", vol, VII, núm. 1, febrero de 1962, págs. 4 y 5.

2. Véase Fernando Henrique Cardoso y Enzo Faletto, "Dependencia y Desarrollo en América Latina", Siglo XXI Editores S.A., México, 1971 (primera edición, 1969); y Osvaldo Sunkel, "Capitalismo transnacional y desintegración nacional en América Latina", en "Estudios Internacionales", núm. 16, Santiago de Chile, enero-marzo de 1971.

3. Véase Raúl Prebisch, "Capitalismo periférico, Crisis y transformación", Fondo de Cultura Económica, México, 1981, págs. 14.

4. Véase SELA, "Deuda externa y alternativas de crecimiento para América Latina y el Caribe", Caracas, junio de 1990.

sector "moderno" no cumple con la función de transmitir sus beneficios y adelantos al resto de la economía. Esta es la raíz de la inequidad: la incompatibilidad entre el modelo concentrador de desarrollo vigente y la homogeneización económica y social de los países subdesarrollados.[5]

Los indicadores que subrayan la inequidad existente se reseñan principalmente en los Cuadros 1, 2 y 3.

II. EFECTOS NEGATIVOS DE LA CRISIS Y DE LAS POLITICAS DE AJUSTE SOBRE LAS CONDICIONES SOCIALES DE LOS PAISES DE AMERICA LATINA Y EL CARIBE

1. *La crisis en la región*

La solución de la crisis que afecta a los países de la región no puede salvarse a través de medidas autocorrectivas del sistema y comprende todos los aspectos de la vida económica: el modelo global de desarrollo, el empleo, la inserción externa, los agentes económicos, los modelos de industrialización, agropecuario, de distribución del ingreso y afecta, inclusive el pensamiento económico. La solución de la crisis depende de nuestra propia capacidad para enfrentarla ya que es muy poco lo que se puede esperar de afuera.

2. *La deuda externa*

El factor desencadenante de la crisis de los años ochenta fue la deuda externa. Aquí sólo se recordará que en el período 1982-1990, la transferencia neta de recursos hacia el exterior de los países de América Latina fue de 223.600 millones de dólares.[6] La crisis de la deuda actuó también como catalizador, ya que trajo aparejada consigo los procesos de ajuste, los cuales tuvieron y tienen profundas repercusiones económicas, sociales, e inclusive, políticas. Dicha crisis puso al descubierto otra crisis, persistente, que es la del modelo de desarrollo regional, la cual tenía y tiene graves problemas sociales.

---

5. Véase Anibal Pinto, "Naturaleza e implicaciones de la heterogeneidad estructural de la América Latina", en "El Trimestre Económico", núm. 145, México, enero-marzo de 1970, págs. 80 a 100.

6. Véase CEPAL, "Balance preliminar de la economía de América Latina y el Caribe, 1990", Santiago de Chile, diciembre de 1990.

3. *Los programas de ajuste*

El instrumento utilizado en los años ochenta para orientar y administrar las economías, fueron los programas de ajuste. Sus características difirieron sustancialmente en los países desarrollados y en los en desarrollo.

a) El ajuste en los países desarrollados

El sentido de los ajustes que se prescriben para los países desarrollados fue definido por el Fondo Monetario Internacional. En teoría, se trata de transferir factores de producción de actividades menos productivas hacia otras más productivas. No sólo se propone dar una orientación de mediano plazo a las políticas macroeconómicas clásicas, sino de mejorar el funcionamiento mismo de la economía. Las medidas estructurales pueden ordenarse en dos grandes categorías: primero, ''las que ponen fin a una utilización ineficiente de recursos y que permiten una adaptación más rápida a la innovación tecnológica y a los precios relativos''; y segundo, ''las que elevan el potencial de producción creando un excedente de recursos productivos (como el capital y la mano de obra) o aumentando la productividad global. Estas medidas son, por ejemplo, la promoción de la investigación y desarrollo y la aplicación más efectiva de los conocimientos técnicos a la producción'' [7].

Como se advierte, se trata de un ajuste volcado al sector real de la economía y referido a la mejor utilización de recursos, al aumento de la producción y a la absorción de innovaciones tecnológicas. No se exige a los Estados Unidos que disminuya su déficit exterior en cuenta corriente (que en el período 1985-1989 llegó a un total acumulado de 664.300 millones de dólares) ni que Italia reduzca su déficit fiscal (que entre 1985 y 1990 osciló entre el 10,2 y el 12,5 por ciento del producto interno bruto). La preocupación está volcada al aumento y mejoramiento de la productividad y la producción.

b) El ajuste en los países en desarrollo

El modelo de equilibrio y ajuste estructural en los países en desarrollo -a diferencia de lo que ocurre en los países desarrollados- tiene como

---

7. Véase Fonds Monetaire International, *Rapport Annuel 1990,* Washington, abril de 1990, pág. 16.

objetivos fundamentales la corrección de los desequilibrios fiscal y externo, la implantación de una estructura económica interna basada en el mercado (con el achicamiento y pérdida de atribuciones del Estado) y la transferencia al sector privado de un conjunto amplio de actividades que antes eran ejecutadas por el sector público. Como el ajuste tiene efectos sociales regresivos, se preconiza una política asistencialista que remedie los casos más extremos; pero se reconoce que durante algún tiempo se acentuarán los rasgos de las sociedades duales. Después de esta etapa de restablecimiento de los equilibrios fiscal y externo y de la reforma de Estado, se pasaría al período de equidad, o en todo caso, de reducción de la pobreza, y de expansión productiva. Este modelo tiene un componente de corto y otro de mediano plazo.

1. *El corto plazo*

En el corto plazo, se trata, principalmente, de obtener el mayor superávit posible en el comercio exterior, de modo que existan las divisas necesarias para pagar la deuda externa. Simultáneamente, debe obtenerse un superávit fiscal que haga posible la compra de divisas, en la medida en que el comercio exterior sea privado. Además, con la supresión del déficit fiscal, se eliminaría la inflación. No hay duda que un país con desequilibrios en su cuenta corriente debe ajustarla para recurrir al Fondo Monetario Internacional, y no hay muchas posibilidades, en el corto plazo, que aplicar las ''recetas tradicionales''. El problema surge cuando esos desequilibrios no se producen solamente en razón de las políticas internas del país, sino que hay elementos externos que hacen que el ajuste no deba plantearse en el corto plazo ni depende exclusivamente del país para lograr su éxito. El problema es que el enfoque tradicional para un caso pierde validez en la circunstancia actual de la crisis de la deuda de América Latina y el Caribe.

11. *El mediano plazo.*

En el mediano plazo, se trata de consolidar el orden económico prevaleciente, de corte neoliberal. A tal efecto, se instrumenta un conjunto de medidas convergentes, relativas a la estructura económica y a la función del Estado. En primer término, se abre la economía, con lo cual se consolida una estructura basada en las ventajas comparativas. Consecuentemente, se privilegia al sector exportador por sobre el que abastece al mercado interno; y de paso, se vuelve poco significativo el ingrediente comercial en los procesos de integración regional entre países en desarrollo al rebajar drásticamente las barreras arancelarias con el resto del mundo. En segundo lugar, se reduce el tamaño y las funciones del Estado, mediante las restricciones presupuestarias y el proceso de privatización y desregulación. Al mismo tiempo, se cumple una nueva etapa en el proceso de cobro de la deuda externa, al capitalizarla mediante la compra subsidiada de activos físicos del país deudor, en particular de sus empresas públicas.

4. *La política fiscal.*

La política fiscal es uno de los instrumentos más importantes de las políticas de ajuste y, en general, ha actuado en contra de los sectores menos favorecidos. [8] Ello es el resultado de dos políticas convergentes, encaminadas a obtener el equilibrio fiscal: la mayor participación relativa de los impuestos indirectos y la reducción del gasto público, en particular, el social.

a) Ingresos públicos.

Por el lado de los ingresos, continuó siendo alta la participación de los impuestos indirectos, en relación a la baja incidencia de los directos; de tal modo, la mayor carga tributaria sigue recayendo en la generalidad de la población y no en los grupos específicos de mayores ingresos. Se advierte que en 10 de los 17 países considerados, los impuestos a la renta de las personas físicas no llegan al 3 por ciento del PBI.

b) Gasto público.

Uno de los principales mecanismos compensadores para evitar situaciones de pobreza crítica y relativa es el gasto público. Sin embargo, durante los procesos de ajuste éste perdió gran parte de esa importante función. Ello se debió a la confluencia de dos factores: por una parte, para lograr el equilibrio fiscal, se actuó sobre la reducción del gasto público en mucha mayor medida que sobre el aumento de la recaudación; y en segundo lugar, en el gasto público se privilegió el pago de intereses de la deuda externa por sobre los demás gastos.

Esta política redundó en una drástica disminución de la inversión pública, con el deterioro de la infraestructura (en especial de las áreas marginales).

8. Véase Giovanni Andrea Cornia y Frances Stewart, "Sistema fiscal, ajuste y pobreza". Colección Estudios Cieplan. núm. 31. Santiago de Chile, marzo de 1991. pág. 77 a 106.

Paralelamente, se degradaron los servicios públicos por la falta de inversiones y de recursos para su funcionamiento. Frente a esa realidad, los sectores de altos ingresos optaron por utilizar servicios privados de educación, salud y seguridad; y los grupos de menores ingresos perdieron un mecanismo compensador. La regresividad se hizo mayor aún por la supresión de ciertos subsidios, en especial a los alimentos.

5. *La situación social.*

La situación social de América Latina se caracteriza, principalmente, por presentar un panorama de pobreza crítica y relativa que afecta a casi la mitad de su población. Como consecuencia directa de esa situación, la región en su totalidad ha sufrido un serio deterioro de los sectores claves para el desarrollo social como son la educación, la salud, la vivienda, el trabajo y la cultura. Muestra de ello son la degradación de las condiciones sociales, la distribución del ingreso, el alto grado de desocupación y subocupación y el deterioro de los servicios sociales. De tal modo, existe el peligro inminente de avanzar hacia sociedades duales, profundizándolas en las regiones en las que ya existían e implantándolas en donde había una cierta homogeneidad social.

a) La pobreza relativa y externa.

Uno de los problemas más serios que afronta América Latina consiste en que -según estimaciones de la CEPAL- en 1989 el 44 por ciento de la población se encontraría en estado de pobreza y de ese porcentaje el 21 por ciento en situación de indigencia. En el área urbana, estos porcentajes serían del 36 por ciento y 14 por ciento, respectivamente, y en el área rural, el 61 por ciento y 37 por ciento. Es decir, que a fines del decenio de 1980 había cerca de 200 millones de personas en situación de pobreza en América Latina, de los cuales 88 millones estaban en situación de indigencia. Estas cifras indican que la situación se ha agravado ya que desde 1970 el número de personas en situación de pobreza aumentó en 71 millones y el de aquellos en situación de indigencia, en 28 millones. Actualmente, el 57 por ciento de las personas en estado de pobreza son urbanos, en cambio, el mayor porcentaje en situación de indigencia está en áreas rurales.[9] Este aumento de la pobreza

9. Véase CEPAL-PNUD, Magnitud de la pobreza en América Latina en los años ochenta, Santiago de Chile, mayo de 1990. Se considera como indigentes a quienes con todos sus ingresos sólo alcanzan a pagar una canasta básica de alimentos y pobres a aquéllos cuyo ingreso es inferior al doble del costo de una canasta básica de alimentos.

se relaciona con la evolución económica en el decenio de 1980: en 1990, el producto interno bruto por habitante era 9,6 por ciento más bajo que en 1980, en tanto que el ingreso nacional bruto por habitante cayó en ese mismo período en un 16 por ciento. Asimismo, es necesario señalar que en un número importante de países, la distribución de ese ingreso se hizo más regresiva.

b) Los indicadores sociales.

El panorama general de la situación social en América Latina y el Caribe se caracteriza principalmente por una esperanza de vida de 66 años como promedio regional, según cifras del Banco Mundial. En los países de la OCDE ese promedio es de 76 años. La tasa de analfabetismo regional es de 17,6 por ciento como promedio. En cuanto a la tasa de mortalidad infantil, el promedio regional es de 49,26 por ciento por cada mil nacimientos. Los países de la OCDE, en comparación tienen menos de 10 por 1000. Con respecto a los salarios reales, su caída es una consecuencia de las políticas recesivas y del aumento del sector informal. Estos dos factores también incidieron en el desempleo, que se mantuvo en tasas relativamente altas; además es muy precaria la situacción de una gran cantidad de personas que trabaja con baja productividad e ínfimos ingresos en el sector informal [10]. Véanse los cuadros 1, 2 y 3.

c) Distribución del ingreso.

En los países latinoamericanos considerados, el 20 por ciento de la población más rica, concentra entre el 49 y el 62 por ciento de los ingresos; y el 20 por ciento más pobre, entre el 2,4 y el 5,5 por ciento. En los países desarrollados, ese porcentaje oscila entre el 37 y el 42 por ciento para el 20 por ciento más rico, y el 4,7 y el 8 por ciento para el 20 por ciento más pobre (véase cuadro 2). También debe considerarse que no sólo se trata de un problema de porcentajes, sino de niveles absolutos (1 punto porcentual por habitante, en promedio, en los Estados Unidos significa 220 dólares y en América Latina 17 dólares).

10. Véase Banco Interamericano de Desarrollo. Progreso Económico y Social en América Latina. Informe 1990, Washington, 1990, pág. 26.

En el decenio de los años ochenta, además de esta concentración del ingreso en las capas más altas, como ya se señaló, existió una disminución del producto bruto interno -y mayor aún del ingreso nacional- por habitante, con casos extremos superiores al -20 por ciento en seis países; es decir, que no sólo persistió la desigualdad, sino que hubo menos ingresos para distribuir.

d) Desocupación.

En la mayoría de los países, el desempleo urbano era mayor en 1990 que al principio del decenio (véase el cuadro 3). Este fenómeno se conecta con el de la pobreza, ya que actualmente -como se indicó- la concentración mayor de miseria está en las ciudades; y sigue siendo cierto que el mayor problema social de América Latina consiste en que la gente se va del campo a la ciudad y no consigue trabajo.

6. *Los servicios básicos.*

Como consecuencia de las políticas recesivas, la situación de una gran parte de la población con respecto a los servicios básicos parece haber empeorado durante el decenio de los años 80. Se produjo la convergencia de dos elementos: por una parte, la asignación de recursos presupuestarios se redujo drásticamente; y por la otra, en la prestación de servicios esenciales, comenzó a sustituirse el concepto de servicio público por el de operación comercial.

El gasto público favorece a los grupos más pobres en mayor proporción que el promedio de actividades de la economía. De acuerdo con un estudio

CUADRO 1

América Latina: Indicadores sociales, 1989

	Esperanza de vida 1	Tasa de Analfb.2	Tasa de mortal.3	Salarios 4	Desempleo 5	PBI por hab.6
Argentina	70,6	4,5	32,0	68,4	8,0	-24,3
Barbados	74,9	...	12,4	...	...	8,0
Bolivia	53,1	25,8	110,0	...	10,2	-23,3
Brasil	64,9	22,3	63,0	68,6	3,3	-5,5
Colombia	65,7	11,9	46,0	105,0	9,6	16,2
Costa Rica	73,7	6,4	18,0	110,2	3,7	-5,0
Chile	71,5	5,6	20,0	63,5	7,2	9,2
Ecuador	65,5	17,6	63,0	43,7	7,9	-4,6
El Salvador	62,2	27,9	59,0	35,6	...	-15,3
Guatemala	62,0	45,0	59,0	...	7,2	-18,0
Guayana	66,1	4,1	43,9	...	...	-27,9
Haití	54,7	62,4	117,0	97,6	...	-22,3
Honduras	64,0	40,5	69,0	74,0	9,4	-14,2
Jamaica	73,9	...	18,0	...	...	1,9
México	68,6	9,7	47,0	46,9	3,0	-8,4
Nicaragua	63,3	13,0	62,0	...	3,0	-40,8
Panamá	72,1	11,8	23,0	99,8	22,0	-18,3
Paraguay	66,9	11,8	42,0	136,5	6,1	0,4
Perú	61,4	13,8	88,0	23,2	7,9	-30,2
Rep. Dominicana	66.0	22,7	65,0	77,8	...	-2,2
Suriname	66,7	10.0	42,0	...	...	....
Trinidad y Tobago	69,8	3,9	20,0	...	...	-13,8
Uruguay	71,1	4,6	27,0	78,6	8,6	-6,7
Venezuela	70,1	13,1	36,0	77,1	9,7	-19,9
América Latina	...	...	...	75,4	8,3	-9,6

1/ Esperanza de vida al nacer, en años.
2/ Tasa de analfabetismo: porcentaje de la población de mayores de 15 años que son analfabetos.
3/ Tasa de mortalidad infantil, por mil nacimientos.
4/ Salarios mínimos reales. Indice 1980=100.
5/ Tasas anuales medias de desempleo abierto urbano.
6/ Producto interno bruto por habitante, variación acumulada 1981-1990.

Fuente: Banco Interamericano de Desarrollo, sobre la base de: para 1/, 2/ y 3/ Banco Mundial, Indicadores de desarrollo, 1989; CEPAL, Anuario Estadístico para América Latina y el Caribe, 1989; 4/ PREALC, con base en datos oficiales; 5/ PREALC, con base en encuestas de hogares e información oficial. 6/ CEPAL, sobre la base de cifras oficiales

CUADRO 2

América Latina: Distribución del Ingreso en países seleccionados
Porcentaje del Ingreso familiar, según el percentil
en que se sitúan las unidades familiares

	Año	20% más bajo	Segundo quintil	Tercero quintil	Cuarto quintil	20% más alto	10% más alto
Brasil	1983	2,4	5,7	10,7	18,6	62,6	46,2
Colombia	1988	4,0	8,7	13,5	20,8	53,0	37,1
Costa Rica	1986	3,3	8,3	13,2	20,7	54,5	38,8
Guatemala	1979-81	5,5	8,6	12,2	18,7	55,0	40,8
Jamaica	1988	5,4	9,9	14,4	21,2	49,2	33,4
Perú	1985	4,4	8,5	13,7	21,5	51,9	35,8
Venezuela	1987	4,7	9,2	14,0	21,5	50,6	34,2
Para comparación:							
EE UU	1985	4,7	11,0	17,4	25,0	41,9	25,0
Italia	1986	6,8	12,0	16,7	23,5	41,0	25,3
Suecia	1981	8,0	13,2	17,4	24,5	36,9	20,8

Fuente: Banco Mundial, sobre la base de estimaciones del Programa de Comparación Internacional de las Naciones Unidas.

CUADRO 3

América Latina: desempleo urbano, 1980, 1985 y 1990
(tasas anuales medias)

	1980	1985	1990
Argentina 1/	2,3	6,1	8,6
Bolivia 2/	5,8	5,8	7,0
Brasil 3/	6,3	5,3	4,3
Colombia 4/	9,7	14,0	10,0
Costa Rica 5/	6,0	6,7	5,4
Chile 6/	11,8	17,0	6,6
Ecuador 7/	5,7	10,4	...
Guatemala 8/	...	12,0	14,0
Honduras 9/	8,8	11,7	13,8
México 10/	4,5	4,4	2,8
Panamá 11/	10,4	15,6	20,8
Paraguay 12/	3,9	5,1	7,0
Perú 13/	7,1	10,1	...
Uruguay 14/	7,4	13,1	9,2
Venezuela 15/	6,6	14,3	10,6

1/ Nacional urbano;
2/ Nacional;
3/ Areas metropolitanas de Río de Janeiro, Sao Paulo, Belo Horizonte, Porto Alegre, Salvador y Recife;
4/ Bogotá, Barranquilla, Medellín y Cali;
5/ Nacional urbano;
6/ Gran Santiago;
7/ Total del país;
8/ Total del país;
9/ Total del país;
10/ Areas metropolitanas de Ciudad de México, Guadalajara y Monterrey;
11/ Región metropolitana;
12/ Asunción, Fernando de la Mora, Lambaré, Luque y San Lorenzo;
13/ Lima metropolitana;
14/ Montevideo;
15/ Nacional Urbano.

Fuente: CEPAL y PREALC sobre la base de cifras oficiales.

referido a 378 proyectos de inversión financiados por el BID entre 1979 y 1986, que analizó el impacto de los diferentes tipos de inversión pública sobre los distintos grupos de la población, el 25 por ciento más pobre obtiene el 15 por ciento del ingreso nacional y el 44 por ciento de los beneficios de la inversión pública [11]. En orden decreciente, los sectores que más beneficios transfieren al 50 por ciento más pobre son ciencia y tecnología, salud, turismo, desarrollo urbano y comunicación (entre el 91 y el 74 por ciento de los beneficios totales); agricultura (64 por ciento); educación (59 por ciento); salubridad, minería, medio ambiente y pesca (entre el 48 y el 43 por ciento); y los de menor repercusión son transporte, industria y energía (entre el 27 y el 20 por ciento) [12].

Cuando el gasto público se encamina directamente a la satisfacción de las necesidades básicas de los grupos más pobres tiene un efecto inmediato. En ese sentido, los gastos en educación básica, salud, saneamiento, vivienda popular y nutrición repercuten directamente en el bienestar de las poblaciones a las que se dirige, aún cuando no solucionen el problema de fondo del desarrollo económico.

En los programas de ajuste, se ha tratado de descentralizar la prestación de los servicios de educación y salud, transfiriéndolos a las autoridades provinciales (o estadales) o municipales; de tal modo, se descarga parte de ese gasto de los presupuestos nacionales. No se trata de una privatización, puesto que esas actividades quedan a cargo de organismos estatales locales. El problema que se plantea es el de la caída de la cobertura y calidad de esos servicios, cuando las nuevas jurisdicciones que deben prestarlos carecen de los recursos necesarios. También se ha comprobado que cuando se cobran aranceles por servicios que antes eran gratuitos, los ingresos son escasos y cae la demanda, especialmente la de los pobres [13].

11. Véase Eduardo Sarmiento. El gasto público en el proceso de desarrollo económico. Documento presentado al Seminario "Gestión del gasto público y programación de inversiones" (ILPES/IDE), septiembre de 1989.

12. Véase Terry Powers. Applying income distribution analysis to projects, the experience 1979-1986. Washington, junio 1987. Inédito, citado por Eduardo Sarmiento, op. cit. pág. 117 y 119.

13. Véase Giovanni Andrea Cornia y Frances Stewart, op. cit. pág. 96.

El otro tema consiste en que, en la prestación de servicios básicos, comenzó a sustituirse el criterio de servicio público por el de operación comercial. La diferencia es sustancial. En el primer caso, se trata de asegurar una función del Estado, sobre la base de una concepción del interés general y de las necesidades colectivas, que se satisfacen por los equipamientos comunitarios. Constituyen una parte esencial del proceso de democratización, pues permiten el ejercicio real de los derechos económicos y sociales, sobre una base de igualdad. ''La ambivalencia de la noción de servicio público, a la vez ideológico y jurídico, material y orgánico, proyecto social y medio de su realización, global y sectorial, asegura la identificación entre el interés general de la colectividad y las necesidades de la población. Esto puede reconocerse en el proyecto colectivo encarnado por el servicio público (la educación, la cultura, la salud, el confort) en la medida en que, accesible a todos, comporta una aspiración emancipadora'' [14].

En cambio, en el enfoque ''de mercado'', más que un servicio público, es servicio ''de públicos'' [15]. El usuario debe pagar el precio de mercado del servicio que utiliza; las reglas del juego son las de la empresa capitalista. ''El imperativo de rentabilidad privilegia la demanda solvente''. Si existen diferencias por la pobreza relativa de algunos usuarios, se las compensa con subvenciones todo lo individualizadas que sea posible, que suplan las desigualdades sociales de partida; en cambio, la pobreza absoluta se excluye del mercado [16]. De tal modo, según este esquema, se respeta la jerarquía de méritos y se impide la acción ineficiente del Estado; y el mercado concurrencial es el mejor asignador de recursos.

Esta es una discusión actual en los países desarrollados. Sin embargo, en América Latina pierde sentido: la lógica del mercado excluye absolutamente de los servicios públicos transformados en comerciales, al 21 por ciento de la población que vive en la indigencia y permite un acceso muy restringido al siguiente 23 por ciento, que está en situación de pobreza. La alternativa no es entonces la existencia o no de subvenciones para compensar desigual-

14. Véase Pierre Chambat. ''Service public et neoliberalisme'', en annales, Armand Colin, París, mayo-junio 1990, pág. 621.

15. Ibid., pág. 623.

16. Ibid., pág. 639.

dades menores de "pobres relativos", sino la consagración de sociedades duales, con la marginación de una parte importante de la población y una verdadera ampliación de las desigualdades.

7. *Impacto social del ajuste.*

Las medidas económicas que se adoptaron durante el proceso de ajuste tuvieron repercusiones sociales directas.

a) La recesión a la que llevaron los programas de ajuste - cuyas principales medidas ya se han detallado - provocó una baja de salarios y una desocupación y subocupación de graves consecuencias sociales. La situación de desempleo figura en los cuadros 1 y 3; pero además existe un subempleo mayor aún. "En algunos países la situación es dramática: tienen un grado de subutilización de la fuerza de trabajo superior a un 50 por ciento de la misma y una tasa de crecimiento de la población en edad activa en torno al 3 por ciento. Entre ellos están México, Perú, los países centroamericanos excepto Costa Rica, Bolivia, Ecuador, República Dominicana y Haití"[17].

b) La política fiscal no es equitativa, porque para la obtención de la mayor recaudación posible, el criterio es la facilidad de la captación de recursos y no su progresividad o regresividad. De tal modo, se pone sobre todo el énfasis en los impuestos indirectos, que afectan a toda la población sin considerar en particular el nivel de ingresos de cada contribuyente. El resultado es que en la mayoría de los países los grupos de ingresos más altos están proporcionalmente menos gravados; y además, en muchos casos, evaden el pago de sus impuestos.

c) El logro del equilibrio o superávit fiscal repercute directamente sobre el gasto público y la política social del gobierno. Como existe una cierta inflexibilidad al cobro de impuestos, en orden cronológico, se reduce drásticamente la inversión pública, se deteriora la prestación de los servicios básicos (educación, salud, seguridad) y se rebajan hasta donde es posible los salarios del personal estatal. Estas medidas disminuyen la ocupación, dado el efecto multiplicador de la inversión pública; deterioran la calidad de los servicios, que cada vez son peores para los pobres; y restringen la capacidad

17. Véase Adolfo Gurrieri, Políticas sociales y desarrollo social en el umbral de los años 90 (mimeo). Buenos Aires, agosto 1990, pág. 12.

de compra de los empleados públicos. Todo ello se encuadra dentro de la política recesiva general y del concepto comercial de los servicios públicos.

d) El equilibrio o superávit de las cuentas externas también tiene consecuencias sociales adversas. Como se trata de aumentar sustancialmente las exportaciones, se actúa en un doble frente. Primero, se procura que la demanda interna no consuma los productos exportables, para lo cual son aptas las políticas recesivas, en especial la baja de los salarios reales. En segundo lugar, se practica una política de devaluaciones, que cambia los precios relativos en favor de los bienes exportables. Como se ha señalado, en nuestras economías - en especial las exportadoras de alimentos - existe una relación inversa entre el tipo de cambio real y los salarios reales [18]. "Dada la inflexibilidad a la baja de los márgenes en las industrias dedicadas al mercado interno, para que la devaluación se traduzca en alza del tipo de cambio real, más allá de la inflación que pueda provocar, se requiere que el salario real disminuya. Ello se logra, en lo esencial, mediante el desempleo" [19]. El cuadro 1 muestra cómo los salarios mínimos reales eran en 1989 inferiores a los de 1980 en la mayoría de los países, y en el cuadro 3 se advierte la evolución del desempleo.

e) Estas políticas, además resultaron inflacionarias, ya que las devaluaciones elevan los precios de los bienes exportables. Ante la rígidez de los precios de los bienes no exportables "y, sobre todo los mecanismos de indización y de formación de expectativas, las devaluaciones contribuyeron también a agudizar la inflación, alimentada por las dificultades del fisco para reducir su déficit y atender al mismo tiempo la transferencia de recursos al exterior" [20]. En el conjunto de la región, la evolución de los precios al consumidor ha sufrido alzas permanentes. Así, en 1986 fue de 64.5 por ciento; en 1987 de 198,5 por ciento; en 1988, de 778,8 por ciento; en 1989, de 1.161.0 por ciento y en 1990 de 1.491.5 por ciento [21]. Este proceso

18. Véase Oscar Altimir. "Desarrollo, crisis y equidad en América Latina", en los años noventa: desarrollo con equidad", FLASCO/CEPAL. Santiago de Chile, junio 1990, pág. 111.

19. Ibid., pág. 111.

20. Ibid., pág. 110.

21. CEPAL. Balance preliminar de la economía de América Latina y el Caribe. 1990. pág. 27. Se trata de variaciones de diciembre a diciembre.

inflacionario perjudica en mayor medida a los grupos de menores ingresos, que no tienen posibilidades de trasladar a los salarios o precios sus mayores gastos o costos.

f) La desocupación y la subocupación tienden a aumentar, pues la reducción de la demanda en el mercado interno que provoca la recesión, no es compensada por la expansión del empleo en el sector exportador, que puede promover el mayor tipo de cambio[22]. El cuadro 3 muestra cómo en la mayoría de los países, el desempleo urbano era mayor en 1990 que al principio del decenio.

8. *Recapitulación.*

En resumen, las políticas de ajuste aplicadas en los países en desarrollo han sido recesivas, han estado orientadas al logro de los equilibrios fiscal y externo, para facilitar el pago de la deuda externa, y han tenido graves consecuencias sociales. Ese sacrificio social no fue acompañado por el éxito económico, ya que entre 1980 y 1990 el producto por habitante de la región cayó en 9.6 por ciento; en 18 países fue negativo y en sólo seis positivo (que comprenden al 14 por ciento de la población).

III. EXAMEN DE LOS PRINCIPALES ANTECEDENTES CONCEPTUALES DEL DIVORCIO DE LAS POLITICAS ECONOMICAS DE LAS SOCIALES EN LAS DOS ULTIMAS DECADAS EN AMERICA LATINA Y EL CARIBE.

1. *Planteo general: los estilos de desarrollo.* [23]

Generalmente, se reconoce la existencia de desequilibrios básicos en la economía latinoamericana; sin embargo, existen profundas disidencias en cuanto a su naturaleza y significado; sobre todo cuando se los jerarquiza, se establecen relaciones de causalidad y se fija una secuencia para su solución. Aquí entran en juego las diferentes visiones que se tienen de la realidad y las

22. Véase Oscar Altimir, op. cit. pág. 112.

23. El estilo de desarrollo es la opción política, social y económica adoptada dentro de un sistema (capitalista o socialista) y estructura (desarrollo o subdesarrollo) determinados. En el ámbito económico se lo define como "la manera en que dentro de un determinado sistema se organizan y asignan los recursos humanos y materiales con el objeto de resolver los interrogantes sobre qué, para quiénes y cómo producir los bienes y servicios". Véase Aníbal Pinto. "Notas sobre estilos de desarrollo en América Latina", en Revista de la CEPAL, núm. 1. Santiago de Chile, primer semestre 1976, págs. 97 y ss.

distintas orientaciones ideológicas, que a su vez se concretan en la elaboración y aplicación de diversos estilos de desarrollo. Cada uno de estos estilos tiene - por acción o por omisión - un tratamiento del problema social. A continuación, se examinará cómo lo efectúan dos de ellos. El primero, es el de equilibrios y ajuste estructural, para el cual la equidad consiste en la igualdad formal de oportunidades y la reducción de la pobreza; el segundo, es el de equidad y expansión productiva, que busca una igualdad real de oportunidades por una intervención de políticas públicas y que procura atacar las causas de la pobreza.

2. *El estilo de equilibrios y ajuste estructural.*

En el estilo de equilibrios y ajuste estructural que predomina en muchos países de la región, se parte del concepto de equidad y se considera que corresponde actuar por etapas; que cada avance debe basarse sobre la consolidación de la fase anterior; y que la obtención de los equilibrios que considera básicos y el ajuste estructural son prerrequisitos para una política de equidad - o cuanto menos de reducción de la pobreza - y expansión productiva, que forman parte de una etapa posterior. En este estilo adquiere plena vigencia la afimación de F.A. Hayek, quien decía que "la expresión justicia social no tiene ningún significado. Peor aún, cada intento de interferencia estatal para forzar una justicia social, significa en la imaginación de la gente algo diferente de lo que el mercado determina, de tal modo, que el gobierno se ve empujado de esa manera a proceder injustamente. De ese modo, la justicia social viene a ser el pretexto o justificación para la acción injusta del gobierno" [24].

Sus fundamentos teóricos son los del modelo neoliberal y se ejecutan por medio de las políticas de ajuste. Sus bases consisten en:

i. una redefinición de la función del Estado;

ii. el imperio del mercado;

iii. la aplicación del monetarismo;

iv. la apertura a los movimientos de capitales y de bienes; y,

v. ciertas pautas de distribución del ingreso.

24. Véase F.A. Hayek. Temas de la hora actual. Edición de la Bolsa de Comercio de Buenos Aires. Buenos Aires. 1978, pág. 44.

a) Redefinición de la función del Estado.

Uno de los ejes del modelo vigente es el principio de la subsidiariedad del Estado. En el modelo de sustitución de importaciones e industrialización había sido uno de los protagonistas del funcionamiento económico y el principal responsable de los problemas del desarrollo. En este nuevo esquema aparece como el perturbador de las leyes del mercado y el responsable de la inflación (a través del déficit fiscal); y su función debería ser la de asegurar el orden público y velar por la transparencia del mercado; podría intervenir únicamente cuando, requiriéndose una determinada actividad, el sector privado no pueda o no desee cumplirla.

b) Imperio del mercado.

En todo sistema capitalista, la propiedad privada de los medios de producción y las transacciones en el mercado de la fuerza de trabajo, de los recursos y de los productos constituyen las formas predominantes o mayoritarias de propiedad y de tráfico. El mecanismo de los precios, fijados en el mercado, actúa como agente esencial en la asignación de la mano de obra, de los recursos, de la producción y de las rentas.[25] En los regímenes neoliberales, la igualdad reside en la igualdad de posibilidades, que resulta a su vez de la no injerencia del Estado en los mercados; esta igualdad se basa en tres grandes principios; iniciativa individual, libre competencia y responsabilidad, que reemplazan la distribución discrecional de favores, los privilegios, los beneficios, la protección o los subsidios[26]. De tal modo, se despolitiza la economía.

c) El monetarismo.

En este enfoque, el problema económico fundamental es la inflación y la lucha contra ella es el objetivo fundamental de la política económica. El modo de evitarla es la adopción de una regla monetaria que variará según el marco: en una economía de tipo de cambio flexible, el gobierno puede y debe controlar el stock de moneda (a través de la oferta de base monetaria), fijando

25. Véase George Dalton. Sistemas económicos y sociedad. Alianza Editorial. Madrid, 1982 (primera edición en 1974). pág. 61.

26. Véase José A. Martínez de Hoz. Discurso en la Bolsa de Comercio de Córdoba, en el Ministerio de Economía. Memoria, 9 de marzo de 1976 a 29 de marzo de 1981, tomo 3, pág. 769.

con anticipación un moderado crecimiento de la masa monetaria compatible con la estabilidad de los precios, dada una función de demanda de moneda que se supone estable. La regla monetaria cambia en una economía abierta con tipo de cambio fijo: consistirá en comprar o vender divisas al tipo de cambio oficial, monetizando el saldo de la balanza de pagos. Allí, el nivel de precios pasa a estar, en teoría, determinado por los precios internacionales y el tipo de cambio adoptado, y el stock monetario está determinado endógenamente, ya que los movimientos de reservas internacionales adaptan la oferta a la demanda de dinero. En cualquier caso, sea por el control de la oferta monetaria o por la defensa de un tipo de cambio, está en manos del gobierno frenar un proceso inflacionario. Es necesario para ello, que la autoridad monetaria esté libre de presiones políticas para financiar el déficit público u otorgar redescuentos al sector privado, en el caso de los cambios flexibles, o bien para devaluar, en el esquema de tipo de cambio fijo [27].

d) Nueva inserción internacional.

Una de las reformas fundamentales preconizadas es la apertura a los movimientos internacionales de capitales y de bienes, como modo de obtener una inserción óptima en el sistema económico internacional. Con la apertura, se liberarían recursos productivos de los sectores no competitivos, que se dirigirían hacia aquéllos que presenten ventajas comparativas; además, se lucha contra la inflación y se coadyuva al proceso de inversión.

e) Pautas de distribución del ingreso.

Las cualidades del equilibrio que genera la libre competencia garantizarían además la justicia en la distribución: cuando se intercambian servicios productivos, estos tenderán a ser pagados según su productividad marginal. El interés refleja simplemente el costo marginal del capital; y el mejor aumento salarial es el que proviene de un crecimiento de la producción y la productividad. ''La distribución en una sociedad de mercado... resulta de un proceso impersonal, que nadie dirige, nadie conduce'' [28]. Resulta erróneo pretender desnaturalizar esa distribución objetiva, y en nombre de una

27. Véase Alfredo F. Calcagno. Politiques monetaristes et dynamiques financieres. Les experiencies de l'Argentine et du Chili (tesis doctoral). París, 1984.

28. F.A. Hayek. Temas de la hora actual. Editorial de la Bolsa de Comercio. Buenos Aires, 1978, pág. 42.

supuesta "justicia social", reducir artificialmente la tasa de interés y subir, también artificialmente, los salarios. Una tasa de interés demasiado baja afectará el volumen total de la inversión debido al desaliento del ahorro; y la inversión que se realice seguirá señales equivocadas (se escogerán técnicas intensivas en capital, en países con escasez de capital y abundancia de mano de obra). Los salarios excesivamente altos también llevarán la cesantía por encima de su tasa natural, le harán perder competitividad internacional al país, y al afectar los beneficios empresarios, reducirán el incentivo a la acumulación. En cambio, la subida de la tasa de interés y la reducción de la de salarios, merced a la desregulación de esos mercados impulsada por los ajustes estructurales, es un adelanto y no un retroceso, ya que de ese modo se logrará aumentar la eficiencia y obtener mayores niveles de acumulación de capital; ello permitirá, en el largo plazo, la modificación de los precios relativos en favor de los asalariados, como resultado de mayores niveles de productividad.

3. *El estilo de equidad con expansión.*

Este estilo se basa en la obtención simultánea de tres finalidades: los equilibrios macroeconómicos (aunque no necesariamente los mismos que en el estilo antes considerado), la equidad y la expansión. Tiene como eje un aumento en la incorporación del progreso técnico, en el aumento de la productividad, en el desarrollo nacional. Su dinamismo se apoya en la reconstrucción del mercado interno, lo cual es complementario con el desarrollo de nuevas exportaciones, ya que sin la base de ese mercado interno, es muy difícil que una empresa invierta para desarrollar su competitividad. Procura que la actividad económica se adecúe a las necesidades de la comunidad y no solamente a las del sector empresario predominante.

a) Los equilibrios macroeconómicos y la expansión[29].

Los equilibrios macroeconómicos que se buscan difieren de los del estilo anterior en cuanto a su índole y finalidad. No se trata solamente de lograr un ajuste de las cuentas fiscales y de compensar la balanza de pagos; con este

29. Sobre el problema de los desequilibrios en una política de equidad y expansión. Véase Alfredo F. Calcagno. La política económica reciente. Notas de curso, FAO-PROCADE, Santiago de Chile, 1990.

enfoque los equilibrios fundamentales son, además, el ahorro y la inversión, la demanda y la oferta de trabajo, la capacidad de producción instalada y la ociosa.

En varios países latinoamericanos se ha producido un importante excedente en el comercio exterior, que ha servido para pagar servicios financieros y hacer posible la fuga de capitales. La transferencia de recursos que implica (al recibir del exterior mucho menos bienes y servicios de los que exportamos) inhibe la posibilidad de invertir y crecer. El equilibrio buscado es el que surge del aumento de las importaciones asociado a una reactivación económica y a un aumento de la inversión (de bienes complementarios y no sustitutivos de la producción nacional).

En el sector fiscal, los ingresos y los gastos deben replantearse en función de los objetivos globales. En varios países deben reconstruirse los servicios sociales (educación, salud, saneamiento, justicia) y los servicios públicos. Ello supone una reasignación de gastos, que ahora se dirigen a otros fines, en particular de los que son ajenos al proceso productivo (subvenciones al sector financiero, evasiones, sobreprecios, servicio de la deuda externa, etc.). El sistema impositivo debe ser progresivo y eficiente; y la expansión económica ampliará la capacidad contributiva y las recaudaciones.

Otro ajuste es el que lleve la inversión bruta interna al nivel del ahorro interno. En estos años, en América Latina la inversión está muy por debajo de los niveles relativos (coeficiente de inversión) prevalecientes históricamente y, más aún, está 4.6 puntos por debajo del ahorro. De allí que, en varios países, una de las causas de la baja inversión no sea tanto la falta de excedente económico interno, sino su asignación. La inversión pública, que en la mayoría de los países se ha reducido drásticamente como resultado de los planes de ajuste, deberá operar como motor de arranque del proceso de reactivación de la inversión y evitar los estrangulamientos en los sectores productivos.

El empleo es el medio por el cual los trabajadores participan en la generación de bienes y servicios, y a la vez, les provee de los ingresos necesarios para su subsistencia y bienestar. Es un derecho y una responsabilidad y su ejercicio debe ser garantizado por el Estado; sin embargo, en los hechos está condicionado por el nivel y la orientación de la actividad económica. En la política de equidad y expansión, se considera que el deber ético de dar trabajo, se hace posible por el crecimiento económico. Además, es una de las variables a optimizar en el planteo tecnológico, junto con la productividad y la eficiencia.

Uno de los factores más escasos en los países en desarrollo, que es el capital, debe ser utilizado al máximo. De tal modo, debe ejecutarse una política tendente a que desaparezca el desequilibrio entre capacidad instalada y ociosa. Su plena utilización generará el excedente necesario para que se amplíe y modernice la capacidad productiva.

En la ejecución de un programa de esta índole, es fundamental la función del Estado. Por ello, se pretende fortalecerlo y aumentar sustancialmente su eficiencia en función de los objetivos nacionales (no con un criterio exclusivamente mercantil) como defensor de la soberanía nacional, ejecutor de la inversión pública y promotor de la inversión privada.

b) La equidad.

El logro de la equidad es el eje de este estilo. Se acepta el principio básico de la modernización del aparato productivo; pero se sostiene que consiste, por una parte, en el aumento de la productividad del trabajo, es decir, que en una unidad-tiempo de trabajo se produzcan más bienes; y por la otra, que los valores así creados se utilicen preferentemente para aumentar la dotación del capital y para elevar el bienestar del pueblo. Con este enfoque, sería moderno el país con capacidad para elegir e instrumentar su proyecto nacional y en el que toda la población tenga sus necesidades básicas satisfechas y sea capaz de controlar y desarrollar su estructura productiva.

4. *Un punto de divergencia entre ambos estilos: equidad vs. crecimiento.*

a) El planteo del problema.

Uno de los temas que separa a los estilos de desarrollo considerados, es la antinomía o complementariedad entre crecimiento y equidad; o, sin llegar a tanto, si pueden obtenerse simultáneamente o es necesario separar etapas para lograrlos en secuencias distintas y sucesivas.

Como ha señalado la CEPAL, durante los últimos decenios ningún país de América Latina pudo alcanzar ambos objetivos; hubo, en cambio, países de Europa y Asia que los compatibilizaron en mayor grado. Tomando indicadores gruesos de crecimiento y de distribución del ingreso, ese sería el caso de España, Portugal, Hungría, Corea, la República Popular China y Tailandia.[30] En comparación con estos casos, en América Latina existió una menor inversión (no sólo por un ahorro inferior sino por el drenaje de recursos hacia el exterior) y un mayor requerimiento de importaciones; una menor competitividad internacional; una asimetría entre importaciones análogas a las de los países industrializados y exportaciones de bajo dinamismo y poco contenido tecnológico; una debilidad en la incorporación del progreso técnico; el comportamiento inadecuado de grupos de intereses; y la insuficiencia dinámica para absorber el aumento de la población económicamente activa. En el enfoque de la CEPAL, la transformación productiva con equidad requiere una mayor competitividad internacional (que se obtenga más por el progreso técnico que por los salarios bajos); tiene como eje a la industrialización, en un sistema productivo integrado; y "es incompatible con la prolongación de rezagos en relación con la equidad". La prioridad a otorgar al crecimiento o a la equidad varía según los países: "para algunos, fortalecer la deteriorada cohesión social es casi un requisito de sobrevivencia; en otros, la prioridad se localiza en impulsar la competitividad, sin retrocesos importantes en materia de equidad".[31]

b) Enfoques alternativos.

El estilo de equilibrios y ajuste estructural adopta la sentencia de sentido común: "primero hay que agrandar la torta y después repartirla"; "no puede distribuirse la miseria; primero hay que producir". Este es uno de los fundamentos de su estrategia por etapas. En realidad, cuando se dice que la "torta" no debe ser repartida en el primer momento, se está proponiendo un determinado tipo de distribución. Los asalariados deben aceptar bajas remuneraciones, para que de este modo los empresarios y los rentistas aumenten sus ganancias, luego incrementen sus ahorros, que finalmente

30. Véase CEPAL, Transformación productiva con equidad. Santiago de Chile, 1990, págs. 63 y ss. "Como criterio de dinamismo se consideró el ritmo de expansión que han alcanzado en promedio los países avanzados en los últimos veinte años (2.4 por ciento anual del producto interno bruto por habitante); y como definición de equidad se adoptó la relación entre el ingreso del 40 por ciento de la población de ingresos más bajos y el 10 por ciento de la de ingresos más altos, adoptándose un valor 0.4 como línea divisoria. Este valor corresponde a la mitad del que se registró en los países industrializados a fines de 1970 y comienzo de 1980 (Banco Mundial, 1986)".

31. Ibid., págs. 64 a 72.

serán invertidos para aumentar el producto (la torta) y la productividad en la economía. Recién entonces existirá la posibilidad de ingresos superiores para todos.

En el enfoque del estilo de equidad con expansión se refuta este razonamiento cronológico. Ante todo, con lo ocurrido en la práctica: la realidad latinoamericana ha desmentido esa creencia, como puede advertirse de la conocida ''fuga de capitales y de los datos contenidos en el Cuadro 4, que muestra que nada tienen que ver la evolución de los salarios medios con las tasas de inversión ni con el producto. En este sentido, el caso de la Argentina quizás sea el mejor ejemplo: la participación de los asalariados en el ingreso cayó del 42.6 por ciento en 1974, al 27 por ciento en 1990; y en los primeros nueve meses de 1990, el salario medio real en la industria fue inferior en un tercio al de 1983. No obstante, la tasa de inversión cayó del 22 por ciento del PIB en 1980 al 7.8 por ciento en 1990; y el producto por habitante disminuyó en 24.3 por ciento entre 1980 y 1990[32].

En el plano teórico, más que apoyarse en una supuesta disociación temporal entre una etapa ''productiva'' y otra ''distributiva'', este enfoque se preocupa de la determinación recíproca entre producción y distribución, revalorizando la función del mercado interno y del consumo popular en la reactivación económica y en las características del desarrollo a más largo plazo. Este enfoque critica también las políticas anti inflacionarias que deprimen el consumo popular, como si se tratara de una inflación de demanda, cuando en realidad existe una depresión profunda.

32. Véase Alfredo Eric Calcagno y Alfredo F. Calcagno. ''Versos para no pensar. Fábulas contemporáneas sobre política y economía. Editorial El Despertador. Buenos Aires, 1989. págs. 130 y ss.

CUADRO 4

Países seleccionados de América Latina y el Caribe: Evolución del producto interno bruto, de las remuneraciones medias reales y de los coeficientes de inversión

PAISES	P.I.B.por habitante			Remuneraciones(1)			Coeficiente de inversión(2)		
	1981	1985	1989	1981	1985	1990	1981	1985	1989
Argentina	2759	2468	2354	89,4	107,2	68,3	19,6	11,5	9,9
Brasil	1879	1903	2020				21,0	16,7	17,7
Río de Janeiro				108,5	112,7	85,5			
Sao Paulo				104,7	120,4	139,6			
Colombia	1208	1232	1379	101,3	114,6	120,1	17,4	15,7	14,9
Costa Rica	1470	1355	1460	88,3	92,2	...	18,4	18,5	18,6
Chile	2409	2072	2526	108,9	93,5	104,7	18,5	13,8	17,2
México	2651	2439	2279	103,5	76,6		26,5	17,9	17,8
Perú	1209	1030	896	101,8	77,6	43,9	26,1	16,1	18,0(3)
Uruguay	2431	1981	2254	107,1	68,1	72,8	16,0	7,3	9,0
Total América Latina	1978	1860	1875				22,5	16,2	16,4

Notas: 1 Salarios medios en la industria manufacturera; promedios anuales, con 1980-100.
2 inversión bruta fija.
3 Año 1988.
Fuente: CEPAL, sobre la base de estadísticas oficiales.

5. *El enfoque social del estilo de "equilibrios con ajuste estructural".*

En síntesis, podría afirmarse que el divorcio entre las políticas económicas y sociales que surge de la aplicación de este estilo, no obedece a fallas en su aplicación, sino a una concepción teórica y una estructura de poder que así lo determina. "No es que el sistema funcione mal, sino que el sistema es así: es un sistema socialmente vicioso" [33].

33. Véase Raúl Prebisch, op. cit. pág. 61.

La inequidad no es una anomalía sino una consecuencia natural, ya que por su misma índole la genera; está en su "código genético". Por razones éticas y políticas, exógenamente, trata de practicar una política asistencialista para paliar las desigualdades más notorias que produce el estilo. Quienes lo sostienen, consideran a su éxito como el prerrequisito para una política de equidad y expansión productiva. El esquema económico recesivo necesario para establecer los equilibrios básicos, sería seguido por otro expansivo; así, después que se logren tales equilibrios, se pasaría a la política de equidad y expansión productiva.[34]

IV. PROPOSICIONES CONCEPTUALES Y SUGERENCIAS DE ACCION PARA INCORPORAR A LA EQUIDAD COMO UN COMPONENTE ORGANICO DE LAS POLITICAS DE DESARROLLO DE LA REGION.

1. *Las distinciones conceptuales.*

a) Los estilos de desarrollo.

El primer problema que se plantea es el del tipo de sociedad: si en el corto y mediano plazo tendrá una cierta homogeneidad o será dual. Esta es una decisión política y de ella dependerá el estilo de desarrollo que se adopte. Si se aceptará o no el criterio de equidad para fijar las políticas económicas y para evaluar planes y proyectos. Es un planteo análogo al que hacen los países desarrollados con respecto a las cuestiones de medio ambiente: no es un tema puntual, sino una pauta general para juzgar todos los problemas. Si lo que acerque a sociedades justas y homogéneas debe adoptarse y lo que aleje de este objetivo debe rechazarse; o si deben aceptarse estilos de desarrollo intrínsecamente inequitativos (con paliativos que mitiguen la pobreza), con la esperanza de asegurar para el futuro la prosperidad y una mayor equidad. La disyuntiva es doble: por una parte se refiere a los alcances de la equidad que se propugna (si se trata de una igualdad real de oportunidades o de una meramente formal), y, por la otra a sus tiempos; la equidad debe estar presente desde ya, o ha de ser postergada. Las proposiciones y sugerencias que se formularán a continuación adoptan la primera hipótesis.

---

34. Véase UNESCO, Políticas sociales integradas: elementos para un marco conceptual interagencial, Unidad Regional de Ciencias Humanas y Sociales para América Latina y el Caribe. Caracas, s/f. pág. 9. En el análisis de este punto se utiliza el citado estudio.

Si se procurara homogeneizar desde ya las sociedades latinoamericanas, la primera tarea consiste en eliminar la pobreza. El mayor escándalo ético de la humanidad es que 1.100 millones de personas estén por debajo del límite de la pobreza; y en América Latina, que el 44 por ciento de población -183 millones de personas- viva en situación de pobreza y de ellos, el 21 por ciento - 88 millones - de indigencia. Este problema no sólo atañe a los perjudicados, sino también al resto de la sociedad, no sólo por razones morales sino, aún en un razonamiento mezquino, de convivencia y de seguridad [35].

b) Los países.

Debe tenerse en cuenta la situación de cada región y país. Ante todo, la diferencia entre los países desarrollados y en desarrollo; y después las distinciones entre los países en desarrollo.

En los países latinoamericanos, el problema de la pobreza no puede desvincularse del contexto económico general. Es posible paliar la pobreza con subvenciones a los pobres cuando, como ocurre en los países desarrollados, afecta entre el 10 y el 20 por ciento de la población; pero cuando se trata de casi la mitad de los habitantes, la única solución está en las políticas económicas globales que generen equidad. Por esto, en estos casos el problema de la pobreza está ligado al estilo de desarrollo que se adopte y, en especial, a la distribución del ingreso y al empleo. Las políticas asistenciales no pueden dar una respuesta de esta naturaleza y magnitud, ya que no tocan la política económica global, y la subvención a ese porcentaje de la población está excluida de las posibilidades presupuestarias de los países en desarrollo.

Asimismo, las políticas deben distinguir la situación diferente de cada país en desarrollo. Si bien la orientación general consideraría a la equidad como el eje de la política, varían sus aplicaciones según las situaciones particulares. En unos casos, será determinante el problema agrario, si la miseria es predominantemente rural; en otros, más adelantados, serán las modalidades de la industrialización. En un caso, se plantearía ante todo el problema de

35. Véase Arturo Núñez del Prado. "Las economías de viabilidad difícil", en Revista de la CEPAL, núm. 42, diciembre 1990, págs. 199 y ss.

los latifundios y minifundios; en el otro, el de la productividad, el empleo y los salarios [36].

2. *Las acciones.*

Para que la equidad se incorpore como un componente orgánico de las políticas de desarrollo de la región, debería adoptarse un conjunto de medidas convergentes que se basen en un estilo de desarrollo que la tenga como uno de sus ejes, hasta medidas concretas de política económica y social.

En primer término, se trata del modelo global de desarrollo que debe generar equidad por sus políticas de acumulación, distributivas y redistributivas, de empleo, de relaciones externas y de agentes económicos.

a) La política de acumulación.

La política de acumulación deberá aprovechar el potencial de ahorro interno, que actualmente está subutilizado. A tal efecto, deberían adoptarse dos tipos de medidas: la primera, tendiente a evitar el drenaje de recursos hacia el exterior que supone el pago de la deuda externa y la evasión de capitales; la segunda, que mejore la utilización del ahorro interno, que se deriva hacia fines no productivos (subvenciones al sector financiero, sobreprecios en obras públicas, inversiones suntuarias, etc.). Es fundamental el afianzamiento del proceso de industrialización, que lleve a la creación o consolidación de industrias nacionales (que jerarquicen el sistema productivo en su conjunto) y populares (que satisfagan las necesidades de la mayoría de la población). Las tecnologías más avanzadas deberán ser incorporadas para favorecer a las actividades intensivas en mano de obra calificada y aumentar la productividad del trabajo y el empleo. Se deberían modernizar diversos sectores de actividad que llevan a favorecer la inversión financiera en lugar de la productiva.

b) Las políticas distributivas y redistributivas.

La distribución primaria del ingreso está determinada por la propiedad y el control de los factores de la producción, la homogeneidad o heterogeneidad de la estructura productiva y la orientación de la política

36. Véase Adolfo Gurrieri. "Políticas sociales y desarrollo social en el umbral de los años 90", op.cit, págs. 17 y 18.

macroeconómica (fiscal, monetaria, etc.). La política distributiva va al fondo del problema y es esencial para obtener mayor equidad. Ello es notorio en los casos de las reformas agrarias. El Banco Mundial sostiene que "en el siglo XX casi todas las redistribuciones importantes de derechos de propiedad de la tierra han sido precipitadas por revoluciones sociales, derrotas bélicas o liberación nacional de la dominación colonial... En ausencia de una conmoción importante, las reformas de la tenencia de la tierra rara vez han avanzdo tanto y, como resultado de ello, su efecto en los pobres ha sido modesto" [37]. A su vez, las políticas redistributivas corrigen (de acuerdo con el criterio predominante) la distribución primaria, con medidas de tranferencia de ingresos, bienes y servicios [38]. Abarcan una amplia gama y pueden incluir el incremento de los salarios reales, planes de empleo, subsidios para favorecer el consumo de alimentos, programas de crédito barato, aumento de los gastos sociales, etc. De acuerdo con la situación política y social de cada país, debería tenderse, sea por la vía distributiva o redistributiva, a un reparto más justo de la propiedad y el ingreso.

c) Políticas de empleo.

Uno de los ejes de la política de equidad es el empleo. Así lo reconoce el Banco Mundial, cuando sostiene que el primer elemento en la lucha contra la pobreza "consiste en promover el uso productivo del bien que los pobres poseen en mayor abundancia: el trabajo" [39]. Actualmente, el desempleo y el subempleo constituyen las mayores fuentes de pobreza. la migración rural-urbana que caracterizó el último medio siglo, no pudo ser absorbida por los sectores urbanos modernos. Esta situación se agravó con la recesión de los años ochenta; en general, la tasa de crecimiento de la población económicamente activa no agricola fue superior a la de creación de empleo urbano. En los países desarrollados -para aplicar a los en desarrollo - han resurgido las tendencias de control de la natalidad de los años sesenta; [40] pero se trata de medidas de difícil ejecución y de largo plazo. En lo inmediato, entre otras

37. Banco Mundial, op. cit. págs. 72 y 73.

38. Véase Adolfo Gurrieri. "El desarrollo social en los años noventa: principales opciones", en "Los años noventa: ¿desarrollo con equidad?" FLASCSO/CEPAL, Santiago de Chile, junio 1990, págs. 26 y ss.

39. Banco Muncial, op. cit. pág. 3.

40. Véase OCDE, Cooperation pour le developpement. Rapport 1990. París 1990, págs. 117 y ss.

soluciones, se piensa en retener fuerza de trabajo en el sistema educativo; en planes masivos de empleo mínimo; y en programas de microempresas (como los que promueve el BID). Pero el fondo del problema está ligado a la política expansiva o recesiva que se aplique; éste es otro motivo fundamental para aplicar políticas de expansión económica. El único medio genuino de ocupación de la mano de obra es la mayor actividad económica.

d) Las relaciones externas.

Entre las principales características de la problemática externa de América Latina continúa sobresaliendo el monto de la transferencia de recursos hacia el exterior y, por otra parte, el desafío por fortalecer los procesos de integración regional. Se trata de dos hechos que no son del mismo rango ni operan en el mismo ámbito; más aún, tienen significados opuestos.

El pago de intereses de la deuda externa es una de las principales causas de la actual crisis económica y social. Todas las recomendaciones de los organismos internacionales enfatizan la necesidad de disminuir o anular esa transferencia y se han elaborado múltiples planes con ese fin, pero hasta ahora, la relación de fuerzas entre acreedores y deudores - en especial de los respectivos gobiernos - no ha permitido llegar a una solución satisfactoria.

Por otra parte, la conformación de grandes bloques económicos mundiales, junto con la política proteccionista de los países desarrollados, hace impostergable fortalecer y acelerar con posibilidades de éxito el desafío que esta nueva situación representa para la región. Con ese propósito se ha acelerado el proceso de revitalización de las actuales agrupaciones de integración de la región, así como el surgimiento de nuevos esquemas. Aquí se debe señalar que tanto la presión de los organismos multilaterales y de la llamada ''Iniciativa para las Américas'' para obtener una drástica rebaja de los aranceles de los países de la región puede traducirse, de no tomarse las medidas preventivas adecuadas, en una integración comercial dirigida hacia el resto del mundo y no entre los países latinoamericanos. Este problema y las demás áreas de cooperación deberán ser materia de negociaciones y acuerdos regionales y subregionales. Sin una nueva base de sustentación, la equidad seguirá ausente de las relaciones económicas y financieras internacionales; y hará imposible una politica interna de equidad.

3. *Los agentes económicos.*

La crisis de los años ochenta ha alterado la naturaleza y los roles de los principales agentes económicos: el Estado, los empresarios y los trabajadores. Con respecto al Estado, con la adopción de las tesis neoliberales de los países desarrollados, en particular, de los anglosajones, se lo ha relegado a una función subsidiaria. Ello perjudicó notoriamente a la equidad, por la conversión de muchos servicios públicos en operaciones comerciales, y por la restricción del gasto público. La preeminencia del mercado lleva a que la economía sea regida por el sector privado, que en los países en desarrollo está manejado por los empresarios nacionales grandes (ligados en la mayor parte de los países a la exportación) y las empresas transnacionales. Durante los años ochenta, ambos privilegiaron al sector financiero, que en las condiciones de crisis e inestabilidad era el más lucrativo; el resultado fue una caída de la inversión y una importante fuga de capitales. Las organizaciones de los trabajadores de varios países se debilitaron como consecuencia de la recesión y la desocupación (que obliga a cuidar el empleo) y del proceso de desindustrialización; en varios casos, los sindicatos más fuertes pasaron a ser los de servicios, en lugar de los industriales. Como el proceso de afirmación de la equidad es esencialmente político, en el futuro próximo será indispensable una recomposición de la fuerza relativa y de las funciones de quienes adoptan las decisiones económicas.

4. *El resultado: una sociedad homogénea.*

Si las acciones en favor de la equidad tuvieran la fuerza política y el acierto económicos deseables, se marcharía hacia una sociedad homogénea y se eliminaría así la mayor amenaza presente contra la equidad, que es la formación de sociedades duales.

VI. CONCLUSIONES

1. *Las políticas internas.*

Las acciones que se adopten con respecto a la equidad forman parte de la política económica general y serán el resultado del estilo de desarrollo que se ejecute. Asimismo, existen profundas diferencias entre países, que hacen variar la naturaleza de las soluciones. Pero cualesquiera sean las políticas, reclamarán una cierta conducta del Estado, de los grupos sociales y de los agentes económicos.

Ante todo, deberá considerarse a la equidad como una referencia ineludible en la elaboración y aplicación de los programas y proyectos de desarrollo. Más que una consecuencia a prever, debe ser un criterio básico para adoptar resoluciones Esta orientación de las políticas económicas requerirá una reforma del Estado, que lo haga apto para responder a las demandas sociales, cuya satisfacción requiere a la vez crecimiento económico. El primer requisito es la voluntad política, que se expresa por la acción de todo el aparato estatal, tanto del poder central como de las jurisdicciones descentralizadas; y dentro de cada una, de las autoridades ejecutivas y de las legislativas. El segundo requerimiento es el de la participación, no sólo de las entidades gubernamentales sino también de los organismos representativos de las diferentes actividades, en especial de los trabajadores y los empresarios.

2. *Los puntos de coincidencia sobre acciones inmediatas.*

De los distintos estilos de desarrollo que se adopten, surgen diferentes políticas económicas; como se señaló, en un caso se privilegian ciertos equilibrios macroeconómicos, y en el otro desde ya se pone a la equidad como eje de las políticas. No obstante, estas disidencias de fondo, existe un amplio campo de acuerdo para emprender acciones que beneficien a los pobres; con una u otra visión de la realidad, es innegable que por razones éticas se los debe ayudar de inmediato.

3. *La acción de los organismos internacionales.*

Ese ámbito de coincidencias es el que deben aprovechar los organismos internacionales para desarrollar su acción. Cualquiera sea su orientación y la de los gobiernos, deberían actuar sin demoras. Por ejemplo, la mejora en el acceso a la tierra, al crédito, a la infraestructura y la tecnología, así como la ejecución de programas de empleo de emergencia y de educación, son acciones aceptadas tanto por el Banco Mundial como por los grupos políticos más avanzados y por los gobiernos de todas las ideologías.

Cada una de las Agencias internacionales - y el SELA, en su ámbito de acción - deberán encarar el problema desde el punto de vista teórico y de acciones prácticas. Así, sería necesario profundizar el estudio de la vinculación de la política social con el desarrollo, identificar los recursos nacionales e internacionales disponibles, y definir algunas modalidades de cooperación con los gobiernos, en especial en la elaboración y ejecución de proyectos de desarrollo social.

4. *Sociedades homogéneas o duales.*

En última instancia, el problema de la equidad - con su secuela mayor, que es la ampliación o reducción de la miseria masiva - lleva en América Latina a la disyuntiva entre sociedades homogéneas o duales. Este debería ser el hilo conductor del análisis y el criterio para decidir acerca de políticas y proyectos.

ESTRUJADOS. LA CLASE MEDIA EN AMERICA LATINA

ALBERTO MINUJIN[1]

Las características y los efectos de la crisis de los 80 en la estructura económica en América Latina, así como en la distribución del ingreso y en la evolución de la pobreza, han sido objeto de diversos estudios (Altimir, 1993; Cornia, 1994; CEPAL, 1990; Gosh, 1990; Serven and Solimano, 1993; WB, 1993. Este último estudio contiene una extensa bibliografía para la región y cada uno de los países).

Menor atención se le ha prestado al impacto de este largo proceso en los sectores medios y los consecuentes cambios en la estructura social. Las modificaciones en sus condiciones de vida, así como en la esfera de relaciones sociales y en la cultural, ha sido escasamente analizado.

En muchos países de América Latina el peso relativo de los sectores medios se ha incrementado durante buena parte de este siglo. El modelo de protección del Estado Benefactor se extendió y, si bien de manera imperfecta y parcial, cubrió a una proporción creciente de población. Mayores niveles de educación, aumento en los niveles de ingreso, incorporación y acceso a bienes y servicios, etc., repercutieron en una movilidad ascendente y en un aumento del peso relativo de dichos sectores.

Las crisis de los 80 y las políticas implementadas en los procesos de estabilización y ajuste han implicado un debilitamiento de la función distributiva del Estado y de los servicios que el mismo prestaba. Por su parte, durante este

1. Asesor Regional - UNICEF. Oficina Regional para América Latina y el Caribe. Las opiniones del autor no comprometen a la institución en la que trabaja.

mismo período, se ha producido un deterioro significativo del salario y el ingreso real, en particular los correspondientes a ocupaciones en ciertas ramas y muy especialmente en el sector público. Ocupaciones en el Estado, típicas de sectores medios, que implicaron el acceso a una serie de beneficios al empleado y su familia, como maestro de escuela, enfermero, empleado administrativo, etc., perdieron status y posición en la escala salarial.

Esta combinación de disminución de ingresos, crisis del "Estado de bienestar" y reforma económica dio como resultado que una porción importante de los grupos de ingreso medio sufriera una considerable caída. Muchos de ellos se incorporan al universo de la pobreza, constituyendo lo que algunos denominan "nuevos pobres".[2, 3] Este camino de descenso es de muy difícil retorno para buena parte de ellos, dada la persistencia de la crisis y los profundos cambios en el mercado de trabajo.

El objetivo de este trabajo es el de incursionar en la temática de los "nuevos pobres", señalando su relevancia y algunas de sus características. Para ello en la primera parte se analizan los cambios observados en la distribución del ingreso en América Latina, para, en la segunda parte, profundizar en la problemática de la "nueva pobreza" basándose en el caso de la Argentina.

1. LA CAIDA

En América Latina, durante la década de los años 80 la pobreza ha aumentado en términos absolutos y relativos.

Durante la década de los 70 el porcentaje de hogares bajo la línea de pobreza se habría reducido. Esta tendencia se revierte a partir de la crisis de los 80. Para 1986 se estimaba que más de 85 millones de hogares eran pobres por

---

2. Es necesario realizar dos aclaratorias con esta denominación. Por una parte, los "nuevos pobres" tienen en común el haber experimentado un proceso que implicó un descenso en sus condiciones de vida. Pero no parece que se reconozcan ni como pobres, ni como grupo. Tampoco, salvo excepciones, como grupo en defensa de sus derechos. Por otra parte, la idea de nuevos pobres tiene un doble significado, "nuevos pobres" en cuanto a que constituye una situación reciente y en muchos casos inédita para los que sufren. Pero también "nueva pobreza" por parte de condiciones distintas a la de los "históricamente pobres".

3. Nota sobre la nota 1: Una excepción la constituyen en algunos países los grupos de jubilados. Los mismos constituyen un claro ejemplo de movilidad descendente y actúan como grupo tratando de luchar por su espacio en la sociedad.

ingreso, lo que implicaba respecto a 1980, un aumento del 16% en términos absolutos y de 2 puntos en términos relativos, de 35% a 37% (CEPAL, 1992).[4]

El balance en materia de pobreza para la región indica que los avances logrados en los primeros años de la presente década no representaron progresos en relación con los logros de más largo plazo, sino más bien una recuperación parcial de los límites de pobreza ya logrados por algunos países hacia fines de los años setenta. En la mayoría de los países hubo un estancamiento o retroceso que acrecentaron la incidencia de la pobreza, especialmente en las zonas urbanas.

Seis de un total de siete países (Argentina, Colombia, Costa Rica, México, Panamá, Uruguay y Venezuela), para los cuales se dispone de estimaciones comparables, presentaban en 1992 índices de pobreza más altos que los que prevalecían alrededor de 1980. A esta situación han contribuido dos circunstancias. Por una parte, para un porcentaje importante de los hogares del estrato pobre las mejoras alcanzadas durante los primeros años 90 no lograron compensar las fuertes disminuciones del ingreso que hubo durante la crisis y los procesos de ajuste y de reestructuración de sus economías que muchos países llevaron a cabo durante el último decenio.[5]

Por otra parte, está el hecho de que en muchos casos no se ha logrado, simultáneamente, tasas de crecimiento altas con reducción simultánea de la inflación y del desempleo. Por el contrario, los niveles de desempleo y subempleo se han mantenido o incrementado (Bustelo, 1994; IDB, 1994).

Respecto a la distribución del ingreso, los datos disponibles señalan una mayor concentración e inequidad. El coeficiente de Gini correspondiente a las áreas urbanas de Brasil y Venezuela, se incrementó de 0,50 a 0,54 y de 0,32 a

4. Existen diversas estimaciones de nivel de pobreza dependiendo de la definición de la Línea de Pobreza utilizada y de otras cuestiones meteorológicas. Por ejemplo el WB estimó en 133 millones la población pobre en América Latina en 1989. Es importante resaltar que más allá de las diferencias en la cuantificación, los distintos estudios coinciden en la direccionalidad de los cambios.

5. La elasticidad del porcentaje de pobres (poverty headcount ratio) en relación al ingreso per cápita neto se estimó en -1,78 en períodos de recesión y de sólo -0,61 en el de recuperación. Es decir, la economía debería expandirse tres veces más rápido que como se contrajo para reabsorber la pobreza generada durante la recesión. Esta asimetría es el resultado de los cambios en el mercado de trabajo, en la distribución de assets y en el rol del Estado (Cornia, 1994).

0,37, respectivamente, entre comienzos y fines de los 80 (CEPAL, 1990). La distribución del ingreso en Latinoamérica, que se ha caracterizado por ser una de las más inequitativas del mundo, incrementó aún más este rasgo.[6]

Coeficiente de Gini en 1992 vs. 1980

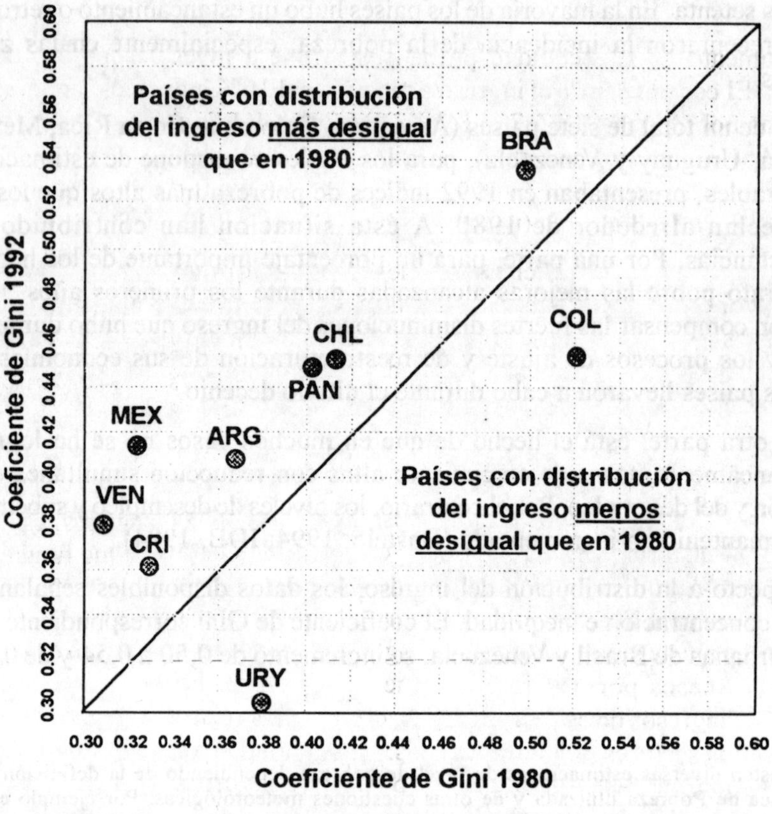

Fuente: CEPAL, Panorama Social 1994

---

6. Si bien el ingreso medio de Latinoamérica es más alto que la mayor parte de los países pobres de Africa y Asia, la región ha mantenido un patrón de alta inequidad. Ya en los 60 la razón entre deciles era 2,5 veces mayor en Latinoamérica que la de los países en desarrollo del Sudeste asiático (Kaufman and Stalling, 1991). Ver también Ginneken and Park. 1984.

Si se compara 1980 con 1992, de 11 países estudiados la desigualdad se incrementó salvo en 2 de los países (ver gráfico 1). Durante los 80, especialmente los primeros años, el ingreso per cápita se redujo en forma rápida y pronunciada.

El ingreso promedio de la población ocupada se redujo en un 40% en Venezuela, un 30% en la Argentina (Gran Buenos Aires), un 21% en Brasil y en Costa Rica (CEPAL, 1993). Esta reducción fue más pronunciada entre los ingresos medios y bajos.

El aumento de la inequidad puede observarse a nivel del ingreso de los hogares. El cociente entre el ingreso promedio del 10% más rico en relación al 40% más pobre, pasó del 6,7 al 8,3 en Argentina (Gran Buenos Aires 1980-1992), del 13,3 al 17,7 en Brasil (urbano 1979-1990), del 8,3 al 10,6 en Chile (Gran Santiago 1978-1988), del 5,1 al 9,1 en México (urbano 1984-1989) y del 4,3 al 6,8 en Venezuela (urbano 1981-1992) (CEPAL, 1994, cuadro 18).

En resumen, existen suficientes evidencias para afirmar que durante los 80 en la mayor parte de los países de Latinoamérica se produjo una significativa caída de los ingresos y que se incrementó la inequidad. Si bien con disminución del nivel de pobreza en algunos países, debido fundamentalmente a la caída de la inflación, este panorama se mantiene en los 90.[7]

1.1. *Los nuevos pobres*

Podría suponerse que los sectores históricamente más rezagados, es decir, los pobres "históricos" o "crónicos" o "estructurales", son los que fundamentalmente sufrieron esta disminución de ingresos. Sin embargo, es posible observar que para una porción importante de los sectores medios la crisis y las políticas de ajuste significó una caída significativa de sus ingresos, llevándolos en muchos casos por debajo de la línea de pobreza. En algunos países, la pérdida de ingresos de estos sectores es, en términos relativos, similar o mayor que la de los sectores de ingresos bajos. No hay duda que los pobres "estructurales" pagaron buena parte del costo social de la crisis y ajuste. Pero otra parte significativa fue pagada por la clase media.

---

7. El optimismo prevaleciente en América Latina a comienzos de los 90 ha tendido a desaparecer luego de la crisis mexicana y el efecto "tequila". La disminución del ritmo de crecimiento prevista para la segunda mitad del decenio y el comprobado bajo impacto en términos de empleo del crecimiento, pronostican un panorama poco alentador en materia de mejora en la equidad para este fin de siglo.

La información disponible muestra que en muchos países de la región, la caída del ingreso medio de los hogares del segundo y tercer cuartil, es significativa, llegando, en algunos casos, a ser similar o superior a la del primer cuartil (ver gráfico 2 y cuadro 1). El mayor o menor impacto en los distintos países parecería correlacionado con la importancia relativa de los sectores medios y el grado de urbanización.

El gráfico 3 y el cuadro 2 nos proporcionan una información sumamente interesante y consistente con la hipótesis señalada. En ellos se puede observar que es mayor la caída en los ingresos entre los que tienen 6 a 9 años de estudios que entre los de menor nivel de educación. También puede observarse que la caída es significativa entre los que tienen mayor nivel educativo. Esto sucede en diferentes períodos del ciclo activo. Asimismo, se evidencia que en algunos grupos, tales como los de 10 y más años de estudios, en los que la pobreza era prácticamente inexistente a comienzos de los 80, pasa a tener un peso considerable en los 90. El incremento relativo de la pobreza en estos grupos es mayor que en la de bajo nivel de educación. Ver cuadro 1 y cuadro 2 en páginas 77 y 78.

La caída del ingreso en el Gran Buenos Aires entre 1974 y 1993 es ilustrativa de lo que ha ocurrido en la región. La disminución en el promedio de ingresos se debe fundamentalmente a un corrimiento de los sectores de ingresos medios hacia niveles inferiores (gráfico 4).

Como resultado de estos cambios, los más pobres estarían todavía más pobres y los sectores medios habrían sufrido una masiva movilidad descendente, llevándolos a incorporarse al universo de la pobreza. Así, este universo se habría complejizado y heterogeneizado con la incorporación de este sector al que se ha denominado "nuevos pobres".

Estos "nuevos pobres" no están asentados en las "villas" o "favelas", tradicionales asentamientos de pobres "estructurales", ni presentan las características socioculturales de estos últimos. Tienen, en términos generales, mayor nivel de educación, menor fecundidad, y una serie de pautas sociales y culturales propias de los sectores medios.

La observación de la pobreza, medida a través del método de línea de pobreza (PL) (Poverty Line approach), no permite observar este fenómeno por varios motivos. Por una parte, al tomar en cuenta sólo un indicador, ingreso o consumo, no permite realizar distinciones entre diferentes sectores sociales. Por otra, una serie de carencias, como vivienda inadecuada o falta de agua y/o servicios

Grafico 2

VARIACIONES PORCENTUALES DEL INGRESO MEDIO DE LOS HOGARES URBANOS, SEGUN PERCENTILES DE HOGARES

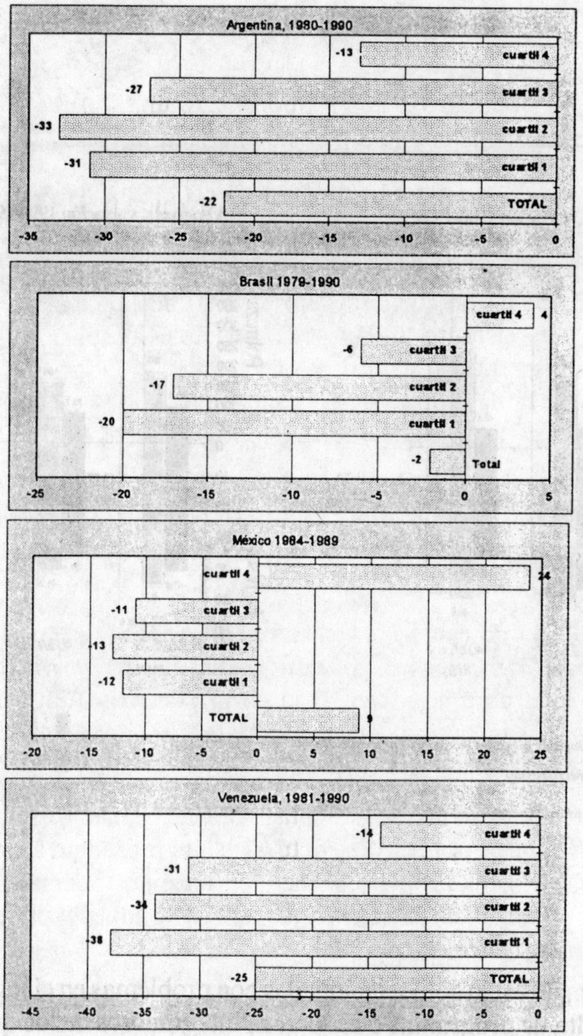

Fuente: CEPAL, sobre la base de información proveniente de las encuestas de hogares de los países, Panorama Social 1994.

Gráfico 3

VARIACION DE LA INCIDENCIA DE LA POBREZA E INGRESO MEDIO DE LA POBLACION OCUPADA POR GRUPOS DE EDAD Y AÑOS DE ESCOLARIZACION EN AREAS URBANAS

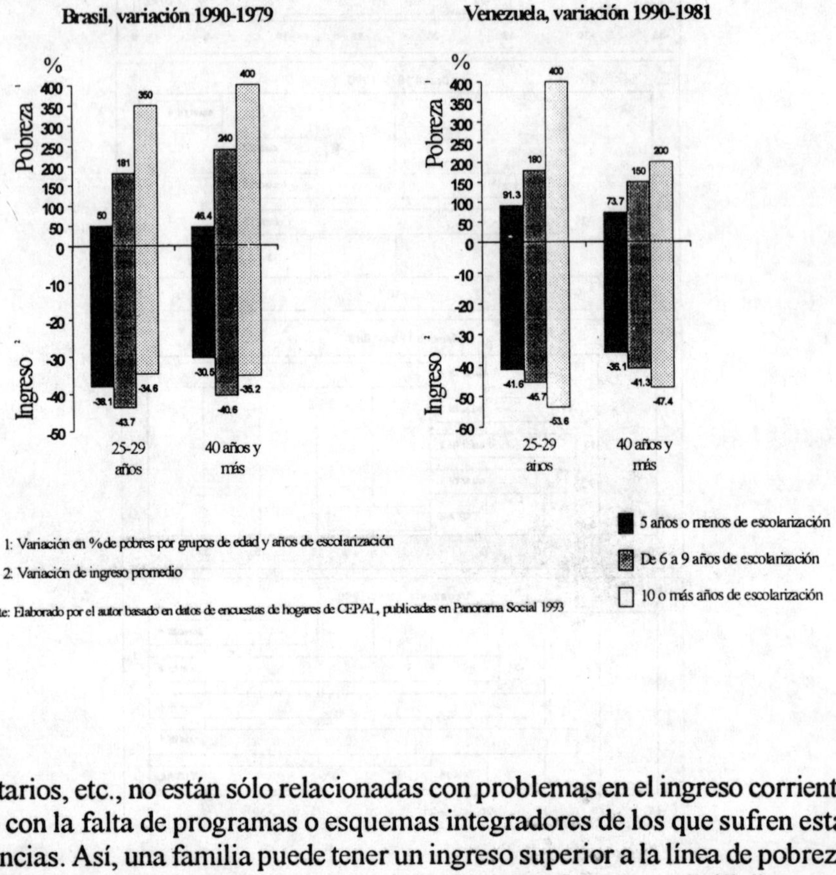

1: Variación en % de pobres por grupos de edad y años de escolarización

2: Variación de ingreso promedio

Fuente: Elaborado por el autor basado en datos de encuestas de hogares de CEPAL, publicadas en Panorama Social 1993

sanitarios, etc., no están sólo relacionadas con problemas en el ingreso corriente, sino con la falta de programas o esquemas integradores de los que sufren estas carencias. Así, una familia puede tener un ingreso superior a la línea de pobreza, pero está viviendo hacinada en una vivienda precaria, en una "villa" carente de todo tipo de servicios.

Una serie de trabajos realizados en la región (Beccaria and Minujin, 1985; Bolvinik, 1992; PNUD, 1990; Katzman, 1989; Desai, 1989) mostraron que es posible aproximarse a una mejor observación del fenómeno de empobrecimiento a través del uso del método de Necesidades Básicas Insatisfechas (Unsatisfied Basic Need approache) (NBI) y el de Línea de Pobreza (LP) para la medición de la pobreza.

La utilización simultánea de ambos criterios en el análisis de encuestas a hogares, permite observar la evolución y composición de la pobreza a partir de la distinción de los siguientes grupos de hogares: a) pobres estructurales, b) nuevos pobres, y c) no pobres.

Gráfico 4
DISTRIBUCION DEL INGRESO
Gran Buenos Aires, 1974-1993

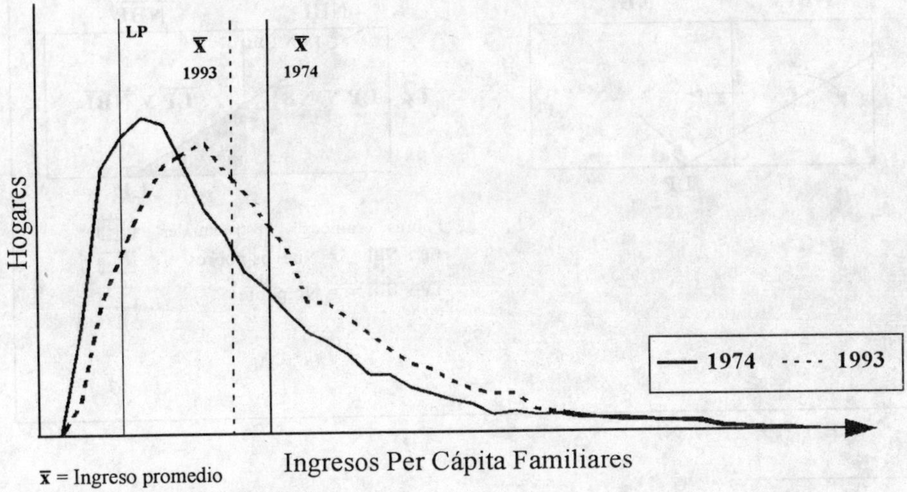

Fuente: Elaborado con datos de Encuestas de Hogares. Octubre 1974 y 1993.

En el gráfico 5 se presenta un esquema de los cambios en la pobreza posible de observar utilizando simultáneamente ambos métodos en dos momentos.[8]

El conjunto de los hogares pobres según el criterio de NBI delimita la situación de "pobreza estructural", mientras que el de los que se ubican bajo la LP pero que no sufren ninguna de las carencias tomadas en consideración por el indicador de NBI, corresponden al grupo pauperizado que incluye a los "nuevos pobres" (Minujin, 1990). El primer grupo, el de los "estructurales", corresponde a hogares que históricamente vivieron en situación de pobreza.

Grafico 5

CAMBIOS EN LA COMPOSICION DE LA POBREZA

Caída del ingreso entre t1 y t2

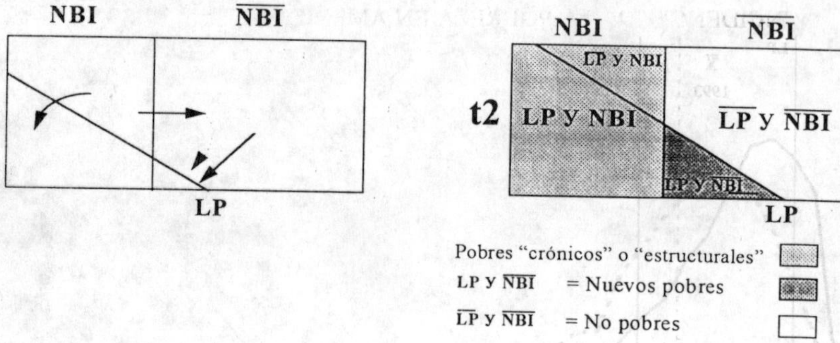

---

8. Es necesario señalar que cada uno de estos métodos tienen limitaciones y ventajas que hacen que sólo capten en forma parcial la diversidad del fenómeno de la pobreza. Para una discusión de estos aspectos, puede verse Katzman, 1995: Beccaria y Minujin 1991. En Wartte (1995) puede encontrarse una discusión sobre la definición de pobreza y los métodos de medición.

Los indicadores utilizados en la definición de las necesidades básicas hacen referencia al sector de la población que, a través del tiempo, no tuvo acceso a una serie de servicios considerados esenciales. En consecuencia, para revertir su situación son necesarios cambios estructurales en la calidad de vida de dichos hogares.[9]

La situación de los hogares pertenecientes al segundo grupo mencionado, "los nuevos pobres", es totalmente diferente. Ellos tienen cubiertas las necesidades básicas de tipo estructural, pero sus ingresos no son suficientes como para cubrir el costo de una canasta básica de bienes y servicios. En el gráfico 6 se presenta una estimación del peso relativo de cada grupo de pobreza a fines de los 80. Se observa que en el conjunto de los países de América Latina, la pobreza "estructural" constituye el núcleo central. Sin embargo, se estima que un 11% de la población, más de 45 millones de personas, pertenecen a hogares que, si bien tienen sus necesidades básicas satisfechas, su ingreso es inferior a la línea de pobreza (PNUD, 1990).

Grafico 6

INCIDENCIA DE LA POBREZA EN AMERICA LATINA, 1986

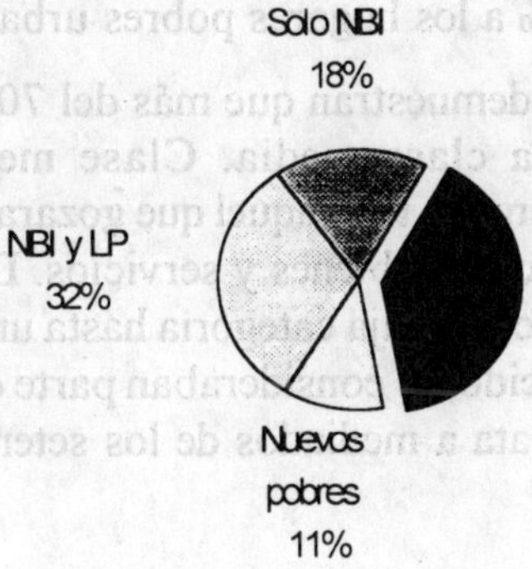

Fuente: Desarrollo sin pobreza, PNUD 1991.

9. La mayor parte de los estudios realizados en América Latina con el método de NBI utilizan como fuente de información los censos de población y toman en cuenta 5 indicadores relacionados con carencias en vivienda (tipo de vivienda y hacinamiento); en acceso a agua potable y saneamiento; en acceso a educación básica y en la capacidad de subsistencia.

2. DE COMO LA PUJANTE CLASE MEDIA ARGENTINA SE EMPOBRECIO Y ALGUNOS DEVINIERON EN NUEVOS POBRES[10]

Durante los primeros sesenta o setenta años de este siglo una parte considerable de la población de la Argentina experimentó una permanente mejora en sus condiciones de vida. A fines del siglo pasado y comienzos del presente, el país fue un polo de atracción para migrantes pobres de Europa y posteriormente para los de los países limítrofes. Cada nueva generación alcanzaba, generalmente, una mejor ubicación económica y social que la anterior (Cortés, 1991; Ferrer, 1963).

Un prolongado período de crecimiento económico, el acceso a la educación y a la salud, una mejora persistente tanto en el ingreso medio como en su distribución hacía pensar en la posibilidad de una sociedad que sólo albergara algunos "bolsones de pobreza".[11] Durante mucho tiempo la pobreza no fue un tema de estudio en el país, en alguna medida porque no constituía un problema social de gran dimensión. Las "villas miserias" estaban conformadas por migrantes rurales y de algunos países limítrofes, fundamentalmente Paraguay y Bolivia, y se suponía que desaparecerían. Una estimación de la CEPAL para 1970 estimaba en sólo un 3% a los hogares pobres urbanos (Altimir).

Investigaciones sucesivas demuestran que más del 70% de la población se consideraba miembro de la clase media. Clase media de una enorme heterogeneidad que podía albergar a todo aquel que gozara de un trabajo formal, del acceso real o potencial a ciertos bienes y servicios. Desde un obrero poco calificado, un empleado público de baja categoría hasta un mediano propietario rural y un profesional reconocido, se consideraban parte de la clase media. Sin embargo, la crisis que se desata a mediados de los setenta, en el contexto de

---

10. Algunas de los resultados presentados en este punto están basados en una investigación efectuada conjuntamente con Gabriel Kessler, la cual incluyó la realización de encuestas cualitativas a familias seleccionadas según una metodología cuanti-cualitativa específica.

Esta investigación dio las bases para un libro publicado Minujin and Kessler, 1995 en el cual pueden encontrarse mayores detalles en relación a este punto.

11. El padre de un amigo, colombiano, me contó que estando de visita en la Argentina en los años 50 le dijeron que en la Argentina no había pobres, a lo que contestó que él había visto algunos. La respuesta fue: "ahhh..., deben ser bolivianos".

una feroz represión y dictadura militar, modificaron significativamente este panorama.

Entre 1980 y 1990, la sociedad en su conjunto perdió más de un cuarto de sus ingresos. El ingreso medio de los hogares del Gran Buenos Aires cayó en un 22% (ver cuadro 1). Los maestros un 28%, los trabajadores públicos, un 32%, los pequeños comerciantes un 36%, y así el resto. La sociedad vivió por primera vez la experiencia de una caída masiva.

Un parte pequeña se ha mantenido en su lugar sin perder nada, otra porción escasa ha ganado y mejorado su posición, pero la gran mayoría se ha empobrecido (Beccaria, 1992; Golbert y Tenti, 1994; Minujin, 1991; Teubal, 1993).

En el contexto de un descenso del ingreso medio, que acompañó a una caída del PBI y una redistribución de factores, los grupos de menores ingresos empeoraron su situación relativa. El gráfico 7 permite observar que el 60% de la población de menores ingresos sufrió una pérdida considerable, mientras que el 20% más rico mejoró su posición relativa.

Los datos correspondientes a la Argentina del cuadro 1 permiten señalar que si bien el 25% más pobre sufrió una caída significativa entre 1980 y 1990 (31%), no ha sido menor la caída de los sectores de ingresos medios. El ingreso medio de los hogares pertenecientes al segundo cuartil descendió un 33% y el tercer cuartil un 27%.

Esto ha significado que el ingreso de una considerable porción de familias de sectores medios cayera por debajo de una o dos líneas de pobreza.[12] La utilización conjunta del método de línea de pobreza (Poverty Line approache) y del de Necesidades Básicas Insatisfechas (Basic Needs approache), tal como fue descrito en el punto 1, permite señalar que el incremento de la pobreza urbana en la Argentina está dado por los nuevos pobres. El grupo de los pobres estructurales no presenta modificaciones en términos de su peso relativo. Sin

12. No todos los que integran el grupo de los nuevos pobres pertenecen a los sectores medios. Es posible estimar que un 25% de este grupo está formado por familias pobres estructurales que habían logrado mejorar su situación en términos de vivienda e infraestructura y que la caída de los ingresos los llevó por debajo de la L. P. Entre los nuevos pobres provenientes de sectores medios un grupo importante, 28% está formado por los jubilados.

Gráfico 7

DISTRIBUCION DEL INGRESO POR QUINTIL COMO PORCENTAJE DEL INGRESO TOTAL (Gran Buenos Aires)

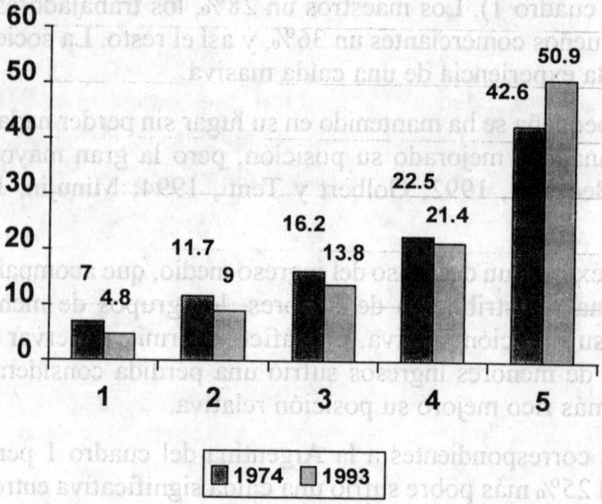

Fuente: Elaborado con datos de Encuestas de Hogares. Octubre 1974 y 1993. (Beccaria, 1992)

embargo, se evidencia una importante caída en sus ingresos. Es decir, los pobres estructurales se han mantenido en esta situación pero están aún más pobres.

Los nuevos pobres, que eran prácticamente inexistentes en 1974, pasaron del 4,2% en 1980 al 18,4 en 1990. El proceso de estabilización que ha vivido la Argentina los últimos años ha implicado una disminución del porcentaje de hogares bajo la línea de pobreza. Esto se ha debido fundamentalmente a la eliminación del efecto negativo que la inflación tiene en los sectores de menores ingresos. Sin embargo, una considerable porción se trasladó a una zona próxima de la línea de pobreza que puede considerarse como vulnerable (Minujin and López, 1993). El fuerte aumento del desempleo y subempleo en 1995 y la profundización del ajuste, fundamentalmente en el interior del país, ha implicado que muchos de los ubicados en la franja vulnerable han empeorado.

Ambos grupos de pobreza presentan puntos en común y profundas diferencias. Se emparientan en que resultaron perdedores en la Argentina de las últimas décadas. Ellos han debido resignar "algo": desde cosas vitales hasta otras que aparecen como accesorias, pero todos han perdido. Algunas de las pérdidas corresponden a los bienes y servicios que cada familia o individuo había logrado acceder en el pasado por su propia cuenta. Otras pérdidas, en cambio, se refieren a aquellos servicios que el Estado brindaba a toda la comunidad a través de la escuela, el hospital o los servicios públicos y que hoy han desaparecido, se han encarecido al privatizarse o simplemente su calidad se ha deteriorado.

Si todos se emparientan porque perdieron, hay profundas diferencias en las características de cada grupo y en el tipo de vida que van viviendo. Los pobres estructurales presentan las características usuales de estos grupos: nivel de educación bajo, alta fecundidad, migrantes rural-urbano o de país limítrofe, ubicación espacial en "villas miserias" o barrios precarios, etc.

Por su parte, los nuevos pobres se diferencian poco de los no pobres en sus características sociodemográficas. Es necesario penetrar en el interior de sus vidas para comprender en qué medida la caída permanente de sus ingresos los ha afectado. La nueva pobreza es una miseria difusa, dispersa en las grandes ciudades. Mientras que los viejos pobres viven en barrios y enclaves reconocibles por todos, la nueva pobreza no. Casi cualquier barrio, prácticamente cualquier edificio de clase media puede albergar nuevos pobres. Es una pobreza privada, de puertas adentro.

La heterogeneidad constituye uno de los rasgos centrales de este grupo. Heterogeneidad que está dada por la heterogeneidad misma de la clase media y por el punto desde el que ha caído, la profundidad y las características de la caída. En esto entran en juego una cantidad de factores de tipo económico, cultural y social, que se vinculan con su pasado, con su vida de no pobres. Hay una diversidad de recursos, distintos al capital económico ya esfumado, que se transformarán en sus herramientas principales una vez en la pobreza.

No todos se empobrecieron de la misma manera. Lo que vemos como un proceso general de pauperización de gran parte de la sociedad, tuvo en el interior de las distintas familias la forma de un suceso o una serie de sucesos específicos, que actuaron como desencadenantes de la propia caída. Las causas particulares que hayan producido cada caída serán un factor más de heterogeneidad una vez alcanzada la pobreza.

El análisis de las entrevistas realizadas y la información cuantitativa disponible, permiten señalar las siguientes como las principales causas inmediatas o desencadenantes de la caída:

a) Descenso del ingreso real debido a depresión salarial o del ingreso corriente, pérdida de horas extras o trabajo adicional, etc. Esta constituye tal vez la principal causa de empobrecimiento. Sin cambios de empleo, sin estridencias ni cambio brusco. Un deslizamiento imperceptible hacia la pobreza o en pequeños escalones a lo largo de una década. Las familias fueron resignando poco a poco los consumos habituales, no realizando reposiciones y consumiendo capital económico y social,[13] hasta encontrarse en situaciones de altas carencias. La pobreza llegó casi sin darse cuenta. Como al que se le cae el pelo y no se da cuenta hasta que no lo llaman "pelado".

b) Pérdida de la ocupación. En muchos de los casos esto implicó períodos de desempleo (sin ningún tipo de cobertura), pérdida de estabilidad y de cobertura médica para la familia.

c) Cambio a una ocupación que parecía más "prometedora"... pero no lo era. Se trata de movimientos a trabajos independientes como pequeños comercios o servicios, que la crisis y la concentración económica hicieron quebrar.

En estos últimos casos, el empobrecimiento fue vivido como un derrumbe. En muchas de las familias entrevistadas este derrumbe se atribuye a errores propios y no a causas generales. Una suerte de autoculpabilidad rodea a estos casos.

3. COMENTARIOS FINALES

A continuación se realizan algunos señalamientos que más que conclusiones o comentarios finales, constituyen una incitación a profundizar en el análisis de los cambios en la estructura social. Cambios que se han producido como efecto de la crisis, la profundización de las reglas del "libre mercado", la apertura, el achicamiento del Estado, el aumento de la concentración económica, los consecuentes cambios en el mercado de trabajo, etc.

---

13. Se sigue el concepto de "capital social"de Pierre Bourdieu (1980).

Cuadro 1

INCIDENCIA DE LA POBREZA E INGRESOS MEDIOS DE LA POBLACION OCUPADA SEGUN AÑOS DE INSTRUCCION Y GRUPOS DE EDAD EN ZONAS URBANAS, 1980-1990

Edad		de 25 a 29 años			40 años y más		
Años de instrucción		<5	6-9	10 y más	<5	6-9	10 y más
Brasil							
1979	Y	4.2	6.9	12.8	4.9	10.2	21.4
	P	36	11	2	28	5	1
1990	Y	2.6	3.9	8.4	3.4	6.1	13.9
	P	54	31	9	41	17	5
Variación 1990-1979	Y	-38.1	-43.7	-34.6	-30.5	-40.6	-35.2
Variación 1990-1979	P	**50.0**	**181.8**	**350.0**	**46.4**	**240.0**	**400.0**
Colombia							
1980	Y	2.3	3.2	7.6	2.8	5.1	12.9
	P	44	22	5	33	12	5
1990	Y	2.3	2.9	5.7	2.8	4.1	8.7
	P	55	38	12	41	27	7
Variación 1990-1980	Y	-0.4	-10.5	-24.8	-0.9	-19.5	-32.6
Variación 1990-1980	P	**25.0**	**72.7**	**140.0**	**24.2**	**125.0**	**40.0**
Uruguay							
1981	Y	3.8	5.3	7.9	4.8	6.6	13
	P	28	12	3	10	4	0
1989	Y	3.2	4.4	6.1	4	6.5	8.9
	P	41	19	3	16	7	2
Variación 1989-1981	Y	-15.6	-16.3	-22.7	-16.3	-1.2	-31.4
Variación 1989-1981	P	**46.4**	**58.3**	**0.0**	**60.0**	**75.0**	..
Venezuela							
1981	Y	5.7	7.4	11.9	5.8	8.6	16.2
	P	23	10	2	19	8	2
1990	Y	3.3	4	5.5	3.7	5	8.5
	P	44	28	10	33	20	6
Variación 1990-1981	Y	-41.6	-45.7	-53.6	-36.1	-41.3	-47.4
Variación 1990-1981	P	**91.3**	**180.0**	**400.0**	**73.7**	**150.0**	**200.0**

Y: Ingreso promedio expresado en múltiplos de la respectiva línea de pobreza per cápita

P: Porcentaje de pobres en cada categoría

Fuente: Elaborado por el autor basado en datos de Encuestas de Hogares. CEPAL, publicadas en *Panorama Social* 1993.

Cuadro 2

VARIACIONES PORCENTUALES DEL INGRESO MEDIO[1] DE LOS HOGARES URBANOS, SEGUN PERCENTILES DE HOGARES

	TOTAL	Cuartil 1	Cuartil 2	Cuartil 3	Cuartil 4
Argentina (Gran Buenos Aires)					
1980-1986	-6	-11	-15	-13	2
1986-1990	-17	-23	-21	-16	-15
1980-1990	-22	-31	-33	-27	-13
Brasil					
1979--1987	7	-16	-6	-2	14
1987--1990	-8	-5	-11	-3	-9
1979--1990	-2	-20	-17	-6	4
Costa Rica					
1981--1988	-13	-23	-18	-16	-7
1988--1990	0	-2	7	8	-6
1981--1990	-13	-25	-12	-10	-12
1990--1992	-3	-5	-9	-7	1
México[2]					
1984--1989	9	-12	-13	-11	24
Panamá					
1979--1989	8	-7	-6	-6	21
Uruguay					
1981--1990	-5	-14	-13	-10	-13
Venezuela					
1981--1990	-25	-38	-34	-31	-14

1. Las variaciones porcentuales de los ingresos medios por hogar se calcularon utilizando como deflactor el aumento del valor de las líneas de pobreza que se emplearon en las estimaciones de pobreza de la CEPAL.
2. Estimaciones basadas en las encuestas nacionales de ingresos y gastos de los hogares.

Fuente: CEPAL, sobre la base de información proveniente de las Encuestas de Hogares de los países, *Panorama Social* 1993.

La información presentada sobre Latinoamérica y el análisis del caso argentino indican un proceso de empobrecimiento que incorpora a sectores medios al universo de la pobreza. Este universo se ha complejizado y heterogeneizado. Si bien no se ha incursionado en este tema, el aumento de la riqueza extrema constituye la contracara del empobrecimiento. Enriquecimiento favorecido por el proceso de privatizaciones, los movimientos del mercado financiero y el proceso de concentración económica.

Sin embargo, el análisis de la nueva pobreza descarta la idea de una sociedad dual. La percepción de que se están conformando dos mundos separados, el de los integrados y el de los excluidos, no parece válida. Ciertamente existen en la sociedad grados de exclusión extrema, la marginalidad en un sentido más claro. Pero no es esto lo que caracteriza la nueva pobreza. El empobrecimiento nos muestra una sociedad en la que coexisten situaciones heterogéneas, en el marco de un deterioro general de las condiciones y de la calidad de vida.

Se presentan distintos grados de exclusión en distintas esferas de la vida social (Castel, 1991). Resulta necesario incursionar más en el estudio de las dinámicas de exclusión y en los gradientes. Las dinámicas parecerían ser distintas en cada esfera y en una misma se presentan situaciones intermedias entre lo que podríamos definir como integración plena y exclusión.

Finalmente, es importante señalar que el empobrecimiento, tanto individual o familiar como comunitario, significa también un cercenamiento de los derechos. Las nuevas generaciones sufren muy especialmente esta pérdida de derechos y titularidades (entitlements), lo que dificulta el acceso a la ciudadanía y el fortalecimiento de la democracia.

BIBLIOGRAFIA

Altimir, Oscar (1979), *La dimensión de la pobreza en América Latina,* CEPAL, Santiago de Chile.

Altimir, Oscar (1993), "Income Distribution and Poverty Through Crises and Adjustment". Paper presented at the ECLAC/UNICEF Workshop on Public Policy Reforms and Social Expenditure, Santiago, Chile.

Beccaria, Luis (1992), "Cambios en la estructura distributiva 1975-1990", en Minujin (ed.), *Cuesta abajo. Los nuevos pobres: efectos de la crisis en la sociedad argentina,* Buenos Aires, UNICEF/Losada.

Beccaria, Luis, y Minujin, Alberto (1985), "Alternative methods for measuring the evolution of poverty", en *Proceedings of the 45th. Session.* ISI, Amsterdam.

Beccaria, Luis, y Minujin, Alberto (1991), *Sobre la medición de la pobreza: enseñanzas a partir de la experiencia argentina,* Buenos Aires, UNICEF Argentina, Documento de trabajo No. 8.

Bobbio, Norberto (1990), *L'eta dei diritti,* Ed. Einaudi, Turín.

Bolvinik, Julio (1992), "El método de medición integrada de la pobreza. Una propuesta para su desarrollo", en *Comercio Exterior,* Vol. 42, No.4, México.

Bourdieu, Pierre (1980), "Le capital social", en *Actes de la Recherche en Sciences Sociales* No. 31.

Bustelo, Eduardo (1994), *Hood, Robin: Ajuste y Equidad en América Latina,* UNICEF Argentina, Documento de Trabajo No. 19.

Bustelo, Eduardo (1993), *Hood, Robin, Ajuste y Equidad en América Latina,* UNICEF Argentina, Documento de Trabajo No. 8.

Bustelo, Eduardo, y Minujin, Alberto (1992), "La Política Social en los tiempos del cólera", UNICEF Argentina, Documento de Trabajo No. 7.

Castel, Robert (1991), "De L'indigence a I'exclusion: la desaffiliation", en Donzelot, J. (comp.), *Face à l'exclusion,* París, Esprit.

CEPAL (1994), *Panorama Social de América Latina, 1994.* CEPAL, Santiago de Chile

CEPAL (1993), *Panorama Social de América Latina, 1994.* CEPAL, Santiago de Chile.

CEPAL (1990), *Magnitud de la pobreza en América Latina en los años ochenta.* CEPAL, No. LC/L533. Santiago, Chile United Nations. Economic Commission for Latin America and the Caribbean.

CEPAL (1992), *El perfil de la pobreza en América Latina a comienzos de los años 90.* CEPAL, Documento. No. LC/716 Santiago, Chile.

Cornia, Andrea (1994), "Poverty in Latin America in the 1980s: Extent, causes and possible remedies", en *Giornale Degli Economisti,* Italia.

DESAI, M. (1989), "Methodological problems in the measurement of poverty in Latin América", London School of Economics and Political Science.

Ferrer, Aldo (1963), *La economía argentina,* México, Fondo de Cultura Económica.

García Méndez, Emilio, y Carranza, E. (1990), *Infancia, adolescencia y control social en América Latina,* Ed. Depalma, Buenos Aires.

GOLBERT, Laura, y Tenti, Emilio (1990), "Nuevas y viejas formas de pobreza en la Argentina", *Revista Sociedad* No. 4.

Gosh, Margaret (1990), "Social Spending in Latin America: The story of the 1980s". *World Bank Discussion Papers,* Nro. 106.

Griffin, K. , y McKinley, T. (1994), *Implementing a Human Development Strategy,* Macmillan Press, Londres.

Grinneken Wouter van y Jong-Goo Park (1984), eds., *Generating Internationally Comparable, Income Distribution Estimates,* ILO, Ginebra.

Katzman, Rubén (1995), *La medición de las necesidades básicas insatisfechas en los Censos de Población.* Paper presented in the on "Information on Population and Poverty for Social Policies", Lima.

Katzman, Rubén, y Gerstenfeld, P. (1990), "Areas duras y blandas en el desarrollo social", en *Revista de la CEPAL,* No. 41, Santiago de Chile.

Kaufman, Robert R., y Barbara Stallings (1991), "The Political Economy of Latin American Populism", en Rudiger Dornbusch and Sebastian Edwards (eds.) 1991, *The Macroeconomics of Populism in Latin América,* pp. 15-34 University of Chicago Press. Chicago y Londres.

Maurás, Marta (1995), "Síntesis y comentarios finales", en Seminario sobre Desarrollo Social en los 90s, UNICEF-CIEPLAN, Santiago de Chile.

Minujin, Alberto, y Kessler, G. (1995), *La nueva pobreza en la Argentina,* Editorial Planeta, Buenos Aires

Minujin, Alberto (1993), *Desigualdad y exclusión. Desafíos para la política social en la Argentina de fin de siglo,* UNICEF-Losada, Buenos Aires.

Minujin, Alberto, y Néstor López (1993), *Sobre pobres y vulnerables,* UNICEF Argentina, Documento de Trabajo No. 18.

Minujin, Alberto (1991), "New and Old Poverty in Argentina: The Consequences of the Crisis", en *Proceedings of the Invited Papers,* International Statistic Institute, El Cairo.

OPS (1994), *Condiciones de salud en las Américas,* Edición 1994, Vol. 1, OPS, Washington, D.C.

Proyecto Regional para la Superación de la Pobreza (1990), PNUD, *Desarrollo sin pobreza,* Bogotá.

Sen, Amartya (1995), "Mortality as an Indicator of Economic Succes and Failure", en *Demography and Poverty.* Innocenti Lecture, Florencía.

Serven, Luis, y Andrés Solimano (1993), "Debt Crisis, Adjustment Policies and Capital Formation in Developing Countries: Where Do We Stand?". *World Development,* Vol. 21, No. 1, pp. 127-40.

Stewart, Frances (1987), "Supporting Productive Employment Among Vulnerable Groups", en Giovanni Andrea Cornia, Richard Jolly and Frances Stewart (eds.), *Adjustment with a Human Face,* Vol. I: Protecting the Vulnerable and Promoting Growth, pp. 197-217. Oxford: Clarendon Press.

Teubal, Milhel (1991), "Impacto de las políticas de ajuste", en *Realidad Económica* No. 90.

UNICEF (1994), De las necesidades a los derechos: *Ser niño en América Latina...*

UNICEF (1992), *Los niños de las Américas,* UNICEF. Oficina regional para LAC, Bogotá Colombia.

Wratten Ellen (1995), "Conceptualizing urban poverty", en *Environment and Urbanization,* Vol. 7, No. 1. Abril.

WB (1993), *Poverty and Income Distribution in Latin America: The Story of the 1980s,* World Bank, LAC Technical Department. Washington.

DESINTEGRACION Y VIOLENCIA URBANA UNA DIMENSION OLVIDADA EN EL COMBATE A LA POBREZA

JOSE WEINSTEIN

El tema de la pobreza en Chile y la necesidad imperiosa de su erradicación ha vuelto con fuerza. La Cumbre de Copenhague, el vigoroso discurso presidencial del 21 de mayo y más recientemente los resultados de la Encuesta CASEN han contribuido a aplacar el exitismo macroeconómico existente. No en vano el Gobierno ha declarado que esta será la vara por la cual será medido en su desempeño y ha aventurado metas ambiciosas a ser logradas en el sexenio -como el fin de la extrema pobreza.

Empero, la visión de la pobreza subyacente, habitualmente no cuestionada, tiende a ser simple -si no unidimensional. Se trata de ingresos insuficientes que deben ser abultados o de algunas necesidades básicas, especialmente de vivienda, que deben ser satisfechas. Sin negar la significación de estos aspectos, parece conveniente ampliar la mirada hacia otros factores que inciden en la calidad de vida de los pobres y que pueden devenir altamente relevantes en la percepción de su situación. Este artículo refiere justamente al impacto que tiene la desintegración social, con sus múltiples violencias asociadas, sobre grupos pobres de nuestras grandes ciudades, al punto de constituir una forma particular de pobreza, una pobreza moderna, urbana y dura.

¿EN QUE HAN CAMBIADO (PARA MAL) NUESTRAS POBLACIONES?

Cualquier comparación entre la situación de las poblaciones marginales del Gran Santiago y otras grandes urbes nacionales en relación a diez o cinco años atrás tenderá a coincidir que, por lo general, se han producido avances significativos a nivel del empleo, ingresos, vivienda y otros servicios sociales a los que acceden sus habitantes. Es precisamente en estos lugares donde la lucha contra la pobreza, en su acepción tradicional, más logros ha conquistado -en un contexto de crecimiento económico sostenido.

Pero en forma simultánea han proliferado -en un número inquietante de poblaciones- un conjunto de problemas de desintegración social, deteriorándose críticamente la convivencia comunitaria. La lista, informada cotidiana y sensacionalistamente por los mass media, es larga: aumento alarmante del tráfico y comercio de drogas, intensificación de los delitos contra las personas con uso de fuerza física, mayor prevalencia del alcoholismo tanto en hombres como en mujeres, aumento de la agresividad y disputas entre pandillas, popularización del consumo de drogas duras (v.g. pasta base), mayor precocidad en realización de conductas adictivas y violentas, sensación generalizada de inseguridad y temor entre los pobladores...

Es cierto que muchos de estos fenómenos no son exclusivos de estos grupos pobres, afectando al conjunto de la población urbana. Pero debe considerarse que la magnitud e intensidad con que ellos impactan a los pobladores es exponencialmente mayor que la que tienen los sectores socioespaciales más acomodados. E igualmente son significativamente menores los recursos protectores (públicos y privados) con que cuentan para hacerles frente. Probablemente una de las tasas más inequitativa y regresiva imaginable sería la de esta vulnerabilidad, que relacionara la magnitud de los daños y violencias que sufren los diferentes grupos sociales respecto de los recursos que tienen para protegerse o recuperarse de sus efectos negativos.

UN NUEVO UNIVERSO

Un atributo relevante de la moderna desintegración en estas poblaciones es su omnipresencia. En efecto, si bien las conductas señaladas involucran directamente sólo a una minoría de pobladores, sea como víctimas o victimarios, es el conjunto el que resulta afectado. Al implantarse, estas violencias cambian las condiciones de vida de todos quienes habitan dicho entorno, fijando nuevas oportunidades, riesgos, prácticas y universos de sentidos. Es la creación de una nueva realidad en la población, ahora territorio en desintegración.

La metamorfosis de una población marginal invadida, también es económica. Se introduce una economía delictiva, en general, y de la droga en particular, constituyéndose un nuevo y lucrativo negocio que altera las prácticas de generación de ingresos de estos pobres. Esta actividad conlleva múltiples actores, internos y externos, concatenados entre sí: proveedores, distribuidores y consumidores. Se reconvierten recursos humanos -comerciantes, informales, microempresarios, emprendedores- en función de una fuente de riqueza rápida y sin parangón. Muchas unidades familiares y grupos informales pasan a estar vinculados para conseguir éxito en esta empresa perversa. Además, parte de los dineros recaudados se reinvierte y blanquea en la actividad económica regular del propio sector, repercutiendo indirectamente en los ingresos de otros pobladores.

Paralelamente se crea una nueva estructura de poder, invisible desde el exterior, que coexiste junto a la oficial. Se trata de individuos y grupos reducidos que pasan a disponer de un fuerte control físico y cotidiano sobre el resto de los pobladores. Son los narcos y las bandas delincuenciales locales. Disponen del poder de la fuerza, ejercida o virtual (amenaza), para imponer conductas: perjuicios corporales o sobre los bienes de algunos, fijación implícita de zonas y horarios en que no es posible desplazarse, condicionamiento de los vínculos con terceros externos a la población (v.g. ley del silencio). Pero estos vínculos no son exclusivamente de dominio y, consiguientemente, de privación de libertades. Crecientemente se generan relaciones más complejas, en que estos grupos desviados van asumiendo roles propios de la autoridad frente a los pobladores. Es así como brindan protección frente a otros posibles agresores, o bien como asisten materialmente las festividades comunitarias o a quienes han caído en desgracia.

Las dinámicas de desintegración implantadas en estas poblaciones tienen también un impacto cultural: en los modos de vida y los horizontes de sentido de sus moradores. Se afecta, antes que nada, la identidad comunitaria, en la que la población pasa a ser (re)conocida externamente por su estigma y en que la oposición "nosotros" (pobladores) versus los "otros" (no-pobladores) es tensionada por las divisiones entre los mismos pobladores. Igualmente entran en cuestión valores asociados al trabajo, estudio y, en general, el clásico ascenso social, por la irrupción de un patrón de movilidad ilegal y rápida, basado en la astucia, la fuerza, el descrédito de las normas imperantes y la conquista de "dinero fácil". Se produce cierta insensibilización ante la violencia y el daño de los demás, debilitándose las conductas altruistas de preocupación y apoyo hacia otros pobladores, así como privilegiándose las conductas de repliegue y de adaptación pasiva a la nueva realidad.

VIOLENCIAS QUE SE DIFUMINAN POR LA CIUDAD

A diferencia de la lejana pobreza del mundo rural o de los adultos mayores, cuya existencia es casi imperceptible y no constituye sino un imperativo ético para los no-pobres, esta moderna pobreza urbana les afecta directa y cotidianamente.

Estas poblaciones invadidas por las violencias se convierten, a su vez, en exportadoras de las mismas hacia el resto de la ciudad. Constituyen focos de abastecimiento de droga para los adictos y de apoyo a la generación de nuevos consumidores extramuros, son refugio de delincuentes que operan en distintos barrios y ámbito de reducción de especies robadas, o en una escala menor, son puntos de salida de grupos de jóvenes que realizan "conductas problema" en recintos públicos y en eventos masivos -como el fútbol, con sus barras bravas, o los recitales rockeros.

La difuminación de estas violencias de grupos de pobladores, dentro de un creciente clima mediático de inseguridad pública, va engendrando respuestas diversas entre los ciudadanos no-pobres. No bastan las protecciones, las alarmas y los seguros para que el habitante urbano se sienta protegido, legitimándose más y más el uso de las armas en defensa personal. Crece la vigilancia policial privada, multiplicándose las empresas dedicadas a vender seguridad a familias, condominios, cuadras, barrios enteros. En paralelo se profundiza la segmentación espacial de la ciudad, reduciéndose al mínimo el contacto cara-a-cara entre los grupos más distantes en la jerarquía social. Se da, en consecuencia, la paradoja que las poblaciones marginales comparten con los barrios residenciales más exclusivos esta suerte de invisibilidad para los ciudadanos que no habitan en ellas.

En el fondo, lo que está cambiando es la aproximación que los no-pobres tienen respecto de la pobreza y los pobres. La figura cultural del miserable, incapaz de valerse por sí mismo, va siendo reemplazada por la del antisocial, que no participa de consensos valóricos mínimos y está siempre propenso a atentar contra sí mismo y los demás. Si el primero debía ser asistido para sobrevivir, el segundo requiere ser disciplinado -si no castigado o internado- para permitir la vida en sociedad. Personaje temible del nuevo imaginario urbano, este pobre moderno difícilmente podrá postular a la solidaridad ciudadana, la que estará reservada a poblaciones presumiblemente desvalidas e inofensivas -los lisiados, los niños abandonados o los ancianos...

UNA DIMENSION A INTEGRAR EN POLITICA SOCIAL

Quizás el inexplicable olvido de este aspecto en la lucha contra la pobreza se deba a cierto explicable agobio e impotencia frente al mismo. En efecto, se ven crecer estas violencias en las grandes ciudades, principalmente en Santiago, a semejanza del desarrollo de epidemias frente a las que no se tiene aún una solución conocida. Se tienen, además los reflejos de muchas metrópolis latinoamericanas, como Medellín, Lima o Río de Janeiro, en que las violencias se han expandido e implantado al punto de volverlas ingobernables cotidianamente.

Empero, visualizar este fenómeno resulta esencial. De poco servirá para el mejoramiento de la calidad de vida de los pobres urbanos el que consigan mejorías en sus ingresos, o que vean pavimentados sus calles y paisajes, o que sus casas sean más confortables, si no pueden realmente hacer uso de estos adelantos y si, además, se multiplican daños psicosociales entre ellos. Superar la pobreza consiste en ofrecer mayores oportunidades de desarrollo, individual y colectivo, a quienes la sufren. Poblaciones inhabitables por el imperio de estas violencias volverán irrelevantes y secundarios para los pobladores los logros actualmente esperados por los programas sociales en curso, haciendo emerger otras prioridades.

Resulta poco probable, por lo demás, que la presencia de estos fenómenos no vaya afectando las propias metas de las políticas y acciones sectoriales. Así, la cobertura escolar en básica puede volver a bajar como ya ha ocurrido en ciertos sectores de Caracas, por el temor de los padres a enviar solos a sus niños a la escuela. E igualmente se puede ir inhibiendo la participación de profesionales en estos territorios, siendo dificultoso simplemente encontrar médicos, profesores o asistentes sociales disponibles. Esta nueva realidad cuestiona no sólo la eficacia, sino también la eficiencia del quehacer social vigente.

De igual manera, los recursos demandados por la expansión de estas violencias son -y serán exponencialmente más a futuro- cuantiosos. Sin considerar los programas preventivos, deben visualizarse los costos asociados a la rehabilitación de los individuos dañados -víctimas, delincuentes, drogadictos-, así como los derivados de las acciones de control implicadas, con la labor policial y de justicia incluidas. No debe olvidarse que estos recursos deberán entrar en competencia respecto de otros gastos del presupuesto público y afectarán indirectamente la disponibilidad existente para el sector social tradicional.

En definitiva, el combate a la pobreza emprendido por el gobierno de la Concertación II debe abordarse reconociendo los diversos rostros que aquella asume, la diversidad de la actual geografía social. Así, no puede obviarse ni olvidarse, la significación crucial de la pobreza moderna y dura que se consolida y desarrolla en las grandes ciudades, en especial en Santiago, frente a la cual no parecen servir las viejas y conocidas recetas.

II

PROBLEMAS ESTRATEGICOS EN GERENCIA SOCIAL

GERENCIA SOCIAL: DILEMAS GERENCIALES Y EXPERIENCIAS INNOVATIVAS

BERNARDO KLIKSBERG

I. LA GERENCIA SOCIAL, UNA GERENCIA DIFERENTE

¿Qué tipo de gerencia es la apropiada para obtener eficiencia en procesos de diseño e implementación de políticas sociales, y en la gestión concreta de programas sociales? Con toda frecuencia se ha intentado actuar en esta área, replicando tanto a nivel macroorganizacional, como en la gestión micro, modelos organizacionales, criterios técnicos, procedimientos, característicos de la gerencia en otros campos, traídos del "management privado" o de modelos de gestión aplicados en otros campos del mismo sector público.

Los limitados resultados obtenidos, los fracasos acumulados, la brecha entre modelos organizacionales tomados del "business administration", por ejemplo, y los que requiere la gestión eficiente de programas de desarrollo rural integrado, autovivienda, extensión de la salud primaria, y múltiples otros ejemplos similares, indican que el problema es más complejo. Subyacente se halla la marcada especificidad de las condiciones en que opera el campo social, y el carácter particular de las metas a obtener que dan lugar a una definida "identidad" en cuanto a la naturaleza de los problemas gerenciales estratégicos que presenta.

Dennis Rondinelli, luego de analizar un gran número de proyectos de desarrollo en diversas regiones, impulsados por agencias internacionales tratando de detectar causas de sus fracasos y logros limitados, pone a foco una de esas condiciones específicas básicas al señalar "irrespectivamente de lo comprensivo de la planificación del proyecto o de la forma en que se efectuó el análisis técnico raras veces se hace la observación de que los problemas encontrados eran impredecibles". [1]

---

1. Denis A. Rondinelli. *Development Projects as policy experiments: an adaptative approach to development administration.* Methuen Editorial, New York, 1983.

Las condiciones fluctúan y varían permanentemente en gestión social. Correlaciones políticas y luchas por el poder en torno a los programas, dirigidas a influir en "quien recibe que" que producen modificaciones permanentes, problemas emergentes de la ejecución misma del programa que obligan a readaptaciones cotidianas, restricciones y potencialidades no detectadas, y difícilmente detectables de antemano, son algunas de las tantas expresiones de la "fluidez e impredecibilidad" que singularizan el campo.

Estos rasgos deberían ser recogidos en el nivel macroinstitucional dado que tienen impactos muy importantes en el mismo. ¿Cómo impulsar programas sociales desde estructuras ministeriales, hechas para operar con rigidez, criterios burocráticos y procedimientos fijos, cuando dichos programas exigen "lo opuesto", flexibilidad, interpretación de la realidad, adaptación a hechos no previsibles?

Por otra parte, el nivel macro supone complejos problemas de coordinación interinstitucional al interior del Gobierno, entre Gobierno y comunidades, entre Gobierno y ONGs, entre ONGs y comunidades.

Estos y otros problemas ilustran una agenda gerencial social que es fuertemente específica. Esta especificidad ha sido recogida crecientemente a nivel internacional, en términos disciplinarios, y existe un importante considerable caudal de investigaciones, elaboración teórica, y tecnologías Ad Hoc, desarrolladas en torno de la misma. Las mismas nutrieron por ejemplo el cercano Congreso Internacional sobre "Management of social services" realizado en Copenhague. [2]

Sin embargo, en América Latina se observan serias dificultades para trabajar a partir de la especificidad. Todavía predominan como implícitas, las visiones de que este sería un campo semejante a tantos otros, en donde lo que se requiere es simplemente mejorar las soluciones gerenciales usando gerencia más actual, copiada o trasladada de otras áreas. Particularmente se centra el énfasis en años recientes en esperar "milagros" del traslado mecánico de modelos gerenciales provenientes del campo privado.

---

2. International Institute of Administrative Sciences. Gobierno de Dinamarca. International Round Table on *Management of social Services*. Copenhague, july, 1991.

La tendencia internacional en cambio, acentúa que las soluciones más exitosas se hallan vinculadas a captar la especificidad gerencial de lo social, trabajar sobre la misma, elaborar teniendo en cuenta la ciencia gerencial global pero apoyándose en ella para crear innovativamente respuestas propias para gerencia social, prestar la máxima atención a la vasta experiencia existente en gestión social tratando de aprender de ella. Arquetipo de este tipo de búsquedas a partir de la especificidad es por ejemplo, una Agencia creada por el Gobierno de Dinamarca que promueve un concurso público de proyectos destinados a mejorar la gerencia social. Los proyectos seleccionados son financiados por la Agencia, aplicados, y luego sus aportes innovativos diseminados por la misma Agencia en todo el sector social. Se trata de un proceso de impulsar la innovación en gerencia social de modo planificado y sistemático, arrancando de la especificidad de la gerencia social.[3]

Este trabajo tiene por finalidad explorar algunos temas claves de esta ''identidad gerencial específica'' de lo social, llamando la atención sobre la necesidad de indagaciones extensivas en esta dirección.

Queremos reflexionar sobre el tema, en tres momentos sucesivos. En primer término revisar algunos mitos en el tratamiento del problema y de sus soluciones, que entorpecen el camino racional hacia la búsqueda de propuestas de acción realmente efectivas. En segundo término, encarar algunos de los problemas institucionales y organizacionales centrales que se presentan en el campo de la lucha contra la pobreza y procurar asomar algunos elementos de juicio sobre experiencias y soluciones avanzadas que se están intentando en América Latina. En tercer lugar, realizar una reflexión de conjunto sobre la situación. Ciertamente, que el tema de la lucha contra la pobreza no se resuelve, de ningún modo, en el nivel exclusivamente gerencial ni organizacional. Tiene que ver con la política económica, con la política social, con un conjunto de factores que juegan en nuestras sociedades. Pero claramente el tema organizacional e institucional es un elemento, muy central en que se puedan llevar adelante iniciativas significativas en esta materia como lo ha demostrado la realidad.

---

3. International Institute of Administrative Sciences. Gobierno de Dinamarca. International Round Table on *Management of social Services*. Difussion of innovatory social proyects in Denmark, july, 1991.

II. ENFRENTANDO MITOS

Vamos a revisar dos mitos que están concentrados en un nivel general y un mito que tiene que ver específicamente con lo organizacional y con lo gerencial. Parece imprescindible discutir estos mitos antes de poder internarse en problemas concretos y soluciones, porque están presentes cotidianamente en los medios de comunicación masiva y en el tipo de debate, en muchos casos "muy alegre", que se hace sobre este tema en América Latina.

La ilegitimidad del gasto social

Un primer mito que se ven forzados a enfrentar quienes tratan de hacer seriamente política social en nuestros países, tanto a nivel de macropolítica social como a nivel de programas concretos en el campo, es el mito de la ilegitimidad del gasto social. Se trata de una presión permanente a veces explícita y muchas veces implícita sobre que invertir recursos en lo social, sería hacer un mal uso en términos macroeconómicos de recursos de la sociedad que estarían mucho mejor invertidos en otros destinos. Este mito no se sostiene en cuanto se recurre a evidencia empírica significativa. Tanto la experiencia del mundo desarrollado en sus programas sociales, como la de nuestros países indica que, por el contrario, una de las inversiones de mayor tasa de retorno que existe en la economía, es una inversión social eficiente. Por ejemplo, entre otros datos si lográramos hacer las inversiones necesarias como para aumentar en un solo año la educación primaria de las madres en América Latina, la tasa de mortalidad infantil se reduciría en un 9 por mil.

Ello por cuanto, como destaca la Organización Mundial de la Salud "la madre es la principal productora de salud". De sus conocimientos en el período preparto, depende en altísimo grado lo que pasa en materia de salud con sus hijos. Si se les suministrara un año más de educación primaria habría un fuerte impacto positivo sobre la mortalidad infantil. El retorno medido en términos humanos, sería enorme. Aun medido en términos macroeconómicos, lo que ello implica entre otros aspectos en infraestructuras hospitalarias, y costos de medicina curativa ahorrados, sería cuantioso.

Otra ejemplificación. Un agricultor que tiene educación primaria, está comprobado que tiene un 70% más de productividad que el que carece de ella. Este tipo de conclusiones sobre el gasto social fue hecha por algunas de las sociedades asiáticas de rápida industrialización. Así la tasa de adolescentes en edad de colegio secundario que terminan el colegio secundario es en

Corea, del 92%. Ello tiene implicancias de primer orden en la calidad de la mano de obra industrial, y en las posibilidades competitivas. En otro plano la Organización Mundial de la Salud ha verificado que con sólo un gasto de 2,5 a 4 dólares por habitante por año, es posible en cualquier país, dar atención médica primaria a toda su población con los consiguientes impactos sociales y económicos.

La ''inútil'' inversión social, tiene por ende tasas de retorno del orden de las mencionadas que tienen además efectos fundamentales en el mediato y en el largo plazo. Frente a estos datos, ¿cómo se entiende el mito de la ilegitimidad del gasto social? Cuán profunda es la insensibilidad y la rigidez histórica de los sectores que sistemáticamente apoyan y difunden este mito defendiendo intereses estrechos y mezquinos.

La ineficiencia congénita de la gerencia social

Un segundo mito, que queremos examinar es el de que el gasto social padecería de una especie de ineficiencia congénita. Que todo aquello que se haga en programas sociales está destinado necesariamente a la corrupción, al despilfarro, al mal uso de los recursos. De allí que uno de los primeros problemas que tiene quien esté al frente de un programa social en América Latina, es que debe defenderse contra los sectores que argumentan que no le asignen recursos de ningún tipo porque esos recursos son perdidos, y contra los que afirman que inevitablemente eso va a terminar mal de un modo u otro, todavía antes de comenzar ningún tipo de operación.

Nuevamente no existe evidencia empírica que sustente este tipo de afirmaciones absolutas. ¿Dónde están las investigaciones que establezcan correlaciones estadísticas entre lo que ha sucedido en la realidad y lo que afirma este mito? Siendo la gestión de programas sociales compleja es posible confeccionar una amplia lista de casos de la región que indican que organizaciones que se propongan lograr ciertas metas en el campo social, a través de métodos gerenciales modernos y haciendo participar a la población asistida pueden obtener resultados considerables.

En todos los países de América Latina existen programas sociales que han funcionado con niveles de excelencia, así como hay programas sociales que han funcionado mal.

Demuestran las posibilidades abiertas de gestión eficiente, entre otros, casos como las ferias de consumo familiar en Venezuela, ''Villa El Salvador'' en el Perú, Premio Príncipe de Asturias, considerado caso modelo a nivel mundial en desarrollo social por el sistema de las Naciones Unidas, las experiencias de desarrollo de tecnología propia para las condiciones específicas de una serie de programas sociales en diferentes países como Ecuador, Colombia, y otros. Todos ellos han operado con recursos de financiamiento absolutamente limitados y fundamentalmente logrando potenciar energías sociales en función de proyectos organizacionales bien definidos y de metas con alta capacidad de convocatoria. El mito por tanto tiene fragilidad. No hay razones congénitas que "condenen" a los programas sociales a la ineficiencia.

La visión meramente burocrática de la gestión social

Tercer mito, la idea normalmente implícita de que el problema social pueda resolverse burocráticamente. Que tomadas las decisiones apropiadas, el aparato burocrático procedería a ejecutarlas.

Si el aparato burocrático no las ejecuta, se desvía fuertemente de las metas, la culpa se le echará a los "ineficientes burócratas", no a los errores en las políticas o en la concepción del problema, o a una subestimación de la complejidad de los procesos de ejecución.

Allí hay un mito muy relevante desde el punto de vista de cómo hacer marchar gerencial y organizacionalmente a programas sociales. Se haya fuertemente anclado en una concepción muy formalista de cómo operan realmente los procesos organizacionales en la economía y la sociedad.

Los programas sociales operan en la práctica en medio de contextos y juegos de fuerzas que introducen variaciones de todo orden. Así, destaca un agudo analista del tema de políticas públicas, Harold Seidman que "muchas de las políticas sociales que he analizado, son políticas que son planteadas finalmente a través de normativas y de decisiones con altos porcentajes de contradicciones, indefiniciones que dan lugar a conflictos y dificultades en la práctica".

En realidad señala, no es de extrañar, son transacciones, entre los numerosos grupos de intereses de todo orden que normalmente juegan en el entorno de la formulación de una política social. Esos acuerdos dan lugar a políticas confusas que después en la práctica crean espacios favorables para que se sigan produciendo los procesos de transacción o de enfrentamiento. Súmesele a "la confusión original" en el diseño de la política, el juego de intereses en derredor de su ejecución. La lucha de intereses, por ejemplo, en torno de un Programa de Vaso de Leche en Venezuela, en Perú o en cualquier país.

Las presiones de lobbies locales, regionales, centrales, de afuera del aparato. "¿Quién recibe qué?" en políticas sociales tiene que ver con una dinámica muy fluida de conflictos, negociaciones, lucha por el poder en torno a la asignación de recursos, que recorre una serie de escalones.

El mito de creer de que una vez adoptada una política va a haber una implementación poco menos que automática, tiene poco que ver con la realidad.

Estos mitos están presentes casi como dato diario. Superados conceptualmente ingresaremos a analizar problemas claves de gestión en el campo social.

III. PROBLEMAS ESTRATEGICOS EN GERENCIA SOCIAL

Vamos a revisar algunos problemas de alta relevancia y algunas de las posibilidades de soluciones alternativas frente a los abordajes tradicionales, respecto a los mismos.

Desarticulación de la política económica y la social

Un primer problema de fondo. Difícilmente haya progreso significativo en este campo si no hay articulación entre la política económica y la política social. No tiene sentido eludir el tema.

La interrelación existe en la práctica y sus eslabonamientos hacia atrás y hacia adelante son múltiples. Detrás de un programa social hay situaciones económicas que de diferente modo inciden en lo que está sucediendo y en lo que va a suceder. Delante de un programa social existen los efectos económicos que puede generar, por ejemplo, el antes mencionado impacto que tiene la educación secundaria en la mano de obra industrial en Corea. Las realidades económicas y sociales están interconectadas. La cuestión es, como articular bien, esa interrelación. Ello supone preguntarse cuestiones como: ¿cuál será la dirección de la articulación? ¿Se orientará en dirección del mero desarrollo económico cuantitativo ortodoxo, o en función del desarrollo humano? Este último no es desde ya incompatible con el desarrollo económico, sino todo lo contrario.

Un desarrollo económico con orientación de desarrollo humano tiene múltiples posibilidades de movilizar una potenciación mutua. En la realidad latinoamericana prima la desarticulación y el sector mejor posicionado en términos de poder e influencia que es claramente el sector económico hegemoniza y sesga la interrelación marginando con toda frecuencia los impactos y costos sociales de las decisiones económicas.

Por otra parte, el sector social público padece de "debilidad institucional". El problema institucional del sector social no radica centralmente en si su organigrama está bien hecho o está mal hecho y si se debe reubicar un organismo o modificar descripciones de funciones. Ello es parte del problema que hay que tratar de solucionar de acuerdo a principios técnicos avanzados, pero lo de fondo es que el perfil del sector dentro del conjunto del juego de poder en los aparatos públicos de la región tiende a presentar diversos indicadores de debilidad. Así se halla a distancia de los lugares donde se toman las decisiones de fondo. Los Ministros de lo social, en la gran mayoría de los casos con pocas excepciones, recientes además, no intervienen en los ámbitos donde se adoptan las políticas sobre temas cruciales como las condiciones en las que se va a negociar la deuda externa, las grandes definiciones en términos de corrientes de inversión, los ajustes presupuestarios.

Por otro lado, el sector social público está constituido normalmente en América Latina por estructuras organizacionales que en un ranking del grado de desarrollo tecnológico de las diferentes organizaciones del sector público en la región, se hallarían en los tramos menos modernos.

Los ministerios de Salud, los ministerios de Educación, los ministerios operadores fundamentales del sector social, están normalmente dentro de los sectores más atrasados en el aspecto gerencial. Se trata en su conjunto de un sector tecnológicamente atrasado, sin acceso a las decisiones de fondo y con un financiamiento permanentemente regateado y cuestionado. Además cuando llega el momento de los recortes, presionados por algún organismo de financiamiento internacional, ese financiamiento regateado, es de los primeros en ser cortado.

De allí que "Desarrollo Humano" de Naciones Unidas, señale entre otras conclusiones prácticas, que habría que sugerir a los organismos de financiamiento internacional, que junto a las cláusulas tan duras que con frecuencia suelen aplicar en el campo económico, inserten cláusulas igualmente duras en el campo social. Así, por ejemplo, el gobierno que no destine tal porcentaje de su producto bruto interno a gasto social, no recibirá los préstamos.

El sector social normalmente está en desventaja en la mayor parte de los campos. La articulación entre la política económica y la política social se produce dentro de ese entorno de situación real. La modificación de las condiciones de esa articulación supone variaciones en ese entorno que "sensibilizen socialmente" la política económica y fortalezcan el sector social.

Asimismo, en un plano instrumental se debe ingresar, a establecer algunos mecanismos técnicos imprescindibles para la coordinación. Como, por ejemplo, la medición con categorías homogéneas de los mismos problemas. El sector social y el sector económico deberían manejar un sistema de medición uniforme, que permita estar hablando de lo mismo cuando se analiza que está pasando con la pobreza, con el deterioro de la situación de las clases medias, con el incremento de la marginalidad. Es decir, un sistema de medición de "cuentas sociales" uniformes.

Por otra parte la articulación de la política económica y social no se resuelve con una reunión mensual de algún gabinete de Ministros. Ese es un espacio muy importante, obviamente debe existir y ser desarrollado. Pero junto a él se necesita una articulación día a día. Hay en gerencia moderna, mecanismos utilizables al respecto como por ejemplo, armar una unidad conjunta de trabajo entre el sector económico y el sector social que haga monitoreo cotidiano de los impactos de las políticas públicas en los dos campos y de los eslabonamientos recíprocos.

Existe, por lo tanto, la necesidad de revisar profundamente en lo sustancial y en lo técnico la articulación entre los dos sectores.

Estrategias de enfrentamiento de la pobreza

Segundo problema, el replanteo de estrategias organizacionales básicas en la lucha contra la pobreza. Actualmente se advierten atisbos de cambios paradigmáticos en esta cuestión. Se está saliendo del paradigma burocrático, autocrático, que entendía que montando de arriba hacia abajo, verticalmente un programa social, imponiéndoselo a la población, determinando desde arriba qué es lo que la población supuestamente necesita, el programa operaría adecuadamente. Un enfoque de carácter paternalista. Ese tipo de enfoque ha demostrado en la práctica serias limitaciones frente a la especificidad de los programas sociales que implican conectarse con una población que tiene sus propias ideas de cuáles son sus necesidades, ideas que deben ser profundamente respetadas para llegar a niveles de eficiencia y que por otra parte quiere ser parte activa del programa y no su mero objeto pasivo.

Todo ello demanda una revisión de la estrategia organizacional-tradicional. Asimismo, se plantean agudos requerimientos de cambios en la misma a partir de la adopción cada vez más generalizada de la idea de autosustentación. Ilustrándola, se verifica que se puede ayudar a una comunidad a construir un camino excelente que la conecte con lugares importantes para ella, a los que no tenía acceso, pero si no hay autosustentación, la solución será por tiempo limitado. Si no se han desarrollado las capacidades locales como para que exista el mantenimiento permanente que necesita un camino de ese tipo, finalmente su uso será cada vez más precario.

Cualquier programa social que no desarrolle las capacidades de autosustentación del programa una vez que haya dejado de funcionar la cooperación, hayan migrado los expertos, hayan cambiado las personas, tiene vida en definitiva transitoria y no tiene un impacto de fondo, no cambia aspectos profundos.

El enfoque paternalista tiene una de sus limitaciones fundamentales en su inoperancia en términos de generar capacidades de autosustentación. Ello afecta también a la versión del enfoque paternalista que algunos han llamado, la tecnocracia manipuladora. No es paternalismo, pero se trata de inducir elegantemente por vías más sofisticadas, lo mismo que en definitiva procuraba el enfoque paternalista.

En materia de programas sociales pareciera que estamos en los albores de un paradigma en donde el acento esté puesto en el mayor respeto por las características de la comunidad y el involucramiento a los máximos niveles posibles de la misma en todo el proceso, desde la planificación, pasando por la ejecución, el monitoreo, y la evaluación.

La discusión técnica internacional en esta materia no se restringe actualmente a cuestionar los defectos de la burocracia pública. También analiza qué sucedió cuando la burocracia pública delegó buena parte de todos sus programas a organizaciones externas, evidenciando que algunas de ellos comenzaron a ejecutarlos por vía paternalista y montando aparatos burocráticos cada vez más extensos. Se requiere buscar un camino distinto a la acción unilateral de las burocracias públicas o privadas. En la Copenhaguen Round

Table, magna reunión mundial sobre gerencia social realizada recientemente,[4] se acentuó la necesidad de integrar la acción pública, de las ONGs, y de las comunidades asistidas, y se sugirió entrenar a la comunidad, para mejorar sus capacidades de negociación con las burocracias, tanto las de afuera como las de adentro del Estado. A su vez entrenar a los dos tipos de burocracias para practicar la participación seria y consistentemente. En América Latina es necesario pasar del mero lenguaje participativo a prácticas que lleven a indicadores significativos de participación. Para eso, habrá que hacer una revisión sustancial de las estrategias organizacionales básicas.

Tiene la más alta vigencia la afirmación de Garcia Huidobro, destacando que en realidad en programas sociales ''la política y el proyecto central es que la gente participe, lleguen a ser sujeto, comunidad capaz de generar sus acciones y sus metas'', y que por ende en ellos ''la forma de hacer las cosas es tan importante como las cosas que se hacen''.[5]

Hay que lograr los objetivos, pero conseguirlos a través de metodologías participativas que creen condiciones de autosustentación.

¿Cómo rearticular el sector social?

El tercer problema organizacional que queremos plantear, es el de articulación del sector público social hacia adentro. Los bajos grados de articulación actual de los Ministerios e Instituciones del sector social se hallan entre las razones que lo colocan en situación de debilidad frente a un sector público económico que en América Latina presenta grados crecientes de unificación.

El ''paisaje organizacional'' tiende a ser el mismo en toda la región en esta materia. Un sector público social con varias docenas de instituciones, dentro de ellas, cinco o seis ministerios grandes que están involucrados en disputas continuas, compiten por cuotas de financiamiento, recursos humanos, pre-

---

4. International Institute of Administrative Science. Gobierno de Dinamarca Copenhaguen Round Table. *Management of Social Services*, July, 1991. Ver al respecto Bernardo Kliksberg, Correlator General del Congreso. Conclusiones de la Copenhaguen Round Table. *Revista Investigación y Gerencia*, N° 38, Caracas, 1991.

5. Juan Eduardo García Huidobro. ''Programas sociales solidarios y de educación popular''. En *Aspectos metodológicos de las políticas de desarrollo social*, ILPES/APSAL/ISUC 1985.

sencia pública. No se coordinan salvo cuando se los convoca obligatoriamente y entonces hacen un "saludo a la bandera" y después siguen en sus disputas apenas salen de la reunión. Esta desarticulación del sector social no ha encontrado soluciones significativas a través de los abordajes tradicionales.

La vía usual para encarar el problema ha sido el enfoque burocrático formal. Se centra en que son organizaciones que no están cumpliendo con los mandatos legales, que si bien en algunos casos son confusos, tratan de crear cierta articulación normativa. Habría que ponerlas a ajustarse a las normas, rediseñar con más precisión el organigrama, desarrollar manuales de normas. ¿Estamos seguros de que con ello estamos realmente encarando las causas profundas por las que existe la desarticulación? Pareciera, de acuerdo a las experiencias de campo regional y comparada, que hay mucho más. Por ejemplo, probablemente una de las causas de que el "enguerrillamiento" sea mayor en el sector social que en otros sectores del aparato público puede ser, lo que algunos trabajos muy avanzados de reflexión sobre el sector social a nivel mundial, llaman la influencia de los "metapoderes". Esos trabajos sugieren que parte del poder supuesto que tienen las organizaciones del sector para usar recursos, y para definir programas, se lo sustraen desde afuera los lobbies de presión.

Ello activa la competencia interorganizacional por los poderes reducidos remanentes. Un caso de campo completo de este proceso de "robo de poder" es el que reconstruye Merilee Grindle, investigadora de Harvard en México.[6]

Refiere cómo el gran programa de los CONASUPO, que hacía llegar viveres a precios reducidos a los campesinos pobres en todo el país, fue cooptado e intermediado en sus diferentes etapas por diversos sectores: los caudillos políticos locales, los comerciantes de las diferentes zonas, grupos fuertes de presión comercial, desviándolo de sus objetivos originales.

En esa situación: ¿cuál puede ser una línea de soluciones innovativas? Parece promisoria la utilización del enfoque de redes, en las que se involucren igualitariamente los diferentes protagonistas.

---

6. Ver Merilee S. Grindle. Restricciones políticas en la implementación de programas socialelse: la experiencia latinoamericana. En Bernardo Kliksberg (comp.). *¿Cómo enfrentar la pobreza? Aportes para la acción*. Grupo Editor Latinoamericano, 2da. edic., 1992.

Se está tratando de abordar el problema de coordinación organizacional armando una red donde esté el sector público, las ONGs, estén desde ya las comunidades asistidas que tienen que ser actores fundamentales, y estén los apoyos de la sociedad civil. Se trata de que la red funcione como un espacio de negociación permanente, donde se procesen los conflictos interinstitucionales y la atención se centre en identificar y desarrollar programas de beneficio común. Desde ya habrá puntos de conflicto, pero también existen puntos significativos donde toda la red gana. Es decir, hay juegos suma cero, pero también hay juegos en donde todos pueden ganar sin que nadie pierda, como por ejemplo, presionar como bloque para la obtención de financiamientos externos o para una mejor posición en los financiamientos internos, producir información de calidad para el conjunto de la red, formar en colaboración recursos humanos especializados.

Un caso práctico ilustrativo de proyectos de beneficios comunes es la iniciativa de crear una Escuela de Gerencia Social en Venezuela, avanzada con pionerismo por la Ministro Marisela Padrón. Es un típico programa que puede ayudar a todo el sector social a formar cuadros de diferente índole como lo está haciendo muy activamente. Una idea en donde nadie pierde nada y todos ganan, ganan las organizaciones gubernamentales de diferentes tipos, ganan los distintos ministerios, los municipios, las gobernaciones, las ONGs. Siguiendo esa línea es posible armar redes que se organicen con orientación a tratar de encontrar el potencial de sinergias que pueden ser de utilidad para el conjunto, y allí existe una vía no tradicional de enfocar el problema de la desarticulación.

Hacia modelos organizacionales no convencionales

Está en pleno desarrollo un proceso de cambio de paradigma a nivel internacional en materia de organizaciones en general. Hay un repliegue de los modelos burocrático-formales tradicionales a nivel mundial, tanto en el sector público como en el sector privado, y avances importantes de vías no convencionales. Ellas van desde modelos de organización en base a proyectos, que se desarman a su finalización, hasta la organización que procura maximizar la flexibilidad, y para ello diseña sus relaciones organizacionales, con énfasis en estructuras ambiguas abiertas y relaciones horizontales. El sector social está atrasado en este campo, los Ministerios de Salud, de Educación, etc., presentan modelos de viejo cuño apegados a la jerarquía, la verticalidad y de gran rigidez.

Pero estamos en el año 2000, donde se está destruyendo el modelo burocrático. Las empresas más exitosas del mundo son hoy en día, crecientemente empresas descentralizadas totalmente flexibles, y algunas de ellas han terminado hasta con el organigrama, para maximizar capacidad de adopción a un medio ambiente en cambio acelerado. Es el período donde se está pasando de "la administración a la gerencia".

Resulta necesario hacer ingresar al sector social en la nueva era y montar estructuras organizacionales no convencionales en el mismo. Hacerlo no es un problema de inversiones económicas sino de cambio de cultura organizacional. El sector social debe aprovechar el "know how" gerencial avanzado y no permanecer totalmente estacionado en el viejo, por otra parte conflictivo con la eficiencia, la adaptabilidad y directrices esenciales de su labor como la plena apertura a la participación de la comunidad.

Descentralización, municipalización y participación

La descentralización de los programas sociales abre un relevante conjunto de posibilidades. Es imprescindible sin embargo no convertirla en un mito. La descentralización tiene sus pro y sus contras. Pero si se trabaja cuidadosamente sobre los contras, y hay políticas expresas para ello, el balance puede ser ampliamente favorable. En materia de programas sociales algunas de las mayores virtudes latentes en los procesos de descentralización, tienen un alto nivel de operatividad. Así, la descentralización puede ser en general una gran vía de democratización de nuestra sociedad, que acerque el Estado a la comunidad. Ese tipo de cercanía es absolutamente imprescindible en materia de programas sociales. Se requiere que los programas no sean globales que capten la especificidad de las necesidades de cada comunidad, lo que está sucediendo en los hechos en ella.

Por otra parte, la participación activa requiere de espacios de descentralización significativa. Es de difícil viabilidad en términos prácticos en macroorganizaciones gigantescas. Afirmar que la población participó en la elaboración de tal plan de la nación como se ha dicho con frecuencia en países latinoamericanos que quiere decir ¿participó en qué? ¿lo vió por televisión? ¿mandó sugerencias? Eso es todo. La participación real es mucho más viable en la situación de programas sociales descentralizados. Allí se lleva el programa a nivel de una unidad comunal y ahí si hay un espacio como para que estén trabajando juntos la gente del programa y la comunidad en condiciones horizontales de intercambio fluido.

La estrategia maestra de descentralización de los programas sociales debe ser en la región la municipalización dado que los municipios son las unidades históricas básicas en todo nuestro continente, con muchas posibilidades limitadamente exploradas. Eso conlleva el fortalecimiento previo en términos mucho más globales del régimen municipal y de los recursos y capacidades de los municipios. La municipalización tampoco puede considerarse la meta final de la descentralización. Sería deseable que se avanzara más lejos hacia una asociación de esfuerzos entre la sociedad civil y el municipio. En Suecia está en curso una reforma del Estado -un Estado que según todos los indicadores funciona muy eficientemente- que tiene como objeto central, ampliar al máximo la libertad de elección del ciudadano. Entre otras reformas se dictó la Ley de Delegación Condicionada de Facultades, por la que en un país donde el Estado está ya profundamente descentralizado se otorgará a los municipios recursos adicionales a los que tienen si demuestran que los usan en programas en donde la participación de la comunidad es muy alta. Es decir, no solamente recursos a los municipios, sino presión directa para que la descentralización sea descentralización con participación activa de la comunidad.

En el caso de la exitosa performance del modelo sueco como en otras investigaciones comparadas, se evidencia que cuanto más se especifica la situación de uso de los recursos, más chance hay de que los recursos sean bien utilizados. Y cuanto más cerca esté una organización pública de la población asistida, menor será el costo administrativo. Por otra parte, mayores serán las posibilidades de control social de la comunidad, sobre el funcionamiento del programa con las consiguientes ventajas.

¿Qué tipo de gerentes?

¿Qué estilo gerencial puede ser el apropiado para un programa social? ¿Qué tipo de problemas concretos tiene un programa social en la práctica y por lo tanto, qué perfil de gerente es necesario tratar de formar en materia social? Estos y otros interrogantes semejantes tienen una importancia de primer orden, porque los recursos humanos son el punto definitivo en donde se decide el éxito de los programas en la práctica. Quien conduce los programas sociales tiene a su vez un rol estratégico en como se resolverán. Así, por ejemplo, el gerente definirá si hay participación o todo lo contrario, o si se "declama" participación, pero no se hace nada en efectivo. ¿Cómo desarrollar capacidades gerenciales apropiadas?

Un primer punto es que el gerente tiene que estar formado para su tarea. En América Latina se parte con frecuencia de la suposición de que si se trata de un programa masivo de salud, será un médico el gerente adecuado, o si son programas de educación, educadores.

En la práctica no ha funcionado mucho el esquema, independientemente de los méritos que pudieran tener unos u otros por la antes señalada especificidad de la gerencia social. Los problemas de gerencia que hay en un programa social exceden normalmente ampliamente de las posibilidades de alguien que tiene una calificación especializada, en determinado campo, pero no una preparación para ese tipo de problemas de conducción.

En segundo lugar, tampoco resuelve el problema reemplazar a los médicos, educadores, y otros, por administradores profesionales.

En América Latina los administradores profesionales han sido con frecuencia entrenados sólo para manejar estructuras burocrático-formales. Se les enseña acerca de organigramas, manuales de normas, descripciones de puestos, mandar memorándums. Ello no habilita para lidiar con un programa social, donde están presionando los lobbies, los políticos, la población asistida y cotidianamente se producen variaciones, e incluso una parte de la población puede desaparecer porque la tierra donde está asentada se hace inhabitable.

Se debería marchar hacia un tipo de gerencia más sofisticada que atienda la impredicibilidad y variabilidad que surge de la práctica de la gestión social. Como se indicó anteriormente la mayor parte de los problemas que se presentan no estaban en la planificación previa y tampoco estaban dentro de los supuestos más probables. Fueron deviniendo de la realidad, porque la realidad implica que de pronto hay recortes en el gasto social, que cambiaron al Ministro, que un grupo local ha armado una coalición de poder para impedir que los suministros lleguen por tal lado y trata de que lleguen por el otro, y así sucesivamente, y además múltiples variables que derivan de la dinámica con la comunidad con la que se está actuando. Algunas son negativas como las anteriores y otras pueden ser positivas, como que aumentó el nivel de madurez de la comunidad respecto a la situación, que está en condiciones de pasar a etapas más avanzadas.

La gerencia en el campo social es como sugiere Rondinelli una gerencia en donde no hay un diseño previo y una acción posterior, sino que ambos deberían fusionarse en el día a día. Hay que actuar, retroalimentar y se necesita una gerencia totalmente adaptativa.

Debemos entrenar recursos humanos para ese tipo de trabajo, que requiere un perfil ad hoc. Por ejemplo, uno de los rasgos del perfil de un gerente que pueda hacer gerencia adaptativa, es que tiene que haber un cambio muy importante en estructuras mentales básicas. Así nuestros gerentes en América Latina en casi todos los campos están entrenados, para basarse en el pasado. Proyectar datos históricos en presupuestos, marketing, programas sociales.

Ese estilo es cuestionable por cuanto nos hallamos en un tiempo de cambios acelerados donde lo que viene es bastante distinto de lo anterior. Es necesario ser capaz entonces de trabajar oteando el futuro, a través de métodos más finos que la mera proyección del pasado.

Además, nuestros gerentes están acostumbrados a pensar en términos de un escenario único. Un gerente adaptativo tiene que ser capaz de pensar en términos en escenarios múltiples. Puede ser que pase (a), (b), (c) o (d). ¿Qué haré en cada caso? Se requiere un entrenamiento para reemplazar el estilo de pensamiento uniescenario por el multiescenario.

Se necesita un gerente social con altísima sensibilidad hacia la comunidad, que esté sintonizado con la gente. Una escuela europea, de pensamiento en materia municipal, la Public Service Orientation, subraya que las burocracias municipales en Europa han estado permanentemente ofreciendo servicios en función de su formación, conocimientos, el ''estado de las artes'' en el campo, lo que les parece más moderno. Esa escuela enfatiza que hay que partir al revés de lo que la comunidad está considerando sus prioridades básicas, de lo que le ''duele'' a la comunidad. Estos son algunos de los rasgos del gerente deseable en el campo social.

Las líneas de trabajo planteadas respectos a los problemas estratégicos de gerencia social abordados: articular la política económica y la social, el recambio de la estrategia global para trabajar en materia de pobreza, articular el sector social internamente sobre la base de redes, estructurar organizaciones ligadas a la gerencia de avanzada, la descentralización, y la gerencia adaptativa parecen ser caminos promisorios para mejorar la efectividad final de los programas sociales.

IV. ACTUAR CON URGENCIA

Ajustes con rostro humano, el difundido libro de la UNICEF, demuestra que las políticas de ajuste ortodoxo han fracasado en más de 80 países, que los resultados no han sido buenos en lo económico y han sido desastrosos en lo social.

Refiere allí el Director General de la UNICEF, James Grant, que "millones de niños están sufriendo las consecuencias de políticas económicas y financieras que apenas han prestado atención a las necesidades básicas y a las condiciones futuras de bienestar de la infancia y otros grupos vulnerables", y se llama la atención sobre las posibilidades de que la situación siga empeorando.[7]

Ello es premonitorio. Fue escrito hace varios años y desdichadamente el cólera parece corresponder a este llamado de alerta. En este tema se necesita, pensamiento abierto, ni mitos, ni dogmas, revisar lo que está sucediendo en la realidad. Tratar de apuntar hacia el "Desarrollo Humano". No olvidar en definitiva cuál es la meta última, y evaluar si lo que se está haciendo es funcional en relación a esta meta última. Y junto a las revisiones imprescindibles de la política económica, y de la política social, revisar profundamente lo que se está haciendo en materia organizacional.

Este tipo de construcción es la única que puede crear condiciones de autosustentación para la acción social. Ante los desoladores datos del crecimiento explosivo de la pobreza en la última década en América Latina debe prestarse la máxima atención al llamado de atención de UNICEF. Es necesario actuar con urgencia. Este no es un tema académico, este no es un tema tecnocrático, este es un tema en el que se está escurriendo la vida de la mitad de los latinoamericanos.

---

7. G. Cornia, R. Jolly, F. Stewartt. *Ajustes con rostro humano*. Siglo XXI, 1987.

DOS TEMAS CLAVES EN AMERICA LATINA: REFORMA DE LOS SISTEMAS DE SEGURIDAD SOCIAL Y SALUD*

DIVISION DE DESARROLLO SOCIAL DE LA CEPAL

LA REFORMA DE LOS SISTEMAS DE SEGURIDAD SOCIAL**

El concepto ''sistemas de seguridad social'' abarca varios subsistemas que aunque estén separados desde el punto de vista insititucional se encuentran unidos por su objeto común de procurar proteger a la población frente a los riesgos que traen aparejados, sobre todo, las enfermedades, la vejez y la muerte. Así entendidos, tales sistemas comprenden: a) Seguros sociales (pensiones de vejez, invalidez y muerte; atención médico-hospitalaria y prestaciones monetarias por riesgos profesionales; atención médico-hospitalaria y prestaciones monetarias por enfermedad común y maternidad; y prestaciones monetarias por desempleo); b) Asignaciones familiares; c) Asistencia social (tales como pensiones no contributivas o concedidas a personas sin recursos y no elegibles para las prestaciones del seguro social); y d) Sistemas nacionales de salud o programas públicos de atención a la salud.

La eliminación, o al menos la reducción de esos riesgos, ha sido desde hace muchos años tanto un objetivo principal de la política social como uno de los

* Incluido en el documento de la División de Desarrollo Social de la CEPAL: ''Las dimensiones sociales de la transformación productiva con equidad'' (Febrero, 1992).

** Este trabajo, se basa sobre todo, en las ideas de Carmelo Mesa Lago, que han sido recogidas en publicaciones de varias agencias internacionales. Véase de este autor. *El desarrollo de la seguridad social en América,* Serie Estudios e Informes de la CEPAL, No. 45, 1988; La seguridad social y el sector informal, Serie Investigaciones sobre empleo de PREALC, No. 32, 1990; Aspectos Económicos Financieros de la Seguridad Social en América Latina y el Caribe: Tendencias, problemas y alternativas para el año 2.000 (1990), texto preparado para el Banco Mundial que publicará la versión en inglés; La seguridad social en América Latina, en BID, Progreso Económico y Social en América Latina. Informe 1991. Washington, 1991.

más importantes criterios para juzgar el desarrollo social alcanzado por una sociedad; la creación de instituciones y mecanismos especializados para responder a estos fines evolucionó rápidamente durante este siglo en los países actualmente desarrollados para cubrir el vacio dejado por el debilitamiento o la desaparición de las instituciones tradicionales que cumplían tales funciones en el pasado.

El tipo de organización y la amplitud de los sistemas de seguridad social son muy variados en los países desarrollados, pero en la mayoría de ellos tales sistemas son muy importantes y constituyen la manifestación concreta de muchos años de lucha y esfuerzo para crearlos y consolidarlos. La importancia actual de tales sistemas en esos países puede evaluarse de muchas maneras; por ejemplo, por los recursos implicados, por la solidez que han mostrado frente a los esfuerzos recientes por debilitarlos en algunos países europeos, o por el apoyo creciente que una parte significativa de la opinión pública estadounidense brinda actualmente a la idea de establecer en su país un sistema nacional de salud.

En América Latina también se han realizado esfuerzos importantes para desarrollar los sistemas de seguridad social. Pero, como consecuencia de la forma en que se llevó a cabo el desarrollo de los mismos -basado en el modelo ''bismarckiano'' del seguro social - aparecieron dos problemas principales y estrechamente vinculados que en mayor o menor grado afectan a todos ellos: la escasa cobertura y el déficit financiero.

1. *La cobertura: amplitud y desigualdades*

Con bastante inseguridad por las dificultades estadísticas, se ha estimado que aproximadamente el 61% de la población total y económicamente activa de América Latina estaría cubierta por el subsistema de seguro social. Sin embargo, en dicho porcentaje influye fuertemente la altísima cobertura del Brasil, país que concentra más de la mitad de todos los asegurados; como es probable que las cifras de Brasil estén sobreestimadas, es probable que la cobertura global de América Latina esté también sobreestimada. Cuando se excluye Brasil, el porcentaje de cobertura cae a menos del 43% de la población total y de la PEA. Además, las diferencias entre los países son muy importantes: Cuba, Brasil, Argentina, Chile, Uruguay, Costa Rica y Panamá presentan una cobertura superior al 60%, mientras la mitad del total de los países de la región no supera el 25%.

Al problema de la baja cobertura global debe añadirse el de la desigualdad en el grado de cobertura entre grupos ocupacionales, y unidades geográficas; en términos generales, la cobertura tiende a ser muy influida por el nivel de ingreso, la calificación laboral y el poder de los grupos sociales.

Por ejemplo, en los países de América Latina con sistemas de pensiones más desarrollados, la evolución histórica de la cobertura de los distintos grupos ocupacionales respondió en gran medida al poder de los mismos, con una brecha de muchos años entre los primeros y los últimos: los militares y empleados públicos comienzan a ser cubiertos desde el siglo pasado, luego les siguen los maestros, la policía, la "aristocracia laboral", el grueso de la fuerza laboral urbana, y en las últimas décadas comienzan a incorporarse los trabajadores agrícolas, los servidores domésticos y los trabajadores por cuenta propia. Del mismo modo, las regiones más desarrolladas (industrializadas, sindicalizadas, urbanas, con mayor porcentaje de asalariados e ingreso per cápita más altos) tienen una cobertura notablemente mayor que las menos desarrolladas (poco sindicalizadas, rurales, con mayor porcentaje de trabajadores independientes e ingresos per cápita más bajos).

La desigualdad en la cobertura, vinculada directamente a la heterogeneidad de la estructura productiva, pone de manifiesto que el modelo "bismarckiano" de seguro social obligatorio común en los países europeos, no ha podido funcionar adecuadamente en la mayoría de los países de América Latina, a pesar de las modificaciones introducidas en el modelo original. Ello se debe a que en aquellos países la mayor parte de la fuerza laboral está compuesta de trabajadores asalariados urbanos, mientras que en buen número de los países de América Latina, gran parte del grueso de la fuerza laboral está compuesta por trabajadores agrícolas, independientes, y familiares sin remuneración. El modelo "bismarckiano" financia la seguridad social con contribuciones del trabajador y del empleador, basadas en el salario del primero, pero en muchos países el trabajador por cuenta propia no puede aportar la contribución del empleador; y el trabajador agrícola tiene bajo ingreso, está disperso y a menudo es migrante y cambia de empleador con frecuencia.

Cuando se compara el porcentaje de la PEA en el sector urbano-formal con el porcentaje de la PEA cubierto por el seguro social, se aprecia en la mayoría de los países una correspondencia muy marcada entre ambos. Unos pocos países han sido capaces de extender la cobertura algo más allá del sector urbano-formal, ya sea porque tienen un sector rural relativamente moderno y sindicalizado (como Costa Rica y Chile) o porque, teniendo un sector rural-tradicional importante, han creado métodos nuevos de financiamiento para que el sector urbano sostenga al menos parcialmente la extensión de la cobertura al campo (Brasil) o el Estado y el seguro social financien dicha cobertura (México).

En muy pocos países la cobertura sobrepasa la suma de los sectores urbano-formal y rural-moderno, lo que indica los obstáculos estructurales existentes para extender la cobertura a los sectores urbano-informal y rural-tradicional. En éstos predominan los trabajadores subempleados y con bajo ingreso, por lo que difícilmente pueden autofinanciar su cobertura.

La población que se encuentra por debajo de la línea de la pobreza en América Latina tampoco está normalmente protegida pr el seguro social. Los pobres son desempleados, trabajadores estacionales, familiares sin remuneración, pueden estar empleados en ocupaciones que no están cubiertas o su grado de cobertura es muy bajo como la agricultura, el servicio doméstico y el trabajo por cuenta propia. Por ello, los pobres no están cubiertos por el seguro social y sólo tienen acceso a la salud pública y a la asistencia social; servicios normalmente insuficientes y con financiamiento escaso.

2. *El objetivo principal; universalizar la cobertura*

Reformar los sistemas de seguridad social existentes para darles mayor equidad significa sobre todo ampliar su cobertura hasta abarcar a la población que actualmente no está cubierta o recibe beneficios muy exiguos. El logro de una mayor equidad no es el único objetivo que debiera orientar la reforma de tales sistemas pero existe un creciente convencimiento de que es el más importante. [1]

Siendo ese el objetivo principal, los caminos para lograrlo pueden ser muy diferentes, lo mismo que el tiempo necesario para alcanzarlo; en ello influye

1. En una publicación reciente del Banco Mundial se considera la existencia de cuatro tipos de problemas en la seguridad social, relacionados con la equidad, el manejo y planeamiento de los sistemas, las distorsiones macroeconómicas y los aspectos microeconómicos. Después de examinar la importancia de dichos problemas en los países de América Latina se afirma que "... the ranking of issues is so strongly skewed toward equity problems that only a radically different understanding of the issues and their importance could change these ranking"... "Among other issues, those related to the efficiency and management of social".

la situación actual del sistema de seguridad social en cada país, y los medios y obstáculos económicos y políticos existentes. Por ejemplo, al examinar el problema de equidad se advierte que las situaciones nacionales varían. Los países con mayor grado de cobertura y nivel de desarrollo más alto tendrían que hacer un esfuerzo financiero proporcionalmente menor; pero sus sistemas ya presentan déficit críticos. Los que tienen muy baja cobertura y nivel de desarrollo también más bajo, si quisieran universalizar la cobertura deberían realizar un esfuerzo financiero colosal. Entre ambos grupos de países se encuentran unos pocos que teniendo posibilidades financieras mayores, por su nivel de desarrollo económico, no han ampliado de manera proporcional su cobertura, lo que podrían hacer con un esfuerzo menor al de los anteriores.

De todos modos, en general, los sistemas tendrían que realizar un considerable esfuerzo financiero para universalizar la cobertura, sea porque la población por cubrir es muy numerosa o porque arrastran un déficit cuantioso (o lo tendrán en un futuro próximo). La reforma de los sistemas debe lograr que ellos sean a la vez, socialmente equitativos y financieramente sólidos. La expansión ''populista'' de la cobertura sin respaldo financiero ha llevado a los sistemas a la quiebra; la restricción ''conservadora'' de la cobertura (que pone énfasis en la solidez financiera olvidando la necesidad social de su expansión) no es sostenible políticamente en regímenes democráticos por su sesgo ''elitista''. Si se rechazan estas alternativas, deben examinarse todas las opciones para que los sistemas aumenten sus ingresos y reduzcan sus gastos actuales, de modo de generar excedentes que les permitan aumentar gradualmente la cobertura.

A fin de mejorar sus ingresos, los sistemas deben estudiar la posibilidad de aumentar las imposiciones - lo que a menudo no es posible por la ya pesada carga existente - controlar con energía la evasión y la mora, encontrar fórmulas para recobrar la deuda del Estado, y mejorar de manera considerable su, en general, ineficiente política de inversiones.

Con el objeto de reducir sus gastos, los sistemas debieran, reducir los costos de administración, que suelen ser más altos de lo necesario, pero sobre todo la generosidad de las prestaciones y la liberalidad de las condiciones de adquisición. Naturalmente, sería deseable extender a toda la población las prestaciones privilegiadas de que goza actualmente una minoría, pero tal cosa no es financieramente posible en ningún país. Por ello, es necesario que los sistemas reduzcan los beneficios que ahora otorgan a una parte de la población (mayor o menor según los países) para poder así ampliarlos a la totalidad de ella.

Como es sabido, actualmente coexisten diversas instituciones de seguridad social en la mayoría de los países, que atienden a distintos grupos de asegurados. Desde el punto de vista de las prestaciones recibidas, en la cúpula están aquellos que gozan de los mejores servicios, ya sea porque los pagan privadamente o pertenecen a alguna "corporación" estatal o privada que ha tenido el suficiente poder como para obtener del Estado dichos beneficios. En la parte intermedia de la pirámide están los grupos con nivel intermedio de ingreso y poder y que reciben beneficios equivalentes, mientras en la parte baja se ubican los que tienen insuficiente ingreso o poder y que sólo acceden, en el mejor de los casos, a pensiones exiguas y a los servicios de salud que brinda la asistencia pública.

La estructura del conjunto de los subsistemas existentes (privado, público, de seguridad social, y las formas mixtas) responde a la distribución del ingreso y del poder en las distintas sociedades; reformar dicho conjunto para darle una orientación más equitativa implica que se les organizará como un solo sistema, el que no responderá sólo al principio de que cada cual recibirá prestaciones de acuerdo a su nivel de ingreso o su influencia sino al de que las prestaciones deben brindarse, al menos en parte, de acuerdo a las necesidades.

Una posibilidad a examinar es que la estructura de dicho conjunto sea mixta, combinando ambos criterios. Por un lado, un subsistema universal de prestaciones básicas, financiado con recursos generales y basado en la solidaridad social y, por otro, un subsistema de prestaciones públicas y/o privadas basado en una equivalencia entre lo que se paga y lo que se recibe. Tal tipo de estructura implicaría un avance hacia la equidad y haría posible que aquéllos que hacen un esfuerzo personal para obtener mejores prestaciones, las obtengan.

Cabe subrayar que las propuestas que recomiendan la privatización de los sitemas no solucionarán el problema de la universalización de la cobertura; dicha privatización, realizada en sociedades de nivel de desarrollo relativamente bajo y muy desiguales en cuanto a la distribución del ingreso, sólo consolidará la desigualdad. No debiera olvidarse que América Latina es la región del mundo que tiene la distribución del ingreso más desigual y un 44% de la población en situación de pobreza. ¿Cómo podría esta última pagar un seguro social privado?

3. *Problemas y políticas de seguridad social en los distintos tipos de países*

a) Los países más desarrollados de la región

Los países latinoamericanos más desarrollados están cerca de alcanzar la universalidad en la cobertura poblacional, pero a un costo muy alto y, en muchos casos, sin haber logrado corregir las desigualdades en la cobertura, financiamiento y prestaciones, ni mejorado la eficiencia administrativa. Además, estos países sufren en general graves desequilibrios actuariales y financieros y el Estado ya no es capaz de subsidiar sus déficits, particularmente bajo la prolongada crisis económica.

En estos países debe procurarse, al mismo tiempo, completar la universalización de la cobertura y poner el sistema sobre una base financiera sólida. Pero como estos países ya tienen una carga muy pesada en términos del porcentaje global de contribución y de los subsidios estatales, para lograr solidez financiera casi todos ellos tendrán que reducir sus gastos y mejorar el control de la evasión y la mora.

Dado que las pensiones abarcan el porcentaje más alto del gasto en estos países, para reducirlo hay que aplicar medidas tales como eliminar pensiones anticipadas y por antigüedad, aumentar las edades de retiro e igualarlas para ambos sexos, ajustar las pensiones al índice de salarios en vez de a la inflación, restringir el número de familiares dependientes con derecho a las pensiones de sobrevivientes, eliminar las pensiones privilegiadas, y otras. En los países con peor situación financiera, la solución estaría en establecer un sistema mixto que combine una pensión universal básica con una pensión suplementaria estrechamente relacionada con la contribución; esta última podría ser administrada por organizaciones privadas y/o públicas.

La situación crítica por la que atraviesan los sistemas en estos países ha promovido muchas propuestas de reforma del modelo tradicional de seguro social.

Los problemas son conocidos y la mayor parte de las propuestas sugieren medidas como las señaladas para aumentar los ingresos, y sobre todo, reducir los gastos. Pero los obstáculos para implantarlas son esencialmente de naturaleza política; los grupos que disfrutan de privilegios y, a veces, la población próxima a la edad de retiro se resisten al cambio y las propuestas no pueden superar esta fuerte oposición. No es casual que las dos reformas más radicales hayan sido impuestas por regímenes fuertes: a) La estatización total en Cuba (en el decenio de 1960) que ha logrado la cobertura universal, unificando el sistema y eliminando la mayoría de las desigualdades (exceptuando a las fuerzas armadas que mantienen un régimen especial y a los campesinos privados que están excluidos de las prestaciones monetarias), pero enfrentando déficit crecientes que son cubiertos por el Estado, lo que ha provocado la erosión del valor real de las pensiones; y b) La privatización creciente en Chile (en el decenio de 1980) que ha uniformado las principales condiciones de adquisición (exceptuando también a las fuerzas armadas) y establecido un sistema nuevo de pensiones solvente, pero al precio de un enorme incremento del déficit en el (y el subsidio estatal al) sistema antiguo.

b) *Los países intermedios y los menos desarrollados*

Los países latinoamericanos del grupo intermedio cubren menos de una mitad de su población con el seguro social y, hasta el decenio de 1980, disfrutaban de una mejor situación financiera que los anteriores. Algunos de ellos aprovecharon su superávit financiero para extender rápidamente la cobertura abarcando parte del sector rural o parcialmente integrando sus servicios de salud. La crisis de los ochenta paralizó o redujo el ritmo de estos avances y algunos de estos países han comenzado a experimentar los desequilibrios antes reservados a los más desarrollados.

Los países latinoamericanos menos desarrollados cubren menos de una cuarta parte de su población y disfrutaban de solidez financiera al menos hasta fines de los 80. La extensión de la cobertura está limitada por barreras estructurales y la crisis económica. Para estos países, y algunos de los intermedios, la universalización de la cobertura poblacional con el modelo actual resultaría en un costo exhorbitante.

Los países intermedios y, particularmente los menos desarrollados debieran aprovechar la experiencia de los más desarrollados y evitar que la universalización de la cobertura se realice a expensas de la solidez financiera. Algunos de estos países ya confrontan problemas financieros por lo que deben preocuparse de salvar al sistema de la bancarrota. Como ya se ha dicho, esto implica eliminar las prestaciones excesivamente generosas e integrar los servicios de salud. Algunos de estos países aún no tienen una carga muy pesada por lo que es posible también incrementar las contribuciones.

Finalmente, todos los países, cualquiera sea su nivel de desarrollo enfrentan grandes obstáculos políticos para reformar los sistemas de seguridad; dicha reforma no es posible sin la reforma del sistema político: los grupos privilegiados de los sistemas de seguridad social públicos y privados tienen mucho más influencia que los que no están cubiertos por los mismos y los gobiernos suelen carecer del poder suficiente para restringir sus privilegios.

De todos modos, en el decenio de los 90, los gobiernos confrontan la necesidad urgente de cambiar el modelo tradicional del seguro social por sistemas de seguridad social equitativos y solventes, para lo cual deben construir el consenso nacional necesario, basado en la educación ciudadana, la toma de conciencia del problema y el sacrificio compartido.

LA SALUD EN LA PERSPECTIVA DE LA EQUIDAD Y LA INTEGRALIDAD*

1. *Salud y equidad*

El problema de la inequidad alcanza su manifestación más extrema en el campo de la salud, pues hace referencia a una injusta distribución del derecho a la vida. Que una altísima proporción de la mortalidad infantil sea por causas

* La elaboración del presente trabajo se ha apoyado en los siguientes documentos de la Organización Panamericana de la Salud: Evaluación de la estrategia de salud para todos en el año 2000, Séptimo informe sobre la situación sanitaria mundial, Vol 3, Región de las Américas (OMS/OPS), Washington, 1986; La respuesta de la Organización Panamericana, contribución a la Primera Reunión de Organismos sobre las Propuestas de Políticas Sociales Integradas frente a los Ajuste Macroeconómicos en la Región Latinoamericana y del Caribe, Caracas, 11-12 de junio de 1990; La salud como pilar fundamental del desarrollo social de Iberoamérica, documento presentado a la Primera Cumbre Iberoamericana, Guadalajara, julio de 1991; La salud en el desarrollo, documento presentado a la Decimoquinta Reunión del Subcomité de Planificación y Programación, Washington, 6-7 de diciembre de 1990; El impacto de la crisis económica en el campo de la salud: documento presentado al Seminario "Crisis Externa: Proceso de Ajuste y su Impacto Inmediato y de Largo Plazo en el Desarrollo Social ¿Qué Hacer?", Lima, 25-28 de noviembre de 1986. También se han utilizado

evitables (diarreas, infecciones respiratorias agudas y parasitosis intestinal), que estas muertes evitables se concentren en sectores pobres, y que la expectativa de vida al nacer se encuentre segmentada por estratos sociales o por ámbitos socioespaciales, refleja esta forma extrema de inequidad.

Para los países de la región debe reconocerse, empero, que se ha avanzado mucho en reducir tasas de mortalidad infantil, progreso notorio desde la posguerra y que continúa incluso en los años 80. Esto significa, en alguna medida, que la inequidad básica de la salud -la violación del derecho a la vida- afecta a una proporción cada vez menor de la población. Algunos adelantos tecnológicos de vasta difusión y bajo costo, como la terapia de rehidratación oral que controla los efectos de la diarrea infantil, han permitido reducir eficazmente esta inequidad básica. También la urbanización acelerada ha contribuido al descenso de la mortalidad infantil de manera indirecta, por el mayor acceso de muchas madres a centros de atención en salud y programas de inmunizaciones, y mejor disposición de agua potable y alcantarillado. Entre los programas que mayores efectos positivos han tenido en la reducción de la mortalidad infantil cabe destacar los programas alimentarios, los de terapéutica de rehidratación oral, salud materno-infantil, abastecimiento de agua y saneamiento y capacitación del personal de salud, así como las actividades emprendidas para lograr una distribución más equitativa de los servicios de salud. Todo lo anterior expresa avances considerables en el desarrollo y se ve reflejado en sus frutos: la esperanza de vida al nacer en la región ha aumentado de 49.3 años en 1950-55 a 61.8 años en 1980-85, mientras la tasa de mortalidad infantil se ha reducido de 100 por 1000 nacidos vivos en 1960-65 a 63 por 1000 nacidos vivos en 1980-85.

Pese a tales avances, la segmentación de la atención resulta todavía considerable por factores de índole económico, cultural e institucional, y deja a amplios contingentes de población pobre expuesta a morbilidad y

---

como referencias adicionales los siguientes documentos: CEPAL, Saude e crise na America Latina: impactos sociais e politicas de ajuste, Doc. LC/R. 654, Santiago, mayo de 1988; Juan José Barreneches, La equidad en los servicios de salud, documento preparado para la División de Desarrollo Social de la CEPAL, Santiago, 1991; E. Miranda R., La economía de la salud en América Latina: experiencias y alternativas de modernización, documento preparado para la División de Desarrollo Social de la CEPAL, Santiago, octubre 1991; Estado y formulación de políticas sociales en América Latina. Lineamiento para el estudio del proceso de toma de decisiones en el área de la salud, Doc. LC/R. 843, Santiago, 1989; y CONADE/PNUD/INICEF/UNESCO/CEPAL, Ecuador: Bases fundamentales para una Estrategia de Desarrollo Social Integrado, Quito, 1991.

mortalidad evitables.[2] Esto se aprecia en las limitadas coberturas en servicios de salud básicos (vacunación, agua potable, saneamiento) y en problemas de cobertura poblacional, acceso por regiones, y diversos sistemas de financiamiento y obtención de las atenciones de salud. Resulta expresivo el hecho de que para el año 2000 las proyecciones indican que 55% de la población de la región vivirá en países donde la esperanza de vida al nacer es inferior a 70 años. La segregación puede ilustrarse con elocuencia en el caso de Brasil, donde la esperanza de vida al nacer en ese país, durante el decenio de 1960-70, exhibía diferencias de 17.7 años en regiones con valores extremos y de 11.6 años entre los grupos de mayores y menores ingresos.[3]

De modo que la salud tiene todavía en la región algunos ámbitos de inequidad aguda. Tal es el caso de la mortalidad materna, la malnutrición en los primeros años de vida y los bajos pesos en recién nacidos, todo lo cual se concentra en sectores de bajos ingresos o en áreas rurales dispersas. Estas diferencias por segmento socioeconómico no sólo redundan en tasas más altas de muertes evitables entre los niños pobres, sino además restringen de manera irreversible las capacidades y habilidades productivas de los niños pobres a futuro.

Otro aspecto relativo a la inequidad en la salud tiene que ver con los efectos simultáneos de las patologías del subdesarrollo y las patologías del desarrollo en la región. Del lado de los países de bajos ingresos, y de los sectores bajos en países de la región con mayores niveles de desarrollo, las principales

2. "En los países con tasas superiores a 60 por 100 nacidos vivos, las principales causas de defunción son siempre las enfermedades respiratorias agudas, las enfermedades diarreicas y los problemas perinatales, y la malnutrición es el principal factor causante. Se tiene conocimiento de todos los factores que causas estos casos y existen técnicas para su prevención y cura. Esto representa una gran responsabilidad para el sector de salud." (Organización Mundial de la Salud/Organización Panamericana de la Salud, Evaluación de la estrategia de salud para todos en el año 2000, Séptimo informe sobre la situación sanitaria mundial, *op, cit.*, pp. 34-35).

3. En el caso de Ecuador, país de desarrollo intermedio dentro de la región, en 1989 sólo el 14.3% de las embarazadas, el 15.7% de los menores lactantes, el 15.9% de los niños en riesgo y el 12.2% de los niños desnutridos recibían atención médica, mientras en 1988 sólo el 14.6% de los nacimientos en zonas rurales ocurrieron con atención profesional (Ecuador, Bases fundamentales para una Estrategia de Desarrollo Social Integrado, op. cit., p. 102.) En Chile, hacia 1987, y dentro de la propia Región Metropolitana, se observaban constrastes notorios en la tasa de mortalidad infantil por sector. Mientras en el Servicio de Salud Metropolitna Norte, de sectores populares, dicha tasa alcanzaba al 33.2 por mil, en el Servicio de Salud Metropolitano Oriente, de sectores medios y altos, era del 7.2 por mil. (E. Miranda R., La economía de la salud en América Latina: experiencias y alternativas de modernización, *op. cit.*).

causas de enfermedad y de muerte siguen siendo enfermedades prevenibles y contagiosas. Las enfermedades diarreicas, las infecciones respiratorias agudas y las enfermedades prevenibles mediante inmunizaciones muestran aún altas tasas de incidencia y mortalidad, particularmente en la infancia.[4] Por otra parte, y a consecuencia de cambios demográficos, de urbanización, de industrialización, de estilo de vida y por el deterioro del ambiente, han surgido problemas de salud que impactan a todos los segmentos sociales, y donde se registra una mayor importancia relativa de enfermedades no transmisibles, tales como los transtornos perinatales, accidentes, daños por efecto de la violencia, enfermedades crónicas como el cáncer, las enfermedades cardiovasculares, la diabetes y las enfermedades cerebrovasculares. A su vez, las enfermedades crónicas degenerativas, los trastornos mentales y las adicciones al alcohol y a las drogas ocasionan discapacidad y morbilidad cada vez mayor.

La conjunción de patologías del subdesarrollo y del desarrollo obliga a redoblar los esfuerzos en el campo de la salud y, complementariamente, a reforzar la dimensión de la salud en el patrón general de desarrollo. De una parte no se ha superado la mortalidad ''evitable'' en los sectores de bajos ingresos, mientras de otra parte crecen las demandas de vastos conjuntos poblacionales cada vez más afectados por el envejecimiento relativo y el drástico cambio en el perfil epidemiológico. Esto no significa que las patologías se repartan a lo ancho de la escala social, relegando a los pobres a una mayor exposición a enfermedades contagiosas, y a los otros sectores a enfermedades degenerativas, accidentes y consumo de alcohol y de drogas. Por el contrario, la inequidad no se redistribuye sino que se intensifica hacia los pobres: los postergados no sólo mantienen vulnerabilidad a las enfermedades infecciosas, sino que también acceden en condiciones desventajosas a las enfermedades degenerativas (que resultan en prolongados períodos de incapacidad y tratamiento, y de padecimiento físico y económico), y están más expuestos a la violencia urbana, a la mayor toxicidad de drogas de menor costo, y a los efectos nocivos en la contaminación del agua, el aire y el suelo en las zonas de asentamientos populares.

4. En países con mortalidad alta y población joven, la mortalidad infantil sigue constituyendo un alto porcentaje de la mortalidad (evitable), y las enfermedades transmisibles representan casi el 50% de las defunciones de todas las edades.

En la medida en que las causas de mortalidad infantil o por causas infecciosas desciende, la inequidad se traslada progresivamente hacia las patologías del desarrollo. Este fenómeno no puede soslayarse toda vez que nos planteamos como objetivo central del desarrollo una distribución más justa del derecho a la vida. Sobre todo porque es mucho mayor el costo en la atención de las patologías del desarrollo que el requerido para reducir niveles de mortalidad infantil a los índices de sociedades más desarrolladas. [5] De manera que al resolver problemas vinculados a la desnutrición infantil, a las enfermedades infecciosas más difundidas en los sectores bajos y dispersos, y a los problemas ligados a la falta de acceso a servicios básicos de salud y saneamiento, la inequidad podrá manifestarse de manera más cruda en aquello que todavía tiene de incipiente: ¿Cuánto cuesta el tratamiento de las enfermedades degenerativas, la medicación para enfermos de SIDA, la atención psiquiátrica individualizada, o la vivienda protegida de la violencia urbana? ¿Quién puede pagarlo y hasta qué punto el Estado puede ofrecer cobertura para quienes no pueden pagarlo? ¿Cómo evitar un *status quo* caracterizado por hospitales psiquiátricos y centros de rehabilitación para ciudadanos de primera, segunda y tercera categoría?

Planteada la equidad en términos de un derecho a la vida mal distribuido, una "ofensiva de la salud" en la arena del debate político y del diseño de políticas podrá tener amplia interlocución. Los contenidos del debate podrán variar según la fase de transición en salud que cada sociedad enfrenta, vale decir, según el peso que tienen en la inequidad las patologías del subdesarrollo y las patologías del desarrollo. Se trata de plantear la prioridad de la salud, lo que implica dar prioridad a los esfuerzos encaminados a garantizar un mayor grado de equidad en las condiciones y posibilidades de vida de los habitantes de la región y en el acceso a los servicios básicos de salud por parte de la población. La representación política del sector se encuentra subaprovechada si se considera la capacidad de presión potencial que puede emanar desde un sector donde los problemas son, literalmente, de vida o muerte.

5. Son relativamente bajos los costos para la inmunización universal y erradicación de la poliomielitis, la difusión de la terapia de rehidratación oral, el control de las infecciones respiratorias agudas, y la atención al embarazo y al parto, si se compara con los costos de descontaminación, atención a enfermedades degenerativas, control de la violencia social, cuidado de enfermedades cardiovasculares y mentales, etc.

Dicha representación debiera poner al sector en posición de interlocutor ante el alto ejecutivo, la rama legislativa del poder, los gremios, otros sectores públicos y la opinión ciudadana.

Si bien el sector salud tiene escasa injerencia en el diseño de políticas que impactan sobre la distribución del ingreso de las economías nacionales, si podría tener posibilidades de presionar por mayor equidad en su campo de competencia.[6] Para ello es necesario concentrar en los sectores más afectados un amplio espectro de acciones que permitan una mejor distribución del derecho a la vida, y que se relacionan con el derecho de los más pobres a sobrevivir aquellas amenazas que penden sobre su salud por el hecho de ser pobres.

Todo ello implica, en primer lugar, mejorar las oportunidades de acceso a las medidas de fomento de la salud y a los servicios personales y no personales de salud, así como acciones integrales, de carácter intersectorial, orientadas a mejorar las condiciones de vida (y de salud) de los sectores más precarios. La equidad en salud obliga también a centrar sus esfuerzos en hogares en condiciones sanitarias bajo el umbral de disminución de los riesgos de mortalidad y morbilidad evitables. Tales condiciones tienen que ver con la inmunización, con el acceso a agua potable, alcantarillado y eliminación de excretas, pero también con la alimentación de la madre y el niño y la atención al embarazo y parto. En segundo lugar, y en un terreno más amplio, la equidad en el derecho a la vida también implica reducir desigualdades sociales ante la crisis, reducir el impacto de la crisis y de la estabilización entre los más desvalidos, y conformar programas integrales de bienestar social. En tercer lugar, obliga a transformar los sistemas de salud sobre la base de un mayor énfasis en las acciones poblacionales de promoción de la salud y prevención y control de daños y riesgos. Si bien estas orientaciones competen principalmente al sector de la salud, a su accionar sectorial y a su articulación con el campo del bienestar social, también suponen un mayor peso del tema de la salud en las agendas políticas y la toma de decisiones para la asignación de recursos de todos los países de la región.

6. Esto es tanto más relevante si se considera, por ejemplo, que los determinantes para la reducción de la mortalidad infantil son bastante independientes de las vicisitudes de la economía y pueden representar costos relativamente bajos, lo cual lo hace todavía más susceptible de debate público.

2. *La salud en un enfoque integrado del desarrollo*

La oferta de salud enfrenta, en muchos países de la región, problemas endémicos de fragmentación e ineficiencia que son propios del sector estatal-social y permean el grueso de las políticas sociales sectoriales. Estos problemas son conocidos: acceso segmentado a los servicios; regresividad en los beneficios de las políticas; inercia y discontinuidad en programas de promoción social; proliferación de subsectores y fragmentación institucional, etc. El uso inadecuado de la tecnología, la distribución ineficiente de los recursos, el mal aprovechamiento o la escasez de personal capacitado, las estructuras burocráticas excesivamente centralizadas y la falta de coordinación sectorial restringen tanto la cobertura como la calidad de los servicios. Existe una tendencia a la feudalización institucional en el área de políticas sociales que hace difícil trabajar en torno a programas integrales y multisectoriales. Esto afecta considerablemente la capacidad del sector salud, sobre todo en materia de prevención, de educación para el autocuidado de la salud, de movilización de recursos de la propia comunidad para la atención primaria, donde la integralidad es condición para la eficiencia. Por otro lado, la insuficiencia de recursos agravada por la crisis, y la improbabilidad de aumentos significativos en el corto plazo, llevan a enfatizar la búsqueda de mayor eficiencia en el sector.[7]

Tal como es necesario para el sector de la salud atacar problemas endémicos de las políticas sociales en la región (ineficiencia, asistencialismo, distribución regresiva de beneficios, sectorialización), también es necesario integrar al sector salud en un criterio estratégico de política social centrado en la promoción de los recursos humanos. La promoción de la salud deberá ser vista, en estos términos, no sólo como necesaria para atender carencias básicas de la población, sino como una contribución fundamental -junto a la educación y otros subsectores- al desarrollo futuro de las capacidades productivas de las personas.

Una política de recursos humanos que sirva para integrar políticas sociales y promover condiciones para la equidad en el mediano y largo plazo, debe concentrarse en atacar los anillos que reproducen de una generación a otra

7. Superar los altos grados de ineficiencia actual de los sistemas de salud equivaldría a aumentar los recursos -bajo condiciones de la eficiencia actual en considerables proporciones.

la marginación económica y la exclusión social. La equidad se plantearía, en este ámbito, como una justa distribución de las posibilidades para desarrollar las potencialidades físicas y mentales de la población, para que luego estas potencialidades encuentren su correlato en un aumento de la productividad de los sectores más rezagados. Salud-educación-trabajo constituyen, en esta perspectiva, la secuencia para garantizar el desarrollo sostenido y continuo de los recursos humanos. Se trataría de un proceso en que el fracaso de uno de los tres eslabones implica el fracaso del proceso en su conjunto, puesto que el desarrollo de un recurso humano implica un ciclo completo que comienza con asegurar el desarrollo de las capacidades físicas y mentales (área de intervención de la salud), continúa con el aprovechamiento de estas capacidades para garantizar el aprendizaje y el desarrollo de facultades específicas (en el proceso educativo), y culmina con la mayor capacidad creativa y productiva en el trabajo.

En este contexto, para asegurar estructuralmente la equidad es preciso aumentar el grado de igualdad de oportunidades en los primeros años de vida de las personas, pues en ese tramo se define mayoritariamente la posibilidad de desarrollo de las capacidades físicas e intelectuales de las personas. Si bien es cierto que la baja productividad de muchos trabajos obedecen a la baja dotación de capital, escasa educación y uso de tecnologías atrasadas, también influye el insuficiente aprovechamiento que de estos elementos hacen muchos jóvenes cuya infancia o gestación se caracterizó por malnutrición e insuficiente atención médica. La salud se entiende, bajo esta perspectiva, en un sentido amplio y en estrecha interrelación con la provisión de servicios de agua potable y alcantarillado, y con factores psicosociales en la reproducción intergeneracional de la pobreza. Un ejemplo claro de estas interrelaciones es el de la malnutrición, cuya raíz no sólo debe ubicarse en una inadecuada atención médica y nutricional, sino en factores de más vasto alcance, tales como la paternidad irresponsable, la alta fecundidad en familias pobres, la falta de educación sanitaria, el deficiente ambiente cultural, y otros.

La necesidad de integrar salud con otros ámbitos se hace evidente cuando se encara el conjunto de la política social en vista a la promoción de los recursos humanos. Un nexo que salta a la vista en este punto es el que se requiere para articular salud, nutrición y educación. Muchas de las desigualdades entre las posiciones que ocupan las personas adultas en la escala social y en capacidades productivas, son proyecciones de situaciones diferenciales que ya actúan sobre los niños desde su concepción hasta la entrada a la escuela primaria. Nada tan importante como las condiciones de vida de los primeros años para el desarrollo de las potencialidades biológicas y mentales de las personas, así como de las capacidades para sacar provecho de las oportunidades de acceso a los bienes sociales. Baste examinar la amplia gama de factores que limitan el desarrollo de las potencialidades físicas y mentales de los niños para comprender la necesidad de una visión integrada de las políticas sociales cuando se orientan al desarrollo de los recursos humanos: madres con problemas de desnutrición, bebés con bajo peso al nacer, períodos de lactancia materna muy cortos, ingestión insuficiente de proteínas y calorías y de hierro y vitamina A, exposición a ambientes sanitariamente inadecuados, falta de estimulación sensorial e intelectual, desorganización familiar e inestabilidad de las figuras paternas, carencias en el aprestamiento escolar, y otros.

Así, por ejemplo, un niño desnutrido requiere un gasto en educación para recuperar lo que una nutrición adecuada a tiempo habría evitado a sólo una fracción del costo. Un acercamiento integrado implicaría, en consecuencia, ocuparse coordinadamente de la consecución de un conjunto integrado de metas: reducir las altas tasas de desnutrición y anemias en la población menor de dos años y en las mujeres embarazadas, atacar las altas incidencias de diarrea y enfermedades respiratorias, aliviar la carga de trabajo materno para garantizar un mejor cuidado del niño, apoyar programas de seguridad alimentaria a nivel intrafamiliar, y asegurar una adecuada atención al niño y a la madre. Y en un horizonte más amplio de integralidad para la promoción de los recursos humanos: mejorar calidad y cobertura de servicios educativos, garantizar adecuado abastecimiento y acceso a alimentos, y mejorar la prestación de servicios mediante una organización adecuada del sector salud. [8]

8. En el área de nutrición infantil, por ejemplo, distintas agencias del sistema de cooperación internacional han venido planteando en diversos casos nacionales de la región una serie de medidas multisectoriales: sistemas de vigilancia alimentaria y nutricional en zonas de riesgo; difusión del sistema de colaciones escolares hacia las zonas más pobres y sobre todo rurales en niveles preescolar y primario (lo que asegura simultáneamente atención alimentaria y asistencia escolar); incentivos especiales del Estado a pequeños productores agrícolas para la producción de bienes alimentarios utilizados en programas masivos de nutrición; educación alimentaria y nutricional masiva a madres embarazadas y madres de niños menores de cinco años para promover la lactancia materna, utilizar alimentos de producción local y aumentar la frecuencia alimentaria en niños pequeños; soluciones colectivas para la disponibilidad de alimentos en las familias, como tiendas comunales, ollas populares, etc.

La visión integral de la salud no sólo implica la interacción de políticas de salud con políticas ambientales, educativas, nutricionales, de empleo y de saneamiento. También es importante que, a su vez, este conjunto de políticas diversas puedan confluir en el apoyo a un actor común, a saber, aquél en quien la reproducción de la pobreza se da con mayor gravedad. La información disponible es bastante concluyente en este sentido, y muestra la centralidad de la familia pobre en dicha reproducción de las condiciones de pobreza. Es el hábitat y el comportamiento familiar lo que eleva el riesgo de morbilidad, mortalidad y desnutrición evitables. De allí que, en el marco específico de las políticas de la salud, es de vital importancia insistir en aquellas orientaciones que tienen por destinatario la salud familiar en los sectores de riesgo. De allí, por ejemplo, la importancia de:

- un servicio eficiente de salud materno infantil a escala comunitaria, con ayuda de personal paramédico y la conformación de grupos de madres que puedan hacer de población receptora y activar el apoyo;

- el refuerzo de la atención básica de la salud y el establecimiento de unidades de atención primaria debidamente distribuidas en barrios y parroquias, con objeto de establecer la inscripción de las familias del vecindario en un sistema de atención regular;

- el impulso de los SILOS (Sistemas Locales de Salud) para centrar la atención en los problemas locales y situar las variables epidemiológicas en los contextos sociales que las generan.

Los factores anteriormente consignados confluyen en un imperativo ineludible, cual es transformar los sistemas nacionales de salud en la región. Esta reestructuración deberá plantearse en función de los desafíos que se han planteado más arriba: superar sus problemas endémicos de ineficiencia y fragmentación institucional; permitir mayor interacción con otros sectores de la política social con miras al desarrollo de los recursos humanos más rezagados de la sociedad (sobre todo con nutrición, educación, saneamiento y medio ambiente, y focalizado en las familias pobres); garantizar mayor equidad en el derecho a la vida y a la sobrevida, lo que implica una atención más equitativa para las patologías del subdesarrollo y del desarrollo; y conquistar mayor presencia pública y mayores niveles de interlocución política para incidir positivamente en la asignación pública de recursos para el sector.

3. *Los agentes de la salud en un enfoque integrado*

Las interrelaciones en que se afincan los problemas básicos de salud y su impacto decisivo en los aspectos más "crudos" de la equidad (como distribución del derecho a la vida y como distribución de posibilidades de desarrollo físico y mental) obligan, también, a considerar la salud como un campo en el que, para optimizar la eficacia de las acciones, deben concurrir múltiples agentes. Esta diversificación/complementariedad de agentes en la promoción de la salud hace referencia a distintos niveles.

En primer lugar, debe considerarse el papel cada vez más protagónico que los expertos le asignan a la participación comunitaria en la promoción de la salud. En la región, la participación de la comunidad en el desarrollo y la prestación de servicios de salud no son un concepto ni una práctica nuevos. Al contrario, muchos países de América Latina y el Caribe tienen una larga trayectoria de participación comunitaria en programas de salud y de desarrollo rural integrado. Al cumplir con la meta de salud para todos en el año 2000, cuya estrategia básica es la atención primaria, se manifiesta la necesidad de activar y fortalecer los recursos latentes de la comunidad para asuntos vinculados con la salud individual y colectiva. En algunos planes de salud se subraya la necesidad de la participación comunitaria como medio para el logro de tal meta. En el marco de la Atención Primaria en Salud, existen varias formas de participación de la comunidad con las que se busca minimizar los principales factores de riesgo del medio que afectan la salud: la movilización de recursos, la creación de sistemas de atención propia y la utilización racional de los servicios.

Los programas de participación social en salud reciben nombres distintos pero confluyen en objetivos similares: llámense "comités populares de salud" (Bolivia), "asociaciones comunitarias de salud y desarrollo" (Argentina y Colombia), o comités de salud (Ecuador, Honduras, Panamá y Perú). [9] Si bien existen avances en la participación comunitaria que han permitido optimizar algunos servicios primarios, el problema principal radica en el acceso efectivo a los diferentes grados de complejidad necesarios para resolver los problemas de salud, en circunstancias en que los recursos

9. Véase al respecto el documento OMS/OPS. Evaluación de la estrategia de salud para todos en el año 2000, *op. cit.*, p.17.

reales para el financiamiento de las actividades de diagnóstico, terapéutica y rehabilitación, así como los gastos generales de operación de los establecimientos, acusan hoy una tendencia regresiva.

En segundo lugar, el concurso de los agentes en las acciones de salud alude a la propia composición profesional interna del sector. Se ha insistido, al respecto, en la necesidad de aumentar la proporción de enfermeras y de obstetras en relación al número de médicos, habida cuenta que enfermeras y obstetras muestran mayor capacidad de relación con la comunidad en la práctica de la Atención Primaria en Salud, y que disponen de un saber cuya transmisión puede ser muy eficaz para el desarrollo de la medicina preventiva en sectores de riesgo. En conjunción con este criterio, se considera indispensable impulsar una estrategia de prestación de servicios a nivel local mediante equipos de salud en zonas urbanas y equipos itinerantes para zonas rurales, los cuales debieran conformarse con predominio numérico de las universidades que actualmente se encuentran subutilizadas.

En tercer lugar, en un modelo de desarrollo con equidad el objetivo del sistema de salud se integra al objetivo central del Estado, y el sistema de salud opera en función del tipo de desarrollo proclamado públicamente como meta nacional. En un modelo de desarrollo con equidad -y con un enfoque integrado del desarrollo social- el sector salud procura garantizar un piso básico de servicios para toda la población, e intervenir directa o indirectamente en el desarrollo en su conjunto, otros agentes públicos y privados tendrán que asumir responsabilidades frente a la salud. Sectores empresariales, eclesiásticos, militares, político-partidarios y parlamentarios no pueden dejar de intervenir en el debate público sobre orientaciones para la "equidad en la salud", dado que se trata, como ya se ha señalado, de los aspectos más vitales de la equidad. No se limita ello a la "interlocución pública", sino que también obliga a adopción de posiciones y compromisos activos de los agentes. Para ello es de suma importancia la representación política del sector salud, vale decir, su fuerza para interpelar a otros actores en los procesos decisorios sobre asignación y uso de recursos.

En términos operativos, un enfoque de desarrollo social integrado exige, sobre todo, considerar el papel de los agentes que operan desde otras dependencias del sector público, tales como educación, vivienda, seguridad social, comunicaciones e incluso sectores del frente económico del gobierno. El papel de la seguridad social para la atención de la salud es de suma importancia y se encuentra claramente subutilizado. Las posibilidades que ofrecen los medios de comunicación de masas y la educación pública de nivel básico también son considerables para la difusión de información básica en salud y el estímulo al autocuidado. En la esfera del medio ambiente, los problemas de salud deben ser resueltos mediante la coordinación con otros sectores; por ejemplo, los problemas de contaminación exigen la coordinación del sector de la salud con agentes provenientes de la industria, la secretaría de comunicaciones, la educación, las autoridades para el abastecimiento de agua, la agricultura, y otros.

Las opciones en esta materia son diversas, y de allí la importancia de considerar, como "agentes concurrentes" de la salud, a los planificadores y ejecutores de políticas sociales en los distintos sectores. También se requiere que las autoridades económicas, que deciden sobre el uso de recursos públicos y el diseño de las políticas económicas, se informen sobre los efectos de sus políticas en las condiciones de salud de los diversos grupos antes de adoptar cualquier decisión.

En síntesis, una orientación central hacia un sistema integrado radica en la reubicación del sector salud frente a los demás sectores públicos y la manera como aquél se relaciona con éstos en beneficio de la salud, mediante acciones extrasectoriales como pueden ser las relacionadas con educación, comunicaciones, agricultura, obras públicas y saneamiento, y sobre todo el efecto de las decisiones económicas en el empleo, el ingreso, la capacidad de consumo y los precios. En la perspectiva de la OPS, el desarrollo social integrado y orientado a mayores niveles de equidad debe otorgar mayor presencia relativa a los temas y recursos de la salud, entendida ésta como fin y medio en el proceso de desarrollo. Inversamente, esto también le plantea un desafío interno al sector salud, cual es el promover cambios en la orientación, composición, gestión y operación del sector salud, a fin de que éste asuma las nuevas funciones que se le asignen dentro del marco de las nuevas estrategias de desarrollo.

Por último, la integralidad en el ámbito de la salud puede también visualizarse en la perspectiva de áreas comunes y cooperación posible entre las distintas agencias de cooperación internacional para el desarrollo. En este marco, los agentes trascienden el ámbito de las sociedades nacionales para operar como un sistema de apoyo externo. En este sistema existen confluencias de concepciones, propuestas, metas e instrumentos. En el caso de la salud, pueden observarse áreas comunes de preocupación entre la agencia pertinente (Organización Panamericana de la Salud), UNICEF, UNESCO y PNUD. A modo de ejemplo, el control de la deficiencia de vitamina A y yodo es un objetivo que, además de OPS y UNICEF, aparece planteado por el PNUD. Estas tres agencias tienen entre sus metas la erradicación del polio, la consolidación de programas de atención materno-infantil, el fortalecimiento de programas para reducir los niveles de desnutrición, el mejoramiento de la salud ambiental, y la intensificación de programas de seguridad y de salud laboral. UNESCO tiene entre sus metas y medios para el año 2000 la capacitación para cambios de conducta en salud. Tanto OPS como UNICEF y UNESCO han concebido el desarrollo como un proceso cuyo eje es la formación de los recursos humanos, y en cuyo marco la salud constituye la base irreductible par el despliegue de potencialidades físicas y mentales. Aseguradas estas potencialidades en el campo de la salud y la nutrición, el campo educativo y laboral debieran asegurar el desarrollo de las capacidades creativas y productivas.

Tanto OPS como UNICEF han priorizado la participación comunitaria en la ejecución de programas de atención básica a la infancia, a la desnutrición infantil y a la salud en zonas deprimidas. El énfasis en la equidad, que la OPS retoma en el campo específico de la salud, ha sido considerado por la CEPAL para los problemas del desarrollo en su conjunto. Por último, todas las agencias comparten, tanto en el nivel de sus instrumentos como de sus experiencias y propuestas, importantes aportes relativos a alternativas de financiamiento para atacar carencias básicas agudas.

RECURSO A LOS INCENTIVOS A LOS PRODUCTORES PARA EL LOGRO DE OBJETIVOS SOCIALES. UNA EVALUACION DEL MERCADO Y LAS POLITICAS PUBLICAS*

DAVID FASENFEST

La definición de problemas sociales y sus soluciones dentro del contexto del mercado limita la gama de resultados potenciales derivados de la aplicación de políticas encaminadas a la solución de dichos problemas. El presente análisis se propone comprender como las soluciones de mercado limitan la gama de resultados posibles. Su propósito es el de replantear el enfoque con el cual hemos estado evaluando las iniciativas de políticas pública, y abrir la posibilidad de un examen más cuidadoso de los efectos que los mercados tienen en la evolución de las políticas públicas que recurren a los incentivos a la producción para lograr sus objetivos. Específicamente, el documento revisará las experiencias pasadas asociadas con la renovación urbana para mostrar la relación entre objetivos y resultados de las políticas cuando éstas se diseñan para actuar a través del mercado. Mediante el argumento de que los incentivos de mercado limitan los resultados de la política, el presente trabajo sostiene que las políticas consideradas como fracasos en el sentido del no logro de sus objetivos, pueden en realidad haber sido exitosas cuando se las considera desde el punto de vista de las operaciones de mercado normales.

POLITICA DE RENOVACION DEL DESARROLLO URBANO Y EL MERCADO

Existe un arraigado atractivo por el uso de los mecanismos de mercado para la puesta en práctica de objetivos de política; un ejemplo de ello es la

* Traducido de *Policy Studies Review*, February 1986, con autorización de Arizona State University

renovación urbana. Del fracaso de la renovación urbana hay mucha documentación (cf. Bellush & Hausknecht, 1966; Wilson, 1966). Se designaron áreas de los cascos centrales de las ciudades al provecho de los promotores de la urbanización, desplazando a pobres y minorías de esas zonas (Hartman y colab., 1974) para la construcción de edificios de oficinas y viviendas de clase media y alta. Este fracaso ha sido atribuido en general a un programa de enfoque erróneo (Rothenberg, 1967; Welfeld, 1975), a una equivocada orientación de política (Jencks, 1972), e incluso a un engañoso objetivo de política (Marcuse, 1971).

Al reevaluar la renovación, no se puso en tela de juicio el recurso a la manipulación del mercado para el logro de objetivos de política. En vez de ello, los analistas llegaron a la conclusión de que el problema radicaba ya sea en el intento de aplicar un programa en forma excesivamente amplia o bien en la carencia de pautas adecuadas para el sector privado. En un llamado a una mayor flexibilidad, Struyk (1977) afirmó que las necesidades de vivienda locales y los mercados de la vivienda difieren considerablemente entre sí, y por ello el acento debe colocarse no en la creación de un programa nacional sino en las iniciativas locales. De esta manera, cada política puede reflejar las necesidades específicas de la comunidad. Omitió mencionar cómo deben financiarse estos programas, o cuáles criterios deben aplicarse para determinar necesidades. Las comunidades conformadas por un amplio grupo de bajos ingresos y caracterizadas por tener viviendas inadecuadas carecerían de los recursos ya sea para financiar directamente la construcción de viviendas de bajo costo o para financiar indirectamente diversos programas de incentivos de mercado. El resultado de programas locales no enmarcados en un plan nacional sería el de exacerbar las diferencias regionales.

A menos que las políticas ofrezcan pautas claras, el sector privado tiene demasiadas opciones para necesariamente escoger el curso de acción deseado. Así, Case (1972) propuso que la solución ante esta confusión consistía en establecer una clara matriz de criterios que reflejase tanto los objetivos de las políticas como las necesidades del sector privado. En esta forma, la política nacional habría atendido las necesidades de las familias de bajos ingresos cuya vivienda es inferior a las normas mínimas mediante la adopción de una legislación que defina claramente el alcance de mecanismos de mercado permitiendo configurarlos para el logro de los resultados sociales deseados.

Una iniciativa de política alterna que intenta abordar el problema de la preponderancia estatal sobre los actores privados, pero que refleja una vez más la tendencia a confiar en el mercado, es la de las sociedades estatales / privadas (Pierce, 1983). Esto conlleva una combinación de iniciativa privada y planificación local que tienden a encaminar el flujo de las inversiones de capital para bienestar tanto de la comunidad como del inversionista privado. Al coordinar la inversión privada con los organismos estatales locales, los inversionistas y promotores obtienen la seguridad de un tratamiento favorable y de subsidios a cambio de permitir a los organismos estatales la participación en aspectos como selección de terrenos y alcance del proyecto (cf. Fosler & Berger; 1982, para una revisión de programas estatales/ públicos en varias ciudades de Estados Unidos). Sin embargo, estos programas siguen siendo evaluados sobre la base de criterios de mercado; deben ante todo y sobre todo resultar lucrativos al promotor-urbanista.

Por ello, la gama de proyectos tomados en cuenta por los inversionistas y aprobados por los gobiernos locales suelen no considerar los problemas sociales; por el contrario, reflejan desarrollo comercial del casco central (cf. Cafferty & McCready, 1982, para una encuesta de la experiencia en Chicago con planificación y desarrollo privado como contraste con sus experiencias de renovación urbana). Todas estas aproximaciones para enfocar los problemas urbanos tienen una orientación común: el problema está vinculado con operaciones de mercado imperfectas y la solución, invariablemente, se orienta hacia incentivos a la producción para restaurar el equilibrio del mercado.

MECANISMO DE MERCADO Y RESULTADOS DE LAS POLITICAS

Existen dos posiciones fundamentales en el mercado: productor y consumidor. Poseen diferentes poderes dentro del mercado resultantes de una combinación de disposición al consumo y capacidad adquisitiva de los productos ofrecidos, y capacidad del productor para vender productos de diferentes costos y calidad. Fundamental en todo esto es el proceso de intercambio; no se derivan utilidades hasta tanto no se intercambie un bien en el mercado. Según los modelos económicos neoclásicos standard, es esta búsqueda de consumidores la que motiva y limita la conducta de producción en lo relativo al qué y cuánto producir, y la que delimita los mercados. En contraste con esta visión general, Harrison White afirmó que ''los mercados son las estructuras sociales en las cuales los productores reproducen su propio conjunto de acciones'' (1981, p. 518). Ante la posición de que los mercados surgen como roscas de productores que reaccionan entre ellas en función de sus respectivas conductas reales o previstas como reflejo de la conducta de los consumidores, White afirmó que es la dispersión entre productores, y no las similitudes que surgen a partir de alguna respuesta promedio a la demanda de los consumidores, la que define los mercados.

Independientemente de que uno ubique el origen de los mercados en las preferencias de los consumidores o en las compensaciones de los costos de producción, lo cierto es que el intercambio mercantil es lo que constituye la base a partir de la cual se obtienen utilidades; los resultados del mercado (i.e. la matriz de decisiones de producción y la consiguiente distribución de beneficios) definen las condiciones materiales existentes en la sociedad en un momento dado. En consecuencia, las políticas encaminadas a una reasignación de recursos específica mediante la manipulación del mercado están tratando, de alterar, implícita o explícitamente, este patrón de producción y distribución.

Las soluciones de mercado a los problemas sociales adoptan una de las dos formas siguientes: a) Se diseñan políticas para inducir cambios en la distribución de recursos directamente a través de subsidios al consumidor (por ej. pagos de transferencia) los cuales, al alterar la estructura de la demanda de bienes y servicios, desplazan los patrones de producción; o (b) Se diseñan políticas para alterar los patrones de producción directamente mediante subsidios al productor (por ej. reducción del costo de los insumos) para promover un determinado patrón de bienes y servicios destinados a un grupo específico de consumidores.

La importancia de las consideraciones de mercado en el desarrollo urbano fue destacada en un artículo de Feagin (1982) en el cual afirmaba que las teorías de planificación y ecología urbanas no toman en consideración las maneras, de claro propósito, en que actúan los productores con su monopolio sobre la riqueza social, para manipular los patrones de desarrollo urbano. Los productores, en opinión de Feagin, dictaminan el desarrollo urbano tanto a través del control de las tierras y de los recursos de capital como de su capacidad de especular con la propiedad de grandes extensiones de terrenos. El mercado no está constituido por numerosos terratenientes pequeños que compiten abiertamente para obtener la máxima ganancia personal. Por el contrario, se compone de un reducido número de terratenientes adinerados y capitalistas industriales que ‘‘tienen la posibilidad, y de hecho lo hacen, de configurar las reglas del mercado'' (Feagin, 1982, p.40). Feagin fue demasiado enfático en la aseveración. El control desproporcionado sobre los recursos permite a los productores beneficiarse de las interacciones del mercado sin necesidad de que activamente ''configuren las reglas'' de dichas interacciones.

Al examinar de cerca la renovación urbana se percibe mejor la naturaleza de las limitaciones de un enfoque a los problemas sociales centrado en el mercado. Dos importantes suposiciones estaban implícitas en las leyes relativas a la vivienda que definieron el programa de renovación urbana: a) La mejor manera de suministrar vivienda razonable consistía en inducir a los productores a actuar en conformidad con objetivos de política social puesto que los programas estatales de vivienda no lograron atender estos problemas; b) La única manera de lograr un desarrollo renovado a una escala suficiente para lograr un cambio significativo residía en conferir facultades a los organismos locales mediante una gama de programas y poderes. En otras palabras, el mercado debía suministrar bienes y servicios puesto que aseguraba la eficiencia con la ayuda de las políticas estatales diseñadas para superar los obstáculos que distorsionaban el mercado.

Las reglamentaciones mediante las cuáles se designaba un área como objetivo para la renovación urbana demostraron la naturaleza ambigua y contradictoria de las metas sociales previstas dentro del contexto de las operaciones de mercado. De conformidad con la interpretación más amplia de estas reglamentaciones, se facultaba a un organismo de planificación de una comunidad local para designar un vecindario determinado como sector de renovación toda vez que el mismo encajase dentro de un programa de desarrollo renovado que no tenía necesariamente que fundamentarse en objetivos de vivienda. La dependencia de los incentivos de mercado a menudo dio lugar a la selección de vecindarios basada en el potencial de comercialización del proyecto global más que en su posible impacto en el problema de la vivienda inadecuada para la población urbana de bajos ingresos.

Los promotores de finca raíz y constructores rara vez, por no decir nunca, eran los usuarios de sus propios productos; las edificaciones, cuando no se vendían de inmediato, eran alquiladas a terceros. Los mercados para el producto final eran tan o más importantes que los subsidios a los costos. La matriz de decisiones de los productores incluía la preocupación por el mercado (por ej. los consumidores) al cual estaban dirigiendo sus proyectos. Desde el punto de vista de los promotores había dos alternativas: a) Un incremento de la demanda por terrenos en el casco urbano y una ampliación de las funciones de control administrativo por parte de compañías de mayor tamaño implicaban proyectos de construcción comerciales con buen potencial de comercialización; b) Un aumento de la demanda por casas y apartamentos de buena calidad para familias de ingresos medios cuyos trabajos estaban regresando a la ciudad significaba un mercado para la vivienda de lujo para estratos de ingreso elevado y proyectos de construcción y desarrollo para estratos de ingresos medios.

En su análisis de comunidades destinadas a la renovación, White (1980) identifica vecindarios predominantemente no blancos, de bajos ingresos, con concentraciones de niños superiores al promedio, como las características previsibles de los sectores seleccionados para la aplanadora. Pero en forma sorprendente, descubrió que los mismos vecindarios se caracterizaban igualmente por concentraciones superiores a los promedios de jóvenes profesionales urbanos, de ingreso medio y predominantemente solteros. a la vez que sugiere que el éxito de la renovación urbana no fue, en realidad, más que un artefacto para la la transformación de la estructura demográfica del vecindario, White no ofrece ninguna explicación del por qué los diversos vecindarios fueron seleccionados como sectores destinados a la renovación.

Para comprender los hallazgos aparentemente paradójicos de White, debemos señalar que la legislación relativa a la renovación estipulaba la selección de un sector de renovación, por lo menos nominal, basada en la calidad de la existencia de viviendas en el mismo, mientras que en virtud de los criterios de mercado, era necesario que el sector presentase igualmente un potencial de intercambio. Los dos primeros indicadores (propuestas de no blancos y niños) reflejaban la necesidad de que la selección del sector estuviese en conformidad con los objetivos de la política de renovación urbana; el último reflejaba las limitaciones impuestas al proceso de selección del sector por tener que conformarse a los criterios de mercado. Altas concentraciones de residentes gerenciales y profesionales presagiaron la más novedosa forma (y significado) de los programas de desarrollo renovado de vecindarios y constituyeron la primicia del proceso, ahora corriente, que habría de convertirlos en sectores de gente acomodada.

ZONAS EMPRESARIALES: ¿NUEVA LEGISLACION PARA EL CAMBIO?

El gobierno federal está promoviendo actualmente una política nacional unificada bajo el nombre de Zonas (de desarrollo) Económico Empresarial (ZEE), destinada a convertirse en la base de la reconstrucción industrial de las ciudades centrales en decadencia. Mediante la oferta de incentivos económicos y políticos, el gobierno federal espera poder motivar al sector privado para que sus actuaciones respondan a necesidades sociales específicas. Quienes proponen las Zonas Empresariales Económicas (Hall, 1977, 1982; Butler, 1980b, 1981; Bollinger, 1983) sugieren que este programa es el inicio de un nuevo enfoque para abordar problemas urbanos. Sus críticos afirman que las zonas empresariales constituyen un enfoque al desarrollo urbano que merece ser puesto en tela de juicio; los incentivos tributarios estatales tienen apenas una incidencia marginal en las grandes corporaciones (Meir & Gelzer, 1982); iniciativas privadas en Italia, comparadas con programas similares de zonas empresariales en Inglaterra, demostraron que los esfuerzos legislados para lograr cambios en operaciones de mercado no son exitosos (Malone, 1982); la legislación relativa a las Zonas Empresariales no remedia el estancamiento urbano, sino que fomenta el auge de los inversionistas privados que gozarán de ventajas tributarias ocasionales así como de subsidios a los costos de producción (Walton, 1982).

El concepto de las zonas empresariales fue introducido por primera vez en Gran Bretaña por Peter Hall (1977, 1982) como alternativa de política para ciudades en las cuales los caminos tradicionales para atraer la actividad empresarial estaban cerrados o bien para las que tenían que depender de una expansión del sector de los servicios para su potencial crecimiento económico. Hall afirmó que la segunda opción resultaba especialmente inestable y económicamente no viable en áreas caracterizadas anteriormente por empleos industriales altamente remunerados (Luria & Russell, 1981, expresaron el mismo concepto en relación a Detroit). En vez de ello, es necesario que las ciudades, se adapten a las nuevas realidades de la competencia internacional e interregional mediante la creación de enclaves que ofrezcan ventajas, comparativas a las industrias que se ubiquen dentro de ellos. Dichos enclaves estarían libres de control y trabas gubernamentales (por ej. reglamentaciones e impuestos) y se ubicarían en las regiones y ciudades más deprimidas del país. A corto plazo, es probable que el incremento en el empleo sea marginal, puesto que algunos de los puestos de trabajo se transferirían de otras regiones. La verdadera ventaja prevista de las ZEEs radicaría en su desarrollo y transformación a largo plazo, que las convertiría en áreas innovadoras y centros de crecimiento y que traerían también beneficios adicionales a las comunidades circundantes. En resumen, las ZEEs constituyen intentos para recuperar el crecimiento y transformación tecnológica característicos de las etapas tempranas de la Revolución Industrial.

Estados Unidos adoptó rápidamente estas ideas que fueron promovidas como el nuevo programa destinado a encarar problemas urbanos (Butler, 1980a). En virtud de las propuestas iniciales se proponía la eliminación del control de alquileres, suspender la legislación de salario mínimo y la creación de Zonas de Libre Comercio en áreas urbanas deprimidas (Butler; 1980b, 1981). Medidas legislativas recientes sugieren: i) Menores aportes por empleadores a la seguridad social; ii) Reducción del impuesto sobre ganancias de capital; iii) Reducción del 15% de impuestos a todo tipo de actividad empresarial; iv) Depreciación acelerada del primer medio millón de dólares de inversión, v) Diferimiento de pérdidas (sic) hasta un plazo de diez años para fines de tributación, y vi) Fomento a la creación de Zonas de Libre Comercio en áreas urbanas. (Kemp, 1980; Congreso de Estados Unidos, Cámara, 1981).

Después de numerosos cambios, el propósito subyacente incorporado a esta iniciativa legislativa consiste en la creación de un entorno favorable a la revitalización económica y a la creación de empleos mediante la eliminación de cargas tributarias, reglamentarias y otras impuestas por el gobierno; mediante mejoras en la infraestructura y servicios municipales; y mediante la participación de empresas privadas y organizaciones comunitarias. El programa supone prescindir de aportes federales (más bien una reducción de las obligaciones federales), y el requisito de que los sectores sean designados indistintamente por gobiernos locales o estadales, con la oferta de importantes incentivos tributarios y flexibilización reglamentaria propias, para fomentar la creación de empleo, estimular el crecimiento de la actividad empresarial e inducir la revitalización física de la infraestructura urbana (Congreso de Estados Unidos, Senado, 1981; Congreso de Estados Unidos, Cámara, 1982).

La revitalización económica a través de la creación de ZEEs se funda en dos suposiciones, ahora ampliamente difundidas: i) El mercado libre es el mejor regulador de las decisiones relativas a la asignación de inversiones; ii) Las comunidades locales, y no el gobierno federal, deberían tener el mayor peso al determinar la ubicación y alcance de las zonas, totalmente al margen de toda intervención gubernamental. En forma similar, las causas de estos nuevos problemas urbanos traen a colación debates anteriores relativos a la vivienda. La incapacidad de las ciudades centrales para atraer la actividad empresarial y crear empleo se atribuye a los costos artificialmente elevados para realizar actividades empresariales. En la ciudad el terreno es costoso, los impuestos elevados y las reglamentaciones imponen costos relacionados con no-producción. Como resultado, aún los costos laborales bajos asociados con áreas de desempleo muy elevado (algunas veces dos o tres veces mayor al promedio nacional) no pueden inducir inversiones empresariales en esas áreas deprimidas.

La intención expresa de estas zonas está centrada en la creación de pequeñas empresas por ofrecer éstas la mayor probabilidad de reinversiones locales, y por haber creado la mayoría de los nuevos empleos en la economía (Birch, 1980). Las ZEEs, concebidas como programa diseñado para recrear el espíritu empresarial en los centros urbanos, se promueven por esta razón como un ingrediente necesario para iniciar el largo camino hacia la recuperación. Yago y colab. (1984), sin embargo, demostraron que si bien las empresas pequeñas representan la fuente de la mayoría de los nuevos trabajos en las grandes ciudades, la fuga de capital corporativo conduce a una pérdida neta de empleo para la región. El efecto que tiene el que un gran número de empresas contrate pocas personas se contrarresta rápidamente cuando unas pocas fábricas grandes despiden a sus trabajadores. En consecuencia, las ZEEs no cumplen su cometido si su objetivo es el de pequeñas empresas como medio para revitalizar una región y aumentar el nivel de empleo local.

El centrar esta legislación en la comunidad tiene también numerosas ramificaciones, y cualquier programa que ubica la selección del sector y la determinación de criterios en el nivel local crea tantos problemas como los que resuelve. Tradicionalmente se considera que el deterioro económico es producto de la evolución natural de la economía; se supone que las regiones prósperas poseen la matriz de factores adecuada para el crecimiento (Markusen, 1980). La política de las ZEEs seguirá exacerbando aún más el problema del deterioro de las comunidades en la medida en que las mismas empiecen a percibir que la competencia es entre comunidades y no entre comunidades y capital (Massey, 1982). Según Logan (1983), la comunidad terminará prácticamente desapareciendo en medio de la política urbana nacional. En su lucha para ser seleccionadas como sector de renovación, las comunidades tendrán que identificar y promover aquellas ventajas que puedan ofrecer al capital a cambio de desarrollo local. Esto equivale a que muchas de las comunidades más necesitadas serán dejadas de lado a medida que las ZEEs se ubiquen en aquéllas que reunen las cualidades requeridas y tienen el mayor nivel de recursos que ofrecer a las corporaciones (Harrison, 1982). A medida que aumenten las concesiones, el desarrollo ya no arrojará todos los beneficios previstos, puesto que se verán contrarrestados por los ingresos no percibidos. Las comunidades comenzarán a preguntar qué tipo de oferta de beneficios locales puede estimular el crecimiento, en vez de examinar y evaluar los modelos de crecimiento que pueden beneficiar a las comunidades. El énfasis se desplazará, ubicando el problema dentro de la comunidad y no en el marco de cambios a nivel nacional o internacional (Hill, 1983). Como lo señaló Weiss (1980) en su estudio de la renovación urbana y su impacto en las comunidades, las comunidades locales tienen que organizarse con el fin de conformar los beneficios de manera que sean útiles para la comunidad, y en general, el lograr un trato desfavorable suele ser peor que no lograr ninguno.

La renovación urbana estaba firmemente arraigada en la suposición de que las deficiencias de la vivienda de menores ingresos eran resultado de un desequilibrio del mercado, y así se diseñó el programa para subsanar los obstáculos a la fluida marcha del mercado. En consecuencia, se enmendó la legislación en repetidas ocasiones para permitir a la construcción no residencial constituir una proporción creciente dentro del proyecto de renovación de cada comunidad, reflejando así: a) El creciente uso del recurso a la renovación para el nuevo desarrollo del distrito comercial y b) La creciente presión del mercado para aprobar proyectos atrayentes para constructores y consumidores. En forma similar, la legislación de las ZEEs se apoyará en incentivos de mercado para promover el desarrollo industrial en áreas afectadas por costos de producción inflados artificialmente (por ej., al mercado una vez más no se le permite funcionar libremente). sin embargo, basándonos en la experiencia relativa a la renovación urbana, cabe esperar que este programa se oriente cada vez más en función de las necesidades de los productores y no de las de la comunidad interesada. En general, las comunidades se beneficiarán únicamente en aquellos casos en que sus intereses coincidan con los del capital.

RESUMEN Y CONCLUSIONES

El proceso de identificar y atender problemas sociales puede desglosarse en dos etapas específicas. La primera incluye el desarrollo de un debate nacional para definir el problema, la identificación de los objetivos de política y la elaboración de políticas nacionales, la evaluación de los resultados de las mismas, y el nuevo examen de las condiciones sociales. El presente análisis se centró en el aspecto de cómo la dependencia en mecanismos de mercado limita estructuralmente la gama de resultados de la renovación.

Los actores sociales (a nivel más general capitalistas, fuerza laboral y burocracias estatales) controlan grados variables de recursos. Entre ellos figuran tanto la riqueza material como capacidad organizativa para actuar en forma autónoma. Las desigualdades en la asignación de recursos se reflejan en una amplia gama de problemas sociales (por ej., la incapacidad, por parte de las comunidades de bajos ingresos, de movilizar el apoyo para obtener mayores asignaciones de fondos estatales para las escuelas comunitarias eterniza las diferencias en los logros educativos; decisiones de trasladar una fábrica dan lugar a niveles más elevados de desempleo local, etc.). Estos problemas sociales a menudo dan lugar a algunas acciones por parte del Estado encaminadas a tratar de aliviar los aspectos más graves del hambre, de fracasos de empresas, desempleo, etc, a través de la redistribución directa de recursos (por ej., transferencias estatales en forma de cupones para comida, préstamos a pequeñas empresas, seguro de desempleo) para reducir la naturaleza del problema.

Cuando la política pública recurre a incentivos al productor para redistribuir recursos indirectamente, se manipula el mercado (fuente de desigualdades a nivel de la dotación de recursos) con la esperanza de inducir resultados específicos. Las limitaciones estructurales de la operación de mercado crean un sesgo a favor de las transferencias de recursos hacia los productores, con doble efecto: a) Socava los objetivos de política social y no atiende las necesidades de los actores sociales; b) Incrementa o refuerza las desigualdades de recursos que originaron el problema. En el caso de la renovación, la política pública fue diseñada con la intención de aumentar la calidad de la vivienda de bajos ingresos y de motivar el renovado desarrollo del casco urbano. Se esperaba que estas manipulaciones resultasen en una reasignación de recursos destinada a corregir los problemas sociales existentes. Sin embargo, el mercado reacciona ante los actores sociales en relación a su dotación inicial de recursos. El resultado es el de un deterioro indeseable (desde el punto de vista de la política) de la distribución de recursos. La formulación de políticas aparece, por una parte, como respuesta al nivel de problemas sociales y su naturaleza desorganizadora, y por otra como reflejo de la influencia que ejercen los actores sociales en la definición de los problemas sociales y en la determinación de políticas.

La manera en que funciona el mercado resulta más favorable a los productores que a los consumidores debido al mayor dominio de los primeros sobre los recursos sociales. Dicho control permite a los productores determinar las decisiones de producción más ventajosas para ellos, enfocándolas al grupo de consumidores más apropiado desde su perspectiva. Dichas decisiones, a su vez, incrementan la capacidad de los productores para seguir dominando las interacciones del mercado, desplazando recursos de un grupo de consumidores para beneficio de otros. Una política pública diseñada para mejorar la dotación de recursos a familias de bajos ingresos mediante la manipulación del mercado solamente tendrá éxito si su tendencia coincide con una que potencie al máximo las ganancias de los productores. Solamente se podrán satisfacer los objetivos sociales si la matriz de toma de decisiones del mercado coincide con los objetivos de políticas. Sean cuales fueren los objetivos expresos de cualquier programa, una vez que se selecciona el mercado como medio para alcanzar dichos objetivos, el terreno de los resultados se desplaza; deja de informarse en los requisitos del consumo colectivo y los objetivos de política social, para orientarse por la optimización de utilidades y logros mediante la producción subsidiada para un grupo diferente de consumidores.

En la estructuración de políticas públicas, ya sea relativas a la construcción de vivienda o a la producción industrial y empleo, el trabajar a través del mercado asegura la continuidad de la mayoría de los problemas para cuya solución habían sido diseñadas. Los programas sociales son administrados y evaluados por organismos de planificación y departamentos de desarrollo, cuyo personal toma decisiones sobre la base de los criterios administrativos estipulados en el programa. Cuando dichos criterios reflejan relaciones de mercado, la eficiencia y la optimización más que las consecuencias sociales determinan el resultado final. Para ese fin, la vivienda para sectores de ingresos medios tiene más sentido para los constructores en el marco de la renovación urbana que la vivienda de bajos ingresos con subsidio estatal. En forma similar, las grandes compañías con múltiples fábricas reubicándose desde otros sectores, más que pequeñas y nuevas empresas, serán las características del desarrollo renovado en las zonas empresariales urbanas.

Para los mercados, la dotación de factores constituye una premisa, y reproducen o exageran las desigualdades de recursos favoreciendo a los productores (capital) a expensas de los consumidores (comunidad). Los formuladores de políticas deben considerar cuidadosamente las limitaciones determinadas por el mercado en la evolución de la dinámica cuando se promuevan en el futuro políticas diseñadas para influenciar el mercado y no para mejorar las condiciones de una población objetivo en forma directa. De no ser así, como sucedió con el caso de la renovación urbana, el resultado final puede fácilmente significar un deterioro mayor de la situación, en vez de la mejoría esperada.

IMPLEMENTACION DE POLITICAS SOCIALES UN ESTUDIO DE CASOS*

MARK JACOBS

¿Por qué las agencias gubernamentales no pueden prestar servicios sociales como se supone que deben hacerlo? El fracaso de los programas gubernamentales de bienestar social, percibido comúnmente, ha inspirado una cantidad de modelos teóricos explicativos. Durante la última década, el ''análisis de implementación'', basado en la teoría de Pressman y Wildavsky (1973) es el que posiblemente se haya vuelto más actual. Este modelo enfoca sobre problemas familiares de la administración pública, la dinámica de la burocracia y la resistencia a la innovación organizativa. Subraya la obstrucción y distorsión inherentes al proceso de traducir los objetivos de las políticas en una implementación práctica a través de la multitud de ''vistos buenos'' requeridos a lo largo de extensas cadenas de ''puntos de decisión''. Complicando aún más la ''complejidad de la acción conjunta'' de numerosos funcionarios públicos a lo largo de esta cadena de implementación, se encuentra una divergencia de perspectivas y prioridades que reflejan la fragmentación de áreas de programas y la distancia que existe entre los diferentes niveles de gobierno. El respaldo a los nuevos programas depende de constelaciones particulares de compromisos con otros ya existentes. El éxito de los propósitos de las políticas está vinculado con las políticas locales de la administración de programas, a pesar de las posiciones estructurales disímiles de las autoridades normativas federales y burocráticas regionales.

Un modelo relacionado también describe la distorsión de los objetivos de las políticas al traducirse en la práctica; sin embargo, en vez de enfocar sobre

---

* Traducido de la Revista *Administration and Society.* (May 1986). con autorización de Sage Publications Inc.

la larga cadena de intermediarios involucrados en el proceso de implementación, este modelo enfoca sobre el poder de los participantes de nivel inferior en organizaciones de procesamiento de personas, "burócratas a nivel de la calle" (Lipsky, 1977). Este modelo parte de la suposición que las decisiones burocráticas están motivadas por la conveniencia; en cambio, al carecer de recursos para alcanzar el ideal declarado del servicio -un tratamiento individualizado- los burócratas a nivel de la calle adoptan rutinas cotidianas que les permiten enfrentarse a las incertidumbres y presiones de trabajo derivadas de los requisitos administrativos y demandas de los clientes. El efecto de estas rutinas, que permiten a los burócratas a nivel de la calle racionar y restringir los servicios, así como manipular a los clientes, es el de reforzar la estructura del privilegio social. La naturaleza poco realista de las metas de las políticas otorgan efectivamente a los burócratas a nivel de la calle el poder discrecional de un cumplimiento selectivo; en un sentido conductista, ellos mismos hacen las políticas que se supone que deben seguir.

La utilidad combinada de ambos modelos está bien ejemplificada en el estudio de casos de Weatherley (1979) sobre la reforma de la educación especial en Massachusetts. Weatherley cuestiona hasta qué punto la promulgación de una nueva política modifica en realidad las rutinas de trabajo establecidas de los maestros de escuela y especialistas en educación. El estudio supone que los efectos posibles de una nueva ley están limitados a la forma en que los burócratas a nivel de la calle pueden adecuar sus disposiciones dentro de su patrón de adaptaciones informales a las presiones organizativas. También examina los impactos diferenciales de esta nueva política sobre clientes ricos y pobres.

Desde que el Congreso y los tribunales establecieron el derecho a una educación especial a principios de la década de 1970, los problemas señalados por Weatherley asumen un significado especial para los analistas de políticas y científicos políticos, que va más allá del simple asunto de una evaluación del programa y la eficiencia burocrática. En el esquema de desarrollo descrito por Marshall (1964), la extensión del derecho de ciudadanía a las masas en los estados democráticos industriales modernos lleva a la expansión de los derechos económicos y sociales, lo cual a su vez llega a ser considerado como esencial para la participación política. El fracaso en ofrecer los servicios garantizados como derechos mina los valores democráticos y debilita las bases de la legitimidad política.

Los dos modelos teóricos que emplea Weatherley son útiles pero incompletos. Evidentemente, las políticas deben ser vueltas operativas dentro de contextos organizacionales, de modo que resulta valioso integrar el análisis de las políticas con la teoría de la organización. Los propósitos de las políticas se ven distorsionados por la complejidad y dinámica informal de la burocracia. Pero los propósitos de las políticas, a su vez, distorsionan los procesos organizativos; al explicar el fracaso de las políticas es importante explorar la causalidad en ambas direcciones. Más aún, ni el análisis de implementación ni la teoría de la burocracia a nivel de la calle reconoce en forma suficiente el aspecto institucional de los entornos organizativos, aunque, como sugiere Meyer y Rowan (1977), para las burocracias de los servicios públicos dichos aspectos predominan sobre los técnicos.

Lo que se presenta a continuación, luego, es un estudio de casos de educación especial y política de cuidado institucional que difiere en énfasis del de Weatherley. ¿Cómo se derivan la confusión y los propósitos cruzados en la administración de los programas de bienestar y educación de los niños locales, del propósito mismo de la política federal? ¿Con cuáles consecuencias para las escuelas y agencias de servicios sociales locales? Este análisis recibirá información de un modelo explicativo alternativo, la teoría de Lowi (1969) del "fin del liberalismo".

PROMESAS GRANDIOSAS, EXCESIVAMENTE AMPLIAS

La Ley Pública 93-647, las Enmiendas sobre Servicios Sociales de 1974 que crearon la Sección XX y la L.P. 94-142, la Ley de Educación para Todos los Minusválidos de 1975, parecen hacer extensivos los derechos a los miembros periféricos de la sociedad. La segunda ley en particular, al asegurar para todos los niños impedidos (aproximadamente el 12% de la población de edad escolar) "una educación pública gratuita apropiada, que enfatice la educación especial y servicios relacionados a fin de cubrir sus necesidades únicas" en "el entorno menos restrictivo", marca quizás la expansión aparente más significativa de derechos de ciudadanía en los años 70. Esta ley adopta la substancia de las decisiones de dos casos de los tribunales federales que marcaron un punto de cambio decisivo: Pennsylvania Association for Retarded Children vs. Commonwealth of Pennsylvania (Asociación de Pennsylvania para Niños Retardados vs. el Estado de Pennsylvania) y Mills vs. Board of Education (Mills vs. la Junta de

Educación), que hacen extensivos a los minusválidos los mismos derechos de oportunidad educativa equitativa que afirmó la Corte Suprema para minorías en Brown vs. Board of Education (Brown vs. la Junta de Educación) (Goldberg, 1982). La Sección XX de la Ley de Seguridad Social establece un programa consolidado de asistencia financiera federal para animar a los estados a ofrecer servicios sociales ampliados a los niños y familias.

En la práctica, sin embargo, la falta de un financiamiento adecuado o de definiciones claras, restringe la expansibilidad de los servicios educativos y sociales prometidos por estas dos leyes públicas. L.P. 94-142, tan audaz en su promesa de una mayor oportunidad educativa, sólo compromete fondos federales para una pequeña fracción de los gastos que implican el llevar a cabo esta promesa, requiriendo que los gobiernos estadales y regionales cubran el resto. L.P. 93-647 aporta fondos federales equivalentes al 75-90% del gasto bajo la Sección XX; pero aunque autoriza a los estados a ampliar los servicios tanto en su tipo como cobertura, no logra aumentar el techo del gasto en bienestar contra el cual pueden reclamarse fondos equivalentes. De hecho, uno de los principales efectos de esta legislación es confirmar el techo, impuesto por primera vez apenas dos años antes en respuesta al crecimiento "incontrolable" del gasto bajo aquellas secciones de la Ley de Seguridad Social suplantadas por la Sección XX.

La vaguedad y ambigüedad de estas leyes públicas, empezando por sus propias declaraciones de propósitos, también vician las promesas que hacen. La legislación de la Sección XX cuenta entre sus cinco metas un par de ellas para satisfacer simultáneamente tanto a quienes proponen como a quienes se oponen a la institucionalización: "impidiendo o reduciendo el cuidado institucional inadecuado...o...asegurando que se sea referido o admitido para el cuidado institucional cuando otras formas de cuidado no sean adecuadas". No se ofrece ningún criterio para ayudar a distinguir cuando es "adecuado" el cuidado institucional, aunque la condición de aptitud o pertinencia es lo único que rescata a esta declaración de la intermediación lógica. Esta ley no sólo define un grupo de metas inconsistentes de programas, fomentando indiscriminadamente tanto la institucionalización como la desinstitucionalización, sino que, de hecho, la ley no impone ningún requisito en cuanto al tipo de servicio a ofrecer, excepto que cada Estado debe dirigir por lo menos un servicio hacia cada una de las metas.

Estas leyes públicas son igualmente imprecisas en cuanto a los criterios de elegibilidad. Antes de promulgarse la L.P. 93-647, la elegibilidad para aquellos servicios consolidados bajo la Sección XX estaba determinada estrictamente por la elegibilidad para los Programas de Ayuda a las Familias con Niños Dependientes (Aid to Families with Dependent Children, o AFDC), Seguro Social Suplementario (Supplemental Social Insurance, o SSI), o Medicaid. La L.P. 94-637, sujeto a una "regla del 50%", introdujo también como criterio los ingresos familiares (ajustados según las dimensiones de las familias). Ciertos programas de la Sección XX, incluyendo los servicios protectivos, fueron puestos a la disposición de todas las personas que los necesitaran. Se autorizó a los estados a ofrecer todos los servicios sobre una base de elegibilidad por grupo a categorías de personas de las cuales el 75% calificaría para recibirlos, de acuerdo con el criterio de ingresos. (La "regla del 50%" estipula que la mitad de los reembolsos federales a un Estado sea atribuible a personas que puedan optar a recibir el AFDC, SSI o Medicaid).

Al relajar los criterios de elegibilidad para los servicios de la Sección XX, la L.P. 93-647 vuelve mucho más vagos a estos criterios. No es sorprendente, por lo tanto, que el resultado sea una variación considerable en las políticas de elegibilidad entre los estados (Kornegay, 1982). La definición de "familia" es manipulable para fines de elegibilidad, de modo que los estados pueden decidir que los jóvenes retirados de sus hogares y entregados al cuidado institucional, califican como familias de bajos ingresos, de una sola persona, aun cuando las familias de las que provengan no sean elegibles según sus ingresos. Algunos estados extienden la elegibilidad para la Sección XX a todos los jóvenes bajo custodia legal de la agencia de bienestar social regional, aunque dichos jóvenes residan físicamente en sus hogares. Los estados también pueden designar como elegibles para servicios protectores a ciertas categorías de jóvenes, tales como aquéllos que huyen de sus hogares o todos los ofensores del Estado legal. Al menos uno de los estados califica a los ofensores del estado legal elegibles como grupo para todos los servicios de la Sección XX.

DERECHO POR CATEGORIA

Aparentemente, la Ley de Educación para Todos los Minusválidos parecería encarnar un gesto grandioso del Estado, de hacer extensivo a un segmento de la población visiblemente marginal, la condición de plena ciudadanía negada anteriormente. Como sostuvo unánimemente la Corte Suprema en su famosa decisión de desegregación de 1954, Brown vs. Junta de Educación, "la educación es quizás la función más importante de las gobernaciones y gobiernos regionales... constituye los cimientos mismos de una buena ciudadanía". sin embargo, antes de la avalancha de desafíos legales que dieron como resultado la aprobación de esta legislación, los estudiantes mentalmente, físicamente y emocionalmente impedidos eran excluidos rutinariamente de la escolaridad pública. La L.P. 94-142 requiere que los estados participantes "establezcan la meta de ofrecer plenas oportunidades educativas a todos los niños minusválidos, incluyendo... el suministro de... una educación pública gratutar adecuada" y, como perrequisito para esa meta, "ofrecer a todos los niños que residan dentro de la jurisdicción de la agencia educativa regional o de la unidad educativa intermedia, que sean minusválidos, sin importar la gravedad de sus incapacidad, y que necesitan educación especial y servicios relacionados, sean identificados, ubicados y evaluados" (20 U.S.C. secc. 1414).

La vaguedad en cuanto a la elegibilidad para los servicios bajo la L.P. 94-142 es inherente a la definición misma de incapacidad educativa, la cual varía de década en década y de estado a estado. El Anuario de 1950 de la Sociedad Nacional para el Estudio de la Educación, La Educación de los Niños Excepcionales, por ejemplo, dedica un capítulo a la "inadaptación social", la cual requeriría educación especial, cuestionando simultáneamente la conveniencia de programas semejantes para "el inestable emocionalmente, el nervioso, el psicótico y el niño abstraído, negativista" (Stullken, 1950: 283, citado en Wood, 1979). Los educadores especiales de hoy en día han puesto de cabeza a esa diferenciación categórica: la L.P. 94-142 excluye específicamente a la inadaptación social de su definición de los disturbios emocionales graves, que actualmente califican como condición de la incapacitación educativa. Aun así, el Estado de Iowa (por ejemplo) insiste en ofrecer educación especial a sus propias expensas a los "alteradores crónicos", como llama a los desajustadoa socialmente. Las agencias federales y la mayoría de los estados considera a los "desórdenes de comportamiento" o "incapacidades de comportamiento' como sinónimos de "disturbios emocionales" (Cullinan y Epstein, 1979); sin embargo, el Estado de Virginia, por ejemplo, define los "disturbios emocionales" en contradistinción con los "desórdenes de comportamiento''. Problemas similares de definición rodean a otras categorías de incapacidad educativa, tales como ''incapacidad de aprendizaje''. El Estado de Massachusetts es el único en haber abandonado por completo las definiciones categorizantes de la incapacidad, ofreciendo en cambio una educación especial a todos los estudiantes ''incapaces de progresar efectivamente en un programa escolar regular''.

La misma L.P. 94-142 no ofrece ninguna definición de los ''disturbios emocionales graves'', pero sus regulaciones definen el término como sigue:

i) El término significa una condición que exhibe una o más de las siguientes características a lo largo de un período de tiempo prolongado y en grado considerable, las cuales afectan adversamente el desempeño educativo:

A) Una incapacidad de aprender que no pueda ser explicada por factores intelectuales, sensoriales o de salud;

B) Una incapacidad para forjar o mantener relaciones interpersonales satisfactorias con sus padres y maestros.

C) Tipos inadecuados de comportamientos o sentimientos bajo circunstancias normales.

D) Un sentimiento generalizado de infelicidad o depresión;

C) Una tendencia a desarrollar síntomas físicos o temores asociados con problemas personales o escolares.

ii) El término incluye a los niños esquizofrénicos. El término no incluye a los niños socialmente desajustados, a menos que se decida que sufren graves perturbaciones emocionales (34 C.F.R. secc. 3030. 5)

Esta es, esencialmente, la definición propuesta en primera instancia por Bower en 1960, con la excepción significativa de que la definición de Bower no excluye a los niños desajustados socialmente . aunque es la definición de disturbios emocionales más autorizada y concluyente, es difícil de operacionalizar. Las dimensiones componentes son en sí mismas más inferenciales que descriptivas. El mismo Bower intentó construir escalas de calificación para dichas dimensiones, pero la ley pública no ofrece una definición operativa semejante. No se da ninguna base para una medición válida o confiable de los ''disturbios emocionales graves''.

La indeterminación acerca de la naturaleza exacta de los servicios asignados por mandato y, no menos, de las categorías de elegibilidad, desmienten la aparente generosidad de propósitos de la ley. Por ejemplo, la ley define los requisitos para ofrecer "servicios relacionados" en cierto grado de detalle:

> El término "servicios relacionados" significa transporte y tales servicios relativos al desarrollo, correctivos y demás de apoyo (incluyendo patología del habla y audiología, servicios psicológicos, terapia física y ocupacional, recreación y servicios médicos y de asesoría, excepto cuando tales servicios médicos sean sólo para propósitos de diagnóstico y evaluación) como se requieran para ayudar a que un niño minusválido se beneficie de la educación especial, e incluye la identificación temprana y evaluación de las condiciones incapacitantes en los niños (20 U.s.C. sec. 1401).

A pesar de este detalle, la definición está sujeta a diferencias cruciales de interpretación. Por ejemplo, es típico que los administradores escolares insistan en que la terapia psicológica y de otros tipos cae fuera del área de responsabilidad de la escuela, refiriendo en cambio las solicitudes de tales servicios a una clínica. Minando el alcance impresionantemente amplio de los servicios incluidos en esta declaración, se encuentra la dificultad de establecer una necesidad definida para cualquiera de ellos medido contra un parámetro frustante por su generalidad: "ayudar a que un niño minusválido se beneficie de la educación especial".

Las agencias administrativas federales supuestamente deberían ofrecer interpretaciones para tales disposiciones legislativas vagas o indeterminadas, emitiendo y codificando reglamentaciones. Los reglamentos para la L.P. 94-142 elaboran "violentamente" definiciones: la definición que dan para los "servicios relacionados" es diez veces más larga que la expresada en la ley misma. Sin embargo, todos estos detalles adicionales sólo sirven para complicar aún más la confusión. No se hace ningún intento por aclarar el parámetro de relación con el beneficio educativo, mientras que la lista de servicios posiblemente "relacionados" es absolutamente ilimitada:

> La lista de servicios relacionados no es exhaustiva y puede incluir otros servicios de desarrollo, correctivos o de apoyo (tales como programas culturales y artísticos, y terapia de arte, música y

danza), si son requeridos para ayudar a que un niño minusválido se beneficie de la educación especial (34 C.F.R. sec. 300.13).

La amplitud extrema de esta definición la vuelve totalmente carente de significado. De hecho, las reglamentaciones definen al término ''incluir'' en forma tal que se vuelve analíticamente imposible llegar a realizar jamás la operación lógica de determinar la membrecía en grupos:

> Según se lo utiliza en esta parte, el término ''incluir'' significa que los renglones nombrados no son todos los posibles de ser cubiertos, ya sean semejantes a, o disímiles de los nombrados (34 C.F.R. sec. 300.6).

Tanto para la L.P. 94-142 como la L.P. 93-647, entonces, las condiciones de elegibilidad y servicio son vagas, ayudando a viciar el derecho a recibir los mayores servicios educativos y sociales que prometen dichas leyes. Sin embargo, más aún que esta vaguedad, lo que aniquila a dichas promesas es el hecho que la elegibilidad es establecida sobre una base de categorías, mientras que la necesidad de dichos servicios existe en una forma más universal. Los niños con impedimentos educativos específicamente reconocidos no son de ninguna manera los únicos que requieren asistencia especial para poder funcionar efectivamente en un entorno escolar regular, mientras que la necesidad de servicios de apoyo familiar o cuidado institucional no necesariamente está relacionada con la elegibilidad para la AFDC, por ingresos familiares, o según las diversas categorías en particular de elegibilidad de grupo. Las categorías de elegibilidad crean barreras contra el servicio, obstruyendo a aquellos niños que necesitan el servicio y sin embargo no califican para recibirlo, confiriendo al mismo tiempo etiquetas ambivalentes a aquellos que sí califican: la oportunidad de recibir la ayuda necesaria es condicionada a la demostración y aceptación de un estigma social.

El hecho que los servicios educativos y sociales estén restringidos a categorías especiales de niños refleja en parte el juego de los intereses especiales organizados en las historias legislativas de estas leyes. Fueron los padres y grupos especiales de defensa de derechos quienes presentaron las demandas que establecieron originalmente los derechos educacionales de los estudiantes minusválidos. El primer caso semejante que marcó un cambio, presentado por la Asociación de Pennsylvania para Niños Retardados, fue solucionado por un decreto de consentimiento en octubre de 1971, a favor de los niños retardados de Pennsylvania. Casos posteriores en otros estados hicieron extensivos derechos similares a niños con otros tipos escpecíficos de impedimentos. La aprobación por parte del Congreso de la Ley de Educación para Todos los Minusválidos de 1975, incorporó en forma de estatutos a este cuerpo casos legales precedentes. La Sección XX de Enmienda a la Ley de Seguridad Social de 1974, en contraste, fue más directamente resultado de cabildeo parlamentario por parte de grupos (identificados por la Comisión de Finanzas del Senado al reportar el proyecto de ley) tales como la Conferencia Nacional de Gobernadores, la Asociación Norteamericana de Bienestar Público, la AFL-CIO, los Trabajadores Automotrices Unidos y el Departamento de Salud, Educación y Bienestar Social de Estados Unidos, entre otros.

EL PROCESO POR ENCIMA DE LA SUSTANCIA

De hecho, ni la L.P. 94-142 ni L.P. 93-647 legislan nada que sea de verdadera sustancia, más allá de un juego de procedimientos para negociar la prestación de servicios. Dichas leyes confían principalmente en mecanismos de procedimientos para regular la operación de los servicios sociales y de educación especial por gobernación y gobierno regional: cada ley subraya procedimientos para desarrollar planes anuales de servicios por una parte, y para oír las apelaciones individuales sobre decisiones tomadas por agencias regionales por la otra. Al reportar la Sección XX de Enmienda a la Cámara de Senadores, la Comisión de Finanzas admitió francamente el papel limitado que percibía para el gobierno federal en el control de los estados:

> La larga historia de medidas legislativas y regulatorias en el área de los servicios sociales ha dejado en claro para la comisión que el Departamento de Salud, Educación y Bienestar Social no puede imponer programas significativos ni controles efectivos sobre los estados. La Comisión estima que los estados deberían tener la autoridad última para la toma de decisiones al diseñar sus propios programas de servicios sociales dentro de los límites del financiamiento establecido por el Congreso. Así, el proyecto de ley de la Comisión estipula que los estados deberían tener una libertad máxima para determinar qué servicios pondrán a disposición de las personas, las personas elegibles para recibir tales servicios, la forma en que se prestarán dichos servicios, y cualquier limitación

o condiciones para la recepción de tales servicios (Congreso de EE.UU., 1974b: 8138).

Aunque la L.P. 93-647 otorga a los estados una ''libertad máxima'' para decidir en cuanto a la substancia de estos asuntos, la ley regula estrictamente el proceso por el cual deben decidir. Se requiere que cada estado prepare un plan anual de servicios; la ley estipula garantías detalladas de participación pública en la redacción y revisión de ese plan. La respuesta pública a esta ley federal también enfocó sobre los procedimientos. Cuando el Departamento de Salud, Educación y Bienestar Social (como se llamaba entonces) solicitó una reacción pública a la L.P. 93-647, implementadora de reglamentaciones, la subparte de dichas reglamentaciones concerniente a los planes de servicio del Estado ''recibieron el mayor número de comentarios'' principalmente de ''agencias y organizaciones nacionales y regionales de salud y bienestar social, grupos defensores de derechos, gobiernos regionales y personales'' interesadas en el proceso de revisión pública. ''Quienes respondían instaron a aumentar los requisitos específicos de los estados que apuntaban a fortalecer y requerir la participación pública en todas las etapas del desarrollo del programa de servicios'' (Departamento de Salud, Educación y Bienestar Social de EE.UU., 1977:5843).

En contraste con la L.P. 93-647, la L.P. 94-142 sólo requiere una participación pública simbólica en el proceso de planificación del Estado. En cambio, esta segunda ley elabora los procedimientos de procesos debidos para desafiar las decisiones respecto a servicios educativos especiales para las personas.

Tanto los padres como sus representantes o personas de las escuelas pueden cuestionar cualquier aspecto del programa de educación de un niño, incluyendo el interrogante mismo de si el niño es minusválido o no; si se deberían realizar evaluaciones o no; cómo se debería categorizar al niño, si es que se lo categoriza; los servicios en particular que se prestarían y la ubicación de dichos servicios. La ley planea los niveles sucesivos de revisión administrativa y legal, desde funcionarios de audiencia especialmente nombrados por el Estado, pasando por la agencia de educación del Estado, hasta los tribunales estadales (regionales) y federales. La imparcialidad de estos procedimientos es cuestionable, ya que los funcionarios de audiencia son nombrados por el Estado (y frecuentemente trabajan como funcionarios de educación especial para distritos escolares vecinos), y dado que los temas en disputa frecuentemente giran en torno a la presentación de evaluaciones realizadas por profesionales expertos oponentes, evaluaciones realizadas con gastos relativos mucho mayores para las personas que para las juntas escolares. Sin embargo, en dichos procedimientos la ley reconoce tales derechos formales como el derecho a recibir asesoría, el derecho a presentar evidencias y contrainterrogar a los testigos, y el derecho de los padres a abrir o cerrar audiencias en público. La ley también especifica límites de tiempo dentro de los cuales se deben convocar las audiencias de apelación y emitirse las decisiones.

FIN DEL LIBERALISMO

En resumen, estas dos leyes públicas, L.P.94-142 y L.P. 93-647, ejemplifican lo que Lowi (1969) llama "liberalismo de los grupos de intereses". Las leyes son expansivas, prometiendo hacer extensivos los derechos a aquéllos en la periferia, anteriormente excluidos de ellos, y ampliar el papel del gobierno a fin de abarcar nuevas áreas de actividad programática. Sin embargo, al examinárselas más de cerca, representan una expresión vaga de un sentimiento general, más que una declaración clara y coherente de política pública. No contemplan un financiamiento adecuado a sus metas declaradas. Tampoco ofrecen definiciones rigurosas de categorías de elegibilidad o servicios, ofreciendo en cambio definiciones abiertas y simplemente sugerentes. Las reglamentaciones administrativas que implementan estas leyes son igualmente imprecisas. Estas leyes honran las demandas impuestas por grupos organizados a través del litigio o de cabildeo parlamentario, pero pasan por alto los intereses de los no demandantes. Estas leyes sólo establecen un marco para la negociación ad hoc, en vez de ofrecer una guía de conducta substancial y efectiva.

El carácter "blando" de estas leyes crea problemas para los funcionarios gubernamentales de un orden distinto al descripto por el análisis de implementación o la teoría de la burocracia al nivel de la calle. Esos dos modelos representan una concepción económica de organización sólo parcialmente relevante para las burocracias públicas. La fortaleza de los modelos reside en su atención a la complejidad de las relaciones a través de fronteras en los entornos organizativos y a las presiones organizativas generadas por las exigencias de las actividades de trabajo. Sin embargo, como sugieren Meyer y Rowan (1977), ciertos tipos de organizaciones son más sensibles a las "reglas organizativas" poderosas que a las exigencias técnicas de las actividades de trabajo; la racionalidad organizativa puede ser institucional más que instrumental. Como ejemplo de dichas reglas, por supuesto, encontramos a las leyes públicas. Las organizaciones formales se alinean a lo largo de un continuo; la supervivencia de algunas reside más en la administración eficiente de las relaciones internas y a través de fronteras, mientras que la supervivencia de otras depende más de la conformidad ceremonial con los mandatos institucionales. Para un funcionario de gobierno, el elemento más significativo del entorno organizativo es la ley.

¿Qué problemas crea el carácter ''blando'' de la ley para dichos funcionarios? La tesis de Lowi del ''fin del liberalismo'' enfoca sobre las políticas e ideología del proceso de políticas y no trata este problema directamente. sin embargo, es fructuoso elaborar las implicaciones conductistas de este modelo para los burócratas de nivel medio y a nivel de la calle.

Una buena ley facilita la toma de decisiones burocrática invistiendo al rol oficial con una serie de responsabilidades y poderes claramente delimitados en relación con los problemas reconocibles. La ley que simplemente identifica áreas amorfas de problemas en forma vaga o contradictoria sin especificar el remedio, no ofrece tal investidura. La delegación de poder amplia y sin guía crea confusión y tensiones, dejando al funcionario librado a sus propios medios no sólo para interpretar los hechos de cada situación sino, de hecho - una y otra vez - para hacer legislación federal. Decisiones rutinarias se convierten en el foco de un conflicto potencialmente inmanejable. El modelo de los funcionarios obligados a confiar en ideología profesional, temperamento personal u oportunidad organizativa para ejercer un poder discrecional informal, no describe la dinámica inevitable de la ''burocracia a nivel de la calle''; es un modelo que describe la ausencia efectiva de la ley. Una ley clara y consistente contrarresta tales consideraciones discrecionales, unificando por lo tanto las perspectivas fragmentarias.

DESPLAZAMIENTO Y MAGNIFICACION DEL CONFLICTO EN TODOS LOS ESTRATOS

Por más confusión y conflictos administrativos que generan la L.P. 93-647 y la L.P. 94-142 por separado, la combinación de ambas agrava estos efectos. Representan actitudes diametralmente opuestas respecto a la práctica de la institucionalización. La segunda ley insiste en el principio de que los estudiantes impedidos educacionalmente deben recibir una educación en el "entorno menos restrictivo", o medio ambiente más normal. La ley requiere

> que hasta el mayor grado que sea adecuado, los niños minusválidos, incluyendo niños en instituciones públicas o privadas u otras instalaciones de cuidado institucional, sean educados con niños que no sean minusválidos y que sólo se produzcan clases especiales, escolaridad separada u otra remoción de los niños minusválidos del entorno educativo regular, cuando la naturaleza o gravedad del impedimento sea tal que no pueda lograrse satisfactoriamente una educación en clases regulares con el uso de ayudas y servicios suplementarios (20 U.S.C. sec. 1412).

En contraposición, la L.P. 93-647 fomenta la institucionalización como uno de sus propósitos declarados.

A pesar de este conflicto fundamental en torno a los principios, la L.P 93-647 orienta a los estados a coordinar actividades de bienestar social con servicios educativos y otros. Según los reglamentos, el plan de servicios de cada Estado

> describirá cómo se coordinará y utilizará la planificación y la prestación de servicios bajo el programa, con... programas de servicio humano (r) elacionados... La descripción incluirá los pasos tomados para asegurar la máxima utilización factible de servicios bajo estos programas a fin de cubrir las necesidades de la población de bajos ingresos (45 C.F.R. sec. 229.29 (1978).

La misma ley prohíbe específicamente utilizar los fondos de la Sección XX "para ofrecer cualquier servicio educativo que el Estado ponga en general a disposición de sus residentes sin costo alguno y sin tomar en consideración sus ingresos" (42 U.S.C.sec. 1397d (1980)), de modo que estos fondos no pueden usarse para pagar los costos de educación especial de los niños colocados en instituciones residenciales. Sin embargo, la L.P. 94-142, que rige el suministro de fondos para educación especial y afirma poner la educación especial a disposición general de todos los estudiantes impedidos, sólo contempla el pago de educación especial para los niños ubicados en situación de residencia en sitios educacionales. La Ley de Educación para Todos los Minusválidos, a pesar de haber sido promulgada después de la legislación de la Sección XX, sencillamente no contempla la colocación de niños en instituciones residenciales para fines no educativos.

Así, un efecto combinado de las L.P. 93-647 y L.P. 94-142 es el de desplazar del gobierno federal a los estados, el conflicto en torno a los costos de la educación especial de los niños colocados por razones no educativas. El resultado es una amplia diversidad de prácticas de colocación de niños entre los estados, correspondientes a los diversos arreglos de provisión de fondos (Magnetti, 1982). Las agencias educativas estatales dividen los costos y responsabilidades con las agencias regionales en formas muy diferentes; los acuerdos interdepartamentales que rigen el suministro de servicios relacionados también difieren ampliamente. Por ejemplo, en Massachusetts, donde los distritos escolares regionales deben asumir la mayor parte de los costos de la educación especial privada, la tasa de colocación de estudiantes minusválidos fuera de las escuelas públicas regulares por motivos puramente educativos es mucho menor que, digamos, en Virginia, donde el Estado reembolsa a los distritos escolares regionales el 60% de dichos costos. El punto hasta el cual los estados han formalizado y vuelto rutinarios los arreglos para pagar los costos de la educación especial atravesando límites de distritos y agencias, también tiene un efecto obvio sobre las tasas de colocación.

Sin embargo, aun en los estados que han logrado implementar tales arreglos, la división de responsabilidades entre las agencias regionales continúa confusa y plagada de conflictos. Así como los estados retienen una independencia considerable frente al gobierno federal, también las agencias regionales operan con considerable independencia de las burocracias de los estados. En un estado en particular,* por ejemplo, los departamentos de educación y bienestar social del Estado acordaron en conjunto una serie de políticas para regir la colocación privada de estudiantes minusválidos, que declaran en partes relevantes:

> La división escolar de residencia legal pagará los cargos razonables aprobados para la educación especial y servicios relacionados especificados en el programa de educación individualizado de un niño minusválido colocado por otras agencias públicas en escuelas privadas sectarias aprobadas, cuando dicha colocación no sea principalmente para fines de educación especial. La agencia

* Este estado quedará sin identificar, al igual que la región bajo estudio, por motivos de confidencialidad.

que coloca al niño será responsable de pagar su pupilaje, alojamiento, tratamiento y demás servicios necesarios requeridos.

Es importante observar que este procedimiento sólo se aplica a niños certificados como educativamente impedidos por la agencia educativa regional (o por un agente del proceso de apelación). Los fondos de la Sección XX pueden ser utilizados para pagar los costos de la educación privada especial hasta por seis meses en caso de emergencias, mientras se procesa una solicitud de elegibilidad para educación especial, pero los niños que no sean hallados incapacitados deben ser retirados entonces de las instituciones residenciales aprobadas para la educación especial.

Estas políticas fueron revisadas y aprobadas por un grupo específico que abarcaba cuatro agencias estatales diferentes, incluyendo el Departamento de Salud Mental y Retardo Mental y la Comisión para las Personas con Impedimentos Visuales además de los Departamentos de Educación y Bienestar Social.

A pesar del logro de este acuerdo entre dichas agencias estatales, el acuerdo no era obligante para la junta escolar regional, que constituía una entidad legal principalmente autónoma del Departamento de Educación del Estado. El director local de Servicios de Educación Especial cuestionó la validez de la política acordada en una solicitud formal de "aclaración" al Estado:

> Mi pregunta es la siguiente: ¿si una agencia de servicios sociales coloca a un niño minusválido en un entorno de tratamiento o residencia por motivos no educativos, se requiere que la división escolar regional pague los costos educativos de dicho niño, aunque la división escolar regional estime que el niño minusválido debería ser educado en un entorno menos restrictivo?

El funcionario escolar local notificó formalmente luego al director del Departamento local de Servicios Sociales (DSS) que las escuelas ya no continuarían pagando el costo de educación de los niños minusválidos ya colocados por el DSS en instituciones residenciales:

> Hemos revisado toda la información disponible sobre las necesidades educativas de cada uno de estos niños. Estamos convencidos de que los requisitos legales para la educación de los niños

minusválidos en el "entorno menos restrictivo" nos prohíben financiar los costos educativos de una colocación residencial por motivos no educativos para ninguno de esos niños.

Según el funcionario escolar, esta decisión estaba sujeta a revisión sólo sobre una base de cada caso en particular y sólo por "motivos educativos".

El argumento aducido por este funcionario fue bien recibido, capturando correctamente una de las partes de la tensión básica en la ley federal. La Ley de Educación para Todos los Minusválidos impone controles más rígidos sobre la colocación de niños en instituciones residenciales que la Enmienda de la Sección XX, de modo que los funcionarios escolares deben por mandato cuestionar si las colocaciones residenciales arregladas por las agencias locales de bienestar social representan o no el "entorno menos restrictivo" para fines educativos. Por otra parte, la L.P. 94-142 ciertamente no tiene la intención de negar educación especial a todos los niños minusválidos colocados en instalaciones residenciales por fines no educativos. La posición de la junta escolar local al respecto creó un círculo vicioso administrativo para los niños que necesitaban tanto educación especial como cuidado institucional. Las escuelas adoptaron una política interna de rehusarse a cooperar con otras agencias locales para concertar la colocación residencial: si se hallaba que un niño requería colocación institucional por motivos educativos, las escuelas pagarían todos los costos de educación y relacionados, si no, no pagarían absolutamente nada. Pero, mientras tanto, la ley federal prohibía al DSS local encargarse de la colocación residencial de ningún niño sin haber obtenido fondos para educación especial de las escuelas.

Desde el punto de vista particular de las agencias escolares, su posición era racional. Los funcionarios de las escuelas y el DSS comparten intereses comunes poderosos involucrando el bienestar general de los niños. Sin embargo, como subrayó Olson (1965), entre otros, los intereses comunes de una colectividad son analíticamente diferenciables - y frecuentemente divergentes en la práctica- de los intereses individuales de sus miembros. Olson demuestra que aun cuando las colectividades están organizadas a nivel de grupos, es necesario hacer uso de la coerción o algún otro incentivo para lograr que los miembros racionales con intereses propios actúen en pro del interés común. Ante la ausencia de una ley clara y consistente que gobierne tanto el servicio de educación especial como el de cuidado institucional, es natural que los funcionarios echen mano a sus propias perspectivas de agencias provincianas. La dedicación de los burócratas a nivel de la calle en agencias relacionadas, a los ideales comunes de servicio, se ve anulada por la ausencia de una ley concluyente.

DISCUSION

Este es, entonces, un estudio de casos de las consecuencias racionales de un sistema irracional. Es un sistema que, al disimular y dispersar el conflicto, en última instancia vuelve menos eficientes a las políticas de resolución de conflictos. El proceso político resuelve el conflicto en forma sumamente efectiva sacándolo a la superficie. La buena legislación enfoca directamente sobre los problemas públicos más básicos y expresa claramente escogencias de valores. Los buenos estatutos reducen las presiones sobre las demás ramas del gobierno, obviando la necesidad de construcción jurídica por una parte y ofreciendo a las burocracias reglas para crear rutinas administrativas por la otra. Al connotar simplemente áreas de interés de las políticas, en vez de denotar claramente los valores de las políticas, el Congreso desvía hacia los tribunales, departamentos federales y agencias estadales y regionales, la responsabilidad de hacer la ley. Este proceso de liberalismo de los grupos de interés desplaza al conflicto político del centro (la Casa Blanca y el Capitolio), el área de mayor responsabilidad pública donde el conflicto adopta la forma de negociación de las reglas, hacia las oficinas ampliamente dispersas de los burócratas a nivel de la calle, el área de menor responsabilidad pública, donde el conflicto sólo puede adoptar la forma de una negociación sobre decisiones en particular. No es posible coordinar un orden racional en torno a un centro desordenado.

Las implicaciones teóricas de este estudio de caso sugieren una integración más completa de ciencia política, análisis de políticas y teoría de organización. El ''análisis de implementación'' y la teoría de ''burocracia a nivel de la calle'' identifican en forma útil las formas en que las demandas técnicas de actividades laborales distorsionan la operacionalización de propósitos de las políticas. Sin embargo, estos modelos analíticos pasan por alto la forma en que, por contrario, los propósitos de las políticas distorsionan el proceso organizativo. Los entornos organizativos no son sólo económicos y técnicos, sino también institucionales: los propósitos de las políticas son modelos cruciales de contextos institucionales. Al describir el proceso organizativo, es necesario considerar las consecuencias que pueden tener para el comportamiento de los burócratas los propósitos de política vagos o contradictorios.

La tesis del "fin del liberalismo" describe las políticas e ideología del proceso de políticas que produce propósitos fallidos en formas semejantes. Este estudio de caso intenta extender ese modelo describiendo las consecuencias resultantes para el desempeño de los burócratas. Lowi y otros aplicaron el modelo a una amplia gama de áreas de políticas, desde agrícolas hasta de relaciones exteriores. Este estudio aplica el modelo a áreas nuevas: educación especial y cuidado institucional.

En estas áreas, al igual que en otras, las políticas del "liberalismo de los grupos de interés" corrompen los valores democráticos. La misma legitimidad del gobierno se ve debilitada cuando burócratas al nivel de la calle toman decisiones sobre problemas de elegibilidad para los servicios -especialmente los servicios definidos como derechos - sobre una base ad hoc, porque la ley pública no es autoritativa. Un sistema político no es participativo en un sentido significativo cuando sólo es posible negociar acerca de decisiones en particular y no sobre las reglas básicas. El liberalismo de los grupos de interés es antiético para el estado de derecho, lo cual, según la definición de Hayek "significa que el gobierno, en todas sus acciones, está limitado por reglas fijadas y anunciadas de antemano, reglas que vuelven imposible prever con ningún grado de certeza, cómo utilizará la autoridad sus poderes coercitivos en cualquier circunstancia dada, así como planear los asuntos individuales sobre la base de este conocimiento" (1944:72). Ante la ausencia de reglas y parámetros autorizados, el ideal de decidir sobre cada caso en particular "según sus méritos" carece de significado. Las buenas leyes no sólo permiten a los ciudadanos calcular los efectos de las regulaciones gubernamentales, sino que también vuelven responsables a los funcionarios públicos por sus obligaciones.

El "fin del liberalismo" ofrece una nueva perspectiva para examinar propblemas observados comúnmente en la organización del trabajo con casos sociales. Para las personas que necesitan ayuda, el despliegue de servicios disponibles es demasiado fragmentario y remoto; a fin de poder recibir un servicio, una persona debe estar dispuesta a redefinir su problema según la "pericia" de cada agencia en particular. Las agencias educativas y de bienestar social definen sus áreas de competencia y responsabilidad en formas estrechamente especializadas, aunque los problemas de sus clientes son múltiples, difusos y ambiguos (Wilensky y Lebeaux, 1965; Janowitz, 1969). En su papel de agentes distribuidores de servicios, buscando de obtener servicios de otras agencias para sus clientes, los trabajadores de casos sociales tienen que operar como "topos" interorganizacionales. Las fronteras defendidas entre las agencias sólo son permeables (a través del medio del diagnóstico especializado) a estrategias de trabajo con casos de "problemización" (Rosenheim, 1976).

Estos problemas de confusión de dominios no surgen principalmente debido a la dinámica de la burocracia, ni por causa de la complejidad de los entornos organizativos, sino más bien por el fracaso de los representantes electos en hacer leyes claras y consistentes. En el caso de la educación especial y cuidado institucional, el problema no es que el nivel de "implementación", de niveles múltiples, distorsione los propósitos de las políticas expresados en la ley federal; por contrario, las fallas de diseño de la política federal se traducen en la práctica en forma demasiado directa.

¿Qué debe hacerse? Si el problema principal es la sofocante complejidad del gobierno y la distancia prohibitiva que existe entre Washington y las diferentes regiones, como sugiere el análisis de implementación, el gobierno debería redimensionar sus ambiciones. Si los propósitos formales de las agencias públicas están cautivos de las dinámicas informales que sirven inevitablemente los intereses de los poderosos, como sugiere la teoría de la burocracia a nivel de la calle, entonces lo que se necesita es una reforma social y económica fundamental. Ninguna de las prescripciones ofrece una guía de acción útil. El modelo del "fin del liberalismo" sugiere el remedio de una ley pública clara y consistente. ¿Pero es posible legislar soluciones para los problemas de educación especial y bienestar social? Si los problemas de los niños desafían cualquier categorización, ¿cómo pueden ser claras las leyes y reglamentos?, ¿cómo puede lograrse que directivas consistentes de políticas creadas por funcionarios federales alejados, produzcan servicios que respondan a las diversas necesidades regionales?

Este dilema es real; indica una falta de vinculación entre las jerarquías políticas y administrativas por una parte y las estructuras de la participación comunitaria por la otra. Desde la base de la pirámide hacia arriba - desde el bloque social hasta la comunidad metropolitana - se necesita un orden creciente de organización comunitaria para aglutinar los intereses políticos, función que fuera abandonada por los partidos políticos (Janowitz y Suttles,d 1978). Desde la punta de la pirámide hacia abajo, la operación descentralizada de los servicios comunitarios requiere que políticas centralizadas autorizadas aseguren la asignación equitativa de recursos, así como definiciones firmes de los parámetros de desempeño (Janowitz, 1978: cap. 12). La ausencia tanto de una participación comunitaria como de un apoyo administrativo centralizado, condenaron al fracaso a los experimentos de "descentralización" y "control comunitario" de los años 60. De hecho, dichos experimentos pueden interpretarse como simplemente la extensión facilista del liberalismo de los grupos de interés a las políticas contra la pobreza (Lowi, 1969; cap. 8). Un control comunitario significativo sobre las instituciones descentralizadas permitiría a las agencias regionales enfrentarse a las necesidades estimadas de los clientes en forma más responsable, sin hacer referencia a categorías estrechas predefinidas las juntas comunales impondrían el cumplimiento de las normas de desempeño en forma consistente con la ley federal. Pero se necesitan proyectos formidables de construcción de instituciones y organización comunitaria para que el concepto mismo de control comunitario adquiriera significado; el programa de acción indicado por esta prescripción tiene un alcance justamente intimidante.

GERENCIA INTERGUBERNAMENTAL: UNA PERSPECTIVA REVISADA*

MYRNA MANDELL

RESUMEN

El concepto de gerencia intergubernamental tiene tres características que lo distinguen de las relaciones intergubernamentales: 1) Un enfoque de solución de problemas; 2) Comportamiento estratégico y de manejo de problemas; y 3) Redes de comunicación. Estas características de la gerencia intergubernamental son importantes porque nos permiten ir más allá que la simple descripción de relaciones que ocurren dentro del sistema intergubernamental, proporcionando más bien un marco dentro del cual se enfocan los problemas de la gerencia en el sistema intergubernamental. Recientemente, han aparecido muchos trabajos que estudian las relaciones en el sistema intergubernamental como algo que ocurre en las redes interorganizacionales. En lugar de una gerencia basada en el enfoque de entidad independiente de organización, la gerencia se basa en la perspectiva de un sistema de entidades organizacionales interdependientes. En este entorno, ya no son suficientes las acciones separadas y específicas de los gerentes individuales de por si solas, sino que las acciones individuales deben combinarse con las de las redes con el fin de lograr un cuadro completo y coherente. Si entendemos el impacto de las redes interorganizacionales, se amplía enormemente el concepto de gerencia intergubernamental y se avanza hacia el desarrollo de técnicas gerenciales más apropiadas del sistema intergubernamental.

INTRODUCCION

Los gerentes públicos suelen desestimar sus logros porque no se ajustan a las normas (o eficiencia) del sector privado. No obstante, si comprende-

---

* Traducido del *International Journal of Public Administration Special Issue.* (Nov. 1988), con autorización de Marcel Dekker. Inc. New York and Bassel.

mos el contexto dentro del cual operan los gerentes públicos, se hace más fácil reconocer sus logros. Una de las premisas del presente trabajo es que el papel del gerente público no es tanto cumplir metas como más bien crear un entorno en el cual las metas se puedan cumplir. El problema está en cómo lograr esto si se toma en cuenta que gran parte de la actividad del sector público no puede ser cumplida por una sola organización que actúa aisladamente; lo que suele suceder es que se hacen esfuerzos de cooperación en los cuales se involucran tanto el sector público como el privado.

La importancia de funcionar dentro de este tipo de sistema ha sido reconocida desde hace mucho tiempo en trabajos que tratan el tema de las relaciones intergubernamentales, en los cuales se reconoce claramente que las complejidades del sistema intergubernamental han significado un aumento en las interrelaciones a todo nivel de gobierno (entre y a través de líneas funcionales), así como con el sector privado. Sin embargo, sólo recientemente se ha prestado atención al desarrollo de la capacidad de la gerencia para manejar estas complejidades. El cambio de las relaciones intergubernamentales a la gerencia intergubernamental es reflejo de este cambio de énfasis.

En el *Handbook of Organization Management,*[1] Deil Wright ha hecho un seguimiento a este cambio de las relaciones intergubernamentales a la gerencia intergubernamental. En su artículo, Wright indica que la gerencia intergubernamental puede ser percibida como bien sea "...la fase más actual de las relaciones intergubernamentales" o "...algo que exhibe características o rasgos que lo distinguen de las relaciones intergubernamentales".[2] Este trabajo se basa en esta última percepción de la gerencia intergubernamental.

La gerencia intergubernamental se percibe como un cambio de la preocupación por comprender las relaciones entre los actores en el escenario intergubernamental a la preocupación por los problemas que implica la gerencia de dichas relaciones. Reviste gran importancia para comprender el concepto de la gerencia intergubernamental un cúmulo de documentación reciente que enfoca la ejecución de programas por medio de *redes interorganizacionales.*

---

1. Eddy, William P. (ed.) *Handbook of Organizational Management,* Marcel Dekker, Inc., New York, 1983.

2. Wright, Deil S. "Managing the Intergovernmental Scene: The Changing Drama of Federalism. Intergovernmental Relations, and Intergovernmental Management", William P. Eddy (ed.), *Handbook of Organizational Management,* Marcel Dekker, Ins., New York and Basel, 1983: 429.

La idea de que los programas públicos sean ejecutados a través de redes interorganizacionales amplía enormemente el conocimiento de los problemas que enfrentan los gerentes cuando trabajan con su entorno. En lugar de tratar con las actividades de una sola organización o individuo, los gerentes tienen que tratar con los "patrones de interacciones dentro de todo un conjunto de organizaciones".[3] Ante estas circunstancias, se requiere que la gerencia tenga la capacidad de manejar las interdependencias de manera que se puedan lograr tanto las metas de la organización individual como las de la red en su conjunto.

La comprensión de lo que significa trabajar en una red interorganizacional ofrece a los gerentes una cierta orientación para determinar cuál será el tipo de acciones gerenciales más apropiadas. Por ejemplo, aunque la idea de cómo gerenciar en el entorno intergubernamental ha incluido la coordinación arriba-abajo, reglamentación, reforma estructural-legal o construcción de capacidad,[4] estas técnicas no se consideran apropiadas para el entorno de una red interorganizacional. Puesto que la idea de la red interorganizacional se basa en el logro de programas dentro de un sistema de entidades organizacionales interdependientes, en lugar de una entidad organizacional individual, los conceptos de jerarquía, los canales de autoridad bien definidos, los procesos de control, definición de tareas y otros conceptos tradicionales de gerencia ya no son aplicables. Estas técnicas requieren modificación para poder ofrecer un marco más funcional para los gerentes que trabajan en ese entorno.

Las tres características de la gerencia intergubernamental proporcionan este tipo de marco para el desarrollo de los conceptos de gerencia revisados. Se considera que puesto que estas características nos permiten analizar las actividades y orientaciones de cada actor en el contexto de la red interorganizacional, ellas constituyen un buen punto de partida para un esfuerzo analítico preliminar. Se espera que estas características conducirán a categorías teóricas más generales en los análisis futuros.

---

3. Knoke, Davis and James H. Kuklinski "Network Analysis", Sage University Paper Series on Quantitative Applications in the Social Sciences, 07-028, Sage Publications, Beverly Hills and London, 1982: 9.

4. Agranoff, Robert. "Directions in Intergovernmental Management", *International Journal of Public Administration*, this issue.

DEFINICION DE LA GERENCIA INTERGUBERNAMENTAL

Deil Wright[5] señala que ha sido a partir de los años setenta que se ha venido haciendo énfasis en el sistema intergubernamental. En esos años, surgieron tres principales esfuerzos de análisis de los problemas de la gerencia en el escenario intergubernamental.[6] A partir de esos esfuerzos iniciales, ha habido un énfasis creciente en la importancia de la gerencia intergubernamental.[7]

La gerencia intergubernamental, tal como se utiliza en este trabajo, se basa en las siguientes definiciones:

Por cuanto las relaciones intergubernamentales identifican quiénes son los actores del sistema y cómo se relacionan, la gerencia intergubernamental es la herramienta necesaria para comprender cómo y por qué estos niveles se interrelacionan en la forma en que lo hacen y cómo podemos manejarnos dentro de ese sistema. Es un proceso orientado hacia la acción, que proporciona a los administradores a todo nivel lo necesario para hacer algo constructivo.

En lugar de señalar con el dedo al culpable, nos proporciona la capacidad para tomar medidas útiles. Ofrece una perspectiva que enfoca a las redes y las comunicaciones como maneras positivas de hacer que las cosas funcionen en los sistemas intergubernamentales.[8]

En su artículo, Deil Wright ha hecho una síntesis de estas ideas, dividiéndolas en tres características o cualidades principales que las distinguen de la gerencia intergubernamental como una "era nueva y distinta".[9] Son:

---

5. Wright, 1983, *op. cit.*

6. Para una lista completa de estos esfuerzos, véase Ibid.: 426-427.

7. Por ejemplo véase, Agranoff, Robert and Valerie Lindsay, "Intergovernmental Management: Perspectives From Human Service Problem Solving at the Local Level", *Public Administration Review*, 43(3) (1983): 227-237; Mandell, Myrna. "Letters to the Editor: IGM, '*Public Administration Times*", 2 (December 15, 1979): 2,6; O´Toole, Laurence J. Jr. and Robert S. Montjoy. "Interorganizational Policy Implementation: A Theoretical Perspective", *Public Administration Review*, 44(6) (1984): 491-503;

Wright, Deil S. and Harvey L. White. *Federalims and Intergovernmental Relations*, ASPA, Public Administration Review Classics Series, Washington, D.C., 1984.

8. Mandell, *op. cit.*: 6.

9. Wright, 1983, *op. cit.*: 430.

1. *Enfoque de solución de problemas*

Esta característica se basa en la idea de que la gerencia intergubernamental es un

> proceso orientado a la acción que ofrece a los administradores públicos de todo nivel los medios para hacer algo constructivo.[10]

El énfasis está en la capacidad de los gerentes para formular y ejecutar estrategias. Engloba los temas consuetudinarios de la gerencia y la formulación de política.

2. *Comportamiento estratégico y de manejo de problemas*

Esta característica se basa en la idea de que la gerencia intergubernamental

> es la herramienta necesaria para comprender cómo y por qué estos niveles se interrelacionan en la forma en que lo hacen y cómo podemos manejarnos dentro del sistema... (gerencia intergubernamental) nos ofrece la capacidad para tomar medidas útiles.[11]

El énfasis está en la administración de las interdependencias, junto con la comprensión de perspectivas diferentes que con frecuencia se encuentran en conflicto. Abarca la capacidad de facilitar la interacción formal e informal entre unidades de gobierno para lograr metas.

3. *Redes de comunicación*

Esta característica se basa en la idea de que la gerencia intergubernamental ofrece una perspectiva que enfoca las redes y las comunicaciones como formas positivas de hacer que las cosas funcionen en los sistemas intergubernamentales.[12]

El énfasis está en la capacidad de trabajar en una red dentro de un *sistema de organizaciones*. Abarca la capacidad de construir relaciones y establecer áreas de confianza y respeto mutuos.

---

10. Mandell, *op. cit.:* 6.

11. Ibid.

12. Ibid.

Este trabajo estudia el impacto de la red interorganizacional sobre cada una de estas características de la gerencia gubernamental. Específicamente, el énfasis está en el impacto de la red interorganizacional sobre la capacidad de movilizar la acción colectiva en el sector público.

IMPACTO DE LA RED INTERORGANIZACIONAL

La documentación existente sobre las relaciones intergubernamentales hace un énfasis sobre las relaciones entre las capas distintas y separadas de las organizaciones.[13] La documentación sobre redes interorganizacionales, por lo contrario, se basa en la idea de que las organizaciones operan dentro de un campo total.[14] Por consiguiente, hace énfasis en las relaciones entre un conjunto de organizaciones dentro de dicho campo total.[15] Se incluyen organizaciones del sector público y privado, así como una amplia gama de actores individuales interesados.[16]

---

13. Por ejemplo véase, Glendening, Paris N. and Mavis M. Reeves. *Pragmatic Federalims*, Palisades Publishers, Pacific Palisades, Ca., 1977; Wright, Deil S. *Understanding Intergovernmental Relations*, Brooks/Cole, Monterrey, Ca., 1982; Wright and White, *op. cit.*

14. Warren, Roland L. "The Interorganizational Field as a Focus for Investigation", *Administrative Science Quarterly*, 12(3), (1967): 396-419.

15. Por ejemplo véase, Aldrich, Howard and David Whetton. "Organization Sets, Action Sets, and Networks: Making the Most of Simplicity", in Paul Nystrum and William H. Starbuck (eds.), *Handbook of Organizational Design* (Vol. 1), Oxford University Press, London, 1981; Cook, Karen. "Exchange and Power in Networks of Interorganizational Relations", *Sociological Quarterly* 18(1) (Winter 1977): 62-82; Gage, Robert. "Federal Regional Councils: Networking Organizations for Policy Management in the Intergovernmental System", *Public Administration Review*, 44(2) (1984): 134-145; Galaskiewicz, Joseph. "Interorganizational Relations", *Annual Review of Sociology* (11) Annual Review, Inc., Palo Alto, Ca., 1985; Hanf, Kenneth and Fritz W. Scharpf (eds.). *Interorganizational Policy Making*, Sage Publications, Ltd., Beverly Hills and London, 1978; Hjern, Benjamin and David O. Porter. "Implementation Structures: A New Unit of Administrative Analysis", *Organization Studies*, 2(3) (1981): 211-227; Knoke and Kuklinski, *op. cit.*; Milward, H. Brinton. "Interorganizational Policy Systems and Research on Public Organizations", *Administrative Science Quarterly*, 13(4) (1982): 457-478; Negandhi, Anant R. (ed.). *Interorganizational Theory*, Kent State University Press, Kent, Ohio, 1975; Stern, Robert N. "The Development of an Interorganizational Control Network: The Case of Intercollegiate Athletics", *Administrative Science Quarterly*, 24(2) (1979): 242-266.

16. Por ejemplo véase, Coe, Bárbara. "An Open Focus Framework for Goal Implementation in Public Private Partnerships", a Thesis subnitted to the Faculty of the Graduate School of Public Affairs of the University of Colorado, in partial fulfillment of the requirements for the degree of Doctor of Public Adminstration, 1986; Galaskiewicz, Joseph. "The Structure of Community Organizational Networks", *Social Forces*, 57(4) (1979): 1346-1364; Mandell, Myrna. P. "Application of Network Analysis to the Implementation of a Complex Project", *Human Relations*, 37(8) (1984): 659-679; O'Toole and Montjoy, *op. cit.*

Una red interorganizacional se ha definido de muchas distintas maneras.[17] Para propósitos de este trabajo, se define así:

varias distintas acciones que están relacionadas por medio de un tipo específico de interacción y dentro de un cierto contexto.

Cuando esto se aplica al sector público, debe destacarse un elemento crítico de la red interorganizacional: el hecho que los miembros (organizaciones y/o individuos) de la red representan entidades legales separadas y distintas (por ej. organizaciones y/o organismos de la localidad, del Estado, federales y del sector privado).[18] Las redes del sector público son en realidad sistemas "de engranaje flexible"[19] en las cuales las líneas de autoridad y control no necesariamente se encuentran bien definidas. Se componen de gerentes relativamente autónomos, que responden no sólo a otros miembros de la red, sino también a sus propias entidades organizacionales.

Hay diversos arreglos estructurales posibles dentro del sector público.[20]

1. Algunas redes están estucturadas de forma temporal, ya que se han establecido para:

A) Un proyecto o un tipo específico de proyectos; por ejemplo el proyecto "Century Freeway",[21] SOHIO,[22] o

---

17. Aldrich and Whetton, *op. cit.*; Coe, *op. cit.*; Gade, *op. cit.;* Galaskiewicz, *op. cit.;* Knoke and Kuklinski, *op. cit.;* Mandell, 1984, *op. cit.;* Negandhi, *op. cit.;* Van den Ven, Andrew H. and Ferry, Diane L. *Measuring and Assessing Organizations*, John Wiley and Sons, New York, 1980.

19. Weick, Karl. *The Social Psychology of Organizing* (2nd ed.), Addisin Wesley, Reading, Ma., 1979.

20. Por ejemplo véase, Agranoff and Lindsay, *op. cit.;* Coe, *op. cit.*; Col, Jean Marie. "Nonhierarchical Management Nerworks: Organizational Skills and Political Skills", Paper presented at the Annual Meeting of the American Political Science Association, September 1, 1983, Chicago, Illinois; Gage, *op. cit.;* Hall, Richard, John P. Clark, Peggy A. Giordano, Paul Jhonson and Martha Van Roekel. "Patterns of Interorganizational Relations", *Administrative Science Quarterly,* 22(3) (1977): 457-474; Mandell, 1984, *op. cit.;* Mushkatel, Alvin H. and Louis Weschler. "Emergency Management and the Intergovernmental System", *Public Administration Review,* Special Issue, 45, (January 1985).

21. Mandell, 1984, *op. cit.*

22. Weschelr, Louis F. "Environmental Quality Within an Interorganizational Matrix: A Case Study of the SOHIO Project", *Coastal Zone Management Journal,* 6(2-3) (1979): 233-252.

B) Un propósito específico que puede incluir uno o más tipos de proyecto; por ejemplo el "Denver Partnership";[23] el programa "Model Cities".[24]

2. Algunas redes son permanentes. Se establecen relaciones entre una serie de organizaciones/individuos que continúan sobre una base relativamente permanente/continua. Estas redes pueden concentrarse sobre diferentes proyectos en distintos períodos, pero existen irrespectivamente de la ejecución activa o no de proyectos (por ej. *todas* las redes funcionales: vivienda, transporte, servicios humanos, etc.; consejos de planificación regional).

El primer tipo de estructura de red se denomina en este trabajo red de "proyecto". El segundo tipo es la red "funcional". Para propósitos de este trabajo, las principales diferencias entre ellas son:

- el grado de interacción continua entre los miembros de la red. Agranoff y Lindsay [25] se refiere a esto como el tipo de interdependencias entre los miembros de una red.

- el grado de confianza y de áreas de convenimiento entre los miembros de una red (esto es similar a los "escenarios de negociación" de Pressman).[26]

Al tratar el tema de la ejecución de programas públicos, el énfasis está básicamente en las redes de "proyecto". Se reúnen entidades organizacionales separadas con el fin de lograr un propósito específico. Sin embargo, esto no significa que las redes "funcionales" no jueguen un papel en la ejecución de programas públicos, de hecho, estos dos tipos de arreglo estructural no solamente existen simultáneamente, sino que ejercen una importante influencia entre ellos. Cuando se establecen redes de "proyecto" para cumplir un propósito específico, los miembros también son ya miembros de redes "funcionales" establecidas. Esto se torna en un elemento de vital importan-

23. Coe, *op. cit.*

24. Banfield, Edward. "Making a New Federal Program: Model Cities, 1964-1968", in A. Swindler (ed.), *Policy and Politics in America: Six Case Studies,* Little, Brown and Co., Boston, 1973.

25. Agranoff and Lindsay, *op. cit.*

26. Pressman, Jeffrey L. *Federal Programs and City Politics,* University of California Press, Berkeley, 1975.

cia para que podamos comprender el impacto de las redes interorganizacionales sobre la gerencia intergubernamental.

Más importante aún que el énfasis sobre los arreglos estructurales es el énfasis sobre la *dinámica de las interacciones* del campo total. Los arreglos entre los actores de la red interorganizacional son flexibles y deben estar preparados para cambios y ajustes constantes.[27]

La gerencia intergubernamental es una manera de asegurarse de que la red interorganizacional es más que una simple idea que las organizaciones están vinculadas en una red. La idea clave es más bien el que la red interorganizacional se convierte en una vinculación de un variado número de organizaciones y/o individuos dentro de un *todo coherente*. Las organizaciones y/o individuos pueden vincularse en distintas relaciones, pero lo importante es si los vínculos son suficientes para mantenerlos juntos con el fin de lograr un propósito global. La diferencia estará en la diferencia entre las relaciones intergubernamentales y la gerencia intergubernamental. El concepto de las relaciones intergubernamentales está relacionado con la idea de un número de actores diferentes relacionados unos con otros de distintas maneras, pero sin tomar en cuenta el conjunto. El concepto de gerencia intergubernamental se relaciona con la idea de un número de diferentes organizaciones y/o individuos que actúan como un todo coherente, como resultado de los distintos vínculos y una percepción del propósito global.

Por consiguiente, una comprensión de la importancia del contexto de la red interorganizacional vincula las dimensiones de la estructura con tanto los efectos como los resultados, vínculo que puede ser observado en la dinámica de las actividades continuas.

EL IMPACTO DE LA RED INTERORGANIZACIONAL SOBRE LA GERENCIA INTERGUBERNAMENTAL

Hjern y Porter[28] se refieren al "comportamiento de movilización", término que denota cómo los gerentes logran ejecutar programas desarrollando un "gestalt" (comprensión) de las condiciones en las cuales las organizaciones llevarán a cabo ciertas tareas y podrán ejecutar recursos. Este

---

27. Mandell, 1984, *op. cit.*, p. 660.

28. Hjern and Porter, *op. cit.*

tipo de "comportamiento de movilización" se basa en la comprensión del sitio que ocupa la organización dentro de su entorno. Es igualmente aplicable a la gerencia dentro de una red interorganizacional.

La ejecución de un proyecto público es el resultado de acciones puestas en marcha por una serie de organizaciones estratégicamente interindependientes.[29] Organizaciones estratégicamente interdependientes están conscientes que su comportamiento dependerá del comportamiento de organizaciones percibidas como su competencia. Las acciones de un gerente dentro de este escenario, por lo tanto, deben reflejar una comprensión de cómo ellas encajan dentro del conjunto de organizaciones. Esta comprensión es la base para el "comportamiento de movilización" en este escenario.

Con el tiempo los gerentes del sector público llegan a desarrollar un sentido político de lo que será aceptable a los miembros de una red y lo que no lo será. Los miembros suelen actuar por recomendación de otros que no solamente detentan la autoridad, sino que también poseen la experticia y una trayectoria exitosa para hacer que las recomendaciones funcionen.

Esto implica un aspecto significativo: que el gerente público astuto debe reconocer que la adaptación exitosa (por ej. el "comportamiento de movilización") en una red interorganizacional no depende del aprendizaje de cómo manipular las "reglas" del juego, de por si solas. Aunque éste constituye un elemento clave para todo gerente, el "comportamiento de movilización" en una red interorganizacional depende aún más de la capacidad para mantener relaciones viables con los demás. La relaciones informales (de trabajo) pueden ejercer más influencia en la conformación de los patrones de vinculación interorganizacional que toda una cantidad de mecanismos formales (por ej. reglas y reglamentación, mandatos, poder legítimo, etc.). Como tal, la *red misma* se convierte en herramienta de la gerencia que puede contribuir a la capacidad de maniobra del gerente.

En lugar de un proceso de gerencia "racional", se trata de un proceso con un enfoque de gerencia más "incremental",[30] lo cual no significa que los gerentes no se comporten de manera racional. Más bien

29. Pennings, Johannes M. "Strategically Interdependent Organizations", in Paul Nystrum and William H. Starbuck (eds.), *Handbook of Organizational Design* (Vol. 1), Oxford University Press, London, 1981.

30. Quinn, James. *Strategies for Change*, Richard D. Irwin, Inc., Homewood, Ill., 1980.

> tienen un talento para combinar el análisis formal, las técnicas del comportamiento y la politica del poder para hacer surgir un movimiento cohesivo y gradual hacia fines que en un inicio son concebidos de manera general, pero que luego se van refinando y reformulando constantemente a medida que se introduce nueva información ... los gerentes avanzan *incrementalmente* de forma *consciente* y *proactiva*.[31]

Esto significa que los gerentes no necesariamente proceden de manera directa, estableciendo metas formales y luego desarrollando estratregias para lograrlas. Tienen una idea general de lo que esperan lograr, pero van "probando las aguas" antes de proceder. Desarrollan apoyo para sus ideas y las van modificando a medida que avanzan. En el camino, reúnen las fuerzas necesarias para llevar adelante sus ideas.

El elemento crítico en una red interorganizacional es, por consiguiente, la capacidad de oscilar entre la fijación de metas, desarrollo de estrategias y ejecución, de manera de reunir las fuerzas necesarias para la red. En este sentido, la gerencia interorganizacional no sólo se aparta de las relaciones intergubernamentales, sino que también se aparta de la visión tradicional de lo que significa la planificaciómn estratégica. Primero y principal, requiere una visión del conjunto estratégico y cómo desarrollar y lograr una serie de objetivos comunes basados en ese todo.

En lugar de presentar la visión tradicional del proceso estratégico como:

-Fijación de metas -Formulación de estrategias -Ejecución de estrategias-

el proceso se percibe como:

- Fijación individual de metas -Comportamiento de movilización-
- Fijación de metas para la red -Comportamiento de movilización-
- Formulación de estrategias -Ejecución de estrategias.

La principal dificultad se presenta en cómo satisfacer las metas interorganizacionales que son predominantes y al mismo tiempo satisfacer las diversas metas organizacionales. Lo que hace falta es la capacidad de satisfacer una "meta global" o de poder contestar la pregunta de "¿Sobre qué podríamos estar todos de acuerdo?". Porter y Warner[32] se refieren a la importancia

31. *Ibid.*: 54-55.

32. Porter, David and David O. Warner. "Organizations and Implementation Structures", Unpublished manuscript, 1979.

de los valores, las creencias y la ética como factor de cohesión entre los miembros de una "estructura de ejecución" o sistema multiorganizacional. Esta idea es aplicable asimismo a la forma en que se llega a un acuerdo dentro de una red interorganizacional.

Esto no significa que alguna vez se llegue a un entendimiento total, no obstante constituye una base para llegar a acuerdos. De hecho, la idea de la gerencia intergubernamental dentro de una red interorganizacional se refiere a la capacidad de los gerentes para desarrollar un proceso mediante el cual el tema global (por ej. la razón por la cual se formó la red interorganizacional) sigue siendo una constante, pero permite compensaciones entre medios y fines. Es aquí donde comienzan a tener sentido las características de la gerencia intergubernamental. Aunque éstas no son necesariamente las únicas características con las cuales se puede describir el proceso de gerencia intergubernamental, sirven para señalar las verdaderas dificultades implicadas en el proceso. La primera dificultad está en la capacidad para desarrollar estrategias que produzcan beneficios para cada organización individual de la red, así como para la red en su conjunto.

Solución de problemas

El énfasis principal en este punto recae sobre los problemas de coordinar los esfuerzos de los miembros de una red interorganizacional de manera de lograr una acción colectiva.[33] La clave está en la capacidad de los gerentes para formular y ejecutar las estrategias colectivas.

La importancia de la coordinación siempre se ha considerado un tema fundamental en la gerencia de relaciones intergubernamentales.[34] El asunto principal a resolver es quien debe responder en el escenario intergubernamental. Se han desarrollado diferentes ideas al respecto.[35]

La principal dificultad con estos intentos de coordinación ha sido que se basan en un enfoque jerárquico, de arriba a abajo. El control se percibe como algo que emana de uno de los muchos "niveles" de gobierno.

---

33. Wright, 1983, *op. cit.*

34. Galaskiewicz, 1985, *op. cit.;* Hall, *op. cit.;* Rogers, David L., David A. Whetten and Associates. *Interorganizational Coordination,* Iowa State University Press, Ames, Iowa, 1982; Van den Ven, Andrew H. and Gordon Walker. "The Dynamics of Interorganizational Coordination", *Administrative Science Quarterly,* 29 (1984): 598-621; Wright, 1983, *op. cit.*

35. Wright, 1983, *op. cit.*: 432-439.

Este modelo jerárquico de coordinación no es apropiado dentro de una red interorganizacional, sino que en ésta, la coordinación debe ser considerada más bien como algo multilateral. La idea de coordinación multilateral tiene un impacto sobre cómo se controlan las organizaciones dentro de una red interorganizacional.[36]

Los gerentes en una red interorganizacional en realidad no están gerenciando diferentes niveles de gobierno; están gerenciando relaciones que atraviesan los distintos niveles de gobierno. Los esfuerzos de coordinación jerárquica fracasan porque no toman en cuenta este aspecto singular de la gerencia dentro de una red. Los esfuerzos de coordinación deben estar basados en el reconocimiento que el control dentro de una red no es central, sino diverso. Esto difiere de la idea de centralización porque cada organización de la red puede tener el mismo poder y estar al mismo nivel de toma de decisiones.

Otro elemento que debe agregarse a la importancia de la idea de un poder diverso dentro de una red interorganizacional es que con demasiada frecuencia, se supone que en las relaciones intergubernamentales algunas organizaciones tienen mayor poder o control sobre otras. De acuerdo al modelo de dependencia de recursos en las adaptaciones organizacionales,[37] las organizaciones tienen que depender de otras para procurar recursos escasos. En la medida que las organizaciones están involucradas en el escenario intergubernamental por su necesidad de procurar recursos escasos, este modelo es bastante aplicable.

El problema está en que basándose en este modelo, se ha venido suponiendo que cada organización de la red actúa como una entidad independiente y su posición queda determinada por el tipo de poder que puede ejercer en la red. Aunque esta descripción tiene algo de cierto, no reconoce la importancia de la red misma como entidad, separada y distinta de los miembros que la componen.

---

36. Galaskiewicz, 1979, *op. cit.*; Hall, Clark, Giordano, Johnson and Van Roekel, *op. cit.;* Hanf and Sharpf, *op. cit.*; Mandell, 1984, *op. cit.;* Rogers, Whetten and Associaties, *op. cit.*

37. Benson, Kenneth. "The Interorganizational Network as a Political Economy", *Administrative Science Quarterly*, 20 (1975): 229-248; Pfeffer, Jeffrey and Salancik, Gerald R. *The External Control of Organizatlons. A Resource-Dependence Perspective*, Harper and Row, New York, 1978.

La idea que falta introducir es que las redes se forman porque los miembros individuales no están en capacidad de lograr sus metas por sí sólos. La red se tiene que mantener como entidad viable para que se cumplan las metas de sus miembros individuales. Por consiguiente, en la medida que la participación de una organización sea vital para el mantenimiento de la red como entidad viable, más poder tendrá esa organización dentro de la red. Esto no se relaciona con su base formal de poder, sino con su capacidad para destruir la red simplemente "retirándose" de ella. Por supuesto que el contexto de la red interorganizacional determina hasta qué punto una organización realmente podrá tener ese poder. En algunas redes, la viabilidad de la red se destruye únicamente si se retira un grupo de organizaciones.

Por ejemplo, en un análisis del proyecto "Century Freeway" -una importante autopista en California-,[38] el organismo estatal de transporte pudo proceder con el proyecto a pesar de que una de las ciudades de la ruta no accedió a la construcción de la autopista. Si varias otras ciudades hubieran adoptado la misma postura, es dudoso que el proyecto se hubiera podido ejecutar. Por otra parte, en los proyectos de vivienda social en el Departamenteo de Vivienda y Desarrollo Urbano (USA), si uno de los urbanizadores decide retirarse de la red, la construcción del proyecto puede detenerse por completo,[39] aun si todos los demás miembros de la red (por ej. la autoridad local de vivienda, grupos comunitarios, etc.) siguen deseando su ejecución.

Lo importante es que esta capacidad para afectar la viabilidad de la red, tenga o no tenga la organización el poder formal en este sentido, cambia nuestro proceder en el manejo de la red interorganizacional. El poder formal de obligar a los miembros a cumplir puede dejar de funcionar en estas circunstancias. En consecuencia, en lugar de obligar el cumplimiento, parecería ser igualmente (o más) conveniente que las organizaciones pertenecientes a una red interorganizacional (incluyendo aquéllas que detentan el poder formal) avancen hacia un proceso de fijación de metas por negociación y componenda.

---

38. Mandell, 1984, *op. cit.*

39. Este análisis está basado en 17 años de experiencia del autor, trabajando para el Departamento de Desarrollo Urbano.

Puesto que los programas públicos están situados en el escenario político, este proceso viene siendo básicamente un proceso político. Este aspecto ha sido calificado de no funcional y se ha utilizado en su lugar la imposición de mandatos en el proceso. Sin embargo, la política puede ser percibida como algo funcional. Un análisis del campo legislativo[40] demuestra que el comportamiento cooperativo y el competitivo pueden coexistir y que en lugar de imponer las metas de un solo legislador sobre todo el cuerpo legislativo, lo usual es formar coaliciones y negociar.

La gerencia intergubernamental requiere una capacidad para aplicar estas normas al escenario intergubernamental, capacidad que viene siendo el tema de la segunda característica de la gerencia intergubernamental.

Comportamiento estratégico y de manejo de problemas

El énfasis en este punto se encuentra en la administración de las interdependencias, junto con una comprensión de las diferentes perspectivas que con frecuencia entran en conflicto.

D. Wright[41] se refiere a "juegos y reglas intergubernamentales". Este trabajo se ocupa, no tanto de los juegos en sí, como de la capacidad de los gerentes para jugarlos. Dado lo complejo de la red interorganizacional, como ya se ha indicado, los gerentes tendrán que revisar el papel que ahora juegan en sus propias organizaciones.[42]

El *papel de corredor multilateral* se ha sugerido[43] como el papel que los gerentes tendrán que jugar dentro del contexto de las redes interorganizacionales (RIO). Se entiende para fines de este trabajo que un corredor es un intermediario, alguien que "interviene". El papel de corredor puede variar en la gama del poder compartido, desde un extremo en que parece un director de orquesta -modalidad de fuerza, en la cual puede ser comparado con el de "autócrata benévolo" -hasta el otro extremo en que ejerce un papel parecido al de un corredor de productos básicos- modalidad pasiva, en la cual simple-

---

40. Col, *op. cit.*

41. Wright, 1983, *op. cit.*

42. Mintzberg, Henry. *The Nature of Managerial Work,* Harper and Row, New York, 1973.

43. Mandell, 1984, *op. cit.*

mente interviene para asegurarse que dos partes no relacionadas puedan consumar una transacción que les será de beneficio mutuo.

En el centro de la mencionada gama se encuentra un papel similar al de un productor cinematográfico. Aquí el corredor ejerce un papel más activo porque tiene interés en los resultados. No obstante, no puede obtener los resultados por sí solo. En consecuencia, el productor intenta asegurarse que todas las partes estén satisfechas con el proceso para que continúen contribuyendo a él. Sin embargo, el productor tiene que lograr esto sin ofender a otros participantes importantes.

En la mayoría de los casos, el papel de corredor multilateral se aproxima más al papel intermedio de Productor de cine. Sin embargo, el papel no es estático. Los gerentes deben reconocer quiénes son las personas de la red que pueden ejercer poder -y qué tipo de poder ejercen- para poder ajustar su influencia dentro de la red.

El papel de corredor multilateral combina algunos aspectos del papel de enlace[44] con los del papel de delimitación de fronteras,[45] papel que juegan muchos gerentes dentro de sus propias organizaciones. Estos se ocupan más de mantener las relaciones fuera de las fronteras de su organización que mantener las de adentro. Cuando se opera dentro de una red interorganizacional, este papel se amplía para incluir el papel de enlace o de corredor entre una serie de organizaciones distintas, incluyendo la propia.

Los gerentes necesitarán habilidades políticas (negociación) y organizacionales (toma de decisiones) en la red interorganizacional. Para esto, deberán desarrollar lo que se ha llamado "poder de relación". El poder de relación

> se refiere a la capacidad para movilizar a otros en apoyo de las propias metas ... (Es) básicamente transaccional y depende de la persuación y negociación más que en impartir instrucciones, como en la forma pura de la autoridad o la posición legítima del poder.[46]

---

44. Mintzberg, 1973, *op. cit.*

45. Thompson, James D. *Organizations in Action*, McGraw Hill, New York, 1967.

46. Col, *op. cit.*: 7.

Esta capacidad se relaciona con la tercera característica de la gerencia intergubernamental.

Redes de comunicación

El énfasis en este punto está en la capacidad de trabajar en una red dentro de un sistema de organizaciones. Wright señala que los administradores públicos están involucrados en un gran número de patrones de contacto intergubernamental e interorganizacional. Estos patrones de contacto pueden utilizarse para comprender las "redes de gerencia"[47] en las que operan los administradores públicos.

Puesto que no hay forma de depender de instrucciones o reglas específicas para regir las acciones de los miembros de una red interorganizacional, la comunicación efectiva se torna en elemento crítico de la ejecución de proyectos. Por consiguiente, las redes de gerencia constituyen una herramienta para lograr el tipo de comunicación multilateral indispensable en estos contextos. La capacidad de los gerentes para utilizar estas redes de gerencia requiere que dominen "tanto la estructura de las redes como el proceso de "trabajar en red" (construir relaciones)".[48]

Para "dominar la estructura de las redes", los gerentes deben comprender que están gerenciando dentro de un sistema de redes. Las redes funcionales existen en base continua y por tanto, las relaciones entre los miembros de estas redes permanentes tendrán un impacto sobre las redes temporales (de proyecto), estén o no involucrados todos los miembros de la red en el proyecto específico.

El proceso de "trabajar en red" requiere, por lo tanto, que los gerentes sepan identificar correctamente el *sistema total de la red* a la cual pertenece el proyecto específico. De esta manera, podrán identificar correctamente todas las partes que tienen interes en él. Muchos proyectos quedan inconclusos debido a la incapacidad para identificar a los interesados y esto ocurre porque no se les considera parte de la red.[49]

---

47. Wright, 1982, *op. cit.*: 448.

48. Mandell, 1984, *op. cit.*: 660.

49. Mandell, 1984, *op. cit.*; Pressman, *op. cit.*; Pressman, Jeffrey L. and Aaron Wildavsky. *Implementation: How Great Expectations in Washington are Dashed in Oakland,* University of California Press, Berkeley, 1973; Wechsler, *op. cit.*

En cierto sentido, el reconocimiento que las redes de gerencia realmente son un sistema compuesto de diferentes redes demuestra la complejidad de gerenciar dentro de una red interorganizacional. Por otra parte, también amplía el campo de acción dentro del cual opera el gerente. Desde este punto de vista, este hecho se convierte en otro elemento principal que hay que agregarle a la capacidad del gerente para gerenciar efectivamente dentro del contexto de una red interorganizacional.

CONCLUSION

A pesar de que existe mucha documentación sobre las relaciones interorganizacionales y los programas intergubernamentales, ésta ha sido restringida por la noción de que la actividad de gerencia, aún en esos entornos, sucede dentro de los confines de cada organización. Las medidas se conciben como algo que ocurre dentro de entidades organizacionales separadas, como si fueran independientes de cualesquiera otras organizaciones. El concepto de la gerencia intergubernamental es el primer paso hacia una aceptación del hecho que la gerencia dentro de una organización es simplemente uno de los problemas que enfrentan los gerentes. El énfasis está más bien sobre la gerencia que delimita las fronteras organizacionales, lo cual debe ser aceptado como parte integral de la perspectiva gerencial.

Este trabajo se aparta de las restricciones observadas en la documentación actual sobre las relaciones interorganizacionales y las relaciones intergubernamentales al vincular el concepto de la gerencia intergubernamental con la idea que las acciones suceden en redes interorganizacionales. Además, el énfasis sobre las relaciones intergubernamentales observado en las redes interorganizacionales cambia nuestra opinión de cuáles herramientas gerenciales han de satisfacer mejor nuestras necesidades. Una perspectiva organizacional basada en la coordinación según jerarquías y cadenas estrictas de mando ya no es apropiada. Se necesita una perspectiva revisada de la coordinación por negociación, basada en las relaciones interdependientes. En consecuencia, la idea que las relaciones intergubernamentales suceden en redes interorganizacionales y no en entidades organizacionales separadas es un cambio importante en nuestra manera de conceptualizar la gerencia en el escenario intergubernamental. Dado lo complejo de la sociedad moderna y la necesidad de formar redes interorganizacionales para manejar las complejidades, este cambio parece incluso tardío.

¡COMO MODERNIZAR EL ESTADO PARA EL DESARROLLO SOCIAL! ELEMENTOS PARA LA REFLEXION

BERNARDO KLIKSBERG

I. ALGUNOS ELEMENTOS PARA REPLANTEAR EL PROBLEMA

La Cumbre Mundial de Copenhague que reunió a 118 mandatarios de la Humanidad, señaló que "reconocemos que los habitantes del mundo han mostrado por diferentes vías la necesidad urgente de enfrentar los profundos problemas sociales que están afectando a cada país, especialmente la pobreza, el desempleo, y la exclusión social".[1]

El Informe sobre Desarrollo Humano del Programa de las Naciones Unidas para el Desarrollo, describe la situación existente internacionalmente en los siguientes términos:

> "Pese a todos nuestros avances tecnológicos, aún vivimos en un mundo donde la quinta parte de la población del mundo en desarrollo está hambrienta al ir a dormir cada noche, donde la cuarta parte carece de acceso a necesidades básicas como el agua de beber no contaminada, y la tercera parte vive en estado de abyecta pobreza, tan al margen de la existencia humana que no hay palabras para describirlo.

---

1. Copenhagen Declaration and Programme of Action. World Summit for Social Development. Copenhagen 6-12 March 1995.

> Vivimos también en un mundo de inquietantes contrastes: donde tantos padecen hambre, pero hay tanta comida que se desperdicia; donde tantos niños no viven lo suficiente para disfrutar de su infancia, pero hay tantas armas que no son necesarias".[2]

En América Latina, entre reiterados llamados de alerta sobre el deterioro del cuadro social, efectuados por la Cumbre de Presidentes Iberoamericanos, la OEA, el BID, el Banco Mundial, el PNUD, y otras entidades, el informe especial preparado para la cumbre de Copenhague por la comisión presidida por Patricio Aylwin efectúa una severa advertencia. Tras de constatar el aumento de los niveles absolutos y relativos de pobreza, resalta que "la pobreza de casi la mitad de los latinoamericanos es una situación que, más allá de la injusticia que entraña y que exige la solidaridad de la sociedad para superarla, representa un costo económico en cuanto no permite elevar la productividad del trabajo y es una fuente latente de tensión política y social que puede llegar a amenazar la estabilidad y comprometer la democracia".[3]

Se requieren, según indican la más diversas fuentes, cambios profundos en el diseño de las políticas económicas y sociales, una articulación de nuevo cuño entre ambas, mejoramiento drástico en los reconocidamente muy elevados umbrales de inequidad de la región, la puesta en marcha de agresivas políticas y programas sociales, la realización de esfuerzos sostenidos de inversión en la mejora de la educación y la salud, y otras áreas sociales, y gerencia social de buena calidad.

El Estado debe cumplir un rol estratégico en que estos cambios se lleven a cabo, y al mismo tiempo ser capaz de facilitar el desarrollo de las potencialidades de participación y aporte a los mismos de la sociedad civil en sus múltiples expresiones.

¿Cómo modernizar el Estado para que pueda llevar a cabo las misiones organizacionales de alta complejidad que demanda la realidad? El esfuerzo de reforma debería estar orientado hacia la producción directa e indirecta de

---

2. Informe sobre Desarrollo Humano, 1994. Programa de las Naciones Unidas para el Desarrollo.
3. Informe de la Comisión Latinoamericana y del Caribe sobre el Desarrollo Social. BID. Naciones Unidas. CEPAL. PNUD, 1995.

eficiencia y equidad en el campo social. ¿Cuáles deberían ser los lineamientos para inducir cambios en esas direcciones? El tema supone problemas previos de reconceptualización. Hay ciertos marcos de referencia tradicionales que bloquean seriamente el camino hacia transformaciones productivas, que deben ser superados.

Uno de los mitos predominantes al respecto ha sido la difundida creencia en la dicotomía política-instrumentación. Esta ha afectado seriamente la capacidad real para ejecutar las políticas públicas y, por tanto, las sociales. Según esa dicotomía, el problema central se circunscribe al campo de la planeación y la formulación de estrategias. Superado ese problema, mediante una adecuada concepción de las políticas, se emprendería la etapa administrativa de "pura implementación", en que podrían esperarse dificultades, pero estas serían de carácter secundario. Se trataría de meros problemas de ajuste organizacional, de rediseño de estructuras formales y, en todo caso, de entrenamiento para los nuevos organigramas y normas.

El campo de la política social ha desmentido ampliamente el mito, pero a costos altos. Se ha demostrado en la práctica que la etapa de la instrumentación presenta una altísima complejidad. Hay en ella mucho más que procesos administrativos y su dinámica supera plenamente la visión mecánica que supone que allí sólo se "ejecutan" instrucciones. La implementación de las políticas sociales es un ámbito donde se expresan múltiples aspectos de las luchas dentro del sector público, es un espacio favorito para el despliegue de las estrategias competitivas de diferentes sectores de la sociedad civil y para la disputa por el poder. Al mismo tiempo plantea problemas organizacionales desconocidos, escenarios imprevisibles y dificultades técnicas muy específicas, inexistentes en otros campos de gestión.

El mito de la dicotomía conduce a simplificar y virtualmente a eludir el problema. Implica una negación casi patológica del mismo, la cual tiene un costo elevado. Las dificultades de instrumentación han tendido en forma repetida a paralizar, bloquear y quitar toda viabilidad a los diseños más estructurados de política social. La subestimación o marginación de las variables institucionales y gerenciales ha derivado en la carencia de estrategias para hacer frente a esa problemática, en el enquistamiento en quejas sin salida sobre la ineficiencia burocrática. Ha llevado a conformarse con el mito de que la planeación no es responsable del fracaso y que este debe adjudicarse exclusivamente a los "irrecuperables burócratas".

Para lograr resultados en política social, es imprescindible superar ese mito paralizante. Hay que aceptar la complejidad, ambigüedad y multidimensionalidad de los procesos de ejecución de las políticas; tratar de releerlos desde esas perspectivas, procurando encontrar claves para orientarse en ellos; buscar estrategias para hacer frente a esa complejidad; practicar el ensayo y el error, y aprender de la experiencia organizacional.

Modernizar el Estado para el desarrollo social supone como marco conceptual previo reemplazar el enfoque mecánico y simplista de la ejecución por otro, amplio y múltiple, que ingrese los desarrollos avanzados de las ciencias gerenciales y los análisis fácticos de los procesos de instrumentación de las políticas públicas. En ese marco se inscribe este trabajo. Se pretende aportar elementos de juicio sobre algunos aspectos centrales en la amplia agenda de cuestiones que abre esa perspectiva. En primer término se abordan las dimensiones más relevantes de la situación actual de los sectores sociales del Estado en la región; posteriormente se enuncian algunos lineamientos para la reforma del sector social y se examina el problema de contar con los recursos humanos gerenciales. El objetivo no es agotar los temas tratados, sino presentar algunas reflexiones abiertas que puedan fecundar el debate.

II. ¿QUE SUCEDE EN LAS ORGANIZACIONES DEL CAMPO SOCIAL?

La ciencia gerencial de "frontera tecnológica" de nuestro tiempo, insiste en que las organizaciones son estructuras sociales que resumen gran parte de los dilemas y ambigüedad de las sociedades modernas. Señala que para comprender esas estructuras hay que transitar necesariamente de las concepciones unilaterales y estáticas, a visiones complejas, abarcadoras de múltiples dimensiones y de carácter dinámico.

La concepción dominante en el campo social se ha conformado con leer el sector social de un modo muy formal. Sus características principales más frecuentemente citadas son: proliferación de organismos, organigramas globales difusos, superposición de funciones, coordinación insuficiente, procedimientos y rutinas imprecisas y ausencia de normas detalladas. Las observaciones son reales, pero ¿es esa realmente la cuestión central? La ciencia gerencial de vanguardia desconfía de esas lecturas, pues pueden conducir a que se conciba el problema como de mero desorden organizacional formal y, por ende, solucionable mediante mecanismos ordenadores. La atención puede concentrarse en forma exclusiva en los organigramas, manuales de normas, procedimientos y circuitos, u orientarse a buscar el orden a toda costa mediante modelos más piramidales, como el del superministerio coordinador de lo social, que impondría su dictadura de "orden y progreso" a la desarticulación usual.

Los procesos organizacionales van mucho más allá. En la gerencia moderna se ha demostrado claramente que las organizaciones privadas y públicas que logran la excelencia no llegan a ella por medio de minuciosas reordenaciones formales sino, entre otros aspectos, por la capacidad para identificar la agenda de decisiones claves, el desarrollo de la red de contactos, el involucramiento del personal, las innovaciones, la flexibilidad, las políticas de imagen eficientes, las relaciones con el medio, y el desarrollo, de aptitudes para lidiar con la complejidad. Cabe destacar que incluso se ha llegado a medir que los componentes formales representan un porcentaje muy reducido de la productividad final de la organizaciones.

Los problemas de desorden formal existentes en el campo social son un obstáculo y deberían ser resueltos, pero es imprescindible ir más allá para ser realmente eficaces. El diagnóstico no puede detenerse en la mera topografía formal" del sector social.

Las graves dificultades de productividad y operación que tiene dicho sector en la región, parecen estar ligadas a temas como los siguientes:

a) En términos de la macroestructura organizacional de todo el sector público, el social en su conjunto tiende a ser un sector débil. Su incidencia en las grandes decisiones es limitada y, por lo general, recibe estas como datos a partir de los cuales debe actuar. Su "posicionamiento" político en la estructura de poder real del Estado no se encuentra en la cúspide, sino en niveles medios y en diversos casos inferiores. En realidad no dispone de la capacidad de decisión necesaria para influir de manera importante en los procesos fundamentales para cumplir con sus objetivos. Con mucha frecuencia queda fuera de las decisiones sobre aspectos esenciales tales como negociación de la deuda externa, política comercial, y de precios y remuneraciones.

b) En los aparatos públicos típicos de numerosos países de la región, existen ciertas organizaciones modernas que se caracterizan por indicadores significativos de desarrollo gerencial, estabilidad, remuneraciones adecuadas y uso de tecnologías avanzadas. Junto a ellas existen diversas organizaciones institucionalmente atrasadas y otras en estado intermedio. Las del sector social se ubican, con frecuencia, en las dos últimas categorías. Ello le resta poder, las hace muy vulnerables ante los cambios, tienen grandes dificultades para asimilar programas nuevos no tradicionales y presentan graves restricciones en su capacidad de gestión.

c) Los procesos de instrumentación de las políticas sociales son terreno fértil para las luchas de poder, el cabildeo, el clientelismo y todo tipo de presiones económicas y especulativas, tanto nacionales como regionales. En ellos se decide realmente, con frecuencia, "qué corresponderá a quién", al margen de los objetivos supuestos de los programas sociales.

d) Los "metapoderes" externos, así denominados por la gerencia moderna, sustraen poder y recursos de los programas sociales. En consecuencia, los organismos del sector social defienden con máximo celo el restringido poder restante. Todo ello propicia condiciones que agudizan la "pelea interorganizacional" por el mismo.

e) Existe consenso en que la participación de la comunidad es imprescindible para lograr la eficiencia en los programas sociales. Sin embargo, el sector social tiende a estar constituido por organizaciones que se manejan con modelos organizacionales de corte piramidal neto, acentuadamente formalistas. Dichos modelos obstruyen dicha participación, generan múltiples conflictos con la comunidad y son incapaces de captar las señales que provienen de ella.[4]

f) El modelo organizacional prevaleciente en instituciones intermedias y atrasadas, como muchas de las sociales, es el centralista y, además, sus resistencias a descentralizar tienen fuerte arraigo.

g) El sector social debería tener amplias capacidades para concertar con la sociedad civil. Existe un potencial de enorme importancia para llevar adelantes operaciones conjuntas con las organizaciones no gubernamentales y otras. El modelo prevaleciente no da mayor lugar al desarrollo de estas posibilidades que, entre otros aspectos, exigen una elevada flexi-

4. El tema es tratado especialmente en Bernardo Kliksberg, *Participation of stakeholders: some strategic issues,* Naciones Unidas, 1995.

bilidad interna de las organizaciones. Por el contrario, tiende a hacer rígidas las conductas.

h) Los sectores sociales carecen de una gestión especializada en gerencia social. Su alta dirección normalmente está constituida por profesionales de campos sectoriales (médicos, educadores, etc.) que, independientemente de su calificación, no poseen la formación especializada necesaria para encargarse de las actividades gerenciales en el marco característico de los programas sociales (incertidumbre, conflictividad, escasez de recursos, presiones múltiples y negociaciones permanentes).

i) El sector social utiliza poco y mal la evaluación como instrumento gerencial. Ello no tiene que ver con dificultades meramente administrativas, sino que se vincula a los otros problemas mencionados, así como a discusiones no resueltas muy importantes sobre "qué evaluar".

j) El trabajo del sector social se basará, cada vez en mayor medida, en operaciones multiinstitucionales. Sus objetivos se cumplirán sólo mediante proyectos que agrupen los esfuerzos de diversas entidades de diferentes campos. Se necesita desarrollar capacidades para manejar este tipo de operaciones. En el sector social no se están cultivando en forma sistemática, ni tampoco se está prestando atención orgánica a aprender de sus propias experiencias, de sus fracasos y de sus logros en ese campo.

III. ALGUNOS LINEAMIENTOS PARA LA MODERNIZACION INSTITUCIONAL

Reformar el Estado para favorecer la gestión eficiente y equitativa de las políticas y programas sociales requiere necesariamente de la formulación de estrategias eficaces respecto a cada uno de los temas mencionados y. otros adicionables. Una reforma que no los considere, tendrá efectos muy restringidos. El estilo tradicional de reformar el sector social no ha integrado estrategias orgánicas para actuar en relación con este tipo de temas. Se ha concentrado, como se subrayó, en un determinado orden de problemas, los referidos al reordenamiento formal -por cierto existentes y que deben atenderse-, pero que apenas rozan el conjunto de la situación que hay que atacar. Por otra parte, los logros "fáciles" que pueden obtenerse en esta materia crean una "ilusión de reforma" que causa graves perjuicios, por cuanto bloquea el avance hacia las cuestiones estratégicas.

Todo este estilo se encuadra a su vez en una óptica organizacional global, muy cuestionada por la gerencia moderna, pues privilegia los elementos formales y normativos, simplificando los problemas gerenciales reales. En el campo social, esa óptica es portadora, incluso, de marcadas disfuncionalidades que pueden aumentar las ineficiencias en vez de disminuirlas.

Como destaca Denis Rondinelli, la insistencia en la planeación detallada de proyectos, su estricto control administrativo y la adjudicación de los desvíos a los sistemas de planeación y de control, no corresponde a la realidad de muchos proyectos en ejecución en el mundo en desarrollo:

> "Independientemente de lo comprensivo de la planificación del proyecto o de la forma como se efectuó el análisis técnico, rara vez se hace la observación de que los problemas encontrados eran impredecibles. Tampoco se suele mencionar que los procedimientos detallados, inflexibles y complejos para la formulación, el análisis y la gerencia, pueden haber originado muchos de los problemas. Por ejemplo, los intentos de imponer normas racionales y sistemáticas han causado conflictos y tensiones entre el personal de los organismos financieros, la planificación central del Estado, los gerentes y técnicos de proyectos y los diversos grupos y asociaciones afectados. Los problemas surgen igualmente por razones de rigidez de los procedimientos de planificación y formulación, especialmente cuando los organismos financieros ordenan lograr que los gerentes sigan formulaciones preconcebidas en situaciones imprevistas de cambio social, económico y político".[5]

La reforma del sector social debe transitar de las "ilusiones fáciles" al complejo campo de la "reforma multidimensional", que debe tratar de afectar los aspectos estratégicos de la productividad del sector. Se señalan, a continuación, algunos de los lineamientos principales que deberá considerar una reforma de este tipo.

A) Desarrollo de redes

¿Cómo encarar el problema de la actual desarticulación del sector social en diversos países de la región? La eficacia de diversas experiencias, en muchos casos fuertemente influidas por la concepción tradicional de la reforma, ha

5. Dennis A. Rondinelli, *Development Projects as Policy Experiments: an Adaptative Approach to Development Administration,* Methuen, Nueva York, 1983.

sido muy limitada. Los intentos de establecer jerarquías rígidas en el sector a fin de convertirlo en una pirámide formal, casi siempre han conducido a agudizar las luchas interorganizacionales por jurisdicciones y recursos.

Una perspectiva promisoria que se debe explorar es la que surge de uno de los campos de trabajo centrales en gerencia pública de avanzada: la gerencia intergubernamental. Se parte de que en general las organizaciones públicas nunca lograron sus objetivos en forma aislada; necesitan que otras entidades marchen en direcciones semejantes, porque la naturaleza y amplitud de esos objetivos requieren de un concurso multiinstitucional. Ello constituye la esencia misma del sector social. Cualquier objetivo en cualquier campo de importancia (salud, educación, nutrición, por ejemplo) sólo se alcanzará con avances coordinados en otros campos. Los resultados sociales dependerán del funcionamiento total del sector social o de áreas de este. La idea es manejar en forma efectiva esas realidades en la práctica organizacional: pasar del concepto de gerencia aislada de organismos al de gerencia intergubernamental. Esta insiste en el logro de objetivos mediante la configuración de redes organizacionales. Se trata de que en dichas redes se desarrollen en forma creciente las sinergías posibles entre las entidades componentes.

Las redes deberían ser horizontales, con un punto de coordinación instrumental que puede aportar el ministerio especializado en la problemática social en su conjunto, pero su base de cohesión no debe ser la jerarquía sino la identificación de sinergías. El sector social reúne potencialidades importantes para este tipo de trabajo. Es posible visualizar claramente la posibilidad de identificar, en el marco de una red social, proyectos comunes en campos críticos como, por ejemplo, la producción de información estratégica, la búsqueda en común de fuentes de financiamiento y su negociación colectiva, la preparación de recursos humanos especializados y la fijación de niveles de calidad en materia de evaluación de programas sociales.

No se trata sólo de sustituir la tendencia a la "feudalización", actualmente de relevancia en el campo social, por una mejora de las relaciones entre las organizaciones. Se trata de pensar en términos de un sistema de organizaciones interdependientes, que gradualmente desarrollen su capacidad para actuar como tales.

El perfil del sector público en las sociedades más avanzadas se está encaminando decididamente en esa dirección. Como lo destaca Myrna Mandell: "La perspectiva organizacional basada en la coordinación según jerarquías y estrictas cadenas de mando, ya no es apropiada. Se necesita una perspectiva revisada de la coordinación por negociación basada en las relaciones interdependientes. En consecuencia, la idea de que las relaciones intergubernamentales se llevan a cabo en redes interorganizacionales y no en entidades organizacionales separadas, es un cambio importante en nuestra manera de conceptualizar la gerencia en el escenario intergubernamental".[6]

Es plenamente aplicable al campo social su énfasis: "Dado lo complejo de la sociedad moderna y la necesidad de formar redes interorganizacionales para manejar las complejidades, este cambio parece incluso tardío".

B) Articulación de las políticas económica y social

La concepción delineada sobre la imprescindibilidad del trabajo intergubernamental debería tener una aplicación activa en el campo de la articulación de los sectores económico y social del gobierno. La eficiencia social final resiente los graves efectos de las marcadas fallas de articulación vigentes, las que cubren un amplio espectro que va, desde el diseño de políticas y la compartimentalización en la instrumentación de las mismas hasta el uso de sistemas de medición disímiles.

Se requiere la participación activa y permanente del sector social en la concepción de políticas económico-sociales integradas. Ello demanda que una de las dimensiones básicas de la reforma del sector social sea la configuración de espacios organizacionales y capacidades apropiadas para su participación eficiente en la materia.

Las reformas necesarias son múltiples. Deberían crearse unidades especializadas en los altos niveles de decisión del sector social exclusivamente para apoyarlas en su actuación en el debate de las políticas económicas globales. El sector social debería contar, asimismo, con sistemas de información a la altura de los procesos de discusión de decisiones de esta complejidad. Por otra parte, se ha abierto un amplio campo, casi inexplorado, en cuanto al establecimiento de mecanismos permanentes de integración de enfoques y trabajo mancomu-

---

6. Myrna Mandell, "La gerencia intergubernamental en redes interorganizacionales: una perspectiva revisada", en Bernardo Kliksberg (comp.), *Pobreza: un tema impostergable*, Fondo de Cultura Económica, 1994.

nado de los sectores económico y social. Es claro que la mera fórmula de los gabinetes conjuntos no permite llegar a los niveles de coordinación efectiva deseables. Estos deberían basarse en el trabajo regular e institucionalizado de unidades mixtas de seguimiento de las políticas económico-sociales públicas que apoyen a los gabinetes conjuntos, monitoreen la ejecución de sus decisiones y retroalimenten su proceso de elaboración de políticas.

C) Jerarquización organizacional del sector social

La relevancia de los problemas sociales requiere la profunda rejerarquización de la actual posición organizativa del sector social en el aparato público. Se debe marchar hacia un sector social modernizado tecnológicamente, mucho más cercano a los niveles máximos de decisión gubernamental, que pueda proyectar una imagen de mayor peso en el conjunto del aparato público y la sociedad.

D) La vía de la descentralización

Desde una perspectiva gerencial, el potencial de mejoras de la productividad de las políticas y programas sociales existentes en la descentralización, tiene gran significado. La naturaleza de estos programas requiere un tipo de gerencia adaptativa, abierta y flexible, que encuentra su hábitat propicio en modelos de gestión descentralizados. Estos harán posible el contacto efectivo con entornos tan fluidos y cambiantes como los de los programas sociales. Sin embargo, las dificultades que surgen de la práctica de la descentralización, son considerables y deben ser enfrentadas sistemáticamente. Entre ellas se encuentra el peligro del "apoderamiento"de los programas sociales por élites locales. Si se superan estos y otros problemas, los beneficios obtenibles son muy importantes. De particular importancia son las perspectivas que ofrecen en ese sentido la municipalización de programas sociales.[7]

E) Impulso a la participación comunitaria

La reforma del sector social debe orientarse a crear las condiciones organizacionales que faciliten la participación comunitaria. Dadas las actuales

---

7. Una sugerente visión de las ventajas de la municipalización en materia nutricional, puede encontrarse en Alejandro Schejtman, "Gestión local y seguridad alimentaria", en Bernardo Kliksberg (comp.), *¿Cómo enfrentar la pobreza? Estrategias y experiencias organizacionales innovadoras,* Grupo Editor Latinoamericano, Buenos Aires, 1990.

características del sector social, el logro del consenso pleno sobre la relevancia estratégica de dicha participación, se enfrenta a múltiples trabas. Algunas tienen que ver con problemas más generales del sector público, que bloquean la participación ciudadana en general, otras con consolidadas resistencias a esta, y algunas con la falta de esfuerzos sistemáticos para pasar de la mera participación declarativa a la práctica cotidiana. La reforma debe abarcar desde los sistemas de información, para hacer "transparentes" los programas sociales, hasta la creación de una cultura proparticipatoria en los funcionarios. Asimismo, se debería iniciar y promover el aprendizaje organizacional continuo, de cómo estimular y facilitar la participación, en base a las experiencias concretas.

F) Concertación activa con la sociedad civil

Para movilizar el cuantioso potencial de colaboración de la sociedad civil en los objetivos planteados al sector social público, se requieren reformas significativas que favorezcan la concertación con las organizaciones no gubernamentales y otras entidades de la sociedad civil. La reforma debe introducir espacios organizativos específicamente dirigidos a identificar y promover posibilidades de concertación y desarrollar capacidades especializadas para los problemas técnicos particulares que la misma plantea. Así, la rigidez actual de los modelos organizacionales del sector social obstruye seriamente el aprovechamiento de oportunidades en este campo. La reforma debe tener como uno de sus objetivos la flexibilización normativa y organizacional.

G) Profesionalización de la gerencia social

El manejo de un sector social reformado, modernizado tecnológicamente y reestructurado en aspectos básicos requiere capacidades adecuadas. Estas constituyen un aspecto estratégico del problema y sólo surgirán si se plantea una política de profesionalización de fondo de la gerencia social, que prevea la creación de una carrera orgánica en esa materia, criterios avanzados y modernos de selección, promoción, compensación, evaluación y desarrollo gerencial.

H) El tema del poder

Las organizaciones del sector social desarrollan su labor en medio de múltiples presiones. La lucha por el poder y el cabildeo tiene una dinánica muy activa en este campo. El enfoque organizacional ortodoxo práticamente elude la cuestión, suponiendo de hecho que la organización sigue fiel a sus derroteros formales. Esta imagen mítica la coloca en clara indefensión frente a las presiones externas. En la gerencia moderna, las luchas de poder no se eluden, sino que se asumen en forma realista, buscando las estrategias apropiadas para hacerles frente. La reforma del sector social debe adoptar, como uno de sus ejes, el reconocimiento oficial de la existencia de dichas luchas y la consiguiente preparación de la organización para encararlas. La introducción de instrumentos modernos de gerencia, como técnicas de planeación estratégica, políticas de negociación y el uso de escenarios múltiples, puede aumentar en forma notable la capacidad real de la organización para preservar sus objetivos.

I) Cooperación regional e interregional para la reforma

Una reforma del sector social del corte planteado, implica un gran esfuerzo de ensayo y error, de aprendizaje continuo de la propia acción y de apertura hacia la experiencia de otros países. Ese esfuerzo puede beneficiarse mucho de la cooperación regional e interregional.

Intercambiar experiencias, detectar programas que afrontados conjuntamente tendrían efectos mucho mayores, investigar comparativamente y en común problemas cruciales, son algunas de las posibilidades.

IV. UN TEMA CLAVE: LA FORMACION SISTEMATICA DE GERENTES SOCIALES

En el mundo contemporáneo la gerencia constituye una actividad que está produciendo un salto paradigmático, al pasar de nociones y conceptos tradicionales a intentos de mayor escala para hacer más científico y riguroso el conocimiento manejado. Ello responde a exigencias muy concretas. Sin una gerencia superior, de mayor vuelo conceptual, solidez epistemológia y adaptabilidad, las organizaciones tienden a quedar fuera de competencia frente a una realidad caracterizada por la complejidad, la incertidumbre y la internacionalización geoeconómica y geopolítica.

En el campo social, estas exigencias adquieren mayor relevancia. Sus programas se hallan inmersos en contextos cuya "turbulencia"reclama sistemas complejos y altamente sensibles de interpretación, que puedan fundar eficientemente la acción.

Sin embargo, la preparación sistemática de gerentes para las condiciones particulares de operación de los programas sociales, se encuentra claramente atrasada en el mundo en desarrollo. Se ha tendido a llenar esas posiciones gerenciales con especialistas de áreas sectoriales a los que, en todo caso, se ha procurado dar algún tipo de formación en gerencia tradicional.

La gerencia social exige una preparación más amplia que la que proporciona la tradicional. La tarea real excede totalmente a la del gerente POSDCORB de los libros de texto ortodoxos, a quien se enseña de modo sumamente formal a planificar, coordinar, organizar, dirigir y controlar. La tarea difiere notablemente de ese modelo y se parece a la que describe Rondinelli:

> "La habilidad gerencial más valiosa no es necesariamente la de saber ceñirse a la planificación preconcebida del proyecto o su itinerario, sino la capacidad para innovar, experimentar, modificar, improvisar y conducir talentos que suelen desanimarse o suprimirse por la rigidez del diseño y los procedimientos centralizados de gerencia. Lo que conduce al éxito es la habilidad de los gerentes para diseñar y gestionar simultáneamente y para probar continuamente nuevas ideas y métodos, cualesquiera que sean las circunstancias en que se encuentren".[8]

¿Cuál debería ser el perfil del gerente social? ¿En qué consiste su especificidad? Entre otros aspectos básicos, debería reunir las siguientes capacidades estratégicas:[9,10]

A) Manejo de la complejidad

Para lidiar con la complejidad del entorno y la dinámica cambiante de los programas sociales, el gerente social debe suplantar el modelo de apreciación de la realidad del gerente tradicional por otro, lo que implica una ruptura mental de gran consideración.

El modelo tradicional, como señala Gareth Morgan, considera la realidad desde un punto de vista fijo; en el modelo necesario se deben tener en mente de

---

8. Dennis Rondinelli, op. cit.
9. El tema es tratado detalladamente en Bernardo Kliksberg, *Pobreza: el drama cotidiano. Claves para una gerencia social eficiente.* Tesis-Norma, Buenos Aires, 1995.
10. Se está desarrollando un esfuerzo sistemático de amplia cobertura para impulsar la formación de diseñadores de políticas sociales y gerentes sociales en el nuevo Instituto Interamericano para el Desarrollo Social, creado recientemente por el BID en Washington.

manera simultánea varios escenarios. En el modelo ortodoxo, el gerente juzga y permanece aferrado a esos juicios. En el necesario, está siempre abierto a cambiar y suspende sus juicios hasta que surja una visión integral de la situación. En el tradicional, si hay diferencia de opiniones con sus subordinados o con otros niveles, trata de obligarlos a que se amolden a su enfoque; en el necesario, parte del principio de que pueden existir diversos ángulos de apreciación de los problemas y hay que tratar de aprovecharlos.[11]

En síntesis, la aproximación simplificadora ingenua, que tiende a actuar en base a la existencia de soluciones "únicas", debe ser reemplazada. Para lograr eficiencia es preciso un tratamiento que parte de la ambigüedad de las situaciones, la multiplicidad de escenarios posibles, la adaptación, el pensamiento multidisciplinario, y la posibilidad de cursos alternativos.

B) Gestión interorganizacional

La eficiencia en el campo social estará cada vez más ligada, como se destacó, a la capacidad para construir redes interorganizacionales y manejarlas apropiadamente. Se debe preparar al gerente social en esa dirección. Como resalta Bárbara Coe:

> "El enfoque gerencial más apropiado se caracteriza tanto por la percepción de todo el escenario como una metaorganización cuanto por la creación de conciencia, aceptación y el estímulo de los valores, intereses, ideas, funciones, liderazgo y colaboración de toda la gama de grupos de interés dentro de dicha metaorganización".[12]

Las habilidades para operar en redes o metaorganizaciones son diferentes de las tradicionales. No se trata de emplear la jerarquía o exhibir poder; tienen que ver con imágenes como las del llamado "corredor multilateral"que negocia permanentemente programas y relaciones dentro de la propia red y tiene capacidades para identificar puntos comunes, persuadir, promover, negociar y acumular coincidencias.

---

11. Gareth Morgan, *Images of Organization,* Sage, 1986.
12. Bárbara Coe, "Enfoque abierto: ejecución de proyectos en entornos multiorganizacionales", en Bernardo Kliksberg (comp.), *Pobreza: un tema impostergable,* op. cit.

C) Desarrollo de la autosustentación

El gerente social debe tener como premisa fija orientadora la idea de que en todos los casos una meta fundamental de su labor es el fortalecimiento de la articulación social de los sectores asistidos con vistas a su propia autonomización. Las tentaciones paternalistas y las estrategias manipulatorias deben sustituirse por una búsqueda persistente de las condiciones favorables para que la población asistida pueda desarrollar sus propias energías y potencialidades. Para ello será necesario apoyar fuertemente todas las dinámicas de avance de la misma hacia su mayor articulación y organización. A tal fin, se deben desarrollar actitudes pro participación genuina en el gerente social, hacerle tomar conciencia de los sutiles e innumerables disfraces del paternalismo y la manipulación y dotarlo de conocimientos sólidos en cuanto a las dificultades previsibles en los procesos participatorios y las estrategias adecuadas.

D) Agente de cambio organizacional

El gerente social debe ser un agente del cambio, en las direcciones señaladas en la sección anterior. Por consiguiente, se le debe capacitar para que rediseñe su propia organización, buscando la flexibilidad, la descentralización y la concertación continua con la sociedad civil. No debe verse, tal como sucede en el modelo gerencial tradicional, como un omnipotente tomador de decisiones, de papel providencial, sino, por el contrario, como punto focal de un sistema que funcionará con mayor eficiencia si logra ampliarlo mediante la concertación con organizaciones externas y si logra mejorar su eficiencia, descentralizando hacia las regiones y los municipios.

Por otra parte, el funcionamiento de una organización moderna abierta y flexible requiere, a su vez, necesariamente practicar la participación hacia su interior. Sólo así conseguirá la efectiva afiliación del personal a las metas, la creatividad organizacional y la apreciación multivariada desde diversos ángulos, que aportará para que pueda ajustar sus decisiones sobre la marcha.

E) Compromiso con la comunidad

El gerente social conduce programas de enorme sensibilidad, que pueden afectar la vida cotidiana de miles de personas. Las actitudes tecnocráticas puras en este campo deben reemplazarse por un decidido involucramiento con las metas fijadas y una firme orientación para contribuir efectivamente a la solución de los problemas de la comunidad.

V. ALGUNOS SEÑALAMIENTOS FINALES

El verdadero desafío en materia de reforma de los sectores sociales es superar las limitaciones de su perfil actual, caracterizado por organizaciones aisladas, poco flexibles, hipercentralizadas, hostiles a la participación real, elusivas de los problemas de lucha por el poder, de peso limitado en el aparato público, sin carreras gerenciales orgánicas, ni gerentes especializados en lo social. Organizaciones que tienen una participación limitada en la definición de las políticas económicas de fondo. El reemplazo de la concepción tradicional de la reforma por la agenda de una reforma multidimensional, abre paso a estrategias no convencionales de cambio, que probablemente puedan permitir logros mayores en la eficiencia y la equidad de las políticas y programas.

Corresponde hacer una advertencia. La superación de los "cuellos de botella" institucionales, organizacionales y gerenciales planteados, es esencial para que las políticas y programas sociales no se desvirtúen en el proceso de implementación, y se transformen en realidades muy disímiles de las originalmente diseñadas. Sin embargo, debe tenerse muy en cuenta que la modernización de la capacidad de gestión estatal, es un aspecto del problema global. Para producir mejoras efectivas en la problemática social, deben atacarse a través de políticas apropiadas las causas estructurales que generan los severos desniveles de deterioro social e inequidad existentes. El perfil futuro del Continente está muy ligado a la acción en este crucial campo. El informe de la comisión presidida por Patricio Aylwin pone a foco las implicancias de la situación: "Los hechos descritos... que afligen, en mayor o menor medida, a casi la mitad de los habitantes de América Latina y el Caribe -pobreza, falta de trabajo, marginación social-, constituyen un escándalo desde el punto de vista moral, son un obstáculo o freno al desarrollo e importan una peligrosa amenaza a la paz social y a la estabilidad política de nuestras naciones".[13]

---

13 *Informe de la Comisión Latinoamericana y del Caribe sobre el Desarrollo Social,* op. cit.

III

PARTICIPACION COMUNITARIA POSIBILIDADES Y LIMITACIONES

LA POLITICA SOCIAL, EL ESTADO Y LA PARTICIPACION DE LA COMUNIDAD

JAMES MIDGLEY

El criterio de que los gobiernos deben formular políticas sociales para incrementar el bienestar de sus ciudadanos ha estado en boga durante la mayor parte del presente siglo, si bien en años recientes ha sido objeto de severas críticas. Con el creciente auge de movimientos radicales de derecha en numerosos países, se han realizado esfuerzos destinados a limitar la participación del Estado en la labor de bienestar social, y a transferir la responsabilidad de dicha actividad a personas individuales, organismos voluntarios y al mercado comercial privado en su lugar. Si bien estos esfuerzos no han eliminado la participación gubernamental, el principio de la responsabilidad que tienen los estados para asegurar el bienestar de sus ciudadanos se ha erosionado considerablemente.

Acorde con el alejamiento del Estado proveedor, los movimientos políticos tanto de derecha como de izquierda han promovido la participación de la comunidad como una alternativa efectiva a la del bienestar asegurado por el gobierno. La derecha radical cree que si se libera a la gente común de la ''interferencia'' del Estado, florecerán sus latentes instintos empresariales y de iniciativa permitiéndoles movilizar sus propios recursos para mejorar las condiciones sociales y económicas. Si bien los alineados con la izquierda marxista invierten más esfuerzos en criticar al gobierno que en ofrecer alternativas viables, también creen que las comunidades locales tienen el potencial para organizarse colectivamente si se las emancipa del Estado supuestamente opresor y manipulador.

Estas ópticas no son realistas. Si bien la labor social del Estado no ha resuelto los problemas sociales urgentes de que adolecen las sociedades modernas, ha fomentado mejoras significativas en los niveles de vida durante el presente siglo, y es necesario reconocer sus logros. Si bien es cierto que la participación de la comunidad es deseable, tampoco puede afirmarse que la reversión de la responsabilidad estatal a las comunidades locales ha sido un éxito total. Resulta evidente que la crítica a la participación del Estado en los asuntos de bienestar social así como el abogar por la participación de la comunidad como alternativa viable requieren un escrutinio más detallado.

EL ESTADO Y EL BIENESTAR SOCIAL

Nunca antes ha desempeñado el Estado un papel tan importante en el bienestar social. A diferencia de períodos históricos anteriores, cuando los gobiernos se mostraban en general poco interesados en asuntos de bienestar, los estados modernos se han valido de los poderes legislativos para crear programas de servicio social, para formular políticas y planes sociales, para reglamentar actividades que inciden en el bienestar humano y para redistribuir recursos. Si bien resultaría ingenuo pretender que todos los gobiernos han asumido esta actitud, o que lo han hecho por motivos altruistas, el Estado benefactor se ha convertido en una característica de la vida política moderna, y la formulación de políticas sociales en una actividad gubernamental permanente.

Se ha especulado mucho acerca de las razones conducentes a esta evolución, pero no ha sido aceptada ninguna explicación teórica de la creciente participación gubernamental en el área de la asistencia social. (Carrier y Kendall, 1973) Las teorías funcionales enfatizan la importancia de la industrialización y los cambios sociales concomitantes para presionar a los gobiernos recalcitrantes a establecer servicios sociales. Algunas explicaciones marxistas afirman que el Estado benefactor surgió a partir de la necesidad del capitalismo de tener una fuerza laboral bien disciplinada y satisfecha, capaz de reproducir su propio poder laboral, mientras que otros afirman que las disposiciones de asistencia social, fueron incorporadas por el Estado para aplacar al proletariado potencialmente revolucionario. Los enfoques pluralistas hacen hincapié en el papel de los grupos de interés para asegurar la obtención de concesiones por parte del Estado y que dichas presiones engendran el surgimiento de programas de bienestar. Sea cuales fueren las razones para el aumento de las actividades tendientes al bienestar social por parte del Estado, no admite discusión el hecho de su ampliación, significación e impacto.

Durante las décadas intermedias del presente siglo, los servicios sociales gubernamentales tenían amplio apoyo no solamente de la gente corriente que recibía sus beneficios sino también de dirigentes políticos, funcionarios públicos e intelectuales. En muchos países, especialmente en Europa, la participación estatal se daba como un hecho, y los desacuerdos no giraban en torno a asuntos fundamentales, sino eran relativos a la naturaleza y magnitud de la participación. Si bien había disidentes que afirmaban que el Estado benefactor es adverso al crecimiento económico, eran una minoría. En forma paralela, si bien algunos gobiernos se oponían férreamente a la noción de la intervención estatal para actividades de asistencia social, la mayoría de los estados nacionales del mundo aceptaban el principio de que el Estado tiene la responsabilidad de intervenir para promover el bienestar de sus ciudadanos (Parker, 1975).

Una mayor intervención del Estado benefactor fue característica no solamente de las democracias occidentales y de los países comunistas de Europa del Este sino también de numerosas sociedades en desarrollo. En informes de las Naciones Unidas (1971, 1975, 1979a), se revela que muchos de estos países crearon programas en materia de educación, salud, vivienda y otros programas de servicio social después de obtener su independencia del yugo colonial europeo después de la II Guerra Mundial. Hacia finales de los años 1970, las asignaciones presupuestarias a estos servicios habían aumentado significativamente (Naciones Unidas, 1979b).

Si bien los progresos son incrementales y presentan problemas de acceso, de calidad en el suministro de servicios y una distribución de recursos generalmente sesgada, son significativos (Hardiman y Midgley, 1982).

Como consecuencia de la activa participación del Estado en la asistencia social, los niveles de vida han mejorado en la mayor parte del mundo. La expectativa de vida ha aumentado, se han elevado las tasas de alfabetización, la asistencia escolar ha llegado a niveles sin precedentes y capas de población de gente más corriente que nunca antes tiene ahora acceso a asistencia moderna en materia de salud (Hardiman y Midgley, 1982; Loup, 1983; Estes, 1988; UNDP, 1991).

Los programas estatales de asistencia empezaron a experimentar dificultades durante los años 1970. Al alcanzar el gasto en materia de asistencia social niveles sin precedentes, aumentó la resistencia pública a la tributación. Con la crisis de la energía durante la misma década, la inflación y la recesión debilitaron economías anteriormente pujantes y tuvieron un impacto negativo en los programas gubernamentales de asistencia. Además, los empréstitos globales así como el endeudamiento de los países en desarrollo aceleraron y limitaron aún más los gastos en materia social. Los críticos de la participación gubernamental empezaron a atraer atención, y sus enfoques fueron acogidos con entusiasmo creciente en círculos intelectuales y políticos.

La oposición al Estado benefactor proviene de diversos frentes. Los ubicados en la derecha radical afirman que la intervención del Estado en los asuntos sociales socava la iniciativa y responsabilidad individuales y debilita los fundamentos de la civilización occidental (Midgley, 1991). En diversos países industriales, pero especialmente en Gran Bretaña y en los Estados Unidos, dirigentes conservadores se comprometieron a disminuir la participación benefactora del gobierno, a reducir los impuestos y a promover la iniciativa privada. Estas tácticas tenían atractivo electoral, y hacia los años 1980, partidos de derecha habían sido electos a cargos políticos. La imposición de los requisitos de "condicionalidad" por parte del Fondo Monetario Internacional y de otros organismos internacionales de financiación, aseguraron la puesta en práctica de ideas de la *Nueva Derecha* en numerosos países en desarrollo. En algunos como Chile, dichas ideas fueron introducidas por el sector militar, a través de medidas coercitivas (Borzutsky, 1991).

También aquellos que se encuentran en el extremo opuesto del espectro político han atacado la noción del gobierno benefactor. Con el resurgimiento de ideas marxistas en círculos académicos, quienes habían criticado con anterioridad a los gobiernos por no asignar recursos suficientes a los servicios sociales, empezaron a condenarlos por estar al servicio del capitalismo. Afirman que los servicios sociales gubernamentales no promueven el bienestar sino que suprimen los instintos revolucionarios del proletariado y aseguran la reproducción de su fuerza laboral. (Ginsberg, 1979; Gough, 1979). Si bien estas ideas no ejercieron gran influencia en los círculos políticos y administrativos, contribuyeron a socavar aún más la legitimidad de la asistencia social por parte del gobierno.

EL CONCEPTO DE LA PARTICIPACION DE LA COMUNIDAD

En la medida en que los servicios sociales brindados por el Estado fueron puestos en tela de juicio, ganaron mayor popularidad enfoques alternos tales como la participación de la comunidad y la propuesta de responsabilidad de la misma por su propio bienestar. Si bien la expresión ''participación de la comunidad'' es relativamente reciente, Midgley y colaboradores, 1986, han demostrado que tiene numerosos antecedentes históricos. Desde el ángulo ideológico, la noción de la participación de la comunidad se inspira en una mezcla de populismo, individualismo y anarquismo. Mientras el populismo vincula el concepto de participación con la ''gente'', y el individualismo democrático engendra su compromiso con la democracia participatoria, el anarquismo alimenta su inherente factor antiestatal.

Además, la participación de la comunidad se inspira en un radicalismo ardiente que la diferencia del enfoque convencional de desarrollo de la comunidad que había sido característico de esfuerzos anteriores en el ámbito del desarrollo.

El concepto de desarrollo de la comunidad fue introducido por las administraciones coloniales británica y francesa en un esfuerzo para movilizar el apoyo local hacia los proyectos de desarrollo. Se fundaba en la idea de que las comunidades locales suministrarían la fuerza laboral para dichos proyectos mientras que las autoridades coloniales brindarían el personal calificado, la tecnología de avanzada y los materiales. A través del desarrollo de la comunidad la gente y el gobierno conjugarían sus esfuerzos para la construcción de carreteras y puentes, para mejorar la agricultura, crear escuelas, clínicas y centros comunitarios y mejorar los servicios de higiene y otros para beneficio de la comunidad.

Si bien el desarrollo de la comunidad trajo ventajas para muchos habitantes del Tercer Mundo, gradualmente fue perdiendo vigor y atractivo. Hacia los años 1970, los programas de desarrollo de la comunidad en numerosos países se habían vuelto burocráticos e ineficientes. A menudo se acusaba de corrupción a los funcionarios encargados de los mismos. Con frecuencia se dedicaban los materiales asignados por el gobierno a los proyectos de desarrollo a otros fines, y los fondos recaudados por la gente local para los mismos desaparecían. En regiones como el Sudeste Asiático y otras en las cuales las guerrillas comunistas habían ganado el apoyo de la gente local, el desarrollo de la comunidad era utilizado por gobiernos pro occidentales como un instrumento contra insurgencia. Bajo la apariencia de desarrollo de la comunidad, se movilizaba gente a las llamadas aldeas protegidas, y a menudo el personal encargado del desarrollo colaboraba estrechamente con las fuerzas de seguridad.

Con la afirmación de que los modelos convencionales de desarrollo de la comunidad habían perdido apoyo, quienes abogaban por la participación de la comunidad intentaron generar una forma más radical de desarrollo local. Su enfoque estaba imbuido de ideas de acción social occidentales derivadas de las campañas de activistas tales como Saul Alinsky (1946, 1971) en los Estados Unidos. Los métodos de Alinsky eran netamente conducentes a la confrontación. Poniendo el foco en las necesidades de las comunidades con privaciones, su enfoque se proponía enseñar a la gente pobre las tácticas de la negociación política así como dotarlas de poder. Inspirándose en estas ideas, quienes abogaban por la participación comunitaria criticaban el desarrollo comunitario por su explotación de los pobres y por crear dependencia de los servicios estatales. A su vez, debía adoptarse la participación de la comunidad puesto que, afirmaban, ésta trata de conferir poder a la gente para tomar sus propias decisiones y trabajar independientemente para mejorar su vida. A diferencia del enfoque del desarrollo de la comunidad, que fomentaba la dependencia y la pasividad, la participación de la comunidad desarrolla la toma de decisiones democrática, inspira orgullo y facilita la auténtica participación en el proceso de desarrollo (Majeres, 1977; White, 1982; Holnsteiner, 1977, 1982).

En la creciente literatura sobre este tema, se han formulado diversas definiciones de la participación de la comunidad. Una revisión de la misma, lleva a Dakley y colaboradores (1991) a señalar la presencia de tres elementos característicos en ellas. Primero, a menudo se define la participación como *contribución* . En este sentido, participación conlleva el compromiso voluntario de trabajo, tiempo, dinero y recursos por parte de la comunidad para actividades comunitarias. Un segundo elemento es el de la *organizacion*. La participación de la comunidad no es, afirman, un proceso fortuito sino que involucra la formación de organizaciones como consejos de las aldeas, cooperativas o comités de damas a través de los cuales es posible canalizar móviles de participación. Por último , Oakley y sus colegas señalan que la participación también tiene un aspecto de *obtención de poder*. Este aspecto constituye probablemente el elemento más característico del enfoque de participación de la comunidad y que lo diferencia de otras formas de actividad de la misma. Para que pueda haber una auténtica participación, es necesario que la gente local se libere de controles externos. Ello supone independencia tanto política como económica. Para tener poder se requiere autosuficiencia económica, y también implica la creación de instituciones que permitan a la gente local la toma de decisiones relativa a sus propias prioridades y programas. También implica el surgimiento de las actitudes y destrezas necesarias para negociar con miras al logro de metas locales.

PARTICIPACION DE LA COMUNIDAD Y EL ESTADO

La noción de la obtención de poder, más que los demás elementos, atrae la esencial antipatía que despierta la participación de la comunidad en el Estado y sus organismos. La mayoría de quienes abogan en su favor son antagónicos a la participación gubernamental en el desarrollo. Creen que la gente corriente tiene la capacidad de organizarse, de movilizar los recursos necesarios, y de lograr verdaderas mejoras en las condiciones locales sin requerir la ayuda estatal.

El antagonismo a la participación estatal por parte de los defensores de la participación de la comunidad está basado en diversos argumentos. En primer término, se afirma que los servicios estatales son ineficientes, costosos, burocráticos y organizados de manera deficiente. Esta creencia naturalmente también ha sido evocada por la derecha radical para justificar sus esfuerzos por reducir la participación gubernamental en la prestación de asistencia social y reemplazar los servicios estatales por los provenientes del mercado y de voluntarios. Quienes proponen la participación de la comunidad creen igualmente que la gente local puede gerenciar los servicios sociales más eficientemente. Por ejemplo, White (1982) afirma que los servicios de salud comunitarios no solamente resultan menos costosos que los suministrados por el gobierno, sino que son más eficientes y están mejor adaptados a las necesidades de la poblacion local.

Otra razón que despierta antagonismo hacia el Estado entre los defensores de la participación de la comunidad reside en su supuesto paternalismo. A diferencia de los programas organizados por la comunidad, existe la creencia de que los servicios estatales promueven un enfoque al desarrollo "desde arriba hacia abajo", en el cual se trata a la población local como beneficiaria pasiva de servicios, sin involucrarla en el proceso de toma de decisiones. Bugnicourt (1982), afirma que los intentos por parte de los gobiernos para movilizar a la gente hacia el desarrollo suprimen su capacidad innata para resolver sus propios problemas, lo cual da lugar a su "desmovilización". Por esta razón es que para las comunidades locales resulta mejor que la gente corriente encuentre las respuestas a sus problemas mediante un control político directo de sus asuntos internos. La participación de los gobiernos actúa como inhibidor del surgimiento de respuestas de base y promueve la dependencia del Estado y de sus instituciones.

Quienes abogan por la participación de la comunidad suelen señalar a los expertos en materia de desarrollo como la personificación del paternalismo estatal. Si bien vienen de las ciudades y tienen poca comprensión de las necesidades de las comunidades, invariablemente afirman tener respuestas fáciles para problemas locales. Inevitablemente también omiten involucrar a la gente en el proceso de toma de decisiones, lo cual da lugar a la imposición de soluciones no viables. Estos "especialistas elitescos", como los llama Holnsteiner (1977), pecan no solamente de paternalismo, sino también de causar hostilidad y desperdiciar recursos escasos.

Una tercera fuente de la antipatía al Estado entre los seguidores de la participación de la comunidad se basa en sus inclinaciones supuestamente opresoras. Inspirados en ideologías antiestatales, creen que los gobiernos son incapaces de realizar acciones beneficiosas, y que invariablemente funcionan para controlar, manipular y subvertir los intereses de la gente.

En la literatura en materia de participación de la comunidad abundan las referencias a los regímenes totalitarios que en forma permanente suprimen las iniciativas comunitarias. Por ejemplo, al referirse a la participación de la comunidad en asentamientos de viviendas marginales en países del Tercer Mundo, Holnsteiner (1977) afirma que los gobiernos tratan brutalmente a los habitantes que tratan de movilizar sus comunidades para mejorar las condiciones de vivienda. Es frecuente la violencia policial en contra de ellos, a sus dirigentes se les detiene y encarcela, y a menudo son acusados de subversivos. Si bien esto es cierto en algunos países, no constituye una realidad universal y hay numerosos casos de cooperación entre habitantes marginales y organismos estatales que intentan mejorar las condiciones de vivienda.

Otros han puesto énfasis en los esfuerzos del Estado para oprimir a la gente corriente mediante técnicas más sutiles tales como la "cooptación". Esto ocurre cuando se hace pensar engañosamente a la gente local que participa en el proceso de toma de decisiones cuando en realidad está siendo manipulada por el gobierno. Bugnicourt (1982) ha escrito largamente acerca de las instituciones "pseudoparticipativas" creadas por los gobiernos africanos para cooptar y manipular a la gente, con el fin de asegurar su seguimiento de las directrices emanadas del centro.

Por estas razones, numerosos defensores de la participación de la comunidad estiman que las poblaciones comunitarias locales lograrán avanzar más si están separadas del patrocinio gubernamental. En efecto, algunos creen que debe oponerse resistencia a toda participación externa, y que las comunidades deben encontrar soluciones autóctonas para sus problemas. Un importante informe de Naciones Unidas (1981), estableciendo la diferencia entre participación inducida, coercitiva y espontánea, afirmaba que la participación espontánea es la más deseable puesto que depende de la iniciativa local y del esfuerzo voluntario, y emula las tendencias contrarias a la participación inherentes al apoyo externo. Al movilizar el apoyo local desde adentro, la participación espontánea fortalece la comunidad y promueve el desarrollo auténtico.

Otros creen que las comunidades locales deben buscar asistencia externa de organizaciones no gubernamentales, que en su opinión son progresistas, están comprometidos con los ideales de participación, tienen mayor flexibilidad en su administración y están libres de las inhibiciones de normas y reglamentaciones burocráticas. Puesto que no intentan defender los intereses de élites, no tienen necesidad de manipular o de co-optar a la gente local. Marsden y Oakley (1982) han sostenido que es más probable que se produzca un desarrollo auténtico en situaciones en las cuales se recibe apoyo de organizaciones no gubernamentales. Mientras los gobiernos invariablemente suprimirán a quienes amenazan los intereses de los adinerados y de los poderosos, la organización no gubernamental es ardiente defensora de los intereses de los pobres, y alienta a estos grupos a desarróllar técnicas que les confieran mayor poder e incrementen su efectividad política. Igualmente, las organizaciones no gubernamentales tienen la capacidad de movilizar una ayuda financiera cuantiosa para las iniciativas locales. Si bien se estima a menudo que los organismos no gubernamentales disponen de recursos limitados. Lissner (1977) ha señalado que estos organismos tienen acceso a cantidades significativas de los flujos de asistencia internacional para proyectos de desarrollo.

También están, naturalmente quienes estiman que las comunidades locales deben tratar de explotar los recursos del Estado. Se oponen a la idea de que el apoyo estatal debe rechazarse, y afirman que las comunidades locales deben negociar para obtener ayudas del Estado como apoyo a sus esfuerzos para el desarrollo. Sin embargo, estiman que estos recursos deben estar asegurados sin permitir al gobierno que ejerza el control sobre los mismos, puestro que esta situación invariablemente conduce a la subversión de su autonomía. Para asegurar ayuda sin control, las comunidades locales tendrán que adquirir astucia política. A través de un proceso de *toma de conciencia*, deberían conocer mejor su situación y aprender las técnicas que permitan ganarle la partida al Estado manipulador. También deben aprender a usar tácticas de confrontación para exigir servicios y asegurar el apoyo adecuado a sus esfuerzos de desarrollo.

PROBLEMAS DE ESTADO Y PARTICIPACION DE LA COMUNIDAD

Como observara Midgley (1987), no puede afirmarse que las críticas dirigidas al gobierno por los defensores de la participación de la comunidad carezcan de fundamento. El mal uso del poder estatal y la forma brutal en que se ejerce son de todos conocidos y, en la medida en que se han hecho más comunes los regímenes militares y las dictaduras, las violaciones a los derechos humanos han ocurrido con frecuencia creciente. Tampoco puede negarse que los programas estatales son a menudo ineficientes, costosos y ajenos a las necesidades y aspiraciones de la comunidad local. A medida que los programas sociales se han hecho más complejos, las burocracias se han vuelto más difíciles de manejar. Igualmente, con el aumento de la deuda y otros problemas económicos, numerosos gobiernos han tenido enormes dificultades para brindar servicios sociales requeridos de manera urgente. Los cortes presupuestarios han ocasionado escasez de suministros y de ayuda técnica, y se han reducido los recursos de personal. En muchos países, se ha visto seriamente afectada la efectividad de los programas estatales de desarrollo social.

A pesar de todo, es menester poner estos problemas en la perspectiva adecuada. Simplemente no es cierto que todos los gobiernos son tiránicos y que están controlados por dictadores que oprimen despiadadamente a sus ciudadanos. Los acontecimientos recientes en Europa del Este han mostrado que la gente corriente es capaz de organizar la oposición a la dictadura, y que opondrán resistencia a la supresión brutal de sus libertades.

Tampoco es cierto que todos los gobiernos son indiferentes a las necesidades de sus ciudadanos. Si esto fuese así, no habrían adoptado políticas y programas de servicio social, ni habrían ampliado la educación, invertido en salud y vivienda, creado servicios de seguridad social y de beneficiencia, o establecido organismos de servicio social. Si bien no puede pretenderse que la intervención estatal en asuntos de bienestar de los ciudadanos sea siempre eficiente, adecuadamente administrada, suministrada en forma equitativa y de beneficio para todos, la participación de los gobiernos en este ámbito ha incrementado considerablemente el bienestar humano en numerosos países (Programa de Naciones Unidas para el Desarrollo, 1991).

La creencia de que los gobiernos suprimen invariablemente las actividades de las comunidades y que actúan conspirando para socavar las iniciativas locales es algo que también es discutible. En su evaluación global de la participación comunitaria en los países en desarrollo, Midgley y colaboradores (1986) encontraron pocas pruebas para demostrar que los gobiernos del Tercer Mundo se oponían de manera uniforme a la participación de la comunidad. Si bien en algunos países se suprimían brutalmente las actividades de participación, en general no sucedía así. Por otra parte, su estudio tampoco demostró que la mayoría de los gobiernos apoyaban la participación comunitaria en forma irrestricta o que el apoyo estatal para estas actividades conducía a formas auténticas de participación comunitaria. Numerosos gobiernos se valen de la retórica de la participación, pero no brindan el apoyo adecuado para la misma. Otros combinan la afirmación de apoyo a la participación comunitaria con la creación de organismos y programas diseñados para trabajar con comunidades locales, pero éstos no siempre funcionan en forma efectiva. A menudo, dicho apoyo se encamina a través de organizaciones alineadas con el partido de gobierno, y con frecuencia se utiliza la retórica de la participación para incrementar el prestigio de élites políticas. A pesar de ello, en numerosos países el Estado ha apoyado los ideales de la participación, y puesto que los elementos de la misma se destacan con mayor intensidad en la política social, dicho apoyo ha aumentado. Sea cual fuere su motivación, en la actualidad numerosos gobiernos promueven activamente la participación de la comunidad en la asistencia en materia de salud, educación, suministro de agua potable, sanidad, programas para mejoramiento de viviendas marginales y desarrollo de infraestructura. Si bien todo esto está lejos de satisfacer los ideales de la auténtica participación por la cual abogan sus entusiastas defensores, ha aportado beneficios tangibles a numerosas comunidades y elevado su bienestar.

Los defensores de la participación posiblemente menosprecien estos logros sin duda limitados, pero el aporte de asistencia estatal a las poblaciones locales ciertamente es mejor que nada. Si bien es ocasional e incremental, el apoyo estatal al desarrollo de la comunidad ha traído consigo beneficios concretos. Los hechos no corroboran la idea de que la colaboración con el Estado en los esfuerzos para mejorar su situación afecta invariablemente a las comunidades.

Si bien es atractivo el compromiso con la participación espontánea que se manifiesta en gran parte de la literatura sobre este tema, tiene numerosas desventajas. Aunque los sentimientos utópicos y románticos que lo inspiran son atrayentes, y evoca una seductora imagen de cooperación espontánea y de esfuerzo mutuo entre gente de la localidad, sus fórmulas carecen de realismo. En vista de la pobreza de numerosas comunidades del Tercer Mundo, existe una urgente necesidad de apoyo externo. En la medida en que se incrementa la necesidad de ayuda financiera, de tecnología y asistencia técnica, es difícil visualizar cómo las comunidades locales pueden obtener el apoyo que requieren sin asistencia externa. También plantea aspectos de justicia social. Puesto que la población de las localidades paga impuestos, la idea de que deban rechazar el apoyo estatal resulta injusta. Además, anula la noción de la redistribución mediante la cual el Estado puede canalizar recursos de comunidades más adineradas hacia otras más pobres.

El concepto de que las organizaciones voluntarias tienen un valioso papel que desempeñar en el apoyo a la participación comunitaria no admite discusión. Efectivamente, numerosos gobiernos han reconocido la importancia crítica de dichas organizaciones y han apoyado claramente sus actividades. pero también en este enfoque, las organizaciones no gubernamentales son descritas en forma no realista por quienes proponen la participación comunitaria. Es cierto que a menudo son progresistas, flexibles y responden a las necesidades de las comunidades, pero no siempre es así. Algunas veces, organizaciones voluntarias de motivación religiosa se valen del fomento de la participación comunitaria para hacer proselitismo, y algunas veces son todo lo contrario de progresistas. También, aunque posiblemente las organizaciones no gubernamentales sean menos burocráticas que el Estado, raras veces están desprovistas de procedimientos administrativos y fiscales formalizados, al igual que de estructuras organizativas y demás elementos burocráticos característicos de todas las organizaciones formales. Tampoco están siempre al margen del paternalismo. Por el contrario, muchas organizaciones voluntarias son de naturaleza marcadamente paternalista. Su personal a menudo es idealista, y con frecuencia trata de imponer sus creencias y actitudes a la gente. Esto es especialmente cierto en materia de agencias internacionales de voluntarios, que acogen en sus filas a jóvenes relativamente inexpertos de países industrializados para trabajar en el Tercer Mundo.

SINTESIS DE LOS ENFOQUES ESTATALES Y COMUNITARIOS

Los defensores de la participación comunitaria han adoptado una posición marcadamente antiestatal, lo cual no es realista ni productiva. El argumento de que las comunidades locales se pueden organizar en forma espontánea para mejorar significativamente sus condiciones sociales y económicas es poco probable y no es equitativo. Es injusto que se espere de sectores carenciales de la comunidad que se abastezcan independientemente de toda forma de ayuda externa, y es poco probable que puedan hacerlo. El concepto de que las organizaciones no gubernamentales ofrecen una alternativa viable al apoyo estatal es producto de un pensamiento ideológico más que sistemático. A pesar de su significativa contribución, el sector voluntario tiene numerosas deficiencias. No está desprovisto de organización burocrática ni de paternalismo, ni tampoco está siempre comprometido fundamentalmente con satisfacer las necesidades de la gente corriente. Si bien las organizaciones voluntarias disfrutan en la actualidad de acceso a la asistencia internacional, no puede compararse su capacidad de asegurar recursos con la de un gobierno. La experiencia de los países europeos demuestra que la capacidad estatal de movilizar recursos para asistencia social es enorme.

En vez de atacar al gobierno tildándole de agente de la opresión y de conducta brutal, a los defensores de la participación comunitaria les resultaría beneficioso hacer una evaluación más realista del papel del Estado en el desarrollo social así como una apreciación más positiva de su potencial contribución a los esfuerzos de la comunidad. Sería más aconsejable explorar la base existente para una síntesis, en vez de polarizar las respuestas del Estado y de la comunidad a las necesidades humanas. En una síntesis de esta naturaleza, deberían tenerse en cuenta los papeles respectivos del Estado, de la comunidad y de los sectores voluntarios, analizando los puntos fuertes y débiles de cada uno de estos sectores.

Es posible identificar estrategias para la armonización de las contribuciones de la comunidad, del Estado y de las organizaciones no gubernamentales. Como lo observa Midgley (1989), estas estrategias pueden clasificarse en función de la manera en que se definen las relaciones Estado-sociedad. Las perspectivas que visualizan estas relaciones en términos de cooperación y consensos aportan fórmulas diferentes de las que ponen el acento en el conflicto y la confrontación. Entre las primeras se incluye la creación de órganos consultivos, la introducción de procedimientos formales obligatorios de consulta entre funcionarios y comunidades locales, la creación de cursos de capacitación para la participación tanto para funcionarios públicos como para miembros de la comunidad y el establecimiento de procedimientos para evaluar el apoyo estatal. Las estrategias que emanan de una perspectiva de conflicto recalcan la necesidad de las comunidades locales de conocer más profundamente la estructura social y su propia ubicación en la misma mediante un proceso de *toma de conciencia* Se les alienta a aprender tácticas de negociación política y a desarrollar confianza en sus actuaciones con las organizaciones gubernamentales. Es evidente que ambos enfoques son válidos, y que ambos pueden ser aprovechados en forma efectiva para fortalecer la posición de la comunidad local en su trato con el Estado. Mediante una síntesis basada en estrategias de esta índole, las comunidades locales pueden incrementar su bienestar y adquirir un mayor control sobre los asuntos que les conciernen.

DESARROLLO CENTRADO EN LA GENTE*

Dr. HARI MOHAN MATUR

Los proyectos de desarrollo fracasan una y otra vez en el intento de obtener los resultados propuestos. ¿Cuál es el motivo? Entre las razones identificadas en el siguiente texto figura la incapacidad de reconocer los factores sociales y de visualizar a las personas como seres que contribuyen a su propio desarrollo.

El desarrollo, en esencia, siempre está centrado en la gente. Numerosos proyectos tales como los relativos a la salud, la nutrición y la educación claramente tienen a la gente como foco de atención. Pero el papel de los factores relacionados con la gente es crucial aun en aquéllos proyectos de infraestructura en los cuales la dimensión humana no resulta tan evidente. Un proyecto de desarrollo industrial que no dedica atención a la motivación de la fuerza laboral o al desarrollo de una comunidad viable para los trabajadores y sus familias tiene poca probabilidad de avanzar sin tropiezos.[1]

En efecto, la gente empieza a surgir como un punto focal de todos los esfuerzos actuales tendientes a promover el desarrollo. El consenso creciente entre las personas dedicadas a reflexionar acerca del desarrollo reside en aceptar que "la gente es -y debe ser- el punto de partida, el centro y el propósito final de cada intervención tendiente al desarrollo".[2] Aún más, esta preocupación centrada en la gente y su desarrollo es totalmente indepen-

---

* Traducido de *Planning and Administration* (Spring 1989), International Union of Local Authorities con autorización de los editores.

1. Warren C. Baum and Stokes M. Tolbert, *Investing in Development: Lessons of World Bank Experience* (Oxford University Press: New York, 1985, p. 473). Also see, David C. Korten and Rudi Klauss (eds.), *People-centred Development: Contributions Towards Theory and Planning and Frameworks* (Kumarian Press: West Hartford, CT., 1984).

2. Michael M. Cernea, "Preface" in Michael M. Cernea (ed.), *Putting People First: Sociological Variables in Rural Development* (Oxford University Press: New York, 1985), p. IX.

diente de cualquier inclinación filosófica. Se estima deseable sobre la base de consideraciones meramente prácticas. La experiencia confirma que los planes tienden a fracasar cada vez que los organismos de desarrollo dejan de tener en cuenta a la gente. Por otra parte, la activa participación de las personas en el proceso de desarrollo contribuye a logros de eficiencia en las operaciones relacionadas con los proyectos en diversos aspectos importantes.

A pesar de ello, los planificadores y administradores del proceso de desarrollo, especialmente en el Tercer Mundo, poco o nada han tenido en cuenta a la gente tradicionalmente. Según su visión de las cosas, sigue siendo bastante común que sean los últimos en recibir atención. En consecuencia, lo que se ha venido multiplicando durante todos estos años son los métodos de planificación y puesta en práctica de arriba hacia abajo.[3] Con frecuencia, es en los organismos estatales en la capital de la nación que se decide acerca de proyectos que deben ser realizados para el beneficio de las personas que se encuentran en pueblos a cientos y miles de kilómetros de distancia. Y la comunidad se entera de estos programas bien intencionados solamente cuando a sus mayores se les pide que realicen labores manuales concretas en el sitio de la construcción.

Se informó recientemente acerca de un día de campo organizado por la *Estación Nacional de Cría en Njoro*, Kenia, para demostrar a los granjeros los resultados de investigaciones realizadas solamente para ser dadas a conocer entre ellos, en el cual se hicieron notar por su ausencia. Aún subsiste la tendencia general de separar las instituciones estatales del público al cual supuestamente deben brindar asistencia.[4] De nuevo, uno de los aspectos de los esfuerzos actuales en materia de desarrollo en los cuales los granjeros constituyen la variable más crítica es el de la irrigación, pero también aquí la atención prestada a los asuntos relacionados con la gente suele ser insuficiente. "La dimensión más subvalorada e incomprendida del desarrollo de la irrigación en la actualidad es la del granjero".[5]

---

3. Hari Mohan Mathur, "Planners and the Poor in Rajasthan Canal Región: An Anthropological Perspective on the Development of New Rural Settlements", in R.P. Misra (ed), *Humanizing Development* (Maruzen Asia Published for the Unite Nations Centre for Regional Development), Nagoya, Japan, 1981), pp. 333-349.

4. *Daily Nation*, "Farmer's Right to Research Findings" (Editorial), Nairobi, 3 October 1987, p. 6.

5. David M. Freeman and Max L. Lowedermilk, "Middle-level Organizational Linkages in Irrigation Projects", in Michael M. Cernea (ed), *Putting People First*, *op. cit.*, p. 92.

A menudo, los proyectos son diseñados y realizados por planificadores y administradores que carecen de una más plena comprensión de la población local.[6] Así, es su propia orientación cultural la que se refleja en los procesos de diseño y ejecución del proyecto de desarrollo. No es sorprendente entonces que la gente no se beneficie plenamente del proyecto. Comentaba un observador:

"A menudo sucede que se crean instalaciones y se ofrecen a la gente, que luego no las utiliza en forma satisfactoria. Se han erigido numerosos esquemas de suministro de agua potable pero las mujeres, las cargadoras de agua tradicionales, no utilizan las costosas bombas instaladas por la agencia encargada del programa. A menudo se construyen viviendas rurales en las cuales la gente se niega a vivir. Esto sucede cuando se excluye de los procesos de toma de decisiones la participación de las personas interesadas".[7]

Una reciente revisión de cincuenta y siete proyectos con asistencia del Banco Mundial llegó a la conclusión de que los resultados decepcionantes con frecuencia podían atribuirse a la no consideración de los factores relacionados con la gente.[8] A la inversa, un esfuerzo consciente para tener en cuenta dichas variables contribuyó al éxito del proyecto. Más aún, la tasa de retorno económico de los treinta proyectos que resultaron especialmente cuidadosos de los aspectos humanos del desarrollo resultó más que el doble que la de otros proyectos.

PERSISTE EL HACER CASO OMISO DE LA GENTE

¿Por qué subsiste el no tener en cuenta a la gente a pesar de la acumulación de pruebas que evidencian que el desarrollo se ve seriamente afectado cuando las personas interesadas no participan en el proceso?[9]

Esta pregunta es importante, y ciertamente merece atención un análisis de las circunstancias que conllevan a la exclusión de las personas de los asuntos que más las afectan.

---

6. Robert Chambers, *Rural Development: Putting the Last First* (Longman: London, 1983).

7. Samuel Paul, *Strategic Management of Development Programmes* (ILO: Geneva, 1983), p. 95.

8. Conrad Phillip Kottak, "When People Don't Come First; Some Sociological Lessons from Completed Projects", in Michael M. Cernea (ed), *Putting People First, op. cit.*, pp. 325-356.

9. Jean-Claude Garcia-Zamor (ed), *Public Participation in Development Planning* (Westview Press: Boulder CO, 1985).

En primer lugar, debe abordarse esta pregunta junto con la de mayor amplitud, a saber cuán intenso es el compromiso asumido al más alto nivel con miras al desarrollo. Si bien la mayoría de los países del Tercer Mundo dedican energía considerable a la elaboración del documento del plan de desarrollo (tal vez para satisfacer los requisitos de los donantes de asistencia internacional), a menudo carecen de un compromiso profundo para lograr el desarrollo. La mayor prioridad de muchos dirigentes es la de mantenerse en el poder a toda costa. Con excesiva frecuencia, las decisiones relativas al desarrollo no reciben la atención que requieren. En Botswana:

> "Importantes decisiones relativas a un plan quinquenal de desarrollo económico se tomaron en diez minutos en una reunión de Gabinete sin hacer el menor intento por estudiar las opciones. Los integrantes del Gabineta estaban mucho más interesados en un desorden formado por estudiantes en la Universidad -algo que estaba al alcance de su comprensión- y de cualquier manera, el plan de desarrollo nunca era obligante para ellos".[10]

Aún cuando los dirigentes reflexionan acerca del desarrollo, sus pensamientos iniciales no están dedicados necesariamente al desarrollo centrado en la gente. En su lugar, prefieren invertir en proyectos más evidentes, tales como represas, fábricas y carreteras. Los proyectos orientados hacia las personas tienden a perder cuando compiten por la asignación de recursos limitados, porque sus resultados no pueden ser plenamente justificados en función del criterio de la visibilidad. Gordenker, quien estudió proyectos auspiciados por NNUU en Africa, informó que en Malawi se eliminaron determinados componentes experimentales de las propuestas originales para el Bajo Valle Shire debido a las objeciones del Primer Ministro relativas a la poca visibilidad y lenta evolución de las actividades de investigación, a cambio de lo que en su opinión eran los resultados más inmediatos de los proyectos de acción.[11]

---

10. Wyn Reilly, "Managerial Constraints to Rural Development in Africa", *Agriculture Administration and Extensión* (1987, Vol. 26, No. 3), pp. 137-149/ p. 142.

11. Leon Gordenker, *International Aid and National Decisions: Development Programs in Malawi, Tanzania and Zambia* (Princeton University Press: Princeton, NJ, 1976), Chapter 3.

En segundo lugar, el desarrollo sigue siendo en gran parte un ejercicio burocrático. Es a través de la burocracia que se inicia el proceso de planificación así como el de ejecución del plan de desarrollo. Infortunadamente, el legado colonial de la administración reguladora se mantiene vigente en la práctica administrativa actual. No es posible ejercer una administración eficiente del desarrollo con los métodos de administración diseñados para un propósito totalmente diferente. Numerosos organismos fomentan conscientemente una actitud de indiferencia entre su personal. De manera general, los funcionarios del departamento de forestación piensan que su tarea consiste en proteger a los árboles de las personas. Con esta percepción de su papel, resulta inimaginable la idea de trabajar con los residentes en los bosques y sus cercanías en proyectos de administración comunitaria.[12] Un estudio reciente en Tanzania confirmó que la burocracia actual funciona en forma muy similar a la del régimen colonial que la antecedió.[13] Al igual que en el pasado, por lo tanto, hay una tendencia a relegar a las personas a un segundo plano.

En tercer lugar, muchos burócratas adoptan con bastante rigidez la actitud de que son los únicos que saben qué es el desarrollo y qué es mejor para la gente. A partir de esta óptica, estiman que la gente no logra comprender sus problemas y que, simplemente, carece de la capacidad para mejorar su situación. Su desprecio por lo que la gente sabe y puede hacer resulta incurable. El único rol que están dispuestos a concederle es el de ser los receptores de los beneficios que ofrecen los proyectos de desarrollo. Esta tendencia a ver a la gente como "el problema" y a la administración como "la solución" se nutre de la esencia de la burocracia. Como comentó Alfiler:

> "Los procesos burocráticos en las grandes organizaciones han imbuido a la mayoría de los empleados estatales de un respeto por el conocimiento y pericia tecnocráticos y de un desprecio por las capacidades de sus clientes en materia de conceptualización, diseño y ejecución de programas".[14]

12. Raymond Noronha and John S. Spears, "Sociological Variables in Forestry Project Design", in Michael M. Cernea (ed), *Putting People First,* po cit., pp. 227-266.

13. Louise Fortman, *Peasants, Officials and Participation in Rural Tanzania* (Cornell University Press: Ithaca, NY, 1980), p. 40.

14. Ma Concepcion P. Alfiler, "Factor that Promote or Deter Popular Participation in Development: The Philippine Experience", *Philippine Journal of Public Administration* (1 January 1983, Vol. XXII, No. 1), pp. 23-41 / p. 35.

Es natural que se excluya a la gente cuando prevalecen actitudes de esta índole.

En cuarto lugar, los administradores consideran que el involucrar a la gente en el proceso de desarrollo constituye un factor de riesgo. La participación podría generar expectativas mayores a las que pueden ser satisfechas en general. Como lo expresó Uphoff:

> ''Un temor citado con frecuencia consiste en pensar que consultar con los presuntos beneficiarios acerca de sus problemas y soluciones posibles generará expectativas exageradas de lo que se hará para ellos. Más que despertar estas esperanzas, los gobiernos y organismos de asistencia técnica parecen preferir el suministrar beneficios en el momento y lugar de su propia escogencia, con el fin de mantener el control''.[15]

Este temor limita aún más las oportunidades de participación.

En quinto lugar, si bien no hay una base empírica a favor de la suposición de que la participación hace más lento el progreso, esta es una creencia muy arraigada entre numerosos administradores. Así, se invocan consideraciones de eficiencia tales como el término del proyecto según el calendario previsto, el ahorro en gastos y otros como argumentos adicionales a favor de la exclusión de los beneficiarios de los procesos de planificación e implementación.

En sexto lugar, la razón por la cual los planes del gobierno no satisfacen las necesidades de la gente radica en que a menudo no toman en cuenta sus necesidades reales. Esto suele suceder cuando los planes para la gente, especialmente la de las regiones rurales, son preparados y suministrados por planificadores y administradores que en general provienen de un marco urbano. Los dos mundos, el de los burócratas y el de la gente, son increíblemente diferentes. Es difícil para los unos comprender a los otros. Al informar acerca de proyectos realizados en América Latina, comentó Salmen:

> ''Se está poniendo en evidencia ahora que los proyectos de desarrollo ''orientados hacia la gente'' -ya sean rurales o urbanos,

15. Norman Uphoff, ''Fitting Project to People'', in Michael M. Cernea (ed), *Putting People First, op. cit.*, pp. 52-85 / p. 85.

de población, salud educación u otros sectores, pueden fracasar en el aprovechamiento de su potencial o en sostener sus logros por carecer de conocimiento o comprensión de las preocupaciones de sus beneficiarios y las opciones que los mismos creen tener a su alcance".[16]

Por último, es un hecho el que los administradores carecen de las aptitudes para trabajar conjuntamente con la gente. Al señalar esta debilidad en el funcionamiento de las burocracias estatales, un estudio reciente llegaba a la siguiente conclusión "Cuando se trata de trabajar con la gente local para crear un desarrollo autosostenido, la evidencia de campo demuestra que los grandes organismos estatales raras veces tienen esa capacidad".[17] Tradicionalmente, los administradores han considerado más prudente mantener a la gente a una cierta distancia.

IMPOSIBILIDAD DE BENEFICIARSE DEL DESARROLLO

La responsabilidad de la exclusión de la gente del proceso de toma de decisiones no puede hacerse recaer únicamente en los administradores y en sus conceptos acerca del funcionamiento del desarrollo. Algunas veces es la gente misma quien no ve ninguna razón para participar activamente. Además, hay una serie de circunstancias locales que no pueden superar y que les impiden aventurarse a salir de su aislamiento.

Muchas personas que viven en las pequeñas poblaciones todavía no están seguras de que la participación puede resultarles verdaderamente útil. Su experiencia pasada con funcionarios gubernamentales quienes durante el período previo a la independencia, solamente explotaban su falta de sofisticación, las hace abstenerse. Es difícil para estas personas creer que los funcionarios pueden actuar ahora de una manera muy diferente. Además, numerosos agricultores que tienen un caudal de conocimientos prácticos relativos a los métodos agrícolas sienten que es muy poco lo que podrían aprender de los trabajadores gubernamentales por extensión, especialmente

16. Lawrence Salmen, "Listening to the People", *Finance & Development* (June 1987, Vol. 24, No. 2), pp. 36-39 / p. 36.

17. Benjamin U. Bagadon and Frances F. Korten, "Developing Irrigators Organizations: A Learning Process Approach", in Michael M. Cernea (ed), *Putting People First*, *op. cit.*, pp. 52-85 / p. 85.

los recién contratados, que a menudo carecen de la experiencia necesaria. También las dificultades que encuentran para la obtención de préstamos y otras formas de asistencia de los organismos estatales constituyen un factor adicional que los aleja de las actividades de desarrollo. De hecho, a muchos agricultores les resulta bastante más fácil tratar con el prestamista local, la fuente de crédito comprobada a través del tiempo en las pequeñas ciudades.

La asistencia gubernamental parece encontrarse fuera de alcance debido a que a menudo la gente desconoce su existencia. La información relativa a los servicios públicos que pueden ser útiles, por alguna razón no les llega totalmente. Es posible que la gente tenga conocimiento general de la existencia de servicios de planificación familiar, pero no necesariamente saben cómo funcionan y qué deben hacer para obtenerlos. Así, la participación se encuentra restringida debido a la falta de información.

La sociedad tradicional no es homogénea. La gente pertenece a tribus, castas y otras agrupaciones. Existe por lo tanto un orden jerárquico de organización de las mismas. El poder económico y político suele estar concentrado en los grupos de niveles más altos, y los pobres en general pertenecen a los estratos inferiores. Esta estructura social no equitativa ha subsistido a través de los siglos. Dentro de este orden social, los ricos fácilmente se encuentran mejor ubicados para beneficiarse de los contactos con el exterior, y por ende, son ellos los que tienden a aprovechar todas las oportunidades de participación en el proceso de desarrollo. Los grupos de menores recursos, que dependen de los más ricos para la satisfacción de muchas de sus necesidades cotidianas, naturalmente prefieren evitar cualquier confrontación y por ello deciden abstenerse.

De cualquier manera, un importante obstáculo reside en la virtual ausencia de organizaciones comunitarias a nivel de base.[18] En aquéllos casos que existen, no son totalmente operativas. Mediante su enlace con los organismos de desarrollo oficiales a nivel de trabajo de campo, dichas organizaciones pueden ofrecer a la gente excelentes oportunidades para participar en la toma de decisiones y realización de actividades de desarrollo. Para que los

18. United Nations, *Community- Based Approach to Rural Development* - Report of an Interregionel Workshop, Geneva, 1-6 December 1985 (UN Departament of Technical Cooperation for Development: New York, 1986).

agricultores puedan mantener el sistema de canales y asignar el agua en función de las necesidades locales, es necesario fundar primero algún tipo de asociación de usuarios. Se pierden numerosas oportunidades de participación en actividades de desarrollo únicamente debido a esta dificultad para crear grupos locales de acción.

ALCANZAR A LA GENTE

Programas Administrados por el Gobierno

La experiencia obtenida con los programas de desarrollo administrados por el gobierno en el Tercer Mundo confirman que una fuente endémica de numerosas dificultades reside en las fallas del sistema administrativo.[19] Cada vez más se están poniendo abiertamente en tela de juicio el fundamento mismo del enfoque burocrático del desarrollo. Un estudio reciente del desarrollo rural en la India durante los últimos treinta años relacionó los fracasos con deficiencias administrativas.[20] Al observar que la falla era inherente al enfoque y métodos adoptados, el estudio señala que como resultado, las personas habían sido sustituidas por el Estado, con consecuencias graves para el desarrollo. Los autores resumieron su conclusión expresando que la anterior confianza en la burocracia como agente de cambio social había resultado equivocada, y que, de continuar la situación actual, no solamente conllevaría a una pérdida de recursos escasos sino también a una incalculable pérdida del respeto a los gobiernos como institución justa y honesta. Aun quienes son críticos menos acervos de los métodos burocráticos están plenamente conscientes de sus numerosas deficiencias. Los gastos administrativos para llegar a la gente suelen ser elevados. Este aspecto fue recalcado recientemente en el contexto de proyectos forestales:

> "Si ha de ampliarse la actividad forestal social, como resulta necesario, sería demasiado onerosa la consiguiente expansión de apoyo del departamento de bosques para los recursos de la mayoría de los países. La forestación agrícola, las plantaciones

---

19. Peter T. Knight (ed), *Implementing Programs of Human Development* (The World Bank: Washington DC, 1980), Staff Working Paper No. 403.

20. L.C. Jain, B.V. Krishnamurti and P.M. Tripathi, *Grass Without Roots: Rural Development under Government Auspices* (Sage Publications: New Delhi, Beverly Hills, London, 1985).

administradas y establecidas a nivel individual, resultan mucho menos costosas''.[21]

Sin embargo, la mayoría de los críticos coinciden en afirmar que el aspecto realmente molesto es que la burocracia, en gran medida, no rinde cuenta a las personas que son los únicos que deben beneficiarse de la misma. En su funcionamiento actual, el sistema no tiene lugar para clientes quienes, en este caso, resultan ser la gente misma. A diferencia de las organizaciones privadas, cuya supervivencia depende del nivel de satisfacción de los consumidores, los organismos públicos no se encuentran sometidos a las mismas presiones. Los burócratas no se ven demasiado afectados por la manera en que los planes se adaptan a los resultados previstos. Por lo tanto, no existe la motivación que fomente mejorar el rendimiento.[22]

Promover un desarrollo centrado en la gente no es la tarea para la cual se crearon las burocracias en el Tercer Mundo. El sistema administrativo fue concebido fundamentalmente como un instrumento para mantener el orden, la recaudación de los impuestos, y la ejecución de otras funciones gubernamentales mínimas de índole similar. De hecho, la preocupación por la gente en la forma en que se refleja en los actuales planes gubernamentales es bastante novedosa. Por ende, las aptitudes administrativas requeridas por el desarrollo centrado en la gente se encuentran aún en una fase de crecimiento rudimentaria. Como lo comentaron Baum y Tolbert:

> ''Las áreas más recientes del desarrollo son relativamente desconocidas. El conocimiento de las características económicas, sociales y culturales de los pequeños agricultores, de los pueblos tribales menos aventajados o de los pobladores de asentamientos urbanos sigue siendo rudimentario en numerosos países, a pesar de los impresionantes avances realizados en la pasada década. El diseño de técnicas administrativas e institucionales apropiadas para proyectos dirigidos a estos grupos se encuentra en una fase

---

21. Raymond Noronha and John S. Spears, ''Sociological Variables in Forestry Project Design'', in Michael M. Cernea (ed), *Putting People Firts, op cit.*, p. 265.

22. FAO, *Organization and Management Strutures for Rural Development: Agricultural Services to Small Farmers* Report of Expert Consultation held in Rome, Italy, 12-15 December, 1983. (FAO of the UN: Rome, 1984).

aún más inicial, y ofrece dificultades específicas, con mayor razón aún puesto que la administración como disciplina ha sido formulada y aplicada en forma predominante en el marco de los países industrializados y en instituciones de tipo industrial en los países en desarrollo''.[23]

Al carecer a menudo de las aptitudes y experiencia requeridas, los administradores del desarrollo centrado en la gente no logran, por lo tanto, obtener los resultados deseados.

La ineficiente actuación de la burocracia plantea un interrogante permanente: ¿No hay otra manera de ayudar a la gente si la burocracia no ha logrado estar a la altura de las expectativas? De hecho, hace mucho tiempo que los forjadores de opciones de desarrollo serios se han dedicado a explorar alternativas a la burocracia. Algunos empiezan a preguntarse si los organismos gubernamentales y su personal son los únicos medios para promover el desarrollo centrado en la gente.

La Opción ONG

En este contexto, el rol que pueden tener las organizaciones no gubernamentales -conocidas como organizaciones voluntarias privadas (OVPs) es actualmente tema de numeroso debates.[24] Su ya considerable contribución al esfuerzo de desarrollo a nivel mundial en salud, educación, desarrollo rural y otros sectores les ha valido un gran número de adeptos. Decía Korten:

> ''Es necesario escuchar muchas voces para configurar las vías del desarrollo de una nación, y las ONGs tienen todo el derecho -aún más, la obligación- de expresar sus valores y experiencia. Resulta significativo igualmente el que las ONGs son a menudo las instituciones más activas de la sociedad en ayudar a los pobres a lograr voz propia''.[25]

---

23. Warren C. Baum and Stokes M. Tolbert, *Investing in Development: Lessons of Word Bank Experience, op. cit.*, p. 504.

24. Anne Gordon Drabek (ed), *Development Alternatives: The Challenge for NGOs* (World Development Supplement, Vol. 15, Autumn 1987). Also see, Robert F. Gorman (ed), *Private Voluntary Organizations as Agents of Development* (Westview Press: Boulder CO, 1984).

25. David C. Korten, ''Third Generation NGO Strategies: A Key to People-Centred Development'', *World Development* (1987, Vol. 15, Supplement), pp. 145-159 / p. 156.

El Banco Mundial y otros donantes se están orientando progresivamente a involucrar a las ONGs en sus proyectos de desarrollo.[26] En un reciente enunciado de política, el Banco afirmó las siguientes razones como motivos para trabajar en cooperacion con dichas organizaciones:

> "Las ONGs tienen una singular comprensión de las instituciones locales y del entorno sociocultural y por lo tanto pueden hacer un valioso aporte al diseño del proyecto. Suelen tener mejor acceso que la mayoría de los organismos gubernamentales y compañías consultoras comerciales a la población interesada por el proyecto, debido a su familiarización con la misma y la red de miembros, corresponsales y seguidores a nivel del distrito o de la población. A menudo, las ONGs disponen de recursos para el apoyo a las actividades paralelas al proyecto principal y dirigidas a los mismos grupos de población y es posible que en algunas ocasiones satisfagan necesidades imprevistas que surgen durante la puesta en práctica de proyectos a gran escala. Las ONGs también suelen ser pioneras del desarrollo, mediante la realización de proyectos pilotos que pueden ser replicados después. Su trabajo es de bajos costos: están financiadas en gran parte por donativos y tienen un personal integrado por voluntarios. De cualquier manera, no son organizaciones con fines de lucro. También es frecuente que las ONGs tengan un "Know-how" profesional especial que no se encuentra fácilmente en empresas comerciales".[27]

De hecho, se están explorando seriamente varias opciones en las que deliberadamente se aminora el papel de los organismos gubernamentales y se reconoce la capacidad innata de la gente para ayudarse a sí misma. Un ejemplo de ello es un programa de desarrollo rural que han venido elaborando el Gobierno de Sudán y el Programa de Naciones Unidas para el desarrollo

---

26. Elena Borghese, "Third World Development: The Role of Non-Governmental Organizations", *The OCED Observer* (April/May 1987, No. 145).

27. World Bank, "Cooperation Between the Work Bank and Non-Governmental Organizations", (Annex I), pp. 14-17, *Rural Water Supply and Sanitation: Possibilities for Collaboration with Non-Governmental Organizations.* Part one: Africa (Operational Policy Staff, Water Supply and Urban Development Department: Washington DC, 1985).

(PNUD) en consulta con otros organismos de Naciones Unidas desde julio de 1986. En dicho programa:

No se fortalece ningún organismo gubernamental con el fin de que realice la tarea ni hay efecto de goteo "hacia arriba ni hacia abajo". La idea es que la gente ha logrado sobrevivir de alguna manera a una de las peores sequías que se haya conocido. Se ha ayudado a sí misma y entre ellos en el marco de su comunidad. Si se promueve esta autoayuda y capacidad de supervivencia, podría resultar factible hacer llegar a estos agricultores y artesanos a un nivel superior al de la mera existencia, a un punto en que haya un incremento gradual de producción y de ingresos y un sentimiento más estable de autodependencia, disminuyendo a la vez la presión sobre los servicios gubernamentales, que no tienen una capacidad de respuesta adecuada.[28]

Si este programa, que aún debe superar numerosos obstáculos, logra despegar en la forma prevista, "podría muy bien convertirse en uno de los primeros ejemplos de asistencia técnica que toma distancia de treinta años de configuración institucional y llega directamente a aquéllos a quienes estaban destinados gran parte de los esfuerzos de desarrollo durante las décadas recientes, pero que recibieron poco, o ningún beneficio derivado de los mismos, a saber, las comunidades rurales".[29]

No cabe duda que las ONGs tienen numerosos éxitos en su haber en calidad de agentes del desarrollo.[30] Sin embargo, evaluaciones recientes también han podido detectar algunas deficiencias en su forma de operación. Una percepción es la de que los proyectos de las ONGs a menudo adolecen de varias fallas: las relaciones costo/beneficio no son favorables, los proyectos no son sostenibles sin subsidios, y no son demasiados replicables.[31]

Recientemente, se puso de manifiesto que:

> ...ninguno de los proyectos forestales en Africa asistidos por donantes se acercaban a una situación de cobertura de costos.

28. Jochim von Braunmuhi, "Reaching Out to Rural Communities in Sudan", *UNDP NEWS* (September/October 1987), p. 4.

29. Ibid, p. 5.

30. Terry Alliband, *Catalysts of Development: Voluntary Agencies in India* (Kumarian Press: West Hartford, CT, 1983).

31. Gene Ellis, "Making POVs Count More: A Proposal", in Robert F. Gorman (ed), *Private Voluntary Organizations as Agents of Development* (Westview Press: Boulder, CO, 1984), pp. 201-213.

> Todos dependen del continuado y elevado subsidio de donantes extranjeros, y el impacto de dicho subsidio es el de hacer no rentables esfuerzos privados a pequeña escala.[32]

La crítica más lesiva, sin embargo, es la de que las ONGs no promueven un desarrollo autosostenido. Un estudio realizado en Bangladesh encontró que son pocas las OVPs que se proponen como objetivo en sí el de tener cronogramas razonables para ingresar y retirarse de un proyecto de desarrollo.[33] Esto crea una relación de dependencia entre el organismo de asistencia y la población que se propone atender.

Es evidente que las ONGs no pueden reemplazar por completo a los organismos estatales. Tampoco se crean con esa intención. Su papel consiste fundamentalmente en completar los esfuerzos de desarrollo administrados por el gobierno. En esa perspectiva, los organismos de desarrollo nacionales e internacionales buscan su asistencia actualmente para promover el desarrollo.

INCREMENTAR LA EFECTIVIDAD DE LAS INSTITUCIONES GUBERNAMENTALES

Si bien se están tomando en cuenta numerosos enfoques innovadores que buscan un papel progresivamente reducido para los organismos gubernamentales, todavía no se avizora una alternativa a la burocracia. Y es poco probable que emerja un verdadero sustituto. La burocracia, al parecer, perdurará. De hecho, es probable que en asuntos relativos al desarrollo se amplíe aún más su papel en el futuro.

Si el desarrollo ha de ser una responsabilidad de creciente importancia de la burocracia, será necesario un cambio de orientación considerable en sus enfoques y métodos.[34] Para ser efectivos en su tarea, los administradores

---

32. Gene Ellis, "On Teaching How to Fish", *Proceedings of Workshop on Energy, Forestry and Environment*, (USAID, Bureau for Africa: Washington DC, April 1982).

33. I. Buxell, *PVOs in Bangladesh and the PVO Co-Financing Project Evaluation* (mimeo) USAID/DACCA (April 1977), p. 5, Quoted in Gene Ellis, "Making PVOs Count More: A Proposal", in Robert F. Gorman (ed), *Private Voluntary Organizations as Agents of Development* (Westview Press: Boulder, CO, 1984).

34. Rod Rhodes, "Developing the Public Service Orientation", *Local Government Studies* (May/June 1987, Vol. 13, no. 3), pp. 63-73. Also see M. Clarke and J. Stewart, *Local Government and the Public Service Orientation: ¿Or does A Public Service Provide for the Public?* (Local Government Training Board: London, 1985).

tendrán que desarrollar en primer lugar lo que ha venido a llamarse la "orientación de servicio público"(OSP).[35] Sin embargo, en la actualidad, las burocracias están agobiadas con un legado de relaciones paternalistas o tecnocráticas, cuando no autoritarias, con el público. No resulta sorprendente, por lo tanto, el que numerosos organismos no se muestren excesivamente dispuestos ni en capacidad de trabajar en cooperación e interacción con los beneficiarios previstos. Es bastante evidente que se necesitarán muchos ajustes en materia de administración para adaptarla a las tareas del desarrollo orientado hacia la gente.

Como lo demuestra la experiencia, no es fácil gerenciar programas centrados en la gente. La tarea ha resultado ser mucho más compleja de lo que se había previsto.[36] El Banco Mundial reconoció esta situación: "Los gobiernos a menudo encuentran que los programas que interesan a los más pobres son aquéllos cuya efectividad plantea mayores dificultades".[37] Una vez más, en el marco del desarrollo centrado en la gente, un participante de un simposio reciente del Banco Mundial reconoció el hecho de que "no existe una teoría burocrática para ayudar a ajustar insumos efectivos y apropiados a los procesos de gerencia del sector público, y las limitaciones mismas de la estructura burocrática del Banco dificultan el contacto con pequeños agricultores y otras personas desprovistas de recursos".[38]

Al respecto, es poco probable que la experiencia de países desarrollados resulte excesivamente útil. Una encuesta de la ODDE, admite abiertamente:

"La experiencia de programas de lucha contra la pobreza en países industrializados, por otra parte, muestra que resulta extremadamente difícil y costoso tanto en recursos financieros como administrativos desarrollar programas selectivamente dirigidos a mejorar los niveles de empleo y de

---

35. D.C. Korten and G. Carner, "Reorienting Bureaucracies to Serve the People: Two Experiences from the Philippines", *Canadian Journal of Development Studies*(1984, Vol. 5, No. 1), pp. 7-24.

36. Hari Mohan Mathur, *Administering Development in the Third World: Constraints and Choices* (Sage Publications: New Delhi, Beverly Hills, London, 1986).

37. World Bank, *World Development Report,* 1983 (Oxford University Press: New York, 1983), p. 88.

38. E.A. Brett, "Reaching the Poorest: Does the World Bank Still Believe" in "Redistribution with Growth?", in The World Bank (ed), *Recovery in the Developing World* - The London Symposium on the World Bank's Role (The World Bank: Washington DC, 1986), p. 75.

ingreso, así como las condiciones de vida de los grupos más desfavorecidos. Es este un campo en el cual los países altamente industrializados son los de menor ventaja comparativa para brindar su asistencia a los países en desarrollo".[39]

Las dificultades en la administración de programas centrados en la gente surgen principalmente debido a que los funcionarios de gobierno se encuentran con ellos en un terreno que no les es familiar, puesto que su incorporación como tema de política en la administración pública es bastante reciente.

Dar forma concreta a la emergente preocupación por la gente exigirá, antes que nada, algunos cambios fundamentales en la forma de pensar de planificadores y administradores. Ya no deberá pensarse en la gente simplemente en términos de objetivo de los sistemas de prestación de servicios públicos. Será necesario reconocer abiertamente el hecho de que la gente tiene la capacidad de contribuir a su propio desarrollo, y también intentar lograr su participación en todas las etapas del proceso de desarrollo partiendo de la identificación del proyecto, pasando por su formulación, ejecución, supervisión y hasta su evaluación. Su interés en su propio desarrollo supera ampliamente el que puedan tener los organismos externos a su localidad.

Resulta necesario aceptar que los habitantes de las localidades pueden ser fuente de información importante, y su colaboración puede ser útil en una amplia gama de actividades de desarrollo. En numerosos casos se ha demostrado la superioridad de las soluciones autóctonas, en materia de asuntos técnicos, sobre lo que puede ofrecer la tecnología moderna. Un ejemplo clásico es el de los puentes suspendidos en el distrito de Balung, en Nepal construidos por la gente local misma, a un costo muy inferior y con mucho mayor velocidad, con el uso de tecnología autóctona.[40] Esto no quiere decir que los habitantes rurales son infalibles; nadie lo es. Se trata de señalar que es mucho lo que se puede ganar al aceptar el hecho de que la gente tiene un papel crítico en el desarrollo, especialmente el que está dirigido a sus necesidades.

---

39. *Twenty-five Years of Development Cooperation: A Review* (Organization for Economic Cooperation and Development: Paris, 1985), p. 260.

40. Prachanda P. Pradhan, *Local Institutions and People's Participation in Rural Public Works in Nepal* (Rural Development Committee, Cornell University: Ithaca, NY, 1980).

No es posible lograr efectivamente tareas de desarrollo centradas en la gente sin una adecuada comprensión de sus valores, costumbres, creencias, necesidades percibidas, y objetivos. Las variables sociológicas que se pasan por alto en los procesos de planificación y ejecución tienden a cobrar un alto costo más adelante. Son numerosos los fracasos debidos simplemente al hecho de hacer caso omiso de los factores sociales en el diseño original del proyecto. En efecto, hay una permanente necesidad de recurrir a insumos antropológicos y sociológicos en los proyectos de desarrollo, desde la identificación hasta la evaluación de su impacto. Es necesario que los administradores del desarrollo utilicen este recurso cada vez más para el apoyo a sus proyectos.[41] Los desembolsos por concepto de este insumo son bastante accesibles y dan réditos con creces al ser invertidos en proyectos que logran, de una u otra manera, hacer llegar a la gente los beneficios que les estaban destinados. Uphoff comentaba con acierto:

> ...los esfuerzos a nivel de investigación-acción en materia de ciencias sociales representan una porción relativamente pequeña del costo total del proyecto, pero hacen que el resto del desembolso sea mucho más productivo.[42]

El desarrollo centrado en la gente no tendrá éxito a menos de que la reforma administrativa se filtre a todos los niveles -desde la formulación de políticas en el centro, hasta su ejecución en la periferia. Los esfuerzos por mejorar el rendimiento administrativo a menudo permanecen limitados a nivel superior. Las oportunidades de capacitación, especialmente para la formación en el extranjero, suelen destinarse en primer lugar a los funcionarios de niveles superiores. De cualquier manera, la tarea de orientar reviste la misma urgencia en la periferia -el nivel en el cual el personal de campo, y los habitantes rurales, establecen contacto estrecho y directo.

Es necesario fortalecer la autoridad en materia de toma de decisiones del personal de campo mediante una permanente delegación, numerosos funcionarios centrales se resisten a esta delegación con el pretexto de que los

41. Hari Mohan Mathur, "The Role of Anthropologists in Rural Development", *IFDA DOSIER*, 27 January-February 1982.

42. Norman Uphoff, "Fitting Projects to People", in Michael M. Cernea (ed), *Putting People First, op. Cit.*, p. 382.

funcionarios de menor nivel carecen de la capacidad para actuar en forma independiente. Esto no es necesariamente cierto. Por el contrario, el personal de campo a menudo se encuentra mejor preparado para evaluar muchos de los problemas que surgen sin cesar en el terreno, y tratar de resolverlos paulatina y oportunamente.

Un desafío importante en este respecto es el de promover en el personal de campo el compromiso con el desarrollo centrado en la gente. Deben empezar a visualizar su labor como algo fundamental para el desarrollo del país en su conjunto. De cierta manera, su asociación más cercana con la toma de decisiones en materia de desarrollo a un escalón superior puede generar esta forma de pensar. Esto a su vez tendrá repercusiones favorables en todo el proceso de participación. La siguiente observación resulta muy acertada en este contexto:

> ...La gente tiende a tratar a los demás en la misma forma en que ha sido tratada. Es poco probable que un agente de extensión agrícola que debe funcionar en virtud de procedimientos, reglas y precedentes de rigidez burocrática característica se acerque a los agricultores con la flexibilidad y capacidad de respuesta necesarias para promover una respuesta significativa a iniciativas de proyecto. Por otra parte, un agente que ha estado activamente involucrado en decisiones relacionadas con sus propias actividades tiene mayor probabilidad de hacer un aporte a los agricultores con la valoración y respeto por su contribución potencial a las decisiones relacionadas con el proyecto que les afectan directamente.[43]

Esfuerzos recientes por mejorar la actuación de los organismos gubernamentales se han dedicado a numerosos aspectos de la administración pública tales como descentralización, coordinación, delegación, información y sistemas de control gerenciales, reglamentos, procedimientos, contratación, compensación, capacitación, etc. Algunas medidas de reforma, en efecto, han producido resultados rápidos, pero aún no se ha inventado una fórmula que funcione en todos los casos, en cualquier lugar. Soluciones adecuadas para una situación determinada resultan inapropiadas en otros

---

43. Jerry VanSant, David Gow and Thomas Armor, "Managing Staff to Promote Participation", *RDPR* (Vol. III, No. 2, Spring 1982), p. 4, Supplement on Integrated Rural Development.

contextos. Además, la experiencia ha demostrado que no es posible incorporar a las instituciones existentes la capacidad de promover el desarrollo centrado en la gente como si se tratase de una carretera o una represa. El desarrollo institucional debe ser abordado como un largo proceso de experimentación, aprendizaje y adaptación.

AYUDAR A LA GENTE A DESPLEGAR SU POTENCIAL

Sin duda alguna, la reorientación de la burocracia es un paso importante para promover el desarrollo centrado en la gente, pero el fortalecimiento de la capacidad de la misma para contribuir a su propio desarrollo no lo es menos. El desarrollo sostenible requiere la disponibilidad de suficiente capacidad para planificar y administrar planes de desarrollo a pequeña escala a nivel local. Para evitar que los frutos del desarrollo se desvanezcan poco después de que se retiren los grupos de trabajo del campo, será necesario dedicar atención al desarrollo de la capacidad local.

Las organizaciones locales que han existido tradicionalmente en numerosas áreas rurales son un recurso importante para el desarrollo. Los organismos gubernamentales buscan ahora cada vez más la participación de grupos locales y de sus dirigentes en actividades de desarrollo. Es muy grande el potencial de los mismos para contribuir al desarrollo, pero requieren apoyo para poder superarse en la dirección deseada.

En algunas oportunidades no se comprende plenamente el papel del hecho de que en algunos casos los grupos tradicionales, que estaban organizados en función de determinadas tareas específicas de naturaleza puramente social, no lograron encarar tareas de desarrollo de índole diferente a medida que surgían. La manera fácil de afrontar la situación es pasarlos por alto y crear nuevos grupos, pero eso no desarrolla la capacidad local. Se requieren nuevas instituciones auspiciadas por el gobierno, pero también las antiguas pueden recibir el estímulo y apoyo necesarios para promover numerosas tareas de desarrollo.

Una revisión de organizaciones exitosas de diferente naturaleza estableció que uno de los aspectos que tenían en común era el de que cada una había desarrollado una organización apropiada para la labor que debían realizar. Así,

> ...cada una de ellas tenía éxito porque había elaborado un modelo de programa en respuesta a las necesidades del beneficiario en un

> momento y lugar específicos y habían construido una sólida organización capaz de hacer funcionar el programa. Expresado de otra manera, habían logrado un alto nivel de ajuste entre el diseño del programa, las necesidades del beneficiario y las capacidades de la organización que brinda la asistencia.[44]

Resulta evidente que las organizaciones locales, tanto las autóctonas como las de auspicio oficial, pueden desempeñar un papel crítico para acelerar el ritmo de desarrollo. Otros estudios han demostrado igualmente que dichas organizaciones pueden ampliar la base de la participación, incrementar el acceso a los recursos y promover el cambio. El recurso a estas organizaciones también contribuye al desarrollo de la capacidad de solución de problemas a nivel local y permite que el proceso de desarrollo se haga autosostenido.[45]

Subsisten reservas en cuanto a la capacidad gerencial de la población rural. La experiencia empírica, sin embargo, no tiende a corroborar la opinión de que la gente no puede administrar los asuntos relativos a su propio desarrollo. Fundado en sus estudios de las regiones rurales de Tailandia, Calavan elaboró un impresionante catálogo de actividades gerenciadas a nivel local que abarca tareas como la construcción, mantenimiento y reglamentación de sistemas de irrigación a pequeña escala, estanques, pozos, carreteras, puentes, estructuras de templos budistas e instalaciones de incineración.[46] Probablemente la capacidad de administración de la gente rural no es la misma a la que están acostumbrados los expertos en materia de desarrollo, pero existe y es real.

De cualquier manera, es necesario brindar educación y capacitación a la gente en materia de gerencia y otras destrezas para que puedan tener un concepto más informado del desarrollo y de su papel en el mismo. Paulo

---

44. D.C. Korten, "Community Organization and Rural Development: A Learning Process Approach", *Public Administration Review* (Vol. 40, No. 5. September/October 1980), pp. 480-511.

45. Michael M. Cernea, "Farmer Organizations and Institution Building for Sustainable Development", in Ted J. Davis and Isabelle A. Schirmer (eds), *Sustainability Issues in Agricultural Development* (Washington DC, 1987), pp. 116-136.

46. Michael Calavan, "Appropriate Administation Creating A "Spaces" where Local Iniciative and Voluntarism Can Grow", in Robert F. Gorman (ed), *Private Voluntary Organizations as Agents of Development* (Westview Press: Boulder, CO, 1984), pp. 215-249 / p. 217.

Freire enfatizó la necesidad de cambiar el enfoque de los pobres para que puedan salir de su aislamiento.[47] Lo importante es crear conciencia y motivación en la gente para que piensen que las cosas pueden estar mejor, que ellos tienen opciones. Una vez que la gente tome conciencia de las posibilidades para una vida mejor, cabe esperar que tendrá un rol más activo para promover su desarrollo. Además, es importante la capacitación para equipar a la gente para realizar tareas relacionadas con ganarse la vida como agricultores, pescadores, maestros y contabilistas.

Del desarrollo centrado en la gente se ha hablado más de lo que se ha logrado en la práctica. A pesar de ello, sigue siendo un hecho que si el desarrollo ha de mejorar la calidad de vida para grandes segmentos de pobres del Tercer Mundo, éstos deben adquirir el derecho a participar en las decisiones que afectan su futuro. El éxito en ello depende no solamente de una reorientación de las burocracias, sino también de crear en la gente la capacidad para organizarse para su propio desarrollo. Como lo sugiere la experiencia, ninguna de estas tareas puede lograrse fácil o rápidamente. Los esfuerzos para promover cambios en estas direcciones alteran el status quo y generan rápidamente una rígida oposición a cualquier desviación importante de los patrones establecidos de pensamiento y acción. Puede decirse, en realidad, que el destacado lugar con que se distingue actualmente al desarrollo centrado en la gente implica algunos desafíos de gran envergadura.

---

47. Paulo Freire, *Education for Critical Consciousness* (Seabury Press: New York, 1973), pp. 63-84.

MOVILIZANDO A LA POBLACION PARA EL DESARROLLO SOCIAL. ENFOQUES Y TECNICAS PARA LA PARTICIPACION POPULAR*

MARY RACELIS

Aunque la participación de la población está actualmente firmemente entronizada en la literatura sobre el desarrollo y hasta en los documentos de planificación nacional, su práctica continúa siendo esquiva. Paradójicamente, la historia muestra que las personas que viven en comunidades siempre han participado en la toma de decisiones para solucionar los problemas que los confrontaban. Los campesinos de todo el mundo se han enfrentado exitosamente a la necesidad de producir suficientes alimentos, vestido y refugio para asegurar su subsistencia y crear suficientes vínculos de solidaridad entre sí que generen formas adecuadas de intercambio de trabajos y servicios, así como generar un sentido de interés compartido.

¿Por qué entonces esta insatisfacción con los niveles de participación del pueblo en el desarrollo? Las palabras claves son "en el desarrollo". Porque el problema no es tanto una falta de participación de parte de la población en las actividades comunitarias; en cambio, se trata de su falta de acceso a los procesos de toma de decisiones que tienen lugar fuera de la comunidad, pero que sin embargo tienen un impacto sobre la misma. Con demasiada frecuencia en las sociedades en modernización, el Estado controla cada vez más los nuevos recursos y regula la distribución de los beneficios existentes, así como la forma en que estos serán diseminados entre la ciudadanía. La mayoría de las personas tiene muy poca voz y voto al respecto.

---

* Traducido de *Regional Development Dialogue*, Spring 1986, United Nations Centre for Regional Development, Japon, con autorización de los editores.

En los países en desarrollo, por definición, aquellos con menores recursos también son impotentes para dictaminar si los recursos, servicios o información, los afectarán y serán integrados en sus vidas o no, y cómo lo harán. Al ser miembros de una unidad nacional organizada políticamente, por elección o por mandato, descubren que, desde la perspectiva de aquellos que dirigen el gobierno desde la capital nacional, "lo que es tuyo es mío para que lo maneje, y lo que es mío también es mío para que lo maneje". En tal situación, los residentes ordinarios se convierten en simples dependientes del Estado, apéndices más que ciudadanos imbuidos con suficiente poder como para poder determinar, o por lo menos influenciar en forma significativa, los acontecimientos que moldean sus vidas.

Para que la calidad de vida de la mayoría de la población en una nación pueda ser progresivamente mejorada y sostenida -lo cual es el objetivo declarado del proyecto de investigación de Alternativas de Desarrollo Social- una mejor comprensión de las dimensiones participatorias se vuelve crucial para la formulación de un diseño y metodología adecuados.

IMPORTANCIA DE LA PARTICIPACION DE LA POBLACION

La justificación de la participación popular en el desarrollo tiene su origen en varios preceptos. En primer lugar está la afirmación de que las personas constituyen el objetivo central del desarrollo, siendo la voluntad y capacidad humanas el recurso más crítico de una nación.[1] La participación fortalece la capacidad de la población y su esfuerzo por crear y mantener su crecimiento y desarrollo colectivos, cualidades inherentes a un verdadero desarrollo.

Segundo, una población motivada para enfrentarse a sus propios problemas, inicialmente a nivel comunitario, puede organizarse en forma más efectiva a fin de alcanzar este objetivo. Es más probable que se movilicen para planificar juntos, fijen prioridades que tomen en consideración a los grupos de menores recursos, tomen medidas y supervisen continuamente los resultados, a fin de asegurar la eficacia de los mismos, y evalúen los resultados de modo de dar nueva forma y revitalizar el plan inicial. En el

1. David C. Korten, "Social Development: Putting People First" (Desarrollo Social: Poniendo Primero a la Gente") en D.C. Korten y F.B. Alfonso, eds., *Bureaucracy and the Poor: Closing the Gap* (Burocracia y los Pobres: Cerrando la Brecha). (Singapur: Publicado por McGraw-Hill para Asian Institute of Management, Manila, 1981), p. 201.

proceso, necesariamente se reexaminarán las tradiciones locales y las relaciones de poder existentes, siendo más probable que surjan resultados compatibles con las realidades locales. Más aún, la involucración de la población en una empresa desde el principio significa una mayor probabilidad de que consideren a la actividad o proyecto como suyo propio, asegurando, a su vez, un mejor seguimiento, un interés sostenido y una disposición a enfrentarse y solucionar los problemas nuevos a medida que surjan.

Tercero, la creación y sostenimiento de una planificación y acción efectivas a nivel comunitario, lleva a la formación de redes entre grupos que piensan igual, lo cual a su vez da origen a movimientos a favor del cambio o reforma abarcando distritos o provincias completas, o hasta la nación entera. Esta forma de desarrollo autosuficiente, ayudado por esfuerzos externos constructivos diseñados de acuerdo a las perspectivas de la población, crea ese tipo de voluntad y capacidad humanas que marcan los cimientos de una buena sociedad.

DESARROLLO SOCIAL ALTERNATIVO COMO MARCO[2]

Aunque la teoría de desarrollo por "filtrado" o "colado" tiene muy pocos amigos en los círculos intelectuales hoy en día, aún nos queda mucho camino por recorrer antes que llegue a su madurez una alternativa genuina que encarne los esfuerzos "desde la base hasta la cima", o participatorios. Los programas que apuntaban a aliviar la pobreza no han alcanzado este objetivo ni de lejos, por varios motivos.

Restricciones a la participación

Primero, aunque muchos programas han adoptado estrategias que enfocan sobre los pobres, lo han hecho en forma aislada de la sociedad en general. Los fondos asignados a dichas estrategias han sido reducidos, comparados con los presupuestos generales de los gobiernos, y por lo tanto continúan siendo marginales. Sin embargo, debido a que existen y a que la retórica de

2. Esta discusión se basa extensamente en *Poverty, Productivity and Participation: Contours of an Alternative Strategy for Poverty Eradication* (Pobreza, Productividad y Participación: Perfil de una Estrategia Alternativa para la Erradicación de la Pobreza). (Bangkok: Comisión Económica y Social para Asia y el Pacífico, 1985).

la preocupación se hace oír, se supone -ingenuamente- que la sociedad está enfrentándose a esos problemas.

Segundo, los programas contra la pobreza han dado por sentado que la reforma en la tenencia de la tierra será la clave mágica para producir un cambio beneficioso. Por necesaria que sea la reforma agraria, su potencial para enfrentarse a los problemas de pobreza y desempleo rurales resulta limitado. En la mayoría de los países asiáticos la cantidad de familias sin tierra que busca empleo es tan grande, que las granjas existentes no pueden ni empezar a recibirlos o hacerles lugar. Tampoco existen industrias rurales que puedan absorberlos. Aun aquellos que hallan trabajo en el sector agrícola, se encuentran involucrados en trabajos que implican largas horas de trabajo muy duro, que rinde muy poco en relación con el esfuerzo invertido. De allí que la baja productividad, es decir, bajos ingresos por unidad de tiempo trabajado, característica común de la agricultura marginal y de la población rural no agrícola, mantenga a las personas en un nivel de pobreza.

Tercero, se ha hecho muy poco por canalizar las inversiones de modo que la población más necesitada rural (y urbana) obtenga acceso a activos generadores de ingresos. El sistema bancario continúa impávido ante las necesidades crediticias del sector de menores ingresos, quienen experimentan una gran dificultad en poder iniciarse en actividades económicas viables. Las reglas y procedimientos bancarios prestan servicio a quienes ya tienen una participación económica aceptable en la sociedad, y no a quienes más necesitan un impulso. Las mujeres son especialmente victimadas por estas estructuras inadecuadas, Más allá de esto, se han tomado pocas o ninguna disposición para mantener niveles de consumo mínimos para las familias vulnerables y, dentro de esa categoría, para las mujeres y niños. De modo que la base de recursos humanos se tambalea.

Cuarto, la formación de grupos comunales para medidas colectivas que apunten a solucionar sus problemas continúa siendo objeto de aprensión o desaprobación directa para los funcionarios nacionales y hasta para aquellos a nivel distrital. Tampoco se ha producido verdaderamente una descentralización genuina, si por eso entendemos la toma de decisiones a nivel regional no sólo como planificación e implementación, sino también en términos de acceso a fondos para el desarrollo y control de los mismos. Más aún, los mecanismos para integrar la planificación regional y la nacional aún no han evolucionado para convertirse en un sistema operacional. El respaldo institucional que ofrece una ciudadanía educada y saludable y la atención necesaria para las consideraciones ecológicas ocupan un bajo nivel de prioridad en las asignaciones de los presupuestos nacionales.

Condiciones que apoyan la participación

El Desarrollo Social Alternativo requiere que se reviertan las restricciones mencionadas arriba a favor de un ataque frontal a la pobreza mediante la movilización del entusiasmo y la acción popular, reformando las instituciones existentes para que sirvan a la población mayoritaria en formas compatibles con sus valores, conocimientos y habilidades, aumentando las inversiones en los sectores de menores recursos rurales y urbanos, y aplicando los beneficios de la tecnología moderna a las necesidades diarias de la población.

Las precondiciones sociales necesarias para esta vía alternativa exigen una estrategia de desarrollo que enfoque sobre los pobres, o aquellos con pocos o ningún recurso, en forma de agenda nacional. Dotaría a los hogares y personas más necesitadas con haberes o bienes capaces de producir ingresos significativos en relación con el tiempo trabajado y la cantidad de energía invertida. Cubriría las necesidades mínimas de consumo de los grupos vulnerables, especialmente niños y mujeres indigentes, de modo que no se conviertan en víctimas del ''desarrollo''. Es imperativo lograr una formación de grupos por parte de la población, formales o informales, que vayan más allá de las cooperativas de pueblos. Esto crearía una unidad social básica capaz de dar voz y fuerza a los pobres, de permitir empresas económicas más ambiciosas y de facilitar la participación de la población en la planificación descentralizada y toma de decisiones. Agencias de desarrollo, incluyendo organizaciones no gubernamentales (ONGS), podrían hacer tratos diferentes con estos cuerpos legítimos, ayudándolos así a formar federaciones informales o formales de unidades sociales básicas capaces de convertise en una fuerza poderosa en pro del cambio. Las mujeres también se organizarían en grupos orientados hacia sus preocupaciones especiales dentro del marco general de pobreza ya abordado por las unidades sociales básicas.

Con el correr del tiempo, el exponer estas unidades sociales básicas al sistema económico más amplio y sus elementos, como inversiones, habilidades, crédito y mercados, las alentaría a esperar -incluso a exigir- estos haberes. La maximización de la absorción de mano de obra en la agricultura intensificando la producción, creando empleos fuera de temporada a través de trabajos de infraestructura que den como resultado bienes durables y productivos, y promoviendo una industrialización local orientada hacia la producción basada en la agricultura y renglones de consumo locales, y que se basen en gran medida en fuentes de energía renovables, forma parte de un Desarrollo Social Alternativo. La descentralización de poder de las autoridades nacionales hacia las regiones sirve como forma de estimular a la población a organizarse en torno a la persecución de estos logros obtenibles. Los grupos comunitarios dinámicos y motivados pueden hacer mucho por llevar a cabo el Desarrollo Social Alternativo. Esta nueva simbiosis es creada por una ciudadanía participativa, lo mejor de la tecnología moderna y mecanismos que apunten al logro de una mayor productividad en cada hogar.

CONFERIMIENTO DE PODERES VS. CREACION DE DEPENDENCIA

Las estrategias de Desarrollo Social Alternativo promueven el conferimiento de poder al pueblo en vez de perpetuar las relaciones generadoras de dependencia tan características de los enfoques " de la cima hacia la base". Korten subraya que la planificación del desarrollo debe originarse en los villorios o poblados más que en los planificadores de la ciudad capital, divorciados de la vida diaria y problemas de los habitantes de las barriadas pobres rurales o urbanas.[3] El ímpetu de la planificación debería producirse a través de medidas para solucionar problemas, más que por un plan formal. Un programa que de poder a la población promoverá un proceso evolutivo nutrido por el acuerdo mutuo entre los agentes de desarrollo y la población. No seguirá procedimientos estáticos dominados por "expertos". Toda la tecnología utilizada será natural de la región, pero sin embargo científica, en vez de ser una importación inadecuada justificada únicamente por motivos "científicos". La base primordial de recursos se apoya en la población y recursos locales. No confía en fondos centrales remotos administrados por técnicos instalados en zonas urbanas.

3. Esta sección sobre características contrastantes es extraída por completo de "Reoirienting Donor Bureaucracies for People-Centered Development" (Reorientación de las Burocracias Donantes para el Desarrollo Centrado de las Personas) de Davis C. Korten en D.C. Korten y Rudi Klauss, eds., *People-Centered Devenlopment : Contributions Toward Theory and Planning Frameworks* (Desarrollo Centrado en las Personas: Contribuciones a los Marcos de Teoría y Planificación). (West Hartford, CT: Kumarian Press, 1984).

La organización de la población resultante es construida gradualmente desde la base hacia arriba, en vez de ser impuesta repentinamente desde la cima. Tendrá una unidad orgánica, holística y significativa para sus miembros y no será una estructura preplaneada y mecanicista. Los errores forman parte normal del proceso de aprendizaje y son reconocidos y analizados en vez de ocultados o pasados por alto. La dirigencia será firme, sostenida y basada en cualidades ejemplares individuales, más que limitada por la atención prestada al status o por cambios excesivamente frecuentes a instancias de entidades externas.

En cuanto al entrenamiento del personal en la agencia de desarrollo, un proceso de aprendizaje basado en la actuación en el campo será la forma predominante, en vez de un tipo de instrucción didáctica previa al servicio, ubicada en un salón de clases formal. El equipo de desarrollo trabajará en forma interdisciplinaria, en vez de enfocar por separado sobre cada especialidad técnica en particular. Se emprende el análisis social a fin de definir mejor los problemas desde el punto de vista de la población y mejorar los programas que ellos han creado. Esto contrasta con el tipo de análisis social generador de dependencia que se ocupa más de justificar el plan y los requisitos de evaluación que de otra cosa. La evaluación del programa estará orientada hacia el proceso y será continuada, en vez de enfocar únicamente sobre el impacto determinado intermitentemente por evaluadores externos. Los criterios de buena administración subrayan el desempeño sostenido de los sistemas e instituciones existentes, más que la terminación de proyectos según plazos fijados externamente.

Características que refuerzan el conferimiento de poder

El enfoque del proceso de aprendizaje a través del conferimiento de poder, en contraposición con aquel que genera dependencia, da la tónica para un desarrollo (alternativo) genuinamente centrado en el pueblo. Sin embargo, cuando ciertos elementos están presentes en la comunidad, aceleran la participación de la población, como sigue:[4] a) Una estructura de acción comunitaria que ya esté en funcionamiento; b) Normas socioculturales imperantes orientadas positivamente hacia la participación; c) Disponibili-

4. "Community Participation" (Participación Comunal). Manual de Campo de UNICEF (Nueva York: UNICEF, 1985).

dad de recursos; d) Experiencias pasadas de participación que hayan sido exitosas; e) Ausencia de actitudes significativamente explotables; f) Líderes motivados capaces de promover la participación de los grupos de menores recursos; y g) Capacidad gerencial.

Las condiciones mencionadas anteriormente para un desarrollo autosuficiente se ven reforzadas aún más si también prevalecen ciertos factores externos a la comunidad: a) Recursos disponibles que apoyen las preferencias y esfuerzos comunitarios; b) Grupo gubernamental regional de orientación positiva; c) Apoyo de la élite regional; d) Presencia de organizaciones no gubernamentales (o privadas voluntarias) efectivas; e) Agencias de extensión del gobierno nacional que promuevan activamente las iniciativas comunales; f) Presencia de agentes/facilitadores/organizadores del cambio; g) Efectos de demostración positivos de resultados exitosos en otras comunidades; h) Leyes conducentes a la organización comunal y procedimientos burocráticos flexibles que permitan a las comunidades movilizarse y generar recursos; i) Ideología y políticas nacionales que reconozcan los derechos de la población; y j) Ideologías y relaciones internacionales que favorezcan la reducción de las grandes disparidades de riqueza y poder entre las naciones, llevando por extensión a una perspectiva similar dentro de una nación dada.

PARTICIPACIÓN DE UNICEF-GENERACION DE PROCESOS DE PLANIFICACION

¿Qué pasos pueden dar las agencias externas, gubernamentales o privadas, para promover una participación autosuficiente entre los grupos comunales y, en última instancia, de la ciudadanía en general? Para abordar este problema, es necesario reconocer la naturaleza fluida del proceso de planificación. Por ejemplo, en los programas de UNICEF de cooperación con los gobiernos categorizamos nuestros esfuerzos de la siguiente manera: a) Intercesión; b) Análisis de la situación, que incluye identificación de problemas y potencialidades; c) Fijación de los objetivos programáticos y desarrollo de proyectos; d) Manejo de la implementación; y e) Supervisión y evaluación. La atención prestada a grupos particulares en desventaja, como las mujeres, es inherente a estos procesos.

Intercesión

Los esfuerzos de intercesión promueven el concepto de la participación popular entre grupos influyentes, como planificadores, administradores, miembros de las ONGS y personal burocrático de servicios. Frecuentemente, estas entidades presentan restricciones a la participación de la población, que los esfuerzos de intercesión pueden ayudar a reducir. Si, más allá de eso, se las puede convencer de que apoyen activamente el conferimiento de poderes a la población, tanto mejor.

Sin embargo, la intercesión no sólo representa un intento de cambio de actitud en salas de reuniones asépticas. También incluye la concertación de visitas de los funcionarios claves a las comunidades organizadas efectivamente en las cuales puedan observar los logros regionales y escuchar las explicaciones de los líderes de las bases respecto a las preocupaciones regionales y las proposiciones de la población para mejorar la situación. Cuando la población rural empobrecida y apenas alfabetizada, o los habitantes de los barrios articulan sus puntos de vista en forma franca y con conocimiento de causa, su audiencia no puede dejar de sentirse impresionada. Por supuesto, lo que se espera es que ésta responda con su apoyo.

Otra variación de este enfoque del proceso de aprendizaje podrían ser programas de entrenamiento más formales para los funcionarios que incorporen la obligación, por ejemplo, de realizar encuestas a los hogares de una comunidad representativa. Esta técnica, además de ofrecer información directa sobre una población poco comprendida, también colocará a los funcionarios en una posición de aprendizaje, temporalmente dependiente, frente a las personas comúnmente dependientes de ellos. Este cambio de roles tiene el potencial de permitir a los funcionarios internalizar una empatía que producirá una asociación posterior con los grupos de población.

Análisis de la situación

Cualquier programa con apoyo externo que espere atraer la participación generalizada de la población excluida normalmente, tendrá que desarrollar un mecanismo a través del cual pueda involucrarse en reflexiones de grupo y análisis de su situación a lo largo del tiempo. Los facilitadores u organizadores experimentados pueden ayudarlos a discriminar sus preocupaciones, por ejemplo, insuficiente extensión de terreno, drenajes insuficientes, policías abusadores, niños que se enferman con frecuencia, mujeres agotadas por tener que caminar diariamente 6 km para buscar agua, un trabajador de sanidad ineficiente en la comunidad, y otros por el estilo. De esta forma, pueden fijar prioridades y dedicarse a averiguar las causas inmediatas y básicas subyacentes tras los problemas identificados.

Este análisis debería emprenderse sin ninguna prescripción predeterminada por las agencias externas para que se sigan líneas de pensamiento convergentes con sus propios intereses sectoriales. De hecho, el mundo de la población generalmente refleja una perspectiva holística que requiere un apoyo multidisciplinario. Los facilitadores ayudan a la población a discriminar qué es lo más importante y para cuáles grupos resulta más importante. De esta forma se especifican los compromisos de valor de los diversos grupos y, al elevárselos al nivel de la conciencia, son pasibles de ser discutidos.

Una vez que un grupo ha seleccionado los problemas a los que desea enfrentarse, los facilitadores pueden prestar ayuda diseñando en conjunto con la población formas adecuadas de recopilar datos para complementar su conocimiento y comprensión del asunto. Así, a través de un análisis participatorio los residentes de una comunidad han acordado que un plan de descongestión del barrio requiere que los recién llegados se muden a un nuevo sitio, pero estipulan que se debería hacer una excepción con los hogares presididos por una mujer, los hogares con más de cinco niños y aquellos con dos o más personas mayores de 60 años, entonces los facilitadores pueden ayudar a formular los instrumentos más adecuados para recopilar y registrar estos datos. Podrían diseñar, junto con los miembros de la comunidad, un formato de cuestionario, entrenar a los entrevistadores para que obtengan la información necesaria y diseñar una hoja de recuento de los resultados, que permita al grupo formular una lista de prioridades. La codificación por colores y ayudas visuales sencillas pueden entrar en juego. El mismo proceso de identificación del problema, evaluación de las dificultades, diseño de soluciones dentro del contexto de sus prioridades y recopilación de datos sobre los cuales se basará el ejercicio de descongestionamiento, indudablemente contribuye a la autosuficiencia de la población y, por lo tanto, a su facultamiento. Al haber pasado por este ejercicio, la población estará en mejor posición para enfrentarse a desafíos progresivamente más complejos en el futuro.

Fijación de los objetivos programáticos y desarrollo de proyectos

Dado que por necesidad, los programas y proyectos deben ser formulados por grupos representativos de las comunidades, sus miembros deberían estar preparados para llevar a cabo una serie de reuniones a fin de alcanzar la meta buscada. Las reuniones bien preparadas quizás sean inicialmente conducidas por un organizador-facilitador, pero posteriormente serían presididas por un líder regional entrenado. Tendrán una agenda manejable, minutas regulares y planes concretos orientados a la acción para los programas y proyectos. Al aprender los mecanismos básicos de este proceso, los residentes de la comunidad acrecentarán su fe en la posibilidad de solucionar problemas y su capacidad para hacerlo.

También en este caso entran en juego las habilidades organizativas: la forma de obtener dinero para financiar un proyecto, preparación de programas de trabajo, redacción de peticiones al alcalde o congresante regional, realización de visitas a la ciudad para obtener permisos y, en general, toma de decisiones respecto a quién hace qué cosa y cuándo. La evaluación de los recursos humanos y materiales disponibles completa el desafío.

Manejo de la implementación

La población generalmente aprende a través de la acción. Aunque una instrucción formal e informal es parte importante del proceso de aprendizaje, es el aspecto experimental el que refuerza la comprensión del problema por parte del grupo. Así, las habilidades de manejo de los problemas se ven fortalecidas cuando los miembros tienen la oportunidad de manejar cuentas, preparar informes, organizar el transporte para visitar un despacho del gobierno, conducen reuniones democráticas, reciben e instruyen a visitantes y manejan los desacuerdos, por ejemplo.

Para mantener este impulso y alentar a la población a enfrentarse a problemas más complejos, hay una serie de mecanismos de implementación que resultan productivos, tales como: a) Realizar reuniones regulares, conducidas en forma democrática; b) Organizar festejos a nivel de toda la comunidad para celebrar ocasiones especiales, por ejemplo, la inauguración de una bomba de agua para el pueblo, a los cuales también se inviten a personas claves externas de la comunidad; c) Evaluar las tarifas de asociación o contribuciones regulares; d) Establecer un procedimiento democrático y ordenado para reemplazar a los líderes y miembros; e) Abrir libros para llevar cuentas y supervisar las finanzas; f) Constituir el grupo como una entidad legal e inscribir legalmente un proyecto en nombre del grupo; g) Realizar visitas de estudio a otras comunidades involucradas en actividades similares o relacionadas; h) Recompensar o dar un reconocimiento público a los miembros que hayan contribuido consistentemente al éxito del proyecto o programa.

Supervisión y evaluación

Los planes de supervisión ayudan a los grupos a fijar sus metas o parámetros de desempeño y diseñar mecanismos para registrar los adelantos o falta de los mismos. La oportunidad de hacer esto animará a los grupos de población a evaluar periódicamente sus esfuerzos y, al analizar los resultados o tendencias, revisar o mantener dichas actividades de acuerdo a lo hallado. Generalmente, esto no implica reacondicionar un proyecto completo sino partes del mismo, seguido por una nueva síntesis.

En forma similar, la evaluación requiere una articulación por parte de la población, al inicio del proyecto, respecto a los cambios que esperan ver cuando esté terminado. El hecho que emprendan una evaluación básica les dará un panorama mucho más claro de qué y cuánto falta aún por hacerse a fin de alcanzar las metas buscadas en un momento específico de tiempo. Pueden incluirse puntos particulares de preocupación en los datos, a fin de permitir el desglose necesario posteriormente. De allí que puedan descubrir si los beneficiarios designados (por ejemplo, las cabezas de familia femeninas, los niños más gravemente desnutridos, los trabajadores sin tierra, las minorías étnicas y otros) se han beneficiado realmente como se había planeado. Esto sirve de base para discutir los costos financieros y humanos implicados, y los pasos a tomar para corregir las deficiencias que se hayan revelado.

Al colocar este proceso continuo y reiterativo de planificación en manos de los grupos de población, las agencias de recursos externos hallarán en general que se maximizan la eficiencia, continuidad e iniciativa. Más aún, al aprender cómo trabajar con los recursos existentes, entre sí y con entidades ajenas a la comunidad que tengan recursos que ofrecer, la gente gana experiencia en manejar sus propios asuntos. Esto produce una sensación de crecimiento personal que es la marca característica de un Desarrollo Social Alternativo. La tarea para las burocracias, entonces, consiste en desarrollar formas de sensibilizarse ante el esfuerzo de la población hasta la autosuficiencia, y apoyarlo.

INVESTIGACION PARTICIPATIVA

El proceso que se acaba de describir se corresponde estrechamente con un movimiento que ha despertado un profundo interés en las dos últimas décadas, es decir, la investigación participativa. También en este caso se permite a grupos de población que normalmente caen fuera del círculo de poder, evaluar su propia situación y decidir cómo pueden solucionarla. Esto es realizado principalmente por un facilitador, quien guía a los grupos de población en desventaja a plantease interrogantes relevantes, frecuentemente estimulados por ayudas visuales sencillas como dibujos tipo "comiquitas" y láminas, hasta formas más sofisticadas como teatro popular o proyecciones de diapositivas.

Presentando un dibujo de un hombre y un mujer jóvenes subiendo una colina pedregosa, el facilitador ayuda a iniciar una discusión basada en una serie de preguntas de naturaleza proyectiva:[5]

1) ¿Qué ve, siente, oye cuando mira este dibujo?
2) ¿Cómo puede relacionar lo que usted ve en este dibujo con su experiencia personal?
3) ¿Cuáles son los problemas o temas comunes con nosotros?
4) ¿Por qué existen?
5) ¿Qué podemos hacer al respecto?

El análisis colectivo consiguiente pasa de lo personal a lo estructural y, si se lo sostiene, continúa con la acción colectiva. Como parte de este proceso de concientización se identifican fuentes posibles de respuesta para los interrogantes claves.

Pragmatismo vs. Materialismo Histórico

Los defensores de la investigación participativa tienden a dividirse en dos categorías principales. El primer grupo abraza una orientación pragmática, *ad hoc*, ecléctica e idealista, enfocando sobre grupos de población que apuntan hacia medidas concretas, por ejemplo, mejorar el almacenamiento de cereales, la desnutrición infantil, o cómo obtener acceso al crédito. Los otros defensores de la investigación participativa toman como modelo al

5. Ted Jackson, Greg Conchelos y Al Vigoda, "The Dynamics of Participation in Participatory Research" (Dinámica de Participación en la Investigación Participatoria) en F. Dubell, T. Erasmie y J. De Vries, eds., *Research for the People - Research by the People* (Investigación para el Pueblo - Investigación por el Pueblo). (Linkoping: Departamento de Educación Universitaria y Centro de Estudio y Desarrollo para Educación Adulta de Holanda, 1981), p. 48

materialismo histórico. Enfocan sobre la unificación dialéctica de la teoría y la práctica en términos de luchas de clases y el análisis de las fuerzas y relaciones de la producción en la vida de la población.

Sabiduría Popular[6]

Una variación del modelo de materialismo histórico se presenta en forma de los defensores de la sabiduría popular. Alegan que el conocimiento o "ciencia" popular, frecuentemente llamada folklore, debería ser comprendida como el conocimiento empírico o de sentido común que ha sido una característica ancestral, cultural e ideológica del pueblo a nivel de las masas.

Este cuerpo de conocimiento tiene su propia racionalidad y estructura de causalidad y por lo tanto, permite a la población crear y trabajar en forma compatible con los recursos naturales que la rodean. Sin embargo, debido a que el común de la gente comprende que las élites de poder descartan el saber popular campesino con desprecio o, en el mejor de los casos, escepticismos o indulgencia paternalista, propugnando en cambio aquellos sistemas de racionalidad que gobiernan el pensamiento elitesco, los campesinos han defendido su propio sistema resistiéndose abierta o soslayadamente a las ideas nuevas que se les trata de imponer. Por lo tanto, la investigación participatoria estilo materialismo histórico intenta contrapesar estos valores alienantes a través de una restitución sistemática de creatividad al campesino. Esta respuesta reconoce la validez del sentido común del campesino pero, al mismo tiempo, lo ayuda a transformarlo hacia una mayor apertura al cambio radical y a seguirlo con las medidas necesarias. Esto fomenta la formación de nuevos conocimientos a nivel de las masas y una perspectiva revitalizada hacia nuevas formas de acción.

Los facilitadores trabajan con los grupos de población a su mismo nivel, acrecentando su capacidad para reflexionar colectivamente sobre análisis cada vez más complejos y desarrollar teorías. Emprenden estudios de su escogencia, que reflejan sus preocupaciones y presentan los resultados a los demás en un lenguaje sencillo, accesible para todos. Los científicos ajenos al grupo pueden ayudarlos a explotar unilateralmente el conocimiento

---

6. Orlando Fals-Borda, "Science and the Common People" (Ciencia y la Gente Común), en Dubell, Erasmie y De Vries, eds., *Research for the People - Research by the People*, pp. 13-40.

adquirido. Gradualmente, los científicos más capaces de la población toman cursos de metodología de investigación, que les permite eliminar su dependencia de los investigadores externos para llevar a cabo sus investigaciones.

Además del rol de estimulador inicial, facilitador y entrenador, ¿Cuál es el papel a largo plazo del investigador externo comprometido? Puede ayudar a formar grupos de referencia *ad hoc*, de campesinos, trabajadores y categorías relacionadas de personas que pueden movilizar las cosas en pro de sus perspectivas. Para el investigador externo, esto servirá como sustituto para los grupos de referencia de académicos y élites dominantes que normalmente refuerzan su posición y autoestima. En los grupos de referencia de base popular, el investigador comprometido ayuda a transportar los datos y análisis hacia un nivel de debate más general, alcanzando también a otras redes. Al interactuar a diversos niveles a través del proceso de investigación participativa, los investigadores y los grupos populares pueden acercarse a la transformación de la sociedad, hecha posible por grupos a nivel de las bases concientizados y orientados hacia la acción, vinculados por extensas redes y alianzas.

ORGANIZACIONES NO GUBERNAMENTALES DE TERCERA GENERACION[7]

La significación de las redes y alianzas estratégicas en los movimientos populares aparece igualmente en la literatura reciente que se ocupa de los roles de las organizaciones no gubernamentales que trabajan a nivel de las bases. Aquí también se está produciendo una pequeña transformación. Korten habla de una Tercera Generación de ONGS, la cual apunta a cambios sostenibles en las redes políticas e institucionales para los grupos de población. Las ONGS más experimentales parecen estar alejándose de su enfoque anterior sobre proyectos de desarrollo regionales a pequeña escala (Segunda Generación) y más lejos aún de su orientación inicial, de alivio y bienestar social (Primera Generación).

Actuando según su papel de Tercera Generación, promueven políticas y vínculos institucionales, especialmente a nivel micro, que apoyan las inicia-

---

7. David C. Korten, "Micro Policy Reform: The Role of Private Development Agencies: (Reforma de Micro Políticas: El papel de las Agencias Privadas de Desarrollo), en D.C. Korten, ed., *Comunity Management: Asian Experience and Perspectives* (Manejo Comunal: Experiencia y Perspectiva Asiáticas). (West Hartford, CT: Kumarian Press, 1986).

tivas privadas regionales autosostenidas. Consolidan los puntos fuertes de las ONGS uniéndose para formar una secretaría que organice talleres gerenciales y de aprendizaje de programas, busque financiamiento para los grupos miembros, se encargue de manejar la documentación, emita publicaciones y procedimientos para seminarios, disemine información, asista en la planificación estratégica, apoye las redes de intereses especiales y, en general, lleve a cabo un papel facilitador, más que operacional. Este enfoque de Tercera Generación no sólo refleja la llegada de las ONGS a su madurez sino y más fundamentalmente, el crecimiento y madurez de los grupos comunitarios que, al haberse organizado en forma bastante efectiva dentro de su contexto regional, ahora se extienden para consolidar su conocimiento y vía de acción con grupos similares a los propios. Esto es participación popular por excelencia.

CONCLUSION

La participación de la población, entonces, despierta un interés cada vez mayor en los círculos de desarrollo social debido a su carácter pragmático respecto a proyectos y programas para mejorar sus vidas, y debido al contenido ideológico en términos de redistribución de poder y derechos y dignidad de la mayoría en desventaja en relación con las élites, de las cuales se duda cada vez más. Los investigadores que se unen a la búsqueda de nuevas alternativas de desarrollo social deberían tomar pasos definitivos para incorporar los puntos de vista de la población en sus datos, no como fuentes pasivas de información buscadas por el investigador, sino como cooperadores y socios activos en un proceso que también les llevará beneficios.

Al considerar las numerosas facetas de la participación comunitaria, los investigadores no pueden pasar por alto el contexto más amplio dentro del cual operan los grupos de población. Las restricciones o mecanismos antiparticipatorios deben ser perseguidos con tanto ahínco como se buscan los logros, y quizás más aún. Las respuestas burocráticas y preocupaciones de las políticas, ya sean positivas o negativas, también merecen ser estudiadas cuidadosamente. Finalmente, las redes en crecimiento y las alianzas que abarcan a numerosas comunidades deben ser evaluadas como precursoras de una evolución futura. La participación de la población en su propio desarrollo puede resultar amenazadora para algunos y estimulante para otros. Los investigadores sociales pueden compartir este regocijo, esforzándose por ponerse de parte de los hombres, mujeres y niños comunes. Este compromiso bien puede convertirse en su principal contribución al Desarrollo Social basado en la población, o Alternativo.

IV

MUNICIPALIZACION DE PROGRAMAS SOCIALES

MODELOS PARA INTEGRAR LA PLANIFICACION DE DESARROLLO SOCIAL Y LA IMPLEMENTACION AL NIVEL LOCAL*

HARRY W. BLAIR

Para poder integrar exitosamente una perspectiva de desarrollo social con las perspectivas económicas y físicas/técnicas que han constituido el foco dominante de los esfuerzos de desarrollo durante las últimas tres o cuatro décadas, dicha integración debe involucrar, por sobre todo, el nivel regional. Y en términos del ciclo del proyecto, para que la perspectiva de desarrollo social tenga un impacto verdadero, debe subrayar las etapas de planificación e implementación del ciclo, no sólo la etapa de beneficios, como ha sido el patrón imperante hasta ahora.

Estos son los temas principales del presente ensayo, que se iniciará con una breve mirada al terreno que debe cubrirse, pasando luego a temas más sustanciales. El primer tópico será el interrogante de la descentralización. ¿Es posible la descentralización, la cual constituye un requisito indispensable para cualquier planificación e implementación regional significativas, dadas las tendencias aparentemente inherentes hacia la centralización que caracterizan el proceso de desarrollo? En segundo lugar, se presenta el problema del predominio de las élites regionales: si se emprende con seriedad la planificación e implementación regionales, ¿Tenderán las élites locales a asumir el control de la situación y pervertir los recursos del proyecto para su propio uso a expensas de las metas sociales más amplias, o sería posible observar algún otro resultado? En tercer lugar, suponiendo que pueda hacerse un caso a favor de la descentralización de la planificación e implemen-

---

* Traducido de *Regional Development Dialogue*, Spring 1986, United Nations Centre for Regional Development, Japon, con autorización de los editores

tación que no beneficie inevitablemente a las élites locales, ¿Cuál sería la mejor forma de encaminarse hacia tales nuevas direcciones? ¿Cómo pueden administrarse los proyectos de modo que fomenten el desarrollo social a nivel regional? Se alegará que es posible hacerlo, aunque quizás no sea fácil.

PLANIFICACIÓN E IMPLEMENTACION DEL DESARROLLO SOCIAL

El desarrollo social ciertamente no es ninguna idea nueva. El concepto de "un proceso por el cual la calidad de vida de la mayoría de la población de una nación mejora progresivamente",[1] es tan antiguo como la práctica de las políticas de desarrollo mismas en los países en desarrollo, es decir, que data de por lo menos la década de 1950. Enfoques tempranos, tales como transferencias de tecnología y recursos, desarrollo comunitario y construcción de instituciones, tenían como meta el desarrollo social, aunque más como meta última que inmediata. Durante la era de los 70, de "crecimiento equitativo", las principales instituciones en la comunidad de desarrollo, tales como el Banco Mundial y la Agencia para el Desarrollo Internacional (Estados Unidos, USAID), trasladaron explícitamente el desarrollo social de la periferia al primer plano, para que actuase como la meta número uno del esfuerzo de desarrollo. Si la retórica y la enunciación de políticas fueran suficientes para provocar un cambio de políticas, entonces el desarrollo social ya debería haberse convertido para esta época en la principal prioridad del empuje de desarrollo internacional en los países en desarrollo. Sin embargo, está claro que no se ha producido un cambio semejante, lo cual es supuestamente la principal razón por la que UNCRD patrocinó un Encuentro Grupal de Expertos sobre Alternativas de Desarrollo Social.

Tendencia en contra de las perspectivas de desarrollo social a nivel macro

Este ensayo enfocará sobre el nivel micro, pero podría resultar útil tomarnos un momento primero para examinar la situación a nivel macro antes de seguir adelante, dado que los motivos por los que el desarrollo social ha tenido una prioridad tan baja son bastante diferentes a ambos niveles, y dichas diferencias son instructivas.

---

1. Centro de las Naciones Unidas para el Desarrollo Regional, "Research Proposal: Social Development Alternatives" (Proposición de Investigación: Alternativas de Desarrollo Social), (Nagoya: UNCRD, 1985).

A nivel macro, como ha observado Sazanami,[2] las perspectivas de las ciencias físicas y de la economía han tendido a predominar sobre aquellas de las ciencias sociales. Esto se debe en parte a la forma en que Occidente se ve a sí mismo y, de acuerdo a ello, la forma en que entiende lo que tiene que ofrecer a los países en desarrollo. A ojos de Occidente, ocupan el primer lugar entre sus propios logros la constante mejoría de la tecnología, el uso de cálculos de utilidades y pérdidas como base para la toma de decisiones y la organización eficiente de la producción. Estas esferas de actividad están tan generalizadas a todo nivel que tienden a ser consideradas como "apocalípticas", es decir, se las considera tanto parte de lo necesario para que la sociedad funcione, como, por ejemplo, el agua potable y un sistema efectivo de eliminación de desechos. De hecho, la tecnología, la toma de decisiones basada en costos y la gerencia de producción están políticamente cargadas, es decir, que todas ellas implican la adopción de ciertas escogencias públicas y el rechazo de otras. Por ejemplo, significa renunciar a la asignación de ese recurso en otra parte (por ejemplo, salud pública), significa aumentar las utilidades corporativas y significa cambiar los patrones de empleo (eliminando empleos en las industrias "modernizadas"). Sin embargo, el punto es que en Occidente se cree que estas áreas son "apolíticas". De allí que haya relativamente poca discrepancia en torno a que son el conocimiento y la capacidad en estas áreas lo que debería transferirse a los países en desarrollo en los esfuerzos internacionales de desarrollo.

Por otra parte, no existe tal consenso respecto al desarrollo social. ¿Qué proporción del esfuerzo público debería dedicarse al mantenimiento de los ingresos, educación compensatoria para los más necesitados o cuotas de contratación para los segmentos de la sociedad en desventaja? Todos estos son temas altamente controversiales en Occidente. Y aun cuando pueda haberse pensado que había surgido un consenso en la comunidad del Atlántico Norte en la década de 1960 y principios de los 70 en forma de un concepto de desarrollo social del estado asistencial, la llegada al poder de dirigentes conservadores en Estados Unidos, el Reino Unido, la República

---

2. Hidehiko Sazanami, "Toward a Trainers' Course in Local Social Development (Hacia un Curso de Entrenamiento de Desarrollo Social Regional para los Formadores), en Hidehiko Sazanami, Ed., *Local Social Development Planning: Toward a Trainers' Training Course* (Nagoya, UNCRD, 1984), p. 5.

Federal de Alemania y otros países, ha vuelto a sumegir el tópico completo en una enorme controversia pública. Algunas de las repercusiones de este cambio se observan actualmente en el énfasis que ponen instituciones como el Banco Mundial y USAID sobre el sector privado y el crecimiento agregado o global, en oposición al enfoque sobre la equidad y las necesidades humanas básicas de hace algunos años. Las preocupaciones por el desarrollo social no han desaparecido por completo, es verdad, pero ciertamente han asumido una prioridad mucho menor.

En este caso, la otra cara de la moneda es que el gobierno de muchos de los mismos países en desarrollo (probablemente en la mayoría) prefiere concentrarse sobre los aspectos tecnológicos y económicos del desarrollo, más que el social. Con demasiada frecuencia, estos gobiernos presiden situaciones que, en el mejor de los casos, son precarias y tienen un equilibrio delicado. El riesgo de erosión de una base de apoyo (por ejemplo, los terratenientes rurales) que podría resultar de un programa que promueva el desarrollo social es, en muchos casos, más de lo que estos regímenes están dispuestos a enfrentar. Los líderes de los países en desarrollo saben, a uno u otro nivel de conciencia, que los esfuerzos de desarrollo de cualquier tipo llevarán a algún cambio social antes o después, y que el cambio social resultante bien puede resultar perjudicial para sus propios futuros; pero los proyectos que ponen énfasis sobre los aspectos tecnológicos y económicos aseguran que cualquier cambio semejante se produciría en un futuro muy lejano, mientras que los proyectos que ponen en juego explícitamente asuntos sociales, no permiten ese lujo.

Pero los motivos para el predominio de la perspectiva tecnológica y económica por encima de la social va mucho más allá de las tendencias macro en los países donantes y de las relaciones políticas en los países en desarrollo. De hecho, llegan hasta la naturaleza misma de las disciplinas específicas del conocimiento, al menos en cuanto están organizadas y orientadas hoy en día en la comunidad internacional de desarrollo. Porque es la vocación profesional, podría decirse, de aquéllos en las disciplinas tecnológicas (tales como medicina, agronomía o silvicultura, pero predominantemente ingeniería) enfocar sobre asuntos aplicados más que teóricos, y en particular, demostrar cómo y por qué las cosas funcionarán y tendrán éxito.

En forma similar, en la economía, aunque existe un cierto número de economistas de orientación teórica funcionando en sitios tales como el Banco

Mundial, la mayoría de los practicantes se ocupa de temas aplicados, como el análisis de costos-beneficios. Su vocación es también señalar la promesa de éxito en un proyecto dado, mostrando cómo se pagará por sí mismo ("tasa de rendimiento interno") a lo largo de un período determinado de tiempo.

Por otra parte, quienes examinan los problemas del desarrollo social tienden a ser científicos sociales -principalmente sociólogos, antropólogos y politólogos- con una base, eminentemente académica y, en gran medida debido a dicha base, tienen una orientación mucho más teórica. Su propósito tiende a demostrar cómo y por qué fracasaron los proyectos pasados y predecir cómo y por qué los futuros no pueden tener éxito. Dadas estas dos formas damáticamente opuestas de enfrentarse al mundo, se vuelve obvio por qué ambos grupos están tan frecuentemente en desacuerdo y por qué los gerentes en las empresas internacionales de desarrollo, cuyas carreras dependen después de todo de los éxitos y no de los fracasos, prefieren escuchar a los tecnólogos y economistas que a los especialista en ciencias sociales.[3]

Tendencia contra las perspectivas de desarrollo social a nivel micro

Esta tendencia aparentemente inherente a la perspectiva tecnológica y económica, así como en contra de la perspectiva social a nivel macro, refuerza otras tendencias que trabajan en la misma dirección a nivel regional y que parecen ser igualmente inherentes. Estas pueden resumirse convenientemente bajo el título centralización vs. descentralización. El problema puede expresarse sencillamente aquí: Para que pueda existir un desarrollo social significativo, tendrá que haber una descentralización genuina de autoridad para planear e implementar; sin embargo, las fuerzas más poderosas en acción en el ciclo de proyectos de desarrollo son virtualmente siempre aquellas de la centralización.

La necesidad de descentralización es evidente. Las condiciones regionales difieren fuertemente de una provincia a otra y, dentro de una misma provincia, de un poblado al otro. A fin de ser por lo menos moderadamente efectivo, cualquier proyecto de desarrollo debe poder encajar en dichas

3. Para una discusión más detallada a lo largo de líneas similares, ver Robert Chambers, *Rural Development. Putting the Last First* (Desarrollo Rural: Poniendo los Ultimos en Primer Lugar) (Londres: Longman, 1983), capítulo 2.

condiciones diferentes. El enfoque utilizado para un programa de crédito agrícola en una zona de propietarios de pequeños terrenos de 1 ó 2 hectáreas sería considerablemente diferente del enfoque utilizado donde los grandes terratenientes y aparceros son la norma. Un programa de distribución de fertilizantes tendrá que utilizar una estrategia diferente para los granjeros de montaña que producen cosechas de subsistencia, y para los agricultores de tierras bajas con cultivos comerciales, en cuanto al tipo de fertilizante, dosis recomendada, frecuencia de su aplicación y acuerdos de financiamiento. Aun dentro del mismo pueblo, un proyecto lácteo tendrá un impacto marcadamente diferente en aquéllos con muchas cabezas de ganado que en quienes sólo tienen una o dos vacas; se necesitará una adaptación y modificación considerable para que el proyecto pueda alcanzar a ambos grupos, y estas modificaciones necesariamente deberán ser diferentes de una región a otra, según la raza de ganado, forraje o alimentos concentrados para ganado disponibles, posibilidad de comercialización de los productos lácteos, etc. Uno podría continuar así interminablemente, pasando por toda la gama de programas de desarrollo rural, desde explotación agropecuaria hasta construcción de caminos rurales. Virtualmente en todos los casos el ejercicio de discreción a nivel de campo para adecuar el proyecto a las condiciones locales resulta vital para el éxito del proyecto.

Sin embargo, todo el empuje del manejo de los proyectos de desarrollo apunta hacia una mayor centralización. Los informes fluyen hacia arriba y las órdenes hacia abajo mientras las oficinas centrales tratan de ejercer control sobre la organización que trabaja en el sitio, a fin de lograr que ésta responda a sus necesidades de diseñar, planear, implementar y evaluar programas. Estas tendencias son familiares para todos aquellos que hayan tenido una experiencia en los países en desarrollo. Quizás valga la pena mencionar de paso que también parecen caracterizar a los países industrializados. Por ejemplo, en Estados Unidos en los 60 y los 70 se observó un grado creciente de control por parte de Washington no sólo sobre la economía y el entorno, sino también sobre los gobiernos estadales y regionales. La cantidad de mandatos federales a los niveles menores (en forma de órdenes directas o como condiciones de ayuda para asignar dineros federales) creció de un total de seis en la década de 1950 a 164 en los años 60, hasta mucho más de 1.000 en los 70.[4] El gobierno de Reagan asumió el mando en 1981 con lo que llamaba un mandato popular de revertir esta avalancha de regulaciones y, en cierta medida, ha tenido éxito, particularmente en el área de las regulaciones económicas. Sin embargo, a pesar de la euforia inicial,[5] se han producido muchos menos adelantos en las demás áreas, como en la ambición del "Nuevo Federalismo" de descentralizar el aparato de bienestar social hacia los estados y regiones, respecto a lo cual el gobierno de Reagan ha fracasado en gran medida,[6] y hasta el mismo gobierno de Reagan tenía sus propias metas de comportamiento individual, por ejemplo, prohibiendo el aborto, descubriendo y juzgando a quienes filtraran información gubernamental a la prensa, fortaleciendo la autoridad policial en cuanto a vigilancia y otros similares. En resumen, un cambio de régimen no detendrá el envión que se ha venido acumulando desde hace décadas.

---

4. Catherine Lovell et al., "Federal and State Mandating on Local Governments: An Explotation of Issues and Facts" (Mandato Federal y Estatal sobre los Gobiernos Regionales: Explotación de Problemas y Hechos). (Riverside, CA: Graduate School of Administration, Universidad de California, 1979), capítulo 3 (mimeógrafo); Catherine Lovell y Charles Tobin, "The Mandate Issue" (El Problema del Mandato), *Public Administration Review* 41 (mayo-junio 1981): 318-31; y ver también, Advisory Council on Intergovernmental Relations (ACIR) *Regulatory Federalism: Policy Process, Impac and Reform* (Federalismo Regulatorio: Políticas, Proceso, Impacto y Reforma). (Report; A-95) (Washington, DC: Imprenta del Gobierno, 1984). Como puede imaginarse, existen ciertas dudas acerca de lo exitoso que puedan ser estos mandatos en influenciar el desempeño a menor nivel; ver Jane Massey y Jeffrey D. Straussman, "Another Look at the Mandate Issue: Are Conditions-of-Aid Really So Burdensome?" (Una nueva mirada al tema del mandato: ¿Son realmente tan gravosas las condiciones-de-ayuda?) *Public Administration Review* 45 (marzo-abril 1985): 292-300. Sin embargo, no parece haber ninguna duda en torno a que el control federal general aumentó sustancialmente durante ese período.

5. Ver, por ejemplo, el libro más vendido de Naisbitt, que incluye la descentralización como una de las "diez nuevas direcciones que transforman nuestra vida". John Naisbitt, *Megatrends: Ten New Directions Transforming Our Lives*) (Megatendencias: Diez Nuevas Direcciones que Transforman Nuestras Vidas) (Nueva York: Warners Books, 1982); ver también Donald F. Kettl, "The Uncertain Brides: Regulatory Reform in Reagan's New Federalism" (Las Novias Inciertas: Reforma Regulatoria en el Nuevo Federalismo de Reagan) en Stephen L. Schechter, ed., *Publius: Annual Review of American Federalism: 1981* (Lanham, MD: University Press of America, 1983), pp. 19-34.

6. En cierta medida, debido a que los mismos estados se muestran renuentes a reasumir la carga del bienestar social, pero también porque el Congreso se opuso a la descentralización y porque los electores parecieron rechazarla al volcarse nuevamente hacia hacia los demócratas en las elecciones de 1982. En resumen, existiría poco apoyo para la descentralización. Ver George E. Peterson, "Federalism and the States: An Experiment in Decentralization (Federalismo y los Estados: Experimento de Descentralización) en John L. Palmer e Isabel V. Sawhill, eds,. *The Reagan Record: An Assessment of America's Changing Domestic Priorities* (El Historial de Reagan: Evaluación de las Cambiantes Prioridades Internas de Norteamérica) (Cambridge, MA: Ballinger, 1984), así como los demás ensayos en Palmer y Sawhill.

Estas tendencias centralizadoras están sustentadas por varias razones diferentes. Primero, está la responsabilización de la misma dirigencia organizativa. Los directores generales, ministros y secretarios permanentes no son autónomos; todos ellos deben reportarse ante alguien y justificar la confianza y responsabilidad que se ha puesto en sus manos. Esta responsabilización se continúa a lo largo de toda la línea, pasando por los diversos niveles de las sedes centrales y así hasta las operaciones de campo, en el terreno mismo. Lo mismo ocurre con la necesidad de producir informes para demostrar que las órdenes se han llevado a cabo.

Un segundo motivo para centralizar es para intentar reducir la corrupción. En un sentido sumamente real, descentralizar significa al mismo tiempo ampliar el rango de corrupción posible, porque cuanto mayor poder discrecional tenga un funcionario en el terreno para modificar una política de modo de adaptarse a las condiciones locales, mayor oportunidad tendrá para condicionar esa modificación al pago de un soborno. La forma obvia de atacar este problema es reduciendo la discrecionalidad en el campo al mínimo posible, partiendo de la tesis que, si la política no puede ser modificada a nivel regional, no habrá lugar para exigir el pago de sobornos. Por supuesto, este enfoque no funciona, porque los funcionarios continúan aceptando ''comisiones'' ilegales para modificar las políticas; simplemente no registran sus modificaciones. Así, por ejemplo, en los libros se mostraría que todos los fertilizantes subsidiados se destinaron a pequeños agricultores y campesinos marginales, como lo instruyó el ministerio, pero en la realidad pasó a manos de los grandes agricultores, y a cambio una gratificación ha pasado al bolsillo del funcionario encargado de distribuir los fertilizantes. Más aún, todo el mundo, a todo nivel en el Ministerio de Agricultura, sabe que esta corrupción está ocurriendo. Pero el punto es que los funcionarios en las altas esferas pueden decirse a sí mismos (y a las agencias internacionales donantes) que la corrupción está bajo control, que el programa funciona sin inconvenientes, que los campesinos pobres son los beneficiarios, etc., etc.

Un tercer motivo para la centralización es lo que señaló Max Weber hace mucho tiempo como el papel de la burocracia en la formulación de reglas universales.[7] A medida que un estado se ''moderniza'' o una institución

---

7. H.H. Gerth y C. Wright Mills, *From Max Weber: Essays in Sociology* (De Max Weber: Ensayos en Sociología) (Nueva York: Oxford University Press, 1958), especialmente pp. 196-244.

madura, tiende a desarrollar reglas uniformes que se apliquen en todos los casos. En cierto sentido, esto representa un adelanto, ya que significa que el favoritismo, parentesco, etnicidad y todos los demás criterios que ensombrecen el proceso de toma de decisiones son reemplazados por parámetros más objetivos. Al mismo tiempo, sin embargo, un adelanto semejante milita claramente en contra de permitir un mayor poder discrecional a nivel de campo.[8]

Cuarto, existe el asunto de la misma administración: es mucho más fácil manejar cosas a corto plazo si quienes están en la cima pueden tomar todas las decisiones, como señaló Clarence Shubert,[9] entre muchas otras cosas. A la larga, una estrategia semejante tiende a ser contraproducente, porque el control desde arriba hacia abajo sofoca la iniciativa de las bases, coarta el autoexamen y la autocritica y deprime el espíritu de trabajo. Pero, con demasiada frecuencia, lo que es a corto plazo es lo realmente importante, ya que deben asignarse presupuestos, alcanzar metas y ganarse promociones.

Este cuarto motivo se vincula con una posible quinta razón a un nivel más profundo, lo cual, según encuentran algunos observadores, es una urgencia de parte de la civilización moderna misma por controlar a los seres humanos.[10] Una compulsión semejante ciertamente puede ser observada en los asuntos humanos hoy en día, aunque quizás puede alegarse que actualmente es mayor que en el pasado. De todos modos, podemos satisfacer nuestros propios interrogantes llegando a la conclusión que las tendencias

---

8. Fijar parámetros totalmente "objetivos" puede causar sus propios problemas, como por ejemplo, con la admisión a un servicio gubernamental. Si sólo se admiten aquéllos con las notas más altas en el examen y los mismos resultan ser invariablemente el mismo grupo étnico tradicionalmente bien instruido, entonces una medida de equidad (el sistema de exámenes) crea de hecho una nueva desigualdad (el dominio del grupo étnico). Ver Bernard Schaffer, *Official Providers: Access, Equity and Participation* (Suministradores Oficiales: Acceso, Equidad y Participación) (París: UNESCO, 1981) para una mayor exploración de este tema.

9. Clarence Shubert, "Participatory Social Planning: Some Implications for the Training of Trainers of Social Planners" (Planificación Social Participatoria: Algunas Implicaciones para el Entrenamiento de Formadores de Planificadores Sociales), en Sazanami, Ed., *Local Social Development Planning* (Planificación de Desarrollo Social Regional), pp. 9-10.

10. Ver, por ejemplo, Michel Foucault, *Discipline and Punish: The Birth of the Prison* (Disciplina y Castigo: El Nacimiento de la Prisión) (Nueva York: Pantheon Books, 1977): y Guy Gran, *Development by People: Citizen Construction of a Just World* (Desarrollo por el Pueblo: Construcción de un Mundo Justo por la Ciudadanía) (Nueva York: Praeger, 1983).

hacia la centralización en la vida institucional moderna son realmente muy fuertes y que cualquier intento de descentralización requerirá un esfuerzo considerable, particularmente el tipo de descentralización necesario para promover una planificación e implementación del desarrollo social integrado a nivel regional, haciendo referencia al título del presente artículo.

De modo que parecerían existir dos tendencias que se refuerzan entre sí. A nivel nacional o macro, una tendencia hacia las perspectivas tecnológicas y económicas tiende a eclipsar la perspectiva social, mientras que a nivel regional o micro, la tendencia hacia la centralización tiende a prevalecer sobre la descentralización. Generalmente, el resultado es que los proyectos de desarrollo se orientan hacia una transferencia de tecnología basada en análisis cuestionables de costos-beneficios y hacia una administración rígida de comando y control desde arriba hacia abajo. Cada una refuerza y fomenta a la otra, porque los proyectos de transferencia de tecnología funcionan más eficientemente si son administrados ''desde arriba hacia abajo'', mientras que las instituciones jerárquicas encuentran más fácil trabajar con tecnologías prolijas, discretas y ''objetivas'' que sumergirse en el lodazal de las relaciones sociales.

Ejemplos de las tendencias en contra del desarrollo social y la descentralización

Dos ejemplos servirán para ilustrar estas tendencias mutuamente reforzantes y demostrar lo difícil que es proveer las disposiciones necesarias para la planificación e implementación a nivel regional. Primero, el sistema de capacitación y visitas (CyV) introducido y patrocinado por el Banco Mundial ofrece un excelente caso de estudio de este proceso. Actualmente el E&V[11] representa un enfoque altamente desarrollado y sintonizado con precisión que ofrece un conocimiento detallado de la tecnología agrícola a los agricultores a través de una organización cuya meta principal es la diseminación de dicho

---

11. La literatura sobre E&V, particularmente de naturaleza expositoria, ya es bastante considerable. Véase, por ejemplo, Daniel Benor y Michael Baxter, *Training and Visit extension* (Extensión del Entrenamiento y las Visitas) (Washington, DC: Banco Mundial, 1984); Daniel Benor, James O. Harrison y Michael Baxter, *Agricultural Extension: The Training and Visit System* (Extensión Agrícola: El Sistema de Entrenamieto y Visitas) (Washington, DC: Banco Mundial, 1984); y Michael M. Cernea, John K. Coulter y Johfn F.A. Russell, eds., *Agricultural Extension by Training and Visit: The Asian Experience* (Extensión Agrícola por Entrenamiento y Visita: La Experiencia Asiática) (Washington, DC: Banco Mundial, 1983).

conocimiento en forma utilizable. El centro del sistema es el Agente de Extensión del Poblado (AEP), quien visita a un "círculo" de grupos de agricultores en forma regular, reuniéndose con cada grupo cada quince días. En cada visita, subraya recomendaciones específicas de producción a los "agricultores de enlace" con quienes se reúne, y ellos están a cargo de diseminar la información entre sus colegas del poblado. El mismo AEP recibe regularmente instrucciones sobre cuáles serán dichas recomendaciones específicas. A su vez, es visitado en el campo por su propio supervisor cada quince días; su supervisor es supervisado regularmente, y así en adelante. Se crea entonces una cadena completa de mando, que alcanza desde las oficinas centrales del Ministerio de Agricultura hasta el poblado, enfocando todos los eslabones sobre la tarea primordial de diseminar conocimientos agrícolas.

En resumen, el trabajador a nivel de poblado polivalente o de fines múltiples, de los viejos esfuerzos de desarrollo comunal de los años 50 y 60, cuyo amplio alcance de responsabilidad necesariamente significaba una debilitante falta de profundidad en cada área en particular, sería reemplazado -en cuanto concierne a la agricultura- por un AEP experto y bien entrenado, quien se concentraría en una sola cosa y la haría bien.

El sistema CyV ha mostrado algunas señales positivas de éxito a lo largo de la década de su uso generalizado. En India, donde ha sido adoptado más ampliamente, varios estudios han demostrado su efectividad para difundir conocimientos tecnológicos entre los agricultores[12] y aumentar los rendimientos.[13] Más aún, existe evidencia de avances logrados contra por lo menos dos enemigos tradicionales de una extensión efectiva: la tendencia del agente de extensión a visitar principalmente a los principales agricultores (mejor educados y menos conscientes de los riesgos, y por lo tanto más receptivos);

12. Por ejemplo, Gershon Feder y Roger Slade, "Aspects of the Training and Visit System of Agricultural Extensión in India: A Comparative Analysis" (Aspectos del Sistema de Entrenamiento y Visita de Extensión Agrícola en India: Análisis Comparativo) (papel de trabajo para el personal del Banco Mundial; No. 656) (Washington, DC: Banco Mundial, 1985).

13. Gershon Feder, Roger H. Slade y Anant K. Sundaram, "The Training and Visit Extension System: An Analysis of Operations and Effects" (El Sistema de Extensión por Entrenamiento y Visitas: Análisis de Operaciones y Efectos) (papel de trabajo para el personal del Banco Mundial; No. 719) (Washington, DC: Banco Mundial, 1985).

y la aversión del agente a aventurarse a hacer salidas de campo en la temporada lluviosa.[14] Al analizar muestras por un total de más de 15.000 "agricultores de enlace", Feder, Slade y Sundaram[15] hallaron que los pequeños agricultores eran visitados con tanta regularidad como los grandes terratenientes, y que las irregularidades en el programa de visitas no eran más frecuentes en la estación lluviosa que en la seca.

Sin embargo, existen problemas definidos con el programa de CyV, desde la perspectiva del desarrollo social a nivel regional. El problema básico es expresado por dos de los principales defensores de la CyV dentro del Banco Mundial, Daniel Benor y Michael Baxter, en lo que resulta ser lo más cercano posible a un manual oficial de CyV, donde resumen "algunas características claves del sistema":

> Existe una considerable variación en el sistema dentro del país y entre un país y otro, reflejando las condiciones agroecológicas particulares, los entornos socioeconómicos y las estructuras administrativas. A fin de tener éxito, el sistema de capacitación y visitas debe adaptarse para encajar con las condiciones regionales. Sin embargo, ciertas características del sistema no pueden ser cambiadas en forma significativa sin afectar adversamente su operación. Entre estas características se incluye el profesionalismo, una línea única de mando, entrenamiento regular y continuo, y un estrecho vínculo con la investigación.[16]

Aquí observamos tanto la tendencia hacia la centralización como hacia la tecnología, presentes en los temas discutidos anteriormente. Se afirma que el sistema CyV "debe ser adaptado a las condiciones regionales" si se desea que "tenga éxito" y, de hecho, el volumen de Benor y Baxter dedica un capítulo completo[17] a la necesidad de "investigación aplicada e investigación con fines de adaptación" para desarrollar tecnologías adecuadas a las con-

14. No deberíamos tener una actitud condescendiente en este caso. "El turismo de desarrollo rural de la estación seca" también es bien conocido entre los expertos internacionales en desarrollo expatriados, como se señala extensamente en Chambers, *Rural Development* (Desarrollo Rural), pp. 20-1.

15. Feder, Slade y Sundaram, "The Training and Visit Extension System" (El sistema de Extensión de Entrenamiento y Visita).

16. Benor y Baxter, *Training and Visit Extension* (Extensión de Entrenamiento y Visita), p. 8.

17. Ibid, pp. 99-104.

diciones locales. Todo esto implica una cierta descentralización y autonomía para fomentar el desarrollo de conocimientos nuevos, aplicables regionalmente. Desafortunadamente, como lo indica el "sin embargo" en medio de la cita de Benor y Baxter, hacerlo sería entrar en conflicto con el imperativo más firme en pro de la centralización, expresado en las dos últimas frases de la cita. Para decirlo de otra manera, la concentración sobre la diseminación de porciones utilizables de tecnología agrícola, que es la marca distintiva de la CyV, debe significar tener que dejar de lado por completo las dimensiones sociales del desarrollo.

Esta tendencia a favor de la centralización parece haber tenido algunos efectos graves en la India.[18] Los gobiernos provinciales, o regionales, han tendido a implementar programas CyV altamente autoritarios, los cuales han hecho marchar a los subordinados a paso forzado a través de sus programas, todo de acuerdo con un modelo único y todos ellos diseminando paquetes de conocimiento tecnológico decididos por las altas esferas.[19] También ha existido una tendencia tecnológica, pero en este caso las críticas deben ser menos severas, ya que el propósito básico del sistema CyV, en primer lugar, era enfocar sobre la tecnología, más que tratar de cubrir todo lo relacionado con el desarrollo rural, como se hacía en los primeros esfuerzos de desarrollo comunitario. Sin embargo, un programa que evite conscientemente todas las perspectivas excepto la puramente tecnológica, no puede dejar de tener problemas por ello, aun en el desarrollo de la misma perspectiva, porque la ausencia de toda dimensión de desarrollo social significa que no hay interés en aprovechar los conocimientos tecnológicos regionales, ni en involucrar a los "beneficiarios del proyecto" en el proceso de "investigación con fines de adaptación", ni en nada más. En otras palabras, el enfoque exclusivamente tecnológico que caracteriza a la CyV también tiende a ser un enfoque centralizado, de arriba hacia abajo.

18. En India, según la constitución, la agricultura es un tema estadal más que nacional, de modo que existe por lo menos un mínimo de descentralización inherente, aunque ciertamente no mucho más que eso, ya que los estados tienden a ser bastante extensos, alcanzando bastante más de 100 millones de población.

19. La mayor parte de las críticas en este párrafo son tomadas de Mick Moore, "Institutional Development, the World Bank, and Indian's New Agricultural Extension Programme" (Desarrollo Institucional, el Banco Mundial y el Nuevo Programa de Extensión Agrícola de la India), *Journal of Development Studies* 30 (julio 1984): 303-17. Contrariamente a Feder, Slade y Sundaram, Moore también encuentra que el sistema CyV es tendencioso, inclinándose hacia los grandes agricultores y la agricultura de estación seca (es decir, de irrigación).

El campo de la ordenación de las aguas ofrece un segundo ejemplo de estas dos tendencias mutuamente reforzantes en acción. La ordenación de las aguas, mucho más antigua que el esfuerzo de capacitación y visitas, data de mediados del siglo XIX, lo cual significa que los patrones que presenta hoy en día son resultado de muchas décadas de experiencia acumulada. Varios de estos patrones se destacan. Primero, está el sistema de recompensa y status dentro de la profesión, que subraya la tecnología y las escalas. Los aspectos glamorosos y de ventajas para las carreras residen en las áreas de diseño y construcción, y éstas son del dominio del ingeniero. Los aspectos de operación y mantenimiento de la ordenación de las aguas, aunque ciertamente no están despojadas de preocupaciones tecnológicas, son las áreas donde pueden contribuir la sociología y antropología rurales, pero éstas generalmente son mucho menos estimadas en la ordenación de las aguas.[20]

No debería resultar sorprendente que este énfasis en el diseño y la construcción esté estrechamente vinculado con un segundo patrón, el entusiasmo por proyectos enormes, abultados y costosos. Trabajar en extensos sistemas de flujo por gravedad es mucho más emocionante, a nivel profesional, que trabajar, digamos, en planes de prosaicos pozos entubados. También ponen un énfasis mucho mayor en las capacidades tecnológicas, con una preocupación correspondientemente menor respecto a los asuntos de desarrollo social.

En tercer lugar, y vinculado directamente con los dos primeros patrones, existe un entusiasmo a favor del mando y control centralizados. Esta ansia de centralización, quizás fácil de comprender en los planes masivos de flujo por gravedad, en los cuales la regla es encontrarse con ingentes requisitos logísticos, coordinación detallada minuciosamente y supervisión muy intensa, puede surgir aun en contextos que parecerían ideales para la autonomía de los subproyectos e iniciativas del terreno mismo. Así, en Bangladesh, un proyecto de perforación de un pozo entubado que podría haber utilizado tecnologías de perforación regionales, a tracción humana, a un costo mucho menor, empleó en cambio torres de perforación costosas y que desplazaban

---

20. Para una exposición de este punto de vista, ver Robert Wade y Robert Chambers, "Managing the Main System: Canal Irrigation's Blind Spot" (Administración del Sistema Principal: El Punto Ciego de la Irrigación por Canales), *Economic and Political Weekly* 15 (27 de septiembre de 1980): A107-12.

la mano de obra, principalmente por ser más fáciles de controlar y justificar.[21] Quizás no debería resultar sorprendente, entonces, que el actual esfuerzo de ordenación de las aguas a gran escala realizado por el Banco Mundial en la India, parezca estar sujeto a las mismas tendencias centralizadoras y confianza en la tecnología[22] como es el caso con el sistema CyV del Banco.

DESCENTRALIZACION Y DOMINIO DE LA ELITE: ¿UNA CONEXION CAUSAL?

Las empresas de desarrollo rural no necesariamente tienen que ser proyectos de transferencia de tecnología centralizados, de arriba a abajo. Aun en las áreas de extensión y ordenación de las aguas hay espacio suficiente para dar cabida a esfuerzos descentralizados que incorporen aspectos de desarrollo social, como veremos más adelante. Sin embargo, antes de seguir a lo largo de esa línea, debe hacerse una pregunta previa: si fuera posible descentralizar el proceso de desarrollo, incluir más aspectos del desarrollo social y por lo tanto, involucrar a más personas en la región en la planificación e implementación ¿Cuáles serían las consecuencias? Particularmente, ¿qué efecto tendría esto sobre el principio de equidad? Debe admitirse que existe una literatura considerable al respecto, indicando que la autonomía regional puede llevar a una distorsión de los beneficios hacia la élite regional, hasta el punto de sugerir una correlación sumamente causal y directa entre ambos. De ser así, bien podría alegarse, ¿Cuál es el punto de instar a una mayor participación regional en la planificación e implementación?

El caso que relaciona la descentralización con el predominio de las élites regionales es sumamente fuerte, aunque de ninguna manera completo, como se observa en dos casos contrastantes del espectro del desarrollo: las zonas urbanas de Estados Unidos y rurales del sur de Asia. En ambos entornos, la conexión entre la descentralización y el dominio de la élites regionales es saber común para muchos dentro de las ciencias sociales, aceptado sin mayor duda. Y, al igual que la mayoría de las teorías de la ciencia social, la idea

21. John W. Thomas, "The Choice of Technology in Developing Countries: The Case of Irrigation Tubewells in Bangladesh" (Elección de Tecnología en los Países en Desarrollo: El Caso de los Pozos Entubados en Bangladesh) (papel presentado en la Conferencia de Torremolinos del Servicio de Asesoría para el Desarrollo de la Universidad de Harvard, 1972).

22. Robert Wade, "The World Bank and India's Irrigation Reform" (El Banco Mundial y la Reforma de la Irrigación en India), *Journal of Development Studies* 18 (enero de 1982): 171-84.

es básicamente sencilla. Empieza con el resultado bien documentado[23] de que, generalmente a nivel regional en ambos países, un estrato de personas de posición económica relativamente acomodada, bien educadas y socialmente prestigiosas, llevan la voz cantante en la administración de los asuntos regionales. Esta voz se hace oír a través de la interrelación entre los recursos económicos, políticos y sociales a nivel regional, de modo tal que el control de los activos (tierra en India y una combinación de propiedad y riqueza más líquida en Estados Unidos) es fácilmente utilizada para ganar predominancia en los asuntos gubernamentales regionales y viceversa. De esto se desprende que cualquier programa de desarrollo que asigne recursos a nivel regional, estará canalizando de hecho esos recursos hacia las élites regionales, particularmente si el programa debe implementarse a nivel regional a través de instituciones representativas. Tal fue la conclusión a que llegaron virtualmente todos los análisis de los principales esfuerzos de descentralización del desarrollo rural de las décadas de 1950 y 1960, los programas de Desarrollo Comunitario y Panchayati Raj.[24]

En Estados Unidos, el principal esfuerzo de desarrollo urbano de los 60 fue la "Guerra a la Pobreza" del Presidente Lyndon Johnson, que, en

---

23. Para Estados Unidos ver, por ejemplo, Robert E. Agger, Daniel Goldrich y Bert E. Swanson, *The Rulers and the Ruled: Political Power and Impotence in American Communities* (Gobernantes y Gobernados: Poder Político e Impotencia en las Comunidades Norteamericanas) (Nueva York; Wiley, 1964): G. William Domhoff, *Who Really Rules? New Haven and Community Power Reexamined* (¿Quién Gobierna Realmente? New Haven y el Poder Comunitario Reexaminados) (New Brunswick, NJ: Transaction Books, 1977); Robert Presthus, *Men at the Top: A Study in Community Power* (Hombres en la Cima: Estudio del Poder en las Comunidades) (Nueva York; Oxford University Press, 1964); y Arthur J. Vidich y Joseph Bensman, *Small Town in Mass Society* (Los Pueblos Pequeños en la Sociedad de Masas). Ed. rev. (Princeton: Princeton University Press, 1968). Ciertamente, existen ciertas disputas respecto al dominio de la élites regionales; ver, por ejemplo, Nelson W. Polsby, *Community Power and Political Theory: A Furter Look at Problems of Evidence and Inference* (Poder Comunal y Teoría Política: Un Nuevo Examen de los Problemas de Evidencia e Inferencia) 2da. ed. (New Haven: Yale University Press, 1980). En cuanto a India, realmente no se discute el predominio de las élites regionales. Para un buen resumen de la literatura, ver Norman K. Nicholson, *Panchayati Raj, Rural Development and the Political Economy of Village India* (Panchayati Raj, Desarrollo Rural y la Economía Política de la India Rural) (Papel ocasional No. 1) (Ithaca: Comisión de Desarrollo Rural, Centro de Estudios Internacionales, Universidad de Cornell, 1973).

24. Entre otros, ver A.H. Hanson, *The Process of Planning: A Study of Indian's Five-year Plans, 1950-1964* (El Proceso de la Planificación: Estudio de los Planes Quincenales de India, 1950-1964) (Londres: Oxford University Press, 1966); y Gunnar Myrdal, *Asian Drama: An Inquiry into the Poverty of Nations* (Drama Asiático: Investigación de la Pobreza de las Naciones) (Nueva York: Pantheon, 1968).

opinión de muchos observadores, tuvo resultados similares a los experimentados por los programas de la India, al asumir las élites regionales de los municipios el control de los proyectos y sus beneficios en las municipalidades[25] y también entre la población a la que se destina el programa, o "población beneficiaria",[26] Theodore Lowi,[27] expresando un punto de vista ampliamente compartido,[28] llega hasta a afirmar que las élites regionales serán las beneficiarias de virtualmente cualquier programa en el cual se entregue un poder discrecional suficiente a nivel regional, ya sea para programas contra la pobreza, de crecimiento económico urbano, de proteccion ambiental, o lo que sea. En sus palabras:

> Algún día, cuando la ética aceptada sea promulgada como ley, la descentralización de su implementación será tanto posible como deseable. Pero hasta que llegue ese momento, la descentralización sólo significa una carta blanca para los intereses creados.[29]

Su conclusión es que sólo a través de una mayor centralización será posible lograr una verdadera equidad.

---

25. Por ejemplo, Peter Marris y Peter Rein, *Dilemnas for Social Reform: Poverty and -Community Action in the United States* (Dilemas de la Reforma Social: Pobreza y Acción Comunitaria en Estados Unidos), 2a. ed. (Chicago: Aldine, 1973).

26. Es decir, los negros de clase media tendían a obtener la mayor parte de los beneficios de los programas diseñados para "grupos beneficiarios" de negros pobres. Ver, por ejemplo, David M. Austin, "Resident Participation: Political Mobilization or Organizational Cooptation?" (Participación Residente: ¿Movilización Política o Co-optación Organizativa?) *Public Administration Review* 32 (septiembre de 1972): 400-20; y J. David Greenstone y Paul E. Peterson, "Racial Change and Citizen Participation: The Mobilization of Low-Income Communities through Community Action" (Cambio Racial y Participación Ciudadana: Movilización de las Comunidades de Bajos Ingresos a Través de la Acción Comunitaria) en Robert H. Haveman, ed., *A Decade of Federal Antipoverty Programs: Achievements, Failures, and Lessons* (Una Década de Programas Federales Contra la Pobreza: Logros, Fracasos y Lecciones) (Nueva York: Academic Press, 1977), pp. 241-78.

27. Theodore J. Lowi, *The End of Liberalism: The second Republic of the United States* (Fin del Liberalismo: La segunda República de Estados Unidos), 2a. ed. (Nueva York: Norton, 1979).

28. Sus opiniones son ampliamente respetadas. Hace varios años, se lo mencionó en una encuesta de especialistas norteamericanos en Ciencias Políticas como el colega que había hecho la contribución más significativa a la disciplina en la década de 1970; ver Walter B. Roettger, "Strata and Stability: Reputation of American Political Scientists" (Estratos y Estabilidad: Reputación de los Especialistas en Ciencias Políticas), *PS* (Boletín Trimestral de la Asociación Norteamericana de Ciencias Políticas) 11 (invierno de 1978): 6-12.

29. Lowi, *The End of Liberalism* (Fin del Liberalismo), p. 259.

¿Deberíamos entonces llegar a la conclusión inquietante de que, en cuanto se relaciona con los beneficios para los pobres, la participación regional en el desarrollo social es, en el mejor de los casos, sólo un espejismo? No, no lo creo. Hay otras respuestas, porque, como se señala arriba, el caso a favor de una vinculación entre la descentralización y el predominio de la élite no es completo, aunque sí es fuerte. Acontecimientos recientes en Estados Unidos ilustran esto. Como hemos visto, el gobierno de Reagan, desde que inició su período de gestión en 1981, ha venido intentando asiduamente desregular y desarticular muchas de las políticas federales instaladas durante las décadas de 1960 y 1970. Un programa semejante era el grupo de reglamentaciones de "acción afirmativa" decretadas federalmente, instruyendo a los empleadores de los sectores público y privado a realizar esfuerzos especiales para contratar y promover a las mujeres y miembros de los grupos minoritarios. El esfuerzo por relajar la acción afirmativa debería haber contado con la aprobación regional, según la tesis de la descentralización/predominio de las élites, porque habría vuelto a poner la autoridad de contratación en manos regionales y permitido a esas manos recuperar esta herramienta poderosa, siendo el perdedor inevitable el acceso equitativo a los empleos. Sin embargo, este no ha sido el caso. A principios de 1985, el gobierno de Reagan instó a las gobernaciones de los estados y municipalidades a eliminar las metas numéricas y cuotas de contratación de acción afirmativa que habían adaptado, frecuentemente por mandato federal o decisión de los tribunales, durante el período de los gobiernos anteriores en Washington. La respuesta fue desalentadora y se observó un gran nivel de resistencia, tanto así que en abril de 1985, el Gobierno de EE.UU. empezó a llevar a las municipalidades a juicio para tratar de obligarlas a eliminar sus sistemas de acción afirmativa.[30]

---

30. Ver James Barron, "Indianapolis Defends Its Hiring Plan" (Indianápolis Defiende su Plan de Contratación), *New York Times*, 5 de mayo de 1985; Stephen Engelberg, "Attack on Quotas Is Widely Opposed" (Amplia Oposición al Ataque a las Cuotas), *New York Times*, 4 de mayo de 1985; Robert Pear, "States Are Found More Responsive on Social Issues" (Se Encuentra a Los Estados más Sensibilizados ante los Problemas Sociales), *New York Times*, 19 de mayo de 1985; Philip Shenon, "U.S. Acts to Stop Quotas on Hiring in Indianapolis" (EE.UU. Actúa para Detener las Cuotas de Contratación en Indianápolis), *New York Times*, 30 de abril de 1985; y Stuart Taylor, "Mostly Unsuccessful Reagan Attak on Race Quotas Goes to High Court" (El Ataque Menos Exitoso de Reagan contra las Cuotas Raciales pasa al Tribunal Superior), *New York Times*, 6 de agosto de 1985.

El hecho es que las unidades de gobierno a menor nivel se habían acostumbrado a la acción afirmativa y preferían un proceso que aseguraba la equidad y justicia en asuntos de personal; no querían volver a la vieja forma de actuar sobre la base del sexismo, racismo y favoritismo que habían reforzado anteriormente el predominio de las élites regionales. Una encuesta independiente mostró que sólo tres jurisdicciones en todo el país estaban dispuestas a unirse al gobierno federal en el esfuerzo por revocar la acción afirmativa.[31] De hecho, existe evidencia considerable en torno a que, mientras Washington se ha vuelto cada vez menos favorable hacia los pobres, las minorías y las mujeres, los gobiernos estatales y regionales se han mostrado cada vez más sensibilizados, no sólo a través de programas de acción afirmativa, sino también en cuanto a la educación, cuidado de la salud y bienestar social,[32] llegando en muchos casos a reemplazar con sus propios fondos los recortes impuestos por Washington a los programas nacionales de bienestar social.[33]

Tampoco es el caso en la India rural que la descentralización de poder hacia el nivel regional deba significar necesariamente entregar recursos a las élites de las poblaciones, quienes pervertirían todos los proyectos de desarrollo a favor de sus propios intereses. Quizás la mejor ilustración de esta afirmación es la ofrecida por el mismo programa utilizado comúnmente como ejemplo de la inevitabilidad de la toma de control por parte de la élite regional y de la perversión de las actividades de desarrollo: Panchayati Raj.[34]

---

31. Mary Thornton, "Hiring Goals' End Sought: State, Local Governments Stand by Affirmative Action" (Se busca Acabar con las Metas de Contratación: Los Gobiernos Estatales y Regionales Apoyan la Acción Afirmativa), *Washington Post*, 25 de mayo de 1985.

32. Pear, "States Are Found More Responsive on Social Issues" (Se Encuentra a los Estados más Sensibilizados ante los Problemas Sociales).

33. Peterson, "Federalism and the States" (Federalismo y los Estados).

34. El argumento siguiente es condensado principalmente de Harry W. Blair, *The Political Economy of Participation in Local Development Programmes: Short-Term Impasse and Long-Term Change in South Asia and the United States from the 1950s to the 1970s* (La Economía Política de Participación en los Programas Regionales de Desarrollo: Atolladero a Corto Plazo y Cambio a Largo Plazo en Asia y Estados Unidos desde los años 50 hasta los 70) (Serie de monografías, No. 4) (Ithaca: Comisión de Desarrollo Rural, Centro de Estudios Internacionales, Universidad de Cornell, 1982). Mi punto de vista no es compartido a todo nivel; para una interpretación más sombría de este período en el desarrollo rural de India, ver Walter C. Neale, "Indian Community Development, Local Government, Local Planning, and Rural Policy Since 1950" (Desarrollo Comunal en la India, Gobiernos Regionales, Planificación Regional y Política Rural desde 1950), *Economic Development and Cultural Change* 33 (julio de 1985): 677-98.

Establecido inicialmente a fines de la década de 1950 como un rejuvenecimiento para lo que se consideraba entonces como un programa de desarrollo comunitario en decadencia, Panchayati Raj era un plan de autogobierno regional de múltiples niveles. Se pensaba entonces que la estructura de desarrollo comunitario no había tenido éxito en su misión de llevar el desarrollo a la India rural porque sus operaciones eran excesivamente "de arriba hacia abajo" y no involucraban suficientemente a la población regional en las actividades que supuestamente debían beneficiarlos. Se decidió que el remedio sería una dosis masiva de participación popular a través de representantes electos a nivel de las poblaciones, bloques y distritos,[35] y las instituciones que debían ser dirigidas por estos funcionarios electos administrarían a su vez los esfuerzos de desarrollo a nivel regional. Las denuncias contra los nuevos programas Panchayati Raj no tardaron en llegar, acusando a la estructura completa de no ser más que una entrega de fondos estatales a los intereses creados regionales. Para fines de los 60, críticas como las de Gunnar Myrdal[36] eran la orden del día, y desde entonces ha sido difícil encontrar algo positivo dicho a favor del programa, ciertamente entre aquellos que se ocupan del desarrollo social.

Sin embargo, un examen del Panchayati Raj después de veinticinco años, en contraposición con simplemente cinco o diez años, revela una historia muy diferente. Porque a lo largo de este período más extenso, se ha producido un grado sumamente significativo de desarrollo social en la India rural, gran parte del cual debe ser atribuido al Panchayati Raj.

¿Cuál ha sido la naturaleza de estos cambios? ¿Y cuáles fueron sus causas? La producción agrícola es el punto de partida cuando se examina la India rural, y en este caso el historial es impresionante. La producción de cereales, que alcanzaba 70 millones de toneladas métricas a principios de los años 60, había aumentado a más de 130 millones para principios de los 80.[37] El hecho

35. Existen aproximadamente 600.000 poblados en India, 5.000 bloques y 400 distritos, oscilando la población de estos últimos entre varios millones de personas.

36. Myrdal, *Asian Drama* (Drama Asiático).

37. Banco Internacional de Reconstrucción y Fomento, *Economic Situación and Prospectos of India* (Situación Económica y Perspectivas para la India) (Informe No. 3401-IN) (Washington, DC: Banco Mundial, 1981), p. 271; e *India: Structural Change and Development Perspectives* (India: Cambio Estructural y Perspectiva de Desarrollo) (Informe No. 5593-IN) (Washington, DC: Banco Mundial, 1985), p. 54.

que esto constituyera o no una verdadera "Revolución Verde" seguramente será debatido durante mucho tiempo, pero no hay duda que el logro fue sustancial.[38] Junto con este fuerte aumento de producción de alimentos, se produjo un cambio social fundamental en la vasta zona del corazón rural hindú de India. En esta región viven aproximadamente 230 de los 700 millones de habitantes de la India.[39] Durante la década de 1950, igual que antes, estaba dominada en gran medida a nivel de poblaciones y de los estados, por un estrato de terratenientes de casta alta, pero para principios de los 80, este dominio había sido desafiado y en muchas áreas, desmantelado por los agricultores medios, quienes también tendían a ser de las castas intermedias. Más aún, se estaba produciendo un cambio social más nuevo todavía, al empezar a articular más efectivamente las personas de menores recursos (y generalmente de casta baja) sus propias carencias y necesidades.

Las causas de estos dos grupos de cambios estaban definitivamente interrelacionadas. Lo que ocurrió esencialmente fue que a nivel de las poblaciones, las élites terratenientes residentes sí asumieron el nuevo sistema Panchayat y lo utilizaron para su propia ventaja, así como lo predijo el saber popular social. Sin embargo, con el correr del tiempo, los grupos de casta media y agricultores medianos vieron que podían movilizarse al ser un número substancialmente mayor, logrando que se escogieran a sus propios representantes para los cuerpos del panchayat. Y las personas electas no estaban tan interesadas en mantener el *status quo* a la manera de las viejas élites dominantes semifeudales, como en ayudar a sus propios seguidores entre los agricultores medianos a mejorar sus posiciones. Esto significaba más créditos, más fertilizantes, más irrigación, más extensión agrícola, más caminos del campo al mercado, mejores precios de procura del gobierno, y así en lo sucesivo, todo para ayudar a sus seguidores, los agricultores medianos. De acuerdo a esto, los nuevos representantes presionaban al

38. Aunque claramente no tan sustancial como se podría esperar. Debido al rápido crecimiento de la población durante este período, de aproximadamente 450 millones de personas a más de 700 millones, la disponibilidad de cereales per cápita sólo aumentó de 400 grs. diarios a principios de los 60, a alrededor de 410 a principios de los 80 (BIRf, *India*, p. 58).

39. Se incluyen aquí las áreas rurales de Bihar, Haryana, Madhya Pradesh Rajasthan y Uttar Pradesh. Se podría presentar el mismo argumento respecto a gran parte del resto de la India rural, pero el área de habla hindú es suficiente para ilustrar el punto central en este caso.

gobierno para que cumpliese entregando lo necesario, primero a nivel del poblado y luego, a medida que ascendían por los múltiples estratos del sistema Panchayat, a niveles cada vez más elevados hasta que, finalmente, hasta llegaron a controlar varias gobernaciones de estados a fines de los años 70, y por un corto lapso el mismo gobierno nacional, durante la breve y afligida administración del Primer Ministro Charan Singh en 1979-80. Y a medida que recibían más insumos agrícolas, producían más alimentos. Esto significó una verdadera transformación social, en la cual los agricultores medianos, que trabajaban más duro acicateados por la promesa de obtener utilidades, empezaron a desplazar al orden más antiguo de terratenientes, quienes habían actuado siguiendo un empuje más tradicional, simplemente para mantenerse en la cima de la estructura social.

Igualmente importante, si no más desde nuestro punto de vista, fue el hecho que aquellos en la base de la pirámide social, los desposeídos o casi desposeídos, también se involucraron en las políticas. Estas personas, en su mayoría de las castas más bajas, viendo lo que habían logrado los agricultores medianos a través del proceso político, empezaron a organizarse para presionar con sus propias agendas a favor de la ejecución de las leyes de aparcería y el salario mínimo legal en la agricultura, protección policial contra la antigua explotación sexual de sus mujeres por parte de las castas más altas, etc. Huelga decir que sus demandas desde abajo provocaron un considerable antagonismo desde arriba, y el grado de tensión rural en el corazón del territorio hindú es indudablemente mayor que hace treinta o cuarenta años. Pero la mayor parte de esta tensión da muestras de estar siendo absorbida en el proceso político, a medida que los diversos partidos, particularmente el partido que controla el Congreso, tratan de incluir algo para todos sus grupos en sus plataformas políticas.

En resumen, la descentralización no necesariamente tiene que significar una carta blanca para los intereses creados a nivel regional, haciendo referencia nuevamente a Lowi.[40] Puede significar ofrecer un entorno en el cual los estratos medios y hasta los bajos puedan involucrarse en la toma de decisiones y hacerse oír políticamente a fin de mejorar su calidad de vida. Y de eso se trata el desarrollo social.

---

40. Lowi, *The End of Liberalism* (El Fin del Liberalismo).

Dado que la descentralización puede propugnar el desarrollo social, entonces, por lo menos bajo ciertas circunstancias, ¿Cómo se la puede aplicar en forma práctica? Despues de todo, Estados Unidos está muy lejos, en términos de distancia y de riqueza, de los países en desarrollo; y la India, aunque es más cercana en ambos aspectos, está muy lejos, sin embargo, en términos de la escala del experimento Panchayati Raj y, más importante aún, en términos del tiempo de gestación requerido para que éste muestre algún resultado positivo. Quince a veinte años, o más, no es exactamente lo que quieren pensar los ministerios de fomento (o creen que pueden permitirse pensar) en términos de la "vida del proyecto" en sus planes. ¿Existe alguna otra forma? En la próxima sección, se alegará que sí, y en gran medida.

PLANIFICACION E IMPLEMENTACION A NIVEL REGIONAL

Para que exista un elemento significativo de planificación e implementación de desarrollo social a nivel regional, dos acciones son necesarias: implementar una apertura en la burocracia, tanto interna como externamente; y establecer y nutrir instituciones a través de las cuales las personas puedan afectar a una burocracia más abierta. El segundo requisito es lo que podría ser llamado participación, sobre el cual existe una extensa literatura y que es cubierta por el papel de Mary Racelit Hollnsteiner en este volumen, de modo que me limitaré al tema de la apertura de la burocracia. La literatura sobre este tema es considerablemente menos abundante que respecto a la participación, pero en los últimos años el creciente interés en el tópico ha producido una buena cantidad de material, gran parte del cual es adecuado para ser utilizado aquí.

Apertura de la burocracia desde adentro

Junto con la tendencia centralizadora inherente que aparentemente caracteriza a la burocracia, se presenta una inclinación hacia la administración de arriba hacia abajo que parece igualmente inherente. Ya sea que exista en la naturaleza humana misma, o que sea más bien un aspecto de la edad moderna, el impulso por controlar es fuerte y, en la organización cuidadosamente ordenada y altamente articulada de la burocracia, alcanza su mejor expresión. La uniformidad de comportamiento a cada nivel y la toma de todas las decisiones de acuerdo al mismo juego de reglas, después de todo, son las marcas identificadoras de la burocracia y ambos patrones son mantenidos con mayor facilidad a través de órdenes desde arriba. No resulta sorprendente, entonces, que el gerente que acepta de buen grado sugerencias, críticas y decisiones independientes desde abajo, sea una persona extraordinaria.

Este tipo de patrón de comportamiento encaja bien con el ciclo típico de los proyectos en el trabajo de desarrollo. Todo se inicia con una etapa de diseño, en el cual un grupo reducido de expertos delimita un escenario para el proyecto. Este equipo de diseño hace una serie de visitas al terreno para familiarizarse con las condiciones locales. Pero las restricciones del tiempo siempre son graves; debido a las omnipresentes vaguedades de la toma de decisión a los más altos niveles gubernamentales, el equipo de diseño no se puede organizar sino hasta último minuto, y debe entregar su informe lo antes posible a los planificadores. Más aún, los expertos del equipo de diseño son todos ajenos a la ubicación del proyecto; frecuentemente son expatriados, pero aún si son nativos, son de la capital y no tienen conocimiento de las condiciones locales. Estas restricciones de tiempo, además de la falta de conocimiento de la situación regional, dan como resultado un diseño de proyecto que está lejos de ser el ideal. Las visitas "relámpago" se limitan a los caminos pavimentados, exhibiciones de poblaciones "de muestra", entrevistas estereotipadas con las élites locales y asistencia a ceremonias que presentan a escolares que han ensayado ciudadosamente su actuación y cosas semejantes, con la consecuencia de que, aun para los diseñadores mejor intencionados, el juicio profesional abstracto debe sustituir la familiarización concreta con el sitio.[41]

La poca adaptación a las condiciones locales que logra incluir el equipo diseñador en su inforne frecuentemente es purgada durante la etapa de planificación, mientras al proyecto se le da forma adecuada para que pase por el proceso de aprobación dentro de la agencia financiadora. Ahora debe adaptarse a las normas burocráticas internas y cánones de lo que es aceptable y lo que no lo es, es decir, que debe imitar estrechamente a otras proposiciones de proyectos que hayan sido aprobadas y financiadas recientemente. Y si hay un donante extranjero involucrado, todo tiene que pasar por una segunda ronda de conformación con los modos burocráticos.

Cuando un proyecto es aprobado, y se debe enfrentarse a algo nuevo y diferente, puede incluir una etapa "piloto" experimental, después de lo cual

41. Para una evaluación lúcida y sucinta de lo que tiende a salir mal en el diseño de los proyectos, ver Chambers, *Rural Development* (Desarrollo Rural), pp. 1-27.

se espera que se redacte un plano para la implementación de la empresa completa. Evidentemente, es más común que se suponga que, sea lo que sea que sobreviva al trabajo del equipo de diseño en el papel final del proyecto, será suficiente para asegurar la adaptación local y que el marco básico para su implementación puede ser tomado simplemente como está de la "estantería universal" de tecnología, administración y tecnología del proyecto. De todos modos, se crea un molde, el cual se encaja posteriormente sobre todas las variaciones locales en el terreno, y el proyecto es instrumentado a través de la burocracia jerárquica tradicional, en la cual las órdenes fluyen hacia abajo y los informes fluyen hacia arriba.[42] Para poder sacar adelante la carrera profesional de uno en la burocracia, estos informes deben contar las cuotas cubiertas y las metas alcanzadas. No deben tratar de los problemas encontrados o los obstáculos al progreso. Mucho menos deben admitir un fracaso ni sugerir cambiar el diseño del proyecto una vez que las cosas están en marcha. Porque así como el pequeño agricultor trata de minimizar el riesgo en su estrategia de producción estacional, también el burócrata del desarrollo trata de minimizar su riesgo haciendo lo que promueva su carrera. Ni qué decir tiene que, aunque un comportamiento semejante puede minimizar el riesgo para el funcionario en particular, aumentará enormemente el riesgo para el proyecto en general, que no puede adaptarse a las condiciones locales y no puede manejar la multitud de condiciones y problemas imprevistos, que no pueden dejar de afectar a todas las acciones humanas.

La adaptabilidad y la flexibilidad son dos de los temas claves en un nuevo enfoque a la gerencia de proyectos, llamada indistintamente "reorientación burocrática", un "enfoque de proceso de aprendizaje",[43] y un "enfoque a

42. El sistema de capacitación y visitas que mencionamos anteriormente es un ejemplo excelente, si bien algo extremo, en este caso.

43. Ambos términos están asociados estrechamente con David Korten, quien ha escrito extensamente sobre este enfoque. Ver, entre sus trabajos, especialmente David C. Korten, "Community Organization and Rural Development: A Learning Process Approach" (Organización Comunal y Desarrollo Rural: Enfoque del Proceso de Aprendizaje), *Public Administration Review* 40 (sept.-oct. de 1980): 480-511; y David C. Korten y Norman T. Uphoff, "Bureaucratic Reorientation for Participatory Rural Development" (Reorientación Burocrática para un Desarrollo Rural Participativo) (papel de trabajo de NASPAA) (Washington, DC: Asociación Nacional de Escuelas de Asuntos Públicos y Administración, 1981).

la adminstración del desarrollo con fines de adaptación''.[44] Quizás una expresión tan buena como cualquier otra sería ''administración del desarrollo con fines de adaptación'' para denotar este nuevo enfoque, que a lo largo de los últimos cinco años se ha desarrollado y destilado un pequeño grupo de literatura propia,[45] hasta el punto que el Banco Mundial le ha dedicado una atención considerable en un Informe de Desarrollo anual reciente.[46]

La ''administración del desarrollo con fines de adaptación'' tiene dos implicaciones importantes para la forma en que las burocracias del desarrollo manejan la tarea internamente. La primera es rechazar la orientación de plan maestro a favor de una que considere a cada proyecto como algo esencialmente único. Existen algunas tecnologías y metodologías que pueden ser tomadas de la estantería universal y puestas en uso, indudablemente, pero porque siempre existirán variaciones locales en el entorno del proyecto - físicas así como sociales- y debido a que estas variaciones nunca pueden ser previstas por completo, cada proyecto tendrá que ser ajustado y reajustado a su medio ambiente a través de numerosas reiteraciones. Más aún, para subrayar un hecho que es obvio pero que frecuentemente es dejado de lado en la administración del desarrollo, el comportamiento humano mismo jamás puede predecirse con suficiente precisión como para lograr que la administración ''siguiendo el molde'' funcione en forma satisfactoria.

En otras palabras, la administración del proyecto puede ser considerada, según palabras de Korten,[47] como un ''proceso de aprendizaje''. Debe es-

---

44. Este término es de Dennis Rondinelli, habiéndolo utilizado como título de un libro. Dennis A. Rondinelli, *Development Projects as Policy Experiments: An Adaptative Approach to Development Administration* (Proyectos de Desarrollo como Experimentos de Políticas: Un Enfoque a la Administración del Desarrollo con Fines de Adaptación) (Londres: Metheun, 1983).

45. Para una discusión general y revisión de parte de la literatura reciente, ver Harry W. Blair, ''Reorienting Development Administration'' (Reorientación de la Administración del Desarrollo), *Journal of Development Administration* 21 (abril de 1985): 449-57. Dos colecciones de ensayos sumamentes recientes son David C. Korten y Rudi Klaus, eds., *People Centered Development: Contributions Towards Theory and Planning Frameworks* (Desarrollo Centrado en la Población: Contribuciones a una Teoría y Marcos de Planificación) (West Hatford, CT: Kumarian Press, 1984); y Jean Claude García-Zamor, ed., *Public Participation in Development Planning and Management: Cases from Africa and Asia* (Participación de la Población en la Planificación y Administración del Desarrollo: Casos de Africa y Asia) (Boulder, CO: Westview, 1985).

46. BIRF, *World Development Report 1983* (Informe de Desarrollo Mundial, 1983) (Nueva York: Oxford University Press, 1983).

47. Korten, ''Community Organization and Rural Development (Organización Comunal y Desarrollo Rural).

perarse que las cosas a veces no funcionen, que aparezcan obstáculos imprevistos, que los planes no funcionen como se esperaba, y que se tengan que hacer cambios, no una ni dos veces, sino muchas más. Más aún, estos reveses no deben ser vistos como algo vergonzoso, ni como evidencia de incompetencia o mala administración, sino como una oportunidad para aprender y hacer un mejor proyecto.

Para que un enfoque de proceso de aprendizaje funcione, los funcionarios a todos los niveles -pero particularmente a los niveles más bajos, donde los problemas generalmente se evidencian primero- deben estar ansiosos por reportar los reveses, sugerir soluciones y diseñar innovaciones. Y sus superiores no sólo deben estar dispuestos, sino también ansiosos por escuchar estas ideas que vienen desde abajo. Obviamente, este tipo de reorientación no será fácil en los sistemas de administración jerarquica tradicionales, que son típicos en la administración del desarrollo. De hecho, significa un cambio básico en el sistema de recompensa burocráticas, lo cual es la segunda implicación del enfoque de "administración del desarrollo con fines de adaptación". Los funcionarios deben percibir que no sólo que se les permite señalar los fracasos y ofrecer nuevas ideas voluntariamente, sino que se los anima a hacerlo, y hasta que se espera que hagan esto; deben sentir que el adelanto de sus carreras y los ascensos dependen de que lo hagan.

Apertura de la burocracia desde afuera

Muchas de las mismas cosas que deberían hacerse para fomentar el cambio en las relaciones internas de la administración del desarrollo, también deberían realizarse para cambiar sus relaciones externas, particularmente con las personas a las que se supone que está prestando servicios. Este cambio no sólo significa un nuevo compromiso con esas metas elusivas de equidad-con-crecimiento[48] que eran la marca distintiva de los años 70 -aunque ciertamente no se deberían perder de vista dichas metas -sino también la decisión de incluir a las personas en la planificación e implementación de proyectos especialmente a nivel regional.

Este tipo de inclusión de la población en las actividades de desarrollo que las afectan es, en un sentido sumamente real, una participación y por lo tanto

---

48. Por ejemplo, Hollis Chenery et al., *Redistribution with Growth* (Redistribución con Crecimiento) (Londres: Oxford University Press, 1974).

el tema del estudio de Hollnsteiner, pero existe un aspecto particular de la participación que quisiera tocar aquí: aprovechar lo que Chambers[49] llama "el conocimiento de la población rural". Cuando nos detenemos a considerarlo, se vuelve inmediatamente evidente para cualquiera con experiencia en el desarrollo que la población rural debe tener un enorme conocimiento experimental acumulado respecto al mundo en que viven. Expresarlo de esta manera, de hecho, es decir una perogrullada. Sin embargo, es verdaderamente sorprendente descubrir hasta qué punto los esfuerzos de desarrollo pasan por alto esta perogrullada, suponiendo que la población rural que deberá estar involucrada en un proyecto no sabe nada sobre tecnología o economía o relaciones sociales en el "área escogida como beneficiaria", aunque han vivido allí toda su vida.

Así escriben Brokenshaw y Riley[50] de los silvicultores de Africa Oriental, quienes estaban convencidos de que los habitantes del poblado no podían hacer germinar las semillas del arbol *mukau*, muy apreciado en la región. De hecho, la germinación se producía cuando las cabras comían las frutas del árbol y luego dejaban pasar las semillas en sus excrementos. Como observa Chambers:

> La germinación del arbol *mukau* combina el bajo nivel de prestigio de los árboles nativos, el bajo nivel de la cabra y el nivel aún más bajo de los excrementos de cabra. No es sorprendente que pasen inobservados y su potencial sea pasado por alto: un programa para germinar árboles *mukau*, por admirable que sea como inversión a largo plazo para las gentes de Mbeere, requeriría que los silvicultores recolectaran las semillas de un árbol nativo, criaran cabras, las alimentaran con semillas, recogieran los excrementos de las cabras y luego atendieran con cuidado dichos excrementos.[51]

---

49. Chambers, *Rural Development* (Desarrollo Rural), pp. 75-102.

50. Citado en ibid., pp. 81-2.

51. Chambers, *Rural Development* (Desarrollo Rural), p. 82. Abundan las evidencias adicionales, por ejemplo, el estudio de casos de Brammer sobre Bangladesh; ver Hugh Brammer, "Some Innovations Don't Wait for Experts: A Report on Applied Research by Bangladesh Peasants" (Algunas Innovaciones no esperan a los Expertos: Informe de la Investigación aplicada por parte de los Campesinos de Bangladesh) *Ceres* 13 (marzo-abril de 1980): 24-8. Para una consideración más

Convencer a los silvicultores profesionales de que ellos pueden aprender de los pobladores será aún más difícil que convencerlos de que pueden aprender de sus propios subordinados en el servicio forestal. Y lo mismo ocurre con los ingenieros, agrónomos, patólogos de plantas y demás profesionales. Después de todo, preguntarán ellos, ¿cuál es el propósito del entrenamiento profesional y de los parámetros profesionales, si no es para impartir y construir conocimientos superiores a la sabiduría popular convencional? Pero también en este caso, un cambio en el sistema de recompensas y una dirigencia inspirada desde los niveles más altos de la organización, pueden imponer cambios importantes, como veremos en la próxima sección.

Desarrollo centrado en la población

Los enfoques al desarrollo hasta las décadas de 1950 y 1960 se concentraron principalmente en aumentar la producción agregada. Este enfoque centrado en la producción dio paso en los años 70 a lo que podríamos llamar un enfoque orientado hacia las personas, en el cual mejorar el bienestar de los pobres se convirtió en la meta principal. En este caso se observa otro cambio, o mejor dicho, dos cambios -uno que regresa nuevamente[52] hacia las estrategias centradas en la producción y el otro que avanza hacia lo que Korten[53] llama estrategias "centradas en la población", no "orientadas hacia la población", lo cual no sitúa a la población al extremo del proceso de desarrollo, sino en el centro del mismo.[54]

---

general, ver Richard B. Norgaard "Traditional Agricultural Knowledge: Past Performance, Future Prospects, and Institutional Implications" (Sabiduría Popular Agrícola: Desempeño Pasado, Perspectivas Futuras e Implicaciones Institucionales), *American Journal of Agricultural Economics* 66 (diciembre de 1984): 874-8; y para un buen análisis sobre cómo consideran los burócratas de menor nivel al público en general, ver Coralie Bryant y Louise G. White, *Managing Development in the Third World* (Administración del Desarrollo en el Tercer Mundo) (Boulder, CO: Westview, 1982), pp. 179-203.

52. Por ejemplo, John W. Mellor y B.F. Johnston, "The World Food Equation: Interrelation Among Development, Employment and Food Consumption" (Ecuación Alimentaria Mundial: Interrelaciones entre el Desarrollo, el Empleo y el Consumo de Alimentos), *Journal of Economic Literature* 22 (junio de 1984): 531-74.

53. David C. Korten, "Strategic Organization for People-Centered Development" (Organización Estratégica para el Desarrollo Centrado en la Población), *Public Administration Review* 44 (julio-agosto de 1984): 341-52.

54. La mayor parte de este párrafo es una paráfrasis de Korten (Ibid., pp. 341-2).

En nuestros términos, el desarrollo centrado en la población es una combinación de apertura interna de la burocracia con una apertura externa. Y, en el proceso, también se produce otra fusión, porque la planificación e implementación se convierten en un proceso reiterativo, alimentando cada uno al otro. La planificación centrada en la poblacion lleva a la implementación en el transcurso de la cual se buscan los errores y fracasos, se recaban nuevas ideas y se modifican los planes, una y otra vez, a medida que evoluciona un proyecto en constante mejoría y cada vez más efectivo.

¿Puede lograrse? Un creciente cuerpo de literatura basada en experiencias en diferentes partes de Asia, indica que el desarrollo social centrado en la población es eminentemente factible. Quizás el análisis más rico disponible actualmente, sea el que trata la experiencia de la Administración de la Irrigación Nacional en las Filipinas, el cual, desde hace varios años, ha incorporado la sabiduría regional y la iniciativa burocrática de menor nivel en sus actividades, proceso ampliamente facilitado por su interés en los métodos de irrigación tradicionales, a pequeña escala.[55] En Sri Lanka, el esfuerzo de rehabilitación de irrigación de Gal Oya, que ha venido en marcha desde hace algunos años, se ha beneficiado enormemente ahora de los enfoques de "administración del desarrollo con fines de adaptación".[56]

En este caso, el proyecto mismo se convirtió en una especie de experimento de aprendizaje para desarrollar mejores formas de integrar los

---

55. Ver E. Walter Coward, Jr., "Participation in Irrigation Development: A Philippine Example" (Participación en el Desarrollo de la Irrigación: Un Ejemplo Filipino), *Rural Development Participation Review* 1 (verano de 1979): 10-2; David C. Korten, "The Working Group as a Mechanism for Managing Bureaucratic Reorientation: Experience from the Philippines" (El Grupo de Trabajo como Mecanismo para Manejar la Reorientación Burocrática: Esperiencia de las Filipinas) (papel de trabajo de NASPAA; No. 4) (Washington, DC: Asociación Nacional de Escuelas de Asuntos Públicos y Administración, 1982); Francis F. Korten, "Building National Capacity to Develop Water Users' Associations: Experience from the Philippines" (Formación de una Capacidad Nacional para Desarrollar Asociaciones de Usuarios de Agua: Experiencia de las Filipinas) (papel de trabajo para el personal del Banco Mundial; No. 528) (Washington, DC: Banco Mundial, 1982) y "A Participatory Approach to Irrigation Development in the Philippines" (Enfoque Participativo al Desarrollo de la Irrigación en las Filipinas) en García-Zamor, ed., *Public Participation in Development Planning and Management*; y Robert Y. Siy, Jr., *Community Resource Management: Lessons from the Zanjera* (Administración de Recursos Comunales: Lecciones de la Zanjera) (Ciudad Quezon: University of the Philippines Press, 1982).

56. Ver Norman Uphoff, "People's Participation in Water Management: Gal Oya, Sri Lanka" (Participación de la Población en la Administración del Agua: Gal Oya, Sri Lanka) en García-Zamor, ed., *Public Participation in Development Planning and Management*, pp. 131-78.

enfoques de ingeniería con las necesidades y conocimientos locales. Tampoco se limitan todos los éxitos al sector público. Un esfuerzo notable ha sido la actividad de la Comisión de Adelanto Rural de Bangladesh (CARB) durante aproximadamente la última década.[57] Esta organización no gubernamental ha utilizado un enfoque de perfil bajo, no directivo, que se ha modificado continuamente en respuesta a la retroalimentación de sus miembros y personal de campo. También existen otros ejemplos.[58]

De modo que realmente puede hacerse. La planificación e implementación del trabajo de desarrollo a nivel local puede centrarse en la población, pero un enfoque semejante es difícil, en el mejor de los casos. Los administradores y el personal de campo, entrenados en un trabajo de desarrollo jerárquico, de arriba hacia abajo, tendrán que hacer cambios realmente profundos para poder trabajar en los esfuerzos de desarrollo centrados en la población, y se deberá prestar mucha atención al reentrenamiento que será necesario.[59] Tampoco será el menor de los problemas el hecho que la población rural necesitará cierta ''reorientación'' para que pueda considerar a la burocracia de desarrollo como una institución que les otorgará un verdadero respeto y tomará en serio sus ideas. Y el proceso completo, aunque será más efectivo y duradero, probablemente requerirá mucho más esfuerzo a lo largo de un mayor período de tiempo que el proyecto convencional, sencillamente porque consume más energía administrativa y participativa involucrarse en una empresa genuinamente centrada en la población, como lo saben todos los

57. Existe una cantidad de tratamientos breves del CARB disponibles, por ejemplo: Korten, ''Community Organization and Rural Development'' (Organización Comunitaria y Desarrollo Social), y Manzoor Ahmed, ''BRAC, Building Human Infrastructures to Serve the Human Poor'' (CARB, Construcción de Infraestructuras Humanas al Servicio de los Humanos Pobres) en Philip H. Coombs, ed., *Meeting the Basic Needs of the Rural Poor: The Integrated Community-Based Approach* (Satisfación de las Necesidades Básicas de la Pobreza Rural: Enfoque Integrado Basado en la Comunidad) (Nueva York: Pergamon Press, 1980), pp. 362-468.

58. Por ejemplo, en los estudios de casos en los volúmenes de García-Zamor, ed.,*Public Participation in Development Planning and Management* (Participación Pública en la Planificación y Administración del Desarrollo); y Korten y Klaus, eds.,*People-Centered Development* (Desarrollo Centrado en la Población).

59. Al respecto, ver Derick W. Brinkerhoff y Rudi Klauss, ''Managerial Roles for Social Development Management'' (papeles Gerenciales para la Administración del Desarrollo Social), *Public Administration and Development* 5 (abril-junio de 1985): 145-56; y Korten, ''Strategic Organization for People-Centered Development'' (Organización Estratégica del Desarrollo Centrado en la Población).

que hayan participado en una organización administrada por consenso.[60] La toma de decisiones en forma jerárquica es mucho más fácil y rápida, lo cual resulta tentador, especialmente para los administradores de mayor nivel, quienes sienten fuertes presiones para mostrar resultados rápidamente. Estos resultados rápidos (cuotas de préstamos cumplidas, toneladas de fertilizantes distribuidos, cantidad de agricultores contactados por agentes de extensión, etc.) bien pueden deshilacharse y hasta resultar contraproducentes a la larga, pero la tentación a volver a tender hacia ellos a corto plazo será muy fuerte. Así, el grado de compromiso y paciencia tendrá que formar una parte tan importante del desarrollo centrado en la población como la reorientación burocrática y la "administración del desarrollo con fines de adaptación".

A fin de llegar a las ideas centrales de una administración del desarrollo con fines de adaptación o centrada en la población, se ha necesitado lo que, en retrospectiva, parecería un tiempo sorprendentemente largo, puesto que hemos pasado por más de tres décadas de esfuerzo de desarrollo internacional. Este es el caso especialmente al reflexionar en que las nuevas ideas centrales son básicamente ideas tan sencillas como dar respeto a la población y prever que las cosas probablemente no vayan a funcionar exactamente como se las planeó. Finalmente, es una experiencia de humildad admitir que nosotros, que afirmamos ser expertos en la teoría y práctica de la administración del desarrollo, hemos probado ser tan lentos para aprender de la experiencia como los burócratas de menor nivel, a quienes estamos constantemente reprendiendo por su testarudez y arrogancia. Pero los últimos adelantos han logrado avances recientemente, y en este estudio he tratado de destilar algunas lecciones aprendidas de esa experiencia que podrían resultar útiles para el Centro de las Naciones Unidas para el Desarrollo Regional.

---

60. Ver el estudio de casos por Ventress y Pecorella sobre dos organizaciones de desarrollo comunal norteamericanas, en el cual los autores llegan a conclusiones similares: el costo de oportunidad es elevado. Curtis Ventriss y Robert Pecorella, "Community Participation and Modernization: A Reexamination of Political Choices" (Participación Comunitaria y Modernización: Reexamen de las Opciones Políticas), *Public Administration Review* 44 (mayo-junio de 1984): 224-31.

V

SERVICIOS PUBLICOS

QUE ES CALIDAD DE LOS SERVICIOS PUBLICOS

CHRISTOPER POLLITT

"Sólo hay dos cualidades en el mundo: la eficiencia y la ineficiencia; y sólo dos tipos de personas: las eficientes y las ineficientes" (George Bernard Shaw - Diccionario Oxford de citas, 1987, p. 497).

"La gente de calidad lo sabe todo sin que jamás se les enseñara nada" (Moliére - Las Preciosas Ridículas, 1659).

ANTECEDENTES

A fin de que podamos comprender cuán intensamente "de moda" está el concepto de "calidad" en nuestros servicios públicos, es necesario ubicar los puntos de interés actuales dentro de su contexto histórico reciente. Estos son bastantes conocidos, de modo que optaré por presentar únicamente un esquema sumamente abreviado de los antecentes (para una versión más extensa, ver Pollitt, 1990a, Capítulo 2).

A mediados de los años 70, las economías occidentales avanzadas sufrieron una fuerte turbulencia y el prolongado auge de la postguerra llegó a su fin. La continuada expansión del gasto público a tasas generalmente superiores a las del crecimiento económico general, fue puesta en duda en todo el mundo. El cronograma de implementación y la forma exacta de este nuevo cuestionamiento de los programas de gasto público, frecuentemente doloroso, variaban de país en país; pero como lo atestiguan numerosos análisis de la OCDE y otros, su incidencia fue virtualmente universal. En el Reino Unido, el impacto fue tanto temprano como brusco, materializándose principalmente en forma de los recortes del gobierno Laboral en 1975-78. Las presiones sobre el gasto público continuaron intensificándose con la elección, en 1979, de un gobierno Consevador radical, comprometido doctrinariamente con el recorte del gasto público y el "retroceso de las fronteras del Estado".

Cuando los gobiernos escudriñaron el sector público en busca de economías y privatizaciones, los servicios profesionalizados del Estado asistencial (principalmente en las áreas de salud, educación y servicios sociales personales) presentaban un conjunto de problemas particularmente agudos. No podían ser pasados por alto, porque representaban una porción demasiado extensa del gasto público; en el RU, el seguro social representa la tercera parte del programa total del gasto público, mientras que el cuidado de la salud, la educación y la defensa son los siguientes programas en términos de dimensión, abarcando cada uno de ellos poco más de la décima parte del total (Thain y Wright, 1991).

Por otra parte, estos servicios eran muy difíciles de recortar, o aun restringir. El SNS (NHS = National Health Service, o Servicio Nacional de Salud, SNS) era sumamente popular entre el público. El sistema educativo nacional también tenía respaldo, por lo menos en el sentido de que se resistiría ferozmente a un recorte directo. Además de la popularidad entre el público, el gobierno tenía que habérselas con profesiones poderosamente autoprotectoras, algo evidente en el caso de la medicina, pero también en el área de la educación. Un ataque político directo en nombre de la economía sería sangriento y extremadamente perturbador.

Finalmente, dejando a un lado el autointerés profesional, hubo fuertes motivos por los que podía alegarse que estos servicios necesitaban aún *más* recursos. En el caso del SNS, el cambio demográfico hacia una población en envejecimiento hacía aumentar progresivamente las demandas sobre el servicio. Las personas con edad promedio mayor de 75 años consumen nueve veces más servicios de salud que los de 35 años en promedio, y el primer grupo estaba aumentando rápidamente. El avance inexorable de la tecnología médica se sumaba al problema, creando nuevos tratamientos y versiones más costosas y refinadas de los viejos tratamientos, ampliando así la brecha entre un rango de servicios accesibles y el rango teóricamente posible de servicios. En el área de la educación, las curvas demográficas de la población escolar resultaban más útiles, al menos temporalmente, para un gobierno que deseaba realizar economías, pero otros problemas educativos apuntaban en la dirección opuesta. La educación vocacional para los jóvenes de 16-19 años era un área que obviamente necesitaba una reforma. También se sentía cada vez más que las bajas tasas de participación del RU en la educación superior representaban una desventaja en la competencia económica internacional, aunque en esta área, eventualmente, el gobierno encontró la forma de implementar una expansión importante sin el apoyo financiero del Estado.

La solución a estas tensiones, en cierta manera, era obvia. Si tan sólo se pudiera mejorar la *eficiencia*, entonces se podría reducir el gasto mientras se mantenían los niveles de servicio. De allí surgió la primera ola de gerencialismo de los servicios públicos, que se extendió desde 1979 hasta alrededor de 1987. Se caracterizó por una enorme cantidad de iniciativas y mecanismos que apuntaban a promover una mayor economía y eficiencia. He llamado a esa tendencia el ''neo-Taylorismo'' (Pollitt, 1990a). Las técnicas gerenciales -y recortes porcentuales elementales- llovieron literalmente sobre Whitehall, Town Halls, el SNS, las escuelas, universidades, institutos politécnicos y facultades.

Como sabemos ahora, este esfuerzo gigantesco no tuvo éxito en reducir el Estado, por lo menos no el Estado asistencial. El total planificado para el gasto público continuó creciendo en términos reales hasta 1984, luego cayó durante un par de años y luego volvió a aumentar a partir de 1988. De modo que, en conjunto, todos los recortes presupuestarios, escudriñamientos, programas de mejora del costo, recortes de personal e Iniciativas de Gerencia Financiera no hicieron más que (posiblemente) reducir la tasa de crecimiento, tomando la década de 1980 en su totalidad. Virtualmente se abandonó la idea de reducir el nivel del gasto programado en términos reales, originalmente uno de los objetivos más importante de los Conservadores. En cambio, se dio preeminencia a la reducción del gasto gubernamental general (GGG) como proporción del PIB. Con esta medida se tuvo un cierto éxito, pero no hasta mediados de los 80.

Para ese momento, se estaba volviendo evidente que el enfoque neo-Taylorista tenía serias desventajas. Como escribió el coeditor de la publicación *Administración Pública* en su editorial de despedida de 1986, ''Quizás más que ninguna otra cosa, el período abarca la desmoralización de los participantes en la administración pública'' (Lee, 1986, p. 256). Para la mayoría de los profesionales de los servicios públicos, la economía y la eficiencia no representan un ''toque de clarín'', ellos no viven sólo de pan. Ciertamente, debe prestarse atención a la eficiencia (por lo menos en el sentido de eficiencia ''productiva'' o técnica que le dan los economistas), pero no es el significado principal de la tarea. Y resulta particularmente frustrante que a uno se le pida que siga adelante con menores recursos reales, al mismo tiempo que los políticos que exigen estos sacrificios critican públicamente a los educadores, médicos, y servidores públicos como ideólogos, reaccionarios, incompetentes o burocrátas. Las primeras épocas del período de Thatcher estuvieron marcadas por numerosos ataques semejantes, montados por los nuevos entusiastas de derecha desde las bases hasta el Nº. 10 de la calle Downing.

Sin embargo, a partir de 1986-87, empezó una segunda ola. Ahora se trataba del gerencialismo con un rostro humano. Se empezó a recurrir a un cuerpo de pensamientos y prácticas que hasta entonces habían sido principalmente dominio del sector privado, conocido como la ''gerencia de los recursos humanos'', o GRH (ver, por ejemplo, Storey, 1989). Los términos ''cambio cultural'' y ''calidad'' se convirtieron en frases de moda (ver, por ejemplo, Audit Commission (Comisión de Auditoría), 1989; Devlin, 1988; NHS Management Executive (Ejecutivo de Gerencia de SNS), 1989; Nottinghem Polytecnic, 1990; OCDE, 1990. p. 10). No habían intelectualizado al nuevo movimiento y lo reteorizaron como ''gerencia post-Fordista'' (Hoggett, 1990; Stoker, 1989). Todos hablaban sobre servicios públicos flexibles, de alta calidad y sensibles a las necesidades de los consumidores, sobre la ''Gerencia de Calidad Total'' (GCT), y sobre la necesidad de una dirigencia desde arriba. La simple aceptación por parte de la fuerza laboral no era suficiente, ahora era tarea de la gerencia implementar el *compromiso*, la ''apropiación'' y el cambio cultural a través de toda la organización.

"CALIDAD": EL CONCEPTO

Pero si la ''calidad'' era la joya en la corona del gerencialismo post-Fordista, ¿exactamente qué significaba, entonces? Durante el último par de años, en entrevistas o al leer documentación sobre la calidad en los servicios públicos, me he encontrado con una gama sorprendente de afirmaciones (ver también Pollit, 1987, ps. 72-75).

Un Año de Vida Ajustado para la Calidad, o AVAC, es la medida del cambio en la expectativa de vida de un paciente, ponderada según un índice que combina los niveles de incapacitación funcional con la medida de aflicción (Gudex, 1986). En este caso, por lo tanto, la calidad es un concepto bastante preciso y transparente, aunque es posible que resulte difícil o costoso obtener los datos con los cuales se construyen los indicadores de su presencia o ausencia. Otra definición persuasiva es la ofrecida por dos investigadores norteamericanos muy experimentados:

''Ese componente de la diferencia entre la eficacia y la efectividad que puede ser atribuido a los proveedores (del servicio), tomando en cuenta el entorno en el cual trabajan'' (Brook y Lohr, 1985, p. 711).

Sin embargo, ambas son definiciones académicas. No están en uso operativo regular en casi ninguna parte de Gran Bretaña. En la práctica, todo el alboroto en torno a la calidad ha girado en torno a un grupo de definiciones implícitas o explícitas, que frecuentemente carecen de precisión o claridad, o ambas cosas. Por ejemplo, en un hospital comunitario se me informó que la calidad significaba cambiar de sábanas almidonadas a edredones con diseños florales. O, en el mismo establecimiento, permitir que entren las mascotas en las salas a la hora de visita. En un hospital para enfermedades agudas, la calidad eran las auditorías médicas (ver Pollitt et al, 1990). En otro, era todo aquéllo de que tratara la comisión de garantía de calidad, es decir, todo *menos* la auditoría médica. La Oficina Nacional de Auditoría tampoco sirvió de mucha más ayuda:

''No hay una definición ampliamente reconocida de 'calidad de la atención de salud', y dentro de las iniciativas locales han existido diferencias marcadas en el enfoque y cobertura. Sin embargo, en el sentido más amplio, se relaciona con el paquete total de atención prestada al paciente y refleja la contribución de todo el personal a ese proceso'' (Oficina Nacional de Auditoría, 1988, p. 6).

La calidad en una escuela significaba una baja proporción personal/estudiantes. O buenos resultados en los exámenes. O el suministro de niveles superiores al promedio de entrenamiento profesional para el personal, dentro del mismo servicio. O bajos niveles de vandalismo. O altos niveles de actividades extracurriculares. Un informe de la Comisión de Auditoría en 1989 sobre *Cómo asegurar la calidad en la educación* logró pronunciar sus críticas severas contra inspectorados del LEA inadecuados, sin intentar jamás definir el término central de su investigación (Comisión de Auditoría, 1989). Sin embargo, no sería irracional suponer que la Comisión pensaba que tenía algo que ver con las inspecciones, un punto de vista interesante para compararlo con el de los gurús de la Gerencia de Calidad Total (GCT) del sector privado, quienes a veces afirman que el enfoque de inspección respecto a la calidad es exactamente lo que deberíamos estar tratando de superar (Oakland, 1989).

Por supuesto, las universidades e institutos politécnicos también son participantes activos en el juego de la política. El director de un politécnico proclamó que:

''La calidad ya no es una abstracción académica -'calidad alfa'- sino un compromiso compartido que puede ser puesto a prueba en relación con criterios claves, los cuales, en un politécnico, incluyen tanto el crecimiento individual como las competencias 'de valor agregado'" (Nottingham Polytechnic, 1990, p. 1).

Esta última declaración es un ejemplo particularmente aromático del ambiente actual. Habla de compromiso, despliega el concepto industrial de ''valor agregado'' y se burla del enfoque ''académico'' como pasado de moda e implícitamente elitista.

En resumen, la ''calidad'' corre el peligro considerable de convertirse en un concepto ómnibus, tan amplio que pierde todo poder discriminatorio.

LA LUCHA POR LA CALIDAD

¿Cómo puede sacarse algo que tenga sentido de esta aparente mezcolanza terminológica? Una reacción sería desesperar de encontrar sentido al término ''calidad'', y considerar su uso promiscuo contemporáneo como principalmente ideológico. Hay algo positivo en esta posición: la ''calidad'', al igual que la virtud, tiene una fuerte connotación positiva, combinada con la enorme ventaja de que sus implicaciones reales continúan siendo sumamente vagas e imprecisas.

La disciplina de la política ofrece otro enfoque para esta maraña. Es tratar de identificar los *intereseses* a los que favorece el despliegue del vocabulario de la calidad y la investigación del actual conjunto de procedimientos para mejorar la calidad. Visto desde esta perspectiva, empieza a vislumbrarse un patrón.

Sugiero que la confusión surge principalmente debido a que se está utilizando el término para fines sumamente diferentes, por grupos con intereses diferentes. En primer lugar, están los políticos en el poder, ansiosos simultáneamente por restringir el gasto y asegurar al público que el estándar de los servicios públicos básicos no está siendo afectado adversamente. Luego están los gerentes y administradores seniors, obligados a actuar según los dictados de sus amos políticos y debidamente ansiosos por preservar y realzar sus propias instituciones. Mientras luchan por cumplir con las expectativas del papel heroico que frecuentemente se le asigna a la gerencia hoy en día (la "buena gerencia" como antídoto para una creciente gama de problemas institucionales y sociales), frecuentemente chocan contra nuestro tercer grupo, los profesionales del servicio público. Los que frecuentemente miran con sospecha a la gerencia senior. Después de todo, ésta fue el conducto para los numerosos intentos por economizar y controlar a principios de los años 80 (Pollitt, 1990a). La reacción de los profesionales es previsible: intentar preservar su esfera de autonomía así como proteger a sus estudiantes, pacientes y clientes. Estos consumidores de servicios públicos constituyen nuestra cuarta categoría, aunque no es una que haya jugado aún un papel muy activo en el diseño de iniciativas de calidad (Pollitt, 1990b). La "calidad" es algo que se les ha hecho a ellos, en vez de ser definida por ellos.

Cada uno de los tres primeros grupos tiene su propio enfoque característico hacia, y definición de, la calidad. El uso político del tema es el más vago o impreciso, buscando frecuentemente que *todo* lo bueno que les ocurra es un ejemplo de mejoría de la calidad. En su primer discurso importante después de ser electo Primer Ministro, el Sr. Major anunció su decisión de ver que se mejorara la calidad de los servicios públicos, pero no dio mayores indicadores respecto a qué significaba esto. En este sentido, era igual a sus pares: las referencias de los políticos a la calidad son fáciles de hallar, pero las definiciones que soporten una prueba son escasas. Lo que sí está claro es que a nivel retórico, la "calidad" tiene un atractivo mucho más amplio -tanto entre los funcionarios como entre el público en general- que la "eficiencia" o "efectividad".

Por contraste, los gerentes tienden a identificar la calidad con la presencia de ciertos sistemas de control distintivos. La calidad es definida en términos de la presencia de ciertos procedimientos para medir, supervisar y documentar variables escogidas (Rooney, 1988). Este es casi el mismo enfoque del famoso Estándar Británico 5750, de 1987. En la década de 1990, podemos presenciar la lucha de los asesores gerenciales y gerentes por aplicar este estándar, que fue desarrollado teniendo en mente la manufactura de productos industriales, a servicios ofrecidos, entre otros, por hospitales e institutos politécnicos. Se fijan parámetros comunes para los aspectos clave de un servicio y luego se documentan los niveles reales de logros, devolviéndoselos al personal involucrado. Tales parámetros bien pueden ser integrados en contratos, acuerdos de servicio, especificaciones o planes. Por supuesto, estos son documentos *gerenciales.* Pueden utilizarse mecanismos adicionales, tales como los círculos de calidad, para generar sugerencias de innovaciones y construir una cultura de constante mejoría y espíritu de grupo. Asegurar la calidad, subraya nuestro director del politécnico, es ''una decisión compartida de hacerlo (sic) correctamente a la primera vez y todas las veces'' (Nottingham Polytechnic, 1990, p. 1; ver también literatura sobre ''Calidad a través del trabajo en equipo'', generada por British Rail).

Este es un enfoque sumamente racional y sistemático. También incrementa el poder y status de los mismos gerentes, porque son ellos quienes orquestan los procedimientos, inspeccionan los resultados y exhortan a quienes se quedan atrás. El tipo de documentación prescripta generalmente ofrece a la gerencia una ventana sobre las actividades de todo el personal; no es exactamente un estudio de tiempos y acciones, pero sí aumenta la transparencia de lo que está haciendo el cuerpo de educadores, enfermeras, trabajadores sociales y personal de recepción. Y ayuda a establecer el *compromiso* como una contribución esperada de todo el personal.

Con frecuencia, los profesionales ven con sospecha o desprecio las iniciativas gerenciales tales como GCT, BS5750 o el plan del King's Fund (Fondo del Rey) para acreditar hospitales (Brooks y Pitt, 1990). ¿Después de todo, no son *ellos*, los profesionales, los árbitros de la calidad? Según tienden a alegar los profesionales, la apreciación de la buena calidad es el producto de un largo entrenamiento y acumulación de experiencia práctica. Por lo tanto, es ejercida mejor por sus iguales, a través de los canales profesionales tradicionales, y no a través de los crudos y probablemente burocráticos intentos de los ''extraños'' por imponer ''sistemas'' originalmente diseñados para el entorno empresarial. En la práctica, sin embargo, la calidad profesional puede ser difícil de definir. Los parámetros pueden ser más implícitos que explícitos, tema de interpretación sutil más que de medición cuantitativa. Esto frecuentemente se resume en lo que ha llegado a conocerse como ''evaluación de los connoisseurs'' (Guba, y Lincoln, 1988).

Las evaluaciones profesionales de la calidad tienen otras limitaciones típicas. Las comparaciones de los servicios ofrecidos por diferentes unidades o personas no son apreciadas. La responsabilización pública atiende a ocupar un lugar muy bajo en la agenda. La "calidad profesional" tiene que ver con haber seguido ciertos procedimientos, más que con cualquier evaluación de los resultados finales. Por ejemplo, los protocolos clínicos que son utilizados más o menos ampliamente por la profesión médica, son bastante explícitos, pero aún continúan estando orientados principalmente hacia los procesos. Un enfoque similar hacia la calidad, aunque considerablemente menos preciso, se evidencia en mi propio oficio. Bajo presión del gobierno para que demostrara un compromiso con el mantenimiento de la calidad de la enseñanza, el CVCP creó una Unidad de Auditoría Académica (Times Higher Education Supplement, 1991). Hay señales de que los académicos que conforman sus equipos de inspección se preocuparán principalmente de observar si ciertos procedimientos están vigentes y se los aplica.

MIRANDO HACIA EL FUTURO

A través de todo el panorama de los servicios públicos, parece estar razonablemente en claro que el enfoque gerencial a la calidad está invadiendo progresivamente un territorio ocupado anteriormente por las profesiones. Esto se encuentra documentado claramente en un estudio reciente de la Comisión de Auditoría y la Inspectoría de los Servicios Sociales por Mary Henkel:

"El profesionalismo, evidenciado en la revisión de los pares y evaluación de los connoisseurs, tuvo que abrirse paso a codazos con el gerencialismo. La experiencia técnica, las formas cuantitativas de análisis y la separación de los valores instrumentales de los substantivos, apuntalan cada vez más la práctica de la evaluación" (Henkel, 1991, pp. 234-5).

Hasta la profesión más poderosa se ve obligada gradualmente a aceptar cierto ensombrecimiento gerencial de su autonomía. Mi investigación reciente de la auditoría médica indica que ese proceso probablemente se verá influenciado cada vez más por la gerencia y resultará cada vez más visible a ésta (Pollitt, 1991). En las escuelas, la responsabilidad profesional respecto a la calidad podría parecer a primera vista razonablemente intacta, pero a un nivel más profundo, su carácter ha cambiado. Aparte de la notoria incursión de la Comisión de Auditoría (que no es un cuerpo educativo), el énfasis ha cambiado hacia una inspección *externa* más intensiva, ya sea por parte del Inspectorado de su Majestad, el Servicio Asesor local y los inspectores, o el Servicio de Asesoría sobre Estándares de Entrenamiento (Wilcox, 1989). Y, a su vez, se está instando a estos cuerpos a desarrollar enfoques más sistemáticos y explícitos para sus tareas (Comisión de Auditoría, 1989; Wilcox, 1989).

Pero si bien la calidad al estilo gerencial está reemplazando gradualmente, o superponiéndose, al estilo profesional de la calidad, ¿qué hay del consumidor del servicio público? ¿Tiene algún papel que jugar, o se decide la calidad por ellos? Los gerentes y profesionales tienden a responder a este interrogante de forma diferente. Los gerentes afirman que los consumidores están en el corazón de sus nuevos sistemas. "Simplemente tenemos que ofrecer la calidad que quieren nuestros clientes", afirma el Director del programa "Calidad a través de las personas" del Instituto Británico de Ferrocarriles (British Rail, 1990). Casi todas las autoridades de salud del país ya han llevado a cabo algún tipo de encuesta de los consumidores (McIver y Carr-Hill, 1989) y lo mismo debe ser cierto de las autoridades locales (Local Government Training Board, o Junta de Entrenamiento Local del Gobierno, 1987).

Los profesionales afirman la existencia de un tipo diferente de afinidad con el consumidor. Se sostiene que el contacto individual, discursivo, es más significativo que el cuestionario de respuestas únicas. El ideal es una relación personal, de confianza, entre el profesional y el consumidor. Se dice que la calidad es inherente en estos factores relacionales sutiles pero sin embargo profundos, supuestamente difíciles de medir por las técnicas de investigación del mercado masivo.

Ambas versiones del grado de respuesta del consumidor pueden ser cuestionadas. La autoridad de salud, o el departamento local, a veces no puede hacer -o no hace- gran cosa con los datos de investigación una vez que los ha recabado. La relación confiada, discursiva, entre el educador/médico/trabajador social y su estudiante/paciente/cliente puede fácilmente convertirse en la excepción más que la regla a medida que aumentan las dimensiones de los casos y las clases. Y, de todos modos, siempre hubo muchos ejemplos de comportamiento profesional condescendiente o insensible para contrarrestar el modelo del Dr. Kildare.

Pero también existen reservas éticas y filosóficas más profundas en relación con los modelos de calidad profesional y gerencial actuales. El modelo profesional está construido sobre una definición profesional de lo que necesitan los consumidores. Esto puede degenerar fácilmente en formas de paternalismo (o peor), sin importar cuán buenas sean las intenciones. El modelo gerencial parecería tener la ventaja de apuntar a lo que el consumidor real *quiere* . En la práctica, sin embargo, esas necesidades frecuentemente son interpretadas de una forma indebidamente estrecha. Es posible que no existan más necesidades que las expresadas en una serie de respuestas marcadas en el momento en que la gerencia decide administrar el cuestionario. La forma característicamente degenerativa es la del consumismo del punto de venta. Según esta crítica, ni el enfoque profesional ni el gerencial en realidad *dan poder* al consumidor.

La nueva derecha, que aún tiene tanta influencia en el gobierno, tiene una respuesta a estos problemas potenciales. Escogencia de escuela, de médico, de hospital, de empresa telefónica, la retórica política trata a la existencia de estas escogencias posibles como la mayor garantía de calidad. La salida (irse) es considerada como un mecanismo más efectivo para el cambio de la voz (expresión de necesidades). Para ser una generalización, ésta podría ser tolerablemente precisa, pero como análisis de lo que se necesita para asegurar mejorías sostenidas en la calidad de nuestros servicios públicos, es inadecuada. Muchos consumidores se enfrentarán a lo que constituyen, de hecho, monopolios locales, o por lo menos oligopolios. Y más aún, hasta en las extensas zonas urbanas donde quizás sea más fácil hacer realidad la posibilidad de elección, el poder de salida podría ofrecer sólo una elección, entre servicios que aún están abrumadoramente dominados por quienes los suministran. Tanto los mercados de la atención de la salud como de la educación estarán fuertemente gerenciados. Los modelos de calidad gerencial podrían llegar a reemplazar a los profesionales, pero igualmente ni siquiera se acercará a la fábula de soberanía del consumidor que aparece en los libros de texto sobre el mercado libre.

En resumen, la fórmula imperante de *elección además de una mejor administración* nunca podrá ser más que parte de la respuesta para aquellos que aspiran a propugnar mejoras de calidad genuinamente impulsadas por los consumidores. Porque, a fin de poder dar forma a nuevos desarrollos, dichos ciudadanos también deben tener una forma de poder PARTICIPAR. Es decir, necesitan primero buena información; segundo, canales regulares de acceso a la toma de decisiones respecto a los servicios públicos; y tercero, derechos sobre los cuales apoyarse cuando las cosas salgan mal. Las alternativas de ''salida'' y ''voz'' no son mutuamente excluyentes; son complementarias y se refuerzan interactivamente.

Este no es un alegato en defensa de una vuelta a los experimentos imperfectos de participación pública de los años 60, que estuvo tan de moda despreciar en la década de 1980. No se sugiere que el mercado ya haya fracasado y que debemos volver a la política radical de enfrentamientos. Por el contrario, bien podríamos encontrar más útil lo que Jane Mansbridge llamó formas democráticas ''unitarias'', que los tipos familiares ''adversario'' o de partidos (Mansbridge, 1980). El argumento es que el naciente modelo de los nuevos servicios públicos continúa siendo incompleto. Es posible que un mayor control gerencial sobre los profesionales haya debido implementarse hace mucho tiempo y hasta que dé como resultado beneficios netos substanciales para muchos usuarios del servicio. Sin embargo, en un análisis político no puede confiarse *consistentemente* en los profesionales ni en los gerentes para que actúen como substitutos leales a favor de los intereses de los clientes. Los clientes también necesitarán que sus intereses estén representados directamente en los procesos de fijación de los parámetros de calidad y en la prestación del servicio. Esto significa que debemos volver tanto a los interrogantes del diseño institucional como de los derechos individuales. La tarea implica nada menos que reafirmar la supremacía del ciudadano sobre el consumidor.

REFERENCIAS

Audit Commission (1989) *Assuring quality in education: the role of local education authority inspectors and advisers,* London, HMSO.

British Rail (1990) *Quality through teamwork,* London, Quality Office, British Railways Board.

Brook, R. and Lohr, K. (1985) ''Efficacy, effectiveness, variations and quality: boundary-crossing research'', *Medical Care,* 23:5, May, pp 710722.

Brooks, T. and Pitt, C. (1990) ''The standard bearers'' *Health Service Journal,* 30th August, pp1286-7.

Devlin, Brendan (1988) ''Professional audit; quality control; keeping up to date'' *Balliere's Clinical Anaesthesiology,* 2:2, pp299-324.

Gudex, C. (1986) *OALYs and their use by the Health Service,* Discussion Paper 20, York, Centre for Health Economics.

Guba, G. and Lincoln, Y. (1988) *Effective evaluation,* San Francisco, Jossey-Bass.

Henkel, M. (1991) *Government, evaluation and change,* London, Jessica Kingsley.

Hoggett, P. (1990) *Modernization, political strategy and the welfare state: an organizational perspective,* Studies in Decentralization and Quasi-markets Nº 2, Bristol, School for Advance Urban Studies.

Lee, J. (1986) ''Editorial: the next generation: a hand-over note'', *Public Administration,* 64:3, pp251-6.

Local Government Training Board (1987) *Getting closer to the public,* Luton, LGTB.

McIver, S. and Carr-Hill, R. (1989) *The NHS and its customers,* (3 vols.) York, Centre for Heath Economics.

Mansbridge, J. (1980) *Beyond adversary democracy,* New York, Basic Books.

National Audit Office (1988) *Quality of clinical care in National Health service hospitals,* HC736, London, NAO.

NHS Management Executive (1989) *Quality,* letter from the Chief Executive to Regional and District General Managers, 22nd June.

Nottingham Polytechnic Staff Development Service (1990) *Developments: the pursuit of quality,* Developments Nº. 36 (Special edition), Spring.

Oakland, J. (ed.) (1989) *Total quality management: proceedings of the second international conference,* Kempston, (Bedfordshire), EFS Ltd.

OECD (1990) *Public management developments: survey 1990,* Paris, OECD.

Pollit, C. (1987) "Capturing quality? The quality issue in British and American health policies", *Journal of Public Policy,* 7:1, pp71-92.

Pollit, C, (1990a) *Managerialism and the public services: the Anglo-American experience,* Oxford, Blackwell.

Pollit, C. (1990b) "Doing bussiness in the temple? Managers and quality assurance in the public services", *Public Administration,* 68:4, Winter, 417-433.

Pollit, C. (1991) *The politics of medical quality: auditing doctors in the UK and the US,* paper presented to the Annual conference of the Political Studies Association, Lancaster, 16th-18th April.

Pollit, C,; Harrison, S.; Hunter, D. J. and Marnoch, G. (1990) "Quality and general management, 1983-88", *International Journal of Health Care Quality Assurance,* 3:6, pp33-35.

Rooney, E. (1988) "A proposed quality system specification for the National Health Service", *Quality Assurance,* 14:2, June, pp45-53.

Stoker, G. (1989) "Creating a local government for a post-Fordist society: the Thatcherite project?" in J. Stewart and G. Stoker (eds.) *The future of local government,* London, Macmillan.

Storey, J. (1989) "Human resource management in the public sector", *Public Money and Management,* 9:3, pp19-24.

Thain, C. and Wright, M. (1991) "The public expenditure context", unit 3 of *B887 Managing public services,* Milton Keynes, The Open University.

Times Higher Education Supplement (1991) *The quality agenda,* (leader) 25th January, p32.

Wilcox, B. (1989) "Inspection and its contribution to practical evaluation", *Educational Research,* 31:3, pp163-175.

VI

EVALUACION DE PROGRAMAS SOCIALES

LA EVALUACION DE LOS PROGRAMAS SOCIALES. UNA PERSPECTIVA CRITICA DE LOS MODELOS USUALES

JOSE SULBRANDT

I. INTRODUCCION

1. *Presentación*

Existe hoy en la región un renovado interés por las técnicas de evaluación aplicadas a los programas sociales que se están implementando. Este interés obedece a una combinación de factores y circunstancias. En primer término la aguda crisis social que vive la región caracterizada por el alto porcentaje de su población que vive en la pobreza y el porcentaje que vive bajo la línea de la pobreza extrema, vale decir, que sus ingresos no alcanzan para adquirir los alimentos indispensables, las altas tasas de desempleo, la brusca caída de los salarios reales en gran parte del continente, entre otros rasgos negativos.

En segundo lugar, dadas las circunstancias señaladas, una parte muy significativa de la población reclama la realización de proyectos sociales ejerciendo una intensa demanda social. Para ellos la satisfacción de necesidades mínimas o el apoyo en tiempos de grave necesidad son vitales. Esto ha obligado a los gobiernos a llevar a cabo, junto a los programas regulares de desarrollo social, vastos programas compensatorios que ayuden a la población más necesitada.

Por último, el Estado ha debido enfrentar esta amplia demanda de servicios sociales con recursos muy limitados. De hecho ha estado obligado a realizar un mayor y más importante número de programas y de acciones con menos recursos y, por lo tanto, está interesado en la eficiencia e impacto de su gasto social.

2. *Necesidad de evaluación*

En estas circunstancias, la evaluación adquiere una enorme significación pues se supone que ella ayuda a que esos recursos se empleen con el máximo de eficiencia posible y aseguren un alto grado de efectividad.

Como se sabe, los programas públicos no poseen un regulador automático que señale si las actividades que se están llevando a cabo pueden realizarse en forma más eficiente, en qué momento han dejado de ser productivas, o bajo qué circunstancias los recursos utilizados en ellos pueden ser desplazados a otras actividades del mismo tipo produciendo un efecto más significativo en la población. La evaluación hace posible captar este tipo de señales y ayuda a solucionar los problemas planteados en su ejecución. Sin embargo, las expectativas generadas por este tipo de investigación no han sido satisfechas por el trabajo realizado, que ha sido restringido y emprendido siguiendo cánones tradicionales de evaluación que no toman en cuenta las peculiaridades de los programas sociales ni de su implementación.

En el presente trabajo se argumenta que las especificidades de los programas sociales y las características centrales de sus procesos de implementación obligan a introducir modificaciones importantes a los diseños tradicionales de evaluación.

Sólo tomando en cuenta dichas peculiaridades será posible que los resultados de la investigación evaluativa contribuyan y hagan aportes a los que toman las decisiones sobre esas polítcas y programas, a los gerentes que dirigen la implementación, y muy en especial, a los beneficiarios de esas actividades.

La intención de este trabajo es llamar la atención sobre las crecientes críticas que se han expresado sobre la aplicación de los modelos tradicionales de evaluación y a partir de un examen de las características de las políticas y programas sociales y de la forma de implementarlos se propone un nuevo enfoque de evaluación y se sugieren formas organizacionales de llevar a cabo este tipo de investigación en el sector público.

Tomando en cuenta la necesidad y la importancia de la actividad de evaluación se puede afirmar que la situación en la Región es de extrema gravedad: la mayoría de las políticas y programas sociales no reciben ninguna evaluación y en los casos en que ésta se ha aplicado se ha llevado a efecto de una manera que no satisface plenamente los requisitos de una investigación profesional. En esos pocos casos su objetivo ha sido tratar de presentar una comparación de las metas propuestas para los programas con lo realmente alcanzado, tratando de dar una explicación ad-hoc sobre las discrepancias encontradas. En esos trabajos no se ha puesto el énfasis en los resultados e impactos de los programas sino en la carga de trabajo y en el número de actividades realizadas. Como lo señala una publicación de la UNESCO dedicada a la evaluación de los programas sociales en América Latina, los informes finales de estos estudios son sólo una cuidadosa selección de lo que puede presentarse en público y, en una buena cantidad de casos, llevan a cabo un deliberado ocultamiento de todos aquellos puntos que puedan servir para formular algún un juicio técnico desfavorable al programa, a la gerencia o a la institución encargada de implementarlo.[1] Ese mismo informe, en su parte relativa a las conclusiones, establece que salvo casos muy excepcionales, no ha existido relación alguna entre los resultados de las evaluaciones realizadas y los procesos de gestión de los programas respectivos. En otras palabras, esos resultados no produjeron ningún efecto en el manejo de los programas.

Lo que allí se afirma respecto de un grupo seleccionado de países podría haberse dicho, sin temor a cometer una equivocación grave, en relación a cualquier país de la América Latina.

Hay signos que indican que la situación ha comenzado a cambiar, pero aún la práctica de la evaluación no es suficientemente extendida para comenzar a hacer reflexiones generales y válidas sobre el tema en base a un número suficiente de investigaciones. Sin embargo, uno de los principales indicadores de la preocupación que existe por este tipo de investigación es la aparición de varios trabajos y documentos preparados por autores latinoamericanos, que sistematizan las técnicas de evaluación y elaboran críticamente algunos de los principales enfoques. Sin embargo, su característica central es realizar una presentación fundamentalmente metodológica o epistemológica y una explicación de las varias maneras posibles de hacer evaluaciones, planteadas sin relación a los contenidos sustantivos de los programas ni a la forma de implementarlos. Se ha hecho una labor de sistematización de enfoques y técnicas disponibles de alta calidad y se ha realizado una contribución de valor al desarrollo de esta actividad en la

1. UNESCO. *Evaluación en América Latina y el Caribe: experiencias concretas.* 1986.

región, pero desafortunadamente, esas presentaciones no plantean una discusión sobre la validez y utilidad práctica de los distintos enfoques de evaluación similar a la que se ha estado dando entre los expertos de los países más avanzados en estas materias.

II. FORMAS TRADICIONALES DE EVALUACION

En un sentido amplio, se entiende por investigación evaluativa al examen sistemático y riguroso, a partir de criterios específicos, de los logros obtenidos por una política o programa social gubernamental en relación a las metas que se han propuesto y a los efectos esperados en los grupos sociales beneficiarios. Al aceptar este concepto de evaluación, este trabajo hace referencia en primera instancia a la evaluación ex-post. Junto a este tipo de investigación se desarrolló la evaluación concomitante que realiza el estudio sistemático y riguroso de las actividades desarrolladas por los programas para lograr las metas y los impactos propuestos y en cuyo caso la investigación realiza su trabajo conjuntamente con el desarrollo del propio programa.

La manera más tradicional de entender la evaluación de resultados de los programas sociales ha sido considerarla como la última etapa del ciclo de la política social que permite:

a) Conocer el grado de cumplimiento de las metas de un programa,

b) Explicar ex-post facto las causas de las discrepancias entre las metas esperadas y las obtenidas y

c) Hacer efectiva las responsabilidades funcionarias entre los implementadores del programa.

Una forma renovada de entender la evaluación la concibe primordialmente como un poderoso instrumento para mejorar el desempeño de los programas sociales, como una instancia de aprendizaje que permite rediseñar y mejorar esos programas en nuevos ciclos de la política social y, por lo tanto, la concibe como condición necesaria para perfeccionar los programas actuales y futuros en esta materia.

En este último sentido, se espera que los resultados de estas investigaciones sean retroalimentados a los organismos públicos a fin de que adopten las medidas oportunas para mejorar su trabajo. Desde la perspectiva de la gerencia pública, la información suministrada por la evaluación se debe utilizar principalmente para aprender de los errores y corregir la implementación de los programas. Desde la perspectiva de los decisores superiores, dicha información sirve para fijar los parámetros de la política correspondiente y para tomar las decisiones sobre su continuación, corrección o suspensión.

La consideración demasiado estricta de esta función de servir a la gerencia ha tenido como consecuencia que sus resultados sólo han estado disponibles para aquéllos que encargan la evaluación, que en la mayoría de los casos son las propias autoridades administrativas, como si ellos fuesen los únicos actores sociales importantes del programa. Esto se ha constituido en una seria limitación de este tipo de investigación. La evaluación debe cumplir el rol más amplio de presentar elementos de juicio racionales basados en la mejor información disponible y en el conocimiento fundado sobre una experiencia concreta, aportando de esa manera una contribución a la discusión pública que incluya a los grupos beneficiarios, a los decididores del sistema administrativo y a otros agentes sociales con intereses legítimos en los programas sociales.

Las tres formas clásicas de evaluación son: la evaluación de metas, la de impacto y la de procesos. Señalaremos brevemente las contribuciones y las dificultades que presentan cada una de ellas para cumplir su cometido.

1. *Evaluación de metas*

El tipo de estudio más tradicional ha sido la evaluación de metas.

Weiss señala que "El propósito de la investigación evaluativa es medir los efectos de un programa en relación a las metas que se propuso alcanzar, como un medio de contribuir a la subsecuente toma de decisiones sobre el programa y a mejorar la futura programación"[2] y añade que "la formulación tradicional de la pregunta de evaluación es: ¿Cuál es el grado de éxito que el programa tiene en relación al logro de sus metas?".

De acuerdo con este esquema de evaluación, se asignan valores a un conjunto de metas y se trata de establecer el éxito relativo del programa según el grado en que esas metas se hayan cumplido. Las preguntas de investigación

2. WEISS, Carol. *Evaluation Research, Methods of Assessing Program Effectiveness*. Prentice Hall. 1972.

hacen referencia directa a las metas como una manera de asegurar que los resultados del estudio tengan influencia práctica induciendo cambios en las políticas

Una vez que se ha establecido el grado de obtención de metas y su diferencia respecto de las metas iniciales, este tipo de evaluación, en su forma más simple, trata de explicar de manera ad-hoc, cualquier discrepancia entre las metas esperadas y las logradas y efectúa una imputación causal afirmando que el resultado obtenido se debe o es consecuencia directa del programa.

Al respecto, se debe señalar que una tarea de comparación como la descrita no permite atribuir causalmente el resultado al programa, sino sólo constatar que se han producido cambios de manera concomitante con la ejecución del programa. En todo caso, cuando se formula la imputación causal quedan abiertas varias interpretaciones alternativas posibles tanto para la situación en que hay diferencias como para aquélla en que estas no se producen. Para hacer una imputación se requieren tipos de diseño más estructurados, basados en modelos experimentales o cuasi-experimentales.

Cuando se trabaja con el esquema de evaluación de obtención de metas surgen varios problemas que han sido repetidamente señalados por la literatura pertinente, entre los que se destacan:

a) La identificación correcta de la meta.

Una parte considerable de los programas no permiten una especificación clara de los objetivos y metas debido a la complejidad e incertidumbre del mismo programa y, en particular, de la arena sociopolítica en que éste opera. En esas circunstancias, lo usual es que los programas presenten metas ambigüas y se espera que, a medida que se ejecuten, los problemas se vayan clarificando, en cuyo caso transcurrido un tiempo se puede llegar a definir metas más claras y precisas.

La ambigüedad de las metas puede ser un resultado buscado por quienes diseñan los programas sociales. En efecto, en ambientes sociopolíticos complejos y altamente interactivos, quienes diseñan políticas y programas deben estar muy atentos a la sensibilidad de los actores ante ciertos problemas. Si los distintos actores representan intereses muy encontrados o antagónicos, la única estrategia racional para alcanzar un consenso mínimo de tipo preliminar a fin de formular y hacer aprobar un programa es la de evitar una discusión sobre metas precisas. En estos casos, utilizando metas ambigüas es posible ponerse de acuerdo y satisfacer mínimamente a los participantes. Factores como los señalados conducen con gran frecuencia al establecimiento de metas poco claras.

b) La existencia de metas múltiples

El hecho de que en la mayoría de los programas sociales especialmente los más importantes y complejos tales como la lucha contra la pobreza, el desarrollo de la microempresa, los programas alimentarios, de vivienda, de alfabetización, de calificación de mano de obra, etc., no persiguen una meta única sino metas múltiples.

c) La selección de metas a ser incluidas en la evaluación

La existencia de metas múltiples obliga a establecer criterios que permitan la selección de las que serán incluidas en la evaluación. Se trata de establecer cuales de las diferentes metas que representan los intereses de los distintos grupos involucrados en los programas, van a ser utilizadas en la evaluación. En general se utilizan sólo las metas oficiales, pero hay otras como las establecidas por los gerentes o las buscadas por los beneficiarios, que son igualmente importantes y que debieran ser consideradas.

d) Los cambios de metas

Las metas experimentan cambios en el tiempo. Efectivamente, van variando a medida que se desarrolla el programa, lo cual implica un desafío a cualquier procedimiento que intente establecerlas de manera definitiva al inicio del programa. Estas variaciones se deben a que las metas dependen de un complejo sistema de factores estructurales y situacionales que están en permanente interacción y cambio. Es importante señalar que la mayoría de estos factores de cambios no están bajo control de los individuos participantes o de los organismos que manejan los programas.

Las consecuencias inmediatas de estas situaciones son que los esfuerzos de evaluación de metas se debilitan considerablemente.

2. *Evaluación de impacto*

En el desarrollo de la evaluación, un avance sobre el estudio de logro de metas lo constituyó la evaluación de impacto de programas sociales, que intenta estudiar los efectos que se hayan producido en una población objetivo o en una situación determinada, como consecuencia de la ejecución de ciertas políticas o programas. Se busca no sólo determinar si las actividades prometidas se han realizado sino establecer además si los resultados finales que se esperaban se han logrado.

Por lo tanto, este estudio se concentra en identificar en que medida han cambiado las condiciones de los grupos-objetivos o de la comunidad como resultado de un programa o un conjunto de actividades y en que medida los cambios han ocurrido en la dirección deseada.

Mientras que en el caso de la evaluación de obtención de metas la investigación se concentra en los productos inmediatos del programa (personas atendidas en centros de salud; número de camas por hospital; metros cuadrados dedicados a esparcimiento, número de horas de clase, número de profesores contratados, etc.) y en algunas medidas de actividad que pueden indicar algunos aspectos del éxito de un programa, la evaluación de impacto se concentra en el grado en el cual los grupos-objetivos o la comunidad han sido ayudados y han experimentado un cambio en su situación como consecuencia de estos programas.

El problema central a investigar es la efectividad del programa y, para enfrentarlo, se recurre a mecanismos que permitan establecer las relaciones de causalidad entre las acciones del programa y el resultado final específico.[3]

La evaluación de impacto es esencial cuando: I) Hay interés en entender que es lo que realmente se está logrando con un programa además de los productos inmediatos de sus actividades; II) Cuando se quiere poner a prueba la utilidad de nuevos esfuerzos para mejorar una situación problema en un determinado lugar, y III) Cuando se pretende comparar diferentes programas de carácter similar.

A través de la evaluación de efectividad o impacto se puede estudiar también si el resultado final hubiese sido el mismo o parecido de no haber

---

3. COHEN, Ernesto y Rolando Franco. *Evaluación de Proyectos Sociales.* Ger, 1988, Cap. VII.

existido el programa y, además, si el programa no ha producido, al mismo tiempo que el resultado central otros resultados no esperados, sean éstos de carácter positivo o negativos.

El objetivo de este tipo de evaluación es determinar los efectos netos de una intervención social. Se entiende por efectos netos aquellos que son estrictamente imputables o atribuibles al programa, libres de posibles efectos de otros elementos "contaminantes" que están presentes en la situación. Para ello es necesario recurrir a métodos cuasi experimentales y/o apoyarse en herramientas estadísticas como los modelos causales lineales.

Los requisitos previos para llevar a cabo este tipo de investigación han sido resumidos acertadamente por Freeman quien afirma al respecto: "Los prerequisitos para evaluar el impacto de una intervención son los siguientes: primero, el proyecto debería tener sus metas suficientemente bien articuladas para hacer posible identificar medidas de logro de metas o bien el evaluador debe establecer cuáles son las metas. Segundo, la intervención debería haber sido suficientemente bien implementada para que no haya preguntas acerca de si sus elementos críticos han sido ejecutados al nivel deseado para lograr los objetivos apropiados. Es obvio que sería una pérdida de tiempo, esfuerzo y recursos evaluar programas que no tengan metas medibles y que no hayan sido implementados con propiedad". Por lo que se sabe de la implementación de programas sociales en los países de la Región es difícil aceptar como dado que se cumplan los requisitos mínimos para intentar una evaluación de este tipo.

El punto inicial para una evaluación de impacto es la identificación de una o más medidas de resultados que reflejen adecuadamente las metas finales del programa, lo cual constituye un asunto crítico para el estudio. Dichas medidas deben ser lo suficientemente sensibles para indicar los cambios en la situación, supuesto que la intervención ha sido eficaz.

Al intentar medir los impactos se debe examinar si es posible hacer una medición directa de ellos. Esta medición directa puede ser muy difícil de realizar en términos técnicos y costosa en términos financieros. En estos casos se recomienda reemplazarla por medidas indirectas que constituyen una buena aproximación de las directas. A estas medidas indirectas se les conoce como "indicadores" y se espera que estén estrechamente vinculadas a las medidas directas. Aunque los indicadores son más económicos y fáciles de obtener, su construcción -aspecto clave de la investigación- es un trabajo muy delicado pues no existen maneras codificadas de establecerlos y su construcción así como cualquier decisión al respecto tiene un carácter arbitrario, pues es necesario hacer uso de supuestos que no pueden ser confirmados.

Los indicadores son especialmente apropiados primero, para impactos que son en principio medibles pero resulta muy difícil o caro medirlos, y segundo, para impactos de un programa que sólo pueden ser medidos cuando haya transcurrido un determinado plazo. En este último caso, dichos impactos deben ser aproximados por indicadores que representen pasos intermedios hacia esos impactos.[4]

La mayoría de las propuestas clásicas para evaluar programas sociales recomiendan estudios de obtención de metas o impactos más rigurosos y estrictos que la mera comparación entre lo ofrecido y lo obtenido al final del mismo.

Para saber efectivamente si las metas e impactos logrados son imputables a los programas o son consecuencia de otros factores concurrentes, es necesario utilizar algún tipo de diseño cuasi experimental, que permita captar la relación causal entre programa y resultado. Todos estos diseños requieren como mínimo una medición de la situación al inicio y otra al final del programa. Además del uso de mecanismos de control, todo lo cual está bastante bien codificado en la literatura técnica. Con ellos se pueden utilizar poderosas herramientas estadísticas que permiten obtener imputaciones correctas, supuesto que se cumplen ciertos requerimientos básicos. Hay estudios clásicos que han utilizado este enfoque y para muchos investigadores, dichos estudios aparecen como el ideal de evaluación. Sin embargo, en los últimos años han ido surgiendo fuertes y potentes críticas a su uso ligero e indiscriminado. A pesar de su elegancia formal y a la aparente precisión de sus resultados, estos diseños tienen ciertos problemas difíciles de superar al aplicarse a programas sociales.

Quienes usen diseños cuasi experimentales en la evaluación de metas o de

---

4. ROSSI, Peter y Freeman, Howard. *Evaluation a systematic Approch.* Cap. 5.

Allí presentan el ejemplo de usar indicadores de pasos intermedios en un programa de planificación familiar. El indicador perfecto sería el número de hijos nacidos en familias que han terminado el período de fecundidad pero eso no es factible. En estos casos es posible utilizar como indicador "la proporción que adopta prácticas contraceptivas seguras" o "actitud hacia familias numerosas".

impactos necesitan que el programa posea objetivos bien definidos y que la efectividad de su acción pueda ser determinada al medirse el grado en el cual se logran los beneficios esperados.

Esto significa que:

a) Es necesario que los objetivos se expresen en enunciados precisos sobre metas e impactos. Sin embargo, los programas son a menudo entidades complejas y dinámicas con múltiples metas que pueden estar en relación de complementariedad o en conflicto. Con frecuencia estas metas son lo suficientemente ambigüas como para no poder ser medidas con precisión, a lo que se agrega el hecho de que varían en el transcurso del tiempo.[5]

b) Las localidades y las situaciones en los cuales el programa se ejecuta necesitan estar relativamente controladas. Esto quiere decir que deben estar aisladas de influencias extrañas y perturbadoras como es la que ocurre cuando se produce una difusión de elementos del programa a través de las diferentes localidades en que opera. Ahora bien, un programa social casi nunca se ejecuta en un solo emplazamiento o localidad sino que se desarrolla en múltiples lugares que varían en ubicación, situación y tamaño, lo que afecta la forma de implementarlo.

c) Los elementos que conforman el programa deben ser estables. En particular, las acciones de intervención social tienen que ser uniformes, es decir, no pueden variar de manera desordenada entre las diferentes localidades y grupos beneficiarios, o en distintos tiempos o fases. Si esto llega a suceder, se hace imposible atribuir a una acción específica un determinado efecto. De hecho, en el desarrollo de un programa se observan con frecuencia variaciones significativas en la provisión de los servicios o en la ejecución de la intervención.

d) La intervención debe ser lo suficientemente importante y significativa como para producir un impacto. Además, debe ser aplicada a un número grande de casos de forma que pueda proveer la base de una muestra adecuada para el estudio. Los datos producidos en los programas, por lo general no son confiables, los registros administrativos carecen de confiabilidad y los

5. HELLSTERN, Gerd-Michael. *"Assessing evaluation Research"* en F.J. Kaufmann y otros (eds.) *Guidance, control and evaluation in the public sector*. De Gruyter, Berlin, 1986.

indicadores construidos a partir de ellos pueden estar seriamente afectados.

Estas condiciones son difíciles de satisfacer. Aún los requisitos mínimos que exigen estos diseños plantean una tarea casi imposible de realizar. A esto se agrega el problema planteado por Freeman en relación a una ejecución bien hecha como prerrequisito central para cualquier programa social. Aún más, estos complejísimos programas no pueden ser usados "in toto" como un estímulo único. Más adelante volveremos sobre este punto.

Todos estos problemas muestran con claridad, que si bien es necesario usar diseños rigurosos para efectuar mejores evaluaciones suficientes para la generación de un conocimiento válido y relevante, forzar los programas a través de estos diseños puede conducir a resultados profundamente engañosos.

3. *Evaluación de procesos*

La investigación evaluativa de procesos realiza un intento sistemático por medir la cobertura del programa social, por establecer el grado en el cual está llegando a la población-objetivo y, en particular, por realizar un seguimiento de los procesos que se desarrollan en su interior.

En este caso, el examen de los procesos a lo largo del desarrollo del programa posibilita conocer los mecanismos por los cuales ha estado logrando el éxito o establecer en qué aspectos puede estar fracasando, e identificar las estrategias alternativas que pueden ser adoptadas al respecto. Por lo tanto, a diferencia de las evaluaciones de metas e impactos que se realizan ex-post, esta evaluación es realizada concomitantemente con el desarrollo del programa y se le denomina evaluación formativa.

Su objetivo es detectar posibles defectos en el diseño de los procedimientos, identificar barreras e impedimentos para su implementación y a través de los registros de eventos y actividades proveer información necesaria para las decisiones sobre su reprogramación. El uso adecuado de la información producida en el programa permite introducir cambios durante el transcurso de su ejecución. Por esta razón, es especialmente importante para los gerentes públicos pues, como lo ha señalado A. Wildavsky,[6] para que una evaluación sea provechosa, además de especificar los productos que se

6. WIDAVSKY, Aaron. "*The Self-Evaluating Organization*", *Public Adminisration Review*. 1972, Sep-Oct., págs. 509-522.

esperan obtener del programa, es necesario determinar los mecanismos institucionales utilizados para alcanzarlos.

Su realización es una tarea compleja en la que es preciso:

a) Especificar la secuencia de pasos y las relaciones causales que se supone conducen de los insumos a los producto del programa, indicando los procesos a través de los cuales se obtiene el resultado. Esto se realiza por un proceso de modelaje de tipo lógico que representa conceptual y gráficamente la estructura del programa y por otro modelo llamado de equivalencia que muestra lo que efectivamente ocurre en el programa.[7] Por cierto, un serio problema reside en el hecho de que pueden existir varios modelos de equivalencia operando en un mismo programa en distintas localidades y al mismo tiempo.

b) Determinar la información que permita darle seguimiento al programa y realizar el procesamiento técnico de la misma. Esto supone que existen y están operando sistemas internos de información operativa y gerencial a partir de los cuales se hace la selección de indicadores apropiados para la evaluación. La tarea de formular indicadores apropiados, que es general en los procesos de investigación evaluativa, adquiere en esta situación una importancia de primera magnitud y una extrema urgencia para que opere desde el momento mismo del inicio del programa.

c) Analizar a partir del uso de los indicadores, la efectividad de los componentes del programa en la obtención de metas y señalar los posibles enfoques alternativos para su mejor implementación.

d) Aplicar los resultados de la investigación.

La gran utilidad de la evaluación de procesos reside en que es capaz de proveer tempranamente información acerca de los problemas o desvíos en la ejecución del programa y la manera en que la obtención de metas es afectada.

Como puede apreciarse, no es posible realizar este tipo de evaluación si

---

7. WHOLEY, Joseph. *Evaluation: Promise and Performance*. The Urban Institute, 1979. Cap. IV.

no se ha establecido desde el inicio mismo del programa un sistema de información operativo y gerencial que permita el seguimiento del programa y para ello deben utilizarse indicadores válidos de actividades, procesos y resultados. Tal vez por esta razón la evaluación concomitante es prácticamente inexistente en la región.

Sin embargo, tal vez la limitación más delicada de este tipo de evaluación resida en que en su forma clásica trabaja fundamentalmente sobre los factores técnico-instrumentales sin examinar otras variables de tipo organizacional, social y cultural que afectan considerablemente la ejecución de programas y en segundo término que, por diseño, se ajusta demasiado a la programación formal inicial del programa para hacer el seguimiento y la evaluación, lo que como se verá más adelante, puede terminar por desencaminar la comprensión de lo que sucede con el programa y los resultados de la investigación.

4. *Crítica de la evaluación*

Tanto la evaluación de obtención de metas como la de impactos o la de procesos son pasos importantes en el desarrollo de las técnicas de evaluación de los programas sociales, pero claramente aún donde han sido aplicadas con toda propiedad, utilizando metodologías rigurosas, como ha sucedido en países altamente desarrollados como Estados Unidos, Francia y Alemania entre otros, han sido objeto de severas críticas que han significado una verdadera crisis de identidad para los evaluadores profesionales.

Dichas críticas se han centrado en los siguientes aspectos:

a) Resultados no concluyentes. Se ha afirmado que en general estos estudios son metodológicamente débiles y sus conclusiones nunca son definitivas ni totalmente convincentes. Aun llevada a cabo con las técnicas más sofisticadas, raramente los resultados de una evaluación son indisputados o adquieren veracidad suficiente como para servir de base firme e inconmovible a la toma de decisiones. Estos estudios entregan elementos de juicio valiosos pero en ningún caso adquieren el carácter de definitorios o decisivos.

b) Oportunidad. Sus conclusiones no se producen a tiempo para ayudar en la toma de decisiones. Una evaluación necesariamente pasa por varias fases y requiere de un largo proceso de ejecución que muchas veces no se compadece con las necesidades que tienen los actores sociales de tomar resoluciones en un plazo breve de tiempo. Esto es especialmente válido en relación a los gerentes, pero también es válido para los altos decisores sobre políticas públicas.

c) La irrelevancia. El tema central de las críticas ha sido el escaso grado de relevancia y de utilidad que las evaluaciones han tenido tanto para los altos directivos públicos encargados de las políticas sociales como para los gerentes de esos programas. Se ha argumentado que los resultados de la evaluación no han respondido a las necesidades de información de los principales agentes sociales involucrados en el programa. Dado que en la mayoría de los casos sólo se toma en consideración la perspectiva de quienes han contratado la evaluación, ignorando al resto de los interesados, en particular a la población objetivo y a los grupos sociales con interés directo en los programas. En estas condiciones los resultados por principio se hacen ilegitimos y su cuestionamiento es enérgico terminan por hacerse irrelevantes. Lo anterior conduce a que los resultados no sean utilizados a fondo. En efecto, cuando llega el momento de tomar las decisiones finales, los decisores tienen a su disposición varios otros criterios para usar y los resultados de las evaluaciones son tomados en cuenta sólo parcialmente o ignorados del todo.

III. DE LA IMPLEMENTACION A LA EVALUACION DE PROGRAMAS SOCIALES

Frente a estas críticas ha sido necesario realizar un análisis detallado de lo que hay detrás de ellas, lo que ha estimulado la generación de formas nuevas de evaluar los programas sociales. En el caso de las dos primeras, la falta de relevancia y la carencia de resultados concluyentes, generalmente como las más importantes y difíciles de enfrentar, sostenemos que ellas no tienen que ver sólo con el rigor de la investigación, sino fundamentalmente con las bases sobre la que se construye esa evaluación. Los modelos de obtención de metas, de impactos y de procesos están basados en un modelo y una concepción lineal y secuencial de las actividades del programa para alcanzar metas claras y precisas establecidas al inicio del programa. La implementación supone la realización casi mecánica de una sucesión de pasos relativamente ordenados, los cuales son ejecutados por las diferentes organizaciones involucradas en ese programa.

Lo que subyace a estos intentos de evaluación es una concepción normativa-formal de las políticas y programas públicos, de las organizaciones gubernamentales y de los procesos de implementación. Se presume que a través de conductas prescritas de antemano en un plan de ejecución se llevarán a cabo un conjunto de acciones precisas que permitiran alcanzar los fines propuestos. Este tipo de ejecución ha recibido la denominación de implementación programada.

En ese caso la ejecución sigue muy de cerca un plan completamente especificado que tiene objetivos claros y detallados, líneas precisas de responsabilidad y procedimientos estandarizados que se articulan técnicamente para producir los resultados esperados. Los encargados del programa tienen una participación limitada en la ejecución de la política o programa público pues se supone que en la etapa de programación se ha anticipado y previsto correctamente el mayor número de contingencias posibles y, en consecuencia, los encargados de su implementación deberán seguir de manera fiel las instrucciones para lo cual necesitan sólo un mínimo de discrecionalidad.

Esta concepción de implementación programada, ascépticamente tecnocrática y con total control sobre los elementos para su ejecución es la que está en la base de la evaluación tradicional.

Por cierto, esta manera de implementar programas ha conducido a serios fracasos pero como contrarréplica se ha argumentado que esta es la forma "racional" de ejecutarlos y que su aparente fracaso se debe a la ineficiencia de las organizaciones públicas y a que sus gerentes no han intentado con seriedad y esfuerzo controlar las desviaciones que se producen en la etapa de ejecución.

Obviamente, el mundo de la implementación es bastante más complejo e incierto que el imaginado por los expertos en planificación y en formulación de proyectos. Existen una serie de restricciones que surgen del medio ambiente dinámico y turbulento en que interactúan fuerzas políticas y sociales con intereses y valores diferentes; de un medio organizacional complejo, múltiple, fragmentado que lleva a cabo la implementación; y de un conocimiento limitado sobre la intervención social que hace uso de tecnologías blandas en los programas. Estas restricciones han hecho inefectiva la planificación totalizadora y la administración formal dedicada al control.

Hoy día, gracias a un vasto esfuerzo de investigación llevado a cabo en las dos últimas décadas disponemos de un mejor conocimiento de estos procesos de ejecución.

Aparte de la propia línea evaluativa que ha puesto en duda la manera tradicional de ejecutar programas, hay por lo menos tres tradiciones de investigación que han modificado considerablemente la manera como concebimos la ejecución. En primer término están las investigaciones sobre implementación de políticas públicas, luego están los trabajos reciente en relación a las organizaciones formales que modifican los paradigmas básicos de esta disciplina y finalmente los estudios sobre la política burocrática en el sector público. Estas investigaciones han mostrado que tanto las políticas como los programas sociales se ven afectados por serias restricciones tanto en los programas mismos, como en las organizaciones encargadas de ejecutarlos y en el entorno social y político en que operan. Examinaremos brevemente cada una de estas tres áreas.

1. *Características de las políticas y programas sociales*

En primer lugar, las políticas sociales gubernamentales presentan ciertos rasgos de carácter casi constitutivo que las distinguen de otras políticas o programas del sector público como pueden ser los programas de infraestructura, de desarrollo industrial, las políticas monetarias, etc.

Para los efectos de este trabajo se pueden señalar como importantes los siguientes:

a) Los problemas sociales que se pretenden enfrentar mediante estas políticas y programas son débilmente estructurados y no pueden ser definidos de manera rigurosa.[8]

b) Las políticas y programas diseñados y aprobados por el gobierno no persiguen un objetivo único sino objetivos múltiples, a veces inconsistentes, y sus metas son definidas de manera ambigua, lo cual obedece no sólo a problemas técnicos sino también a necesidades tácticas para asegurar su aprobación.[9]

c) Las metas tienden a ser redefinidas, dentro de cierto rango, en el transcurso de la implementación. Una de las razones que explica estas modificaciones y cambios de metas es el proceso de aprendizaje social que experimenta una organización al desarrollar un programa. En efecto, las

8. HELLSTERN, G.M., *op. cit.*

9. HELLSTERN, G.M., *op. cit.*

dificultades que los gerentes de los programas van encontrando y las críticas que reciben en el transcurso de la ejecución los induce a identificar los principales problemas que los aquejan y, en respuesta, van introduciendo de manera progresiva modificaciones y alteraciones con lo cual se produce un cambio incremental acumulativo.

d) El carácter blando de las tecnologías utilizadas en la casi totalidad de los programas sociales significa que las supuestas relaciones causales que vinculan los insumos y las actividades con los productos, resultados e impactos no responden a un conocimiento cierto y válido sino que, en el mejor de los casos, constituyen sólo hipótesis a verificar. Esto quiere decir que aun cuando se implemente correctamente el programa puede no conducir al estado final deseado o buscado. Más aún, buena parte de los programas sociales tienen bases teóricas débiles, las cuales a menudo no se hacen explícitas ni en los programas mismos ni en las evaluaciones.

Para que un programa consiga los objetivos propuestos es central que esté basado en un modelo adecuado de los factores críticos que afectan la situación problema, es decir que necesita que en su base tecnológica operen relaciones causales válidas, lo cual es una condición necesaria pero no suficiente para su éxito, pues están presentes otros factores, como una adecuada implementación, que afectan también los resultados.

Para alcanzar las metas deseadas, una política pone en acción una serie de acontecimientos que se encadenan de acuerdo a relaciones causales. Cuando se produce un fracaso, éste puede deberse a que: I) Esos programas pueden haber sido diseñados a partir de fundamentos conceptuales pobres o errados, utilizando un conjunto de mecanismos no válidos, en cuyo caso aunque el programa haya puesto en movimiento un proceso causal, éste no conduce a los efectos deseados, (lo cual es una falla evidente de la teoría subyacente a la tecnología aplicada); II) La intervención ha sido tan débil que no logró producir ningún efecto medible, en cuyo caso aun a pesar de realizar una evaluación no se sabrá si una intervención más fuerte hubiese producido los efectos deseados, y III) El programa fue pobremente implementado lo cual también puede deberse a una falla en la teoría de la implementación (no son correctos los elementos normativos sobre ejecución) o a una implementación deficiente (se sabía como se debía ejecutar pero no se hizo de esa manera).[10]

Cualquiera que sea la naturaleza del modelo causal que subyace a un programa, éste ha mostrado siempre ser un conjunto de variables críticas para explicar su éxito o fracaso. Establecido como la hipótesis central del programa debe ser puesto a prueba en cada implementación.

A menos que se haga un serio intento de explicitar los modelos teóricos subyacentes a los programas no se podrá entender su éxito o fracaso. De hecho, la carencia de un interés por el conocimiento teórico de la intervención social ha retardado la comprensión de los programas sociales, su utilidad y sus limitaciones.

En relación a estas cadenas causales es posible distinguir, como lo ha hecho Sabatier, entre aquellos relativos a la tecnología central o sustantiva usada, vale decir, aquella que los formuladores entienden como el enlace de los principales factores relacionados con el problema y otras cadenas causales relacionados con las variables administrativas, jurisdiccionales u organizativas necesarias para que se alcancen las metas y que definen la capacidad de implementación.

2. *Factores organizacionales*

En los programas sociales, ciertos factores de tipo organizacional asumen características particulares que es necesario identificar pues tienen serias consecuencias para la evaluación. Entre ellos cabe destacar los siguientes:

a) La complejidad e incertidumbre que rodea la acción conjunta en la ejecución de un programa social. En primer término su ejecución rara vez se encarga a una sola organización pública sino que se asigna a una constelación de organismos. De allí la extraordinaria importancia que poseen las relaciones sociales para poder desarrollar los programas correspondientes.

En segundo lugar, en la ejecución de cualquier programa existe un gran número de instancias de decisión en las diferentes organizaciones y en los varios niveles de cada una de ellas. Esta larga cadena de nódulos hace que

10. SABATIER, Paul. *What can we learn from implementation research?* en F.J. Kaufmann y otros (eds.) *Guidance, control and evaluation in the public sector.* De Gruyter, Berlin, 1986.

WEISS, C., *op. cit.*, pág. 38.

los programas sigan un complejísimo sistema decisorio, por lo cual los actores sociales, para evitar bloqueos innecesarios, se involucran en constantes procesos de negociación que alteran el programa y, en todo caso, hacen que su ejecución demore más de lo previsto.

b) La fragmentación de la organización pública. La notable división y fragmentación existente en la Administración pública afecta la ejecución de los programas. La defensa de los espacios burocráticos y de los intereses institucionales por parte de los funcionarios junto al carácter interorganizacional de los programas sociales, contribuyen a generar poderosas dinámicas de conflicto y consenso que se expresan en la así llamada "política burocrática" que afectan de manera poderosa el desarrollo e implementación de los programas.[11]

Estas dinámicas de interacción política se expresan, como lo ha sugerido Rondinelli,[12] en serias diferencias de opinión entre los funcionarios gubernamentales, los participantes, el staff de las agencias financieras, los consultores nacionales e internacionales, etc. Así por ejemplo, cambios en el personal clave en los organismos de ejecución afectan la implementación pues los personajes que ocupan esos roles tienden a buscar efectos de protagonismo personal o institucional y en consecuencia alteran o modifican la ejecución del proyecto original, obligando en el mejor de los casos a renegociar aspectos sobre los cuales existían acuerdos previos.

c) Las diferentes perspectivas para asumir el programa por parte de los funcionarios. En efecto, los múltiples grupos de funcionarios que participan en la ejecución de las políticas y programas, dada su ubicación en la estructura burocrática, poseen diferentes valores, intereses y conocimientos. Por consiguiente poseen una percepción distinta de dichas politicas o programas sociales.

La concepción del programa que posee un directivo superior es de carácter general y global mientras que la que tiene un ejecutor directo tiende a ser particular y fragmentada. Por otra parte, los estudios sobre "burocracia al

11. YATES, Duglas. *Bureaucratic Democracy*. Harvard U. Press. 1982, Cap. 4, y Yates, D. *The Politics of Management*. Jossey Bass, 1987.

12. RONDENELLI, Dennis. *Projects as instrument of development Administration. Public Administration and Development*. Vol. 3, pp. 30-327, 1983.

nivel de la calle'',[13] han mostrado muy bien los importantes ajustes y las adaptaciones que los encargados de la aplicación en el terreno de los programas (maestros de escuela, asistentes sociales, promotores de salud, etc.) se ven forzados a realizar debido a su contacto directo con el público o los grupos beneficiarios, lo cual concluye redefiniendo de hecho las metas del programa. Este fenómeno es más agudo en aquellos casos en que los programas demandan un alto grado de conocimientos y habilidades por parte de estos implementadores directos. Esto se complica aún más cuando hay varias organizaciones encargadas de ejecutar el programa. Como lo señala Sabatier: ''En tal situación el programa puede realmente consistir en la suma de elementos de acuerdos negociados entre los funcionarios en el terreno y los grupos beneficiarios sin tomar demasiado en consideración lo que se haya escrito en el programa oficial o en las leyes''.[14]

En una situación en que la intención oficial sobre el programa es vaga, en que la comunicación dentro del aparato público no es simple o directa, y en que el control jerárquico del gobierno es débil, los implementadores de bajos niveles que interactúan cara a cara con los beneficiarios tienen un alto grado de discreción para actuar y, por lo tanto, son actores de la mayor importancia.

Por cierto, el grado de autonomía de los funcionarios en el terreno varía de país en país, de área sustantiva en área sustantiva, de programa en programa. Su autonomía no es total y los altos funcionarios tienen efectivamente a su disposición instrumentos para hacer cumplir las órdenes superiores y ejecutar el programa de acuerdo al plan, pero aun en las mejores circunstancias es necesario tomar en cuenta la acción de los implementadores directos en el terreno, examinar las negociaciones a ese nivel y estudiar la manera en que los acuerdos logrados afectan la definición y la obtención de metas. Los resultados de investigaciones empíricas muestran, frente a la concepción formalista de la implementación, una situación bien diferente, pues la capacidad de mando y de control ejercido por las autoridades son muy limitadas para guiar a los subordinados en el aparato público.

d) Algunas características particulares de las administraciones públicas y

13. LIPSKY, Michael. *Street level Bureaucracy.* Russell Sage. New York, 1980.

14. SABATIER, Paul, *op. cit.*

de la situación social y cultural de los países en desarrollo exacerban algunos de los fenómenos ya mencionados y colocan dificultades adicionales a la implementación. Entre éstos se destacan i) La falta de información y datos apropiados sobre las situaciones problemas y sobre el propio desarrollo del programa; ii) Los débiles incentivos y controles de que disponen estas administraciones para guiar la conducta de los participantes en la implementación de los proyectos; iii) Los bajos niveles de capacidad administrativa de los aparatos públicos para planificar y gerenciar adecuadamente estos programas.

e) La precariedad de los conocimientos sobre los requisitos mínimos a cumplir para asegurar la correcta puesta en práctica de los programas sociales. Los conocimientos sobre implementación exitosa están en sus pañales y dado los contextos inciertos, complejos y turbulentos donde se desarrollan estos programas siempre será necesario descansar en la habilidad y capacidad de los gerentes públicos para adaptar la ejecución a circunstancias específicas de cada situación.

3. *Programas sociales y medio ambiente social y político*

Finalmente el medio ambiente en los que se desenvuelven estos programas se caracteriza por la presencia de múltiples actores que tienen intereses directos comprometidos en el programa. Por ejemplo, en un programa de alimentos para escolares se pueden señalar a lo menos los siguientes grupos: los altos funcionarios, los implementadores directos, los productores de los alimentos que se van a distribuir, los encargados de los centros de distribución, los repartidores a los centros escolares, los alumnos beneficiados directos, los profesores, los directivos de escuelas, los padres de los estudiantes, los partidos políticos, los grupos de vecinos, etc. Estos actores sociales desarrollan sus propias estrategias a fin de que sus intereses y valores sean tomados en cuenta en los programas de acción gubernamental. Varios de estos grupos forman coaliciones para actuar con más fuerza. Estas estrategias se dan en un contexto estructurado por la situación general de la comunidad y por las normas básicas del programa. Con todo, las estrategias tienen un efecto sobre el programa, sobre sus metas y sobre su duración. Cuando un grupo de funcionarios de la administración central programa desde sus escritorios las acciones a desarrollar en zonas alejadas de los centros administrativos, jamás toma en cuenta esta situación y es probable que carezcan de un adecuado conocimiento de las condiciones sociales y culturales presentes en las diferentes localidades en las que se llevará a efecto el programa.[15]

Esta lista no exhaustiva de factores que afectan de manera determinante la ejecución de las políticas sociales muestra que la implementación es un proceso fundamentalmente interactivo, negociado, ejecutado por organizaciones que internamente son sistemas débilmente acoplados y que trabajan con una fuerte dosis de ensayo y error. En estos casos la implementación adaptativa permite que la política y el programa sea especificado, revisado, modificado, en otras palabras adaptado de acuerdo a su interacción con el entorno institucional y social.

En tales condiciones la producción de resultados no es automática ni está asegurada desde el inicio y el curso que sigue la implementación tiende a aparecer como un proceso de aprendizaje poco ordenado más que como un procedimiento predecible.

Los enfoques de la implementación programada y de la evaluación tradicional toman como punto de partida una perspectiva "de arriba hacia abajo" que comienza con una decisión de política pública que determina los mecanismos y las operaciones mediante las cuales se obtienen las metas y resultados. Este enfoque sobreenfatiza la importancia de los programas para afectar la conducta de funcionarios y para asegurar los resultados finales, e ignora el hecho de que el gobierno tiene una capacidad limitada para guiar la conducta de los implementadores locales, de los grupos-objetivos y de otros actores sociales vinculados al programa.

Por consiguiente, es necesario complementar esta perspectiva con otra que busca operar "de abajo hacia arriba", vale decir, con una forma de mirar estos procesos considerando que el punto de partida apropiado no son las grandes decisiones de política, sino las conductas reales de los actores involucrados en el intento de enfrentar una situación-problema.

Esta última perspectiva tiene la ventaja de asumir una posición más realista sobre el proceso de implementación. Al tomar en cuenta a los actores envueltos en una situación problema -la cual es objeto de una política- y analizar

15. SABATIER, Paul, *op. cit.*

sus conductas, sus percepciones sobre los principales factores que afectan las actividades, sus interes específicos y las estrategias que desarrollan, el estudio evaluativo puede dar luces sobre algunos de los cambios que se originen durante su ejecución y tiene menos probabilidad de subestimar las consecuencias no anticipadas de los programas.

Cuando se acepta la perspectiva de la implementación adaptativa, la evaluación debe cambiar drásticamente su enfoque y su estrategia, basándose no en cuadros normativos estrictos sino en presunciones realistas acerca de la naturaleza de las políticas y programas sociales públicos, de las organizaciones gubernamentales y del proceso mismo de implementación.

Por consiguiente los métodos a utilizar deben estar diseñados para captar las señales difusas de la realidad compleja, múltiple y cambiante que es el proceso de la ejecución de las políticas y programas sociales.

A fin de captar esta realidad, en los últimos años han comenzado a sugir propuestas alternativas para la evaluación que ponen énfasis tanto en los procesos internos como en los externos de la implementación y, muy en particular, en la interacción de los actores centrales de los programas.

Estos enfoques toman como punto de partida justamente las limitaciones y restricciones que han amenazado la validez y la utilidad de los resultados de enfoques tradicionales.

Esta situación ha llevado en primer lugar a reacciones bastantes radicales respecto a la evaluación que se expresan en propuestas como la evaluación ''libre de metas'', la evaluación ''naturalista'', la evaluación ''interactiva'', todas las cuales reaccionan frente al esquema tradicional. Estos enfoques que han sido llamados ''paradigmas minoritarios'' pues provienen de la fenomenología, la etnometodología y del interaccionismo simbólico, abren un mundo de gran riqueza pero pueden -si no se les utiliza bien- dejar el campo de la implementación muy libre de restricciones estructurales al concentrarse demasiado en las estrategias y en las conductas de los actores. Esto hace que queden muy expuestas a las críticas de politizar en extremo los procesos de implementación, de carecer de rigor metodológico, de no ser capaces de elaborar en un sentido técnico la contribución de distintos factores a los logros de los programas y, finalmente de producir resultados de tipo descriptivo haciendo un seguimiento de logros y alteración de metas, más bien que identificar los factores y las relaciones que permiten comprender los resultados de dichos programas.

Una alternativa que surge tratando de superar las limitaciones de la evaluación tradicional sin caer en los problemas de los "paradigmas minoritarios" es la evaluación global.

IV. LA EVALUACION GLOBAL O INTEGRAL

1. *Concepto*

Dado el peso y centralidad de las principales críticas formuladas a la evaluación tradicional es indispensable proponer nuevas avenidas y marcar las líneas de un enfoque que las supere.

Se ha criticado la debilidad metodológica de las evaluaciones, lo cual es particularmente grave en América Latina, pero la crítica más fuerte ha sido que sus resultados no se utilizan para la toma de decisiones, lo que muestra que en última instancia es inútil e irrelevante. La tarea principal de las nuevas propuestas es revertir esta situación. Por consiguiente, se trata de desarrollar caminos que respondiendo a las principales críticas permitan a la evaluación convertirse en una herramienta adecuada, útil y relevante para el desarrollo de mejores programas sociales.

Al abrir un camino no se pretende que tenga que ser seguido por todos, en todos los casos o en cualquier circunstancia. Estamos frente a requerimientos situacionales y estructurales que cambian de programa en programa por lo cual no se puede tener un esquema único para ser usado en toda oportunidad.

En estas circunstancias es conveniente rechazar la tentación de producir nuevos modelos específicos "ready made" que puedan ser aplicados con comodidad a acciones de investigación evaluativa en programas sociales.[16] Más bien se trata de establecer criterios generales que se deben cumplir aunque su aplicación puede ser diferente en cada caso. La tarea de pensar y reflexionar sobre la forma que asume el uso de esos criterios no puede ser reemplazada por una aplicación mecánica de planteamientos genéricos. Al introducir nuevas formas de evaluación se trata de proponer una línea de apertura y reorientación a este tipo de investigación.

---

16. STIEFEL, Mathias, y M. Wesseler. "*Seguimiento, evaluación y participación: algunas falacias habituales y nuevas orientaciones*" En B. Kliksberg (comp.) ¿Cómo enfrentar la pobreza? Grupo Editorial Latinoamericano, 2da. edición, Buenos Aires, 1992.

La evaluación global pretende complementar los enfoques tradicionales con otros renovados, de forma tal, que en conjunto muestren sus logros y junto a ellos los distintos factores significativos del programa, su implementación en un determinado medio institucional y social, la acción de los distintos grupos significativos vinculados al programa de forma de completar lo que falta a los diseños clásicos pero manteniendo su nivel de análisis y su alto grado de rigor.

Para realizar este esfuerzo de complementación, se ha identificado aquellos elementos que están ausentes o minimizados en el tratamiento tradicional de la evaluación -que limitan seriamente su realización y la utilización de sus resultados- y se ha elaborado su incorporación al diseño de investigación.

En primer término, ante el uso exclusivo en la evaluación tradicional de un criterio de eficiencia o eficacia establecido sólo desde la perspectiva de la organización, es necesaria una elaboración participativa del criterio o criterios multiples que servirán de base para la evaluación, explicitando para cada uno de ellos los actores sociales que los propusieron. Incluir un solo criterio, limita de manera automática la capacidad de la evaluación, pues no hace justicia a la variedad de perspectivas que desde los diferentes actores sociales surgen sobre el programa y, por consiguiente, afecta la legitimidad que esos grupos asignan a los resultados que se produzcan.

En segundo término, frente al énfasis exclusivo en las metas e impactos y a la no consideración de lo acaecido en la implementación y de los diferentes factores organizacionales, sociales y técnicos que afectan al programa, es necesario examinar el campo socioadministrativo en que opera el programa, los aparatos institucionales y organizacionales envueltos, las normas jurídicas, las reglas del juego vigentes y, los actores sociales que participan en él.

En tercer término, se debe hacer un especial trabajo de identificación del grupo-objetivo o beneficiarios directos, de los funcionarios públicos encargados de llevar adelante el plan, y de los otros actores que tengan algún interés directo en la ejecución del programa. Al respecto, es necesario estudiar sus motivaciones, sus comportamientos y sus estrategias de aprovechamiento de los productos e impactos del programa. En relación al grupo beneficiario, hay que estudiar muy especialmente, sus juicios sobre los resultados e impactos del programa.

Por último, frente al intento de imputar al programa ciertos resultados, sin entender la lógica interna del mismo y sus bases teóricas, se hace necesario poner énfasis en comprender la tecnología que se ha empleado en el programa, explicitar sus bases teóricas que ordenan las múltiples cadenas causales que operan en el interior de él y que contribuyen a explicar el posible éxito de la intervención. Esto permitirá entender la base técnica del programa y permitirá un aprendizaje sistemático de las posibilidades reales de la intervención social a través de programas de ese tipo.

A fin de cubrir estos aspectos de los programas sociales, la perspectiva con la que se aborda la evaluación global permite por una parte estudiar los logros de un determinado programa en términos de la eficiencia y eficacia de la organización para llevarlo a cabo, pero además toma en cuenta e incorpora a: I) El medio institucional y organizacional en que se desarrolla el programa, en particular las oportunidades y restricciones que surgen de esa institucionalidad para el éxito o fracaso de los programas; II) Los procesos y actividades socioburocráticas y técnicas que tienen lugar en el transcurso de su implementación; III) El ambiente social y físico en los cuales operan los funcionarios y los grupos-objetivos o clientes y IV) Los principales actores sociales involucrados en el programa, sus intereses, valores, comportamientos y estrategias, incluyendo como actores centrales a los grupos beneficiarios directos y a los gerentes públicos.

Esta investigación toma en cuenta no sólo a los actores y sus interacciones sino que además considera los elementos estructurales de la situación, que son los que ponen el marco en el cual se da dicha interacción. Lo importante es enfatizar que los actores no operan en un campo libre y abierto sino en uno estructurado y que al actuar pueden, en muchos casos, no estar conscientes de las oportunidades y de las limitaciones que surjan de la estructuración del campo. Por lo tanto, los aspectos legales, institucionales y la estructura social de la comunidad deben ser considerados cuidadosamente. Por de pronto, la misma politica pública o el programa en ejecución constituyen factores estructurales en el sentido señalado anteriormente.

En estos casos se trata de detectar y analizar los elementos estructurales, el comportamiento y las pautas de interacción de los actores principales, sus estrategias, tácticas y argumentaciones, para luego reconstruir los episodios y eventos de la ejecución en fases de un desarrollo conjunto y sistemático.

Todo el trabajo de complementación a los diseños tradicionales se ha hecho sobre la base de que si la evaluación no es capaz de incorporar los elementos más significativos y dar cuenta de una situación tal como se presenta en la práctica normal y cotidiana, jamás podrá explicar ni los éxitos ni los fracasos de las políticas y programas y, por consiguiente, sus conclusiones no serán tomadas seriamente en consideración por los actores sociales significativos.

2. *Elementos de estrategia de la evaluación global*

El desarrollo de una estrategia de investigación evaluativa global toma en cuenta que el objetivo principal sigue siendo el de examinar y juzgar, aunque desde múltiples puntos de vista, la efectividad y eficiencia de la política o los programas. Este objetivo se debe lograr en relación a programas que, prácticamente en su totalidad, responden en sus rasgos característicos y en su proceso de ejecución a la descripción presentada en este trabajo.

¿Cómo realizar una evaluación que pueda llevar a cabo la tarea superando los problemas señalados con anterioridad? El propósito central sigue siendo el de examinar en qué grado se logran los resultados esperados y si ese logro se debe al programa o a otros factores que operan en el entorno social del mismo.

En este sentido, ser capaz de evaluar un programa implica una estrategia de investigación que permita captar los elementos significativos de la enorme variedad generada al implementarlo y producir resultados que permitan a los encargados de su ejecución usar esa información para mejorar la eficacia o eficiencia del programa o para cambiarlo, tomando en consideración los intereses de los actores sociales principales involucrados en él. Esto no puede ser realizado con un esquema unidimensional y limitado sino que requiere un esquema amplio, multifacético y multidimensional.

Para estas tareas, es necesario usar diseños altamente complejos que faciliten por una parte la recolección de información que responda a las principales preguntas referidas no sólo a averiguar que se ha logrado, sino también al "cómo" y "porqué" se han logrado los resultados obtenidos.

En la primera fase de una evaluación, se plantea la tarea de identificar la política o el programa a investigar y en función de él o ellos, se formulan las preguntas de evaluación. Son esas preguntas las que determinan en grado considerable el tipo de estrategia de investigación que se desarrollará.

Las preguntas básicas expresan los criterios que servirán para juzgar a un programa. En general este tema casi no se discute al iniciar una evaluación y muchas veces ni siquiera se le hace explícito, dándose por supuesto que no existen alternativas al criterio que se utiliza implícitamente.

De hecho, existen varios criterios que sirven para llevar a cabo las evaluaciones. A modo meramente ilustrativo se pueden señalar algunos de ellos: (a) La eficiencia, (b) La eficacia, (c) La efectividad, (d) La equidad, (e) El impacto social, (f) El costo-efectividad, (g) El costo-beneficio, (h) La satisfacción de los beneficiarios, (i) El acatamiento de las normas y reglas legales en su implementación, entre otros. Cada uno de ellos hace que las preguntas centrales que se trata de responder, requieran de un enfoque un tanto diferente para hacer la investigación y señalar factores relevantes en su implementación.

En consecuencia, es necesario formular las preguntas y explicitar los criterios que se utilizarán, pues ello ayuda a proponer una estrategia adecuada de investigación.

A) Para formular las preguntas centrales del estudio de forma correcta hay que asumir una perspectiva determinada que pueda reflejar los intereses de aquéllos que contratan la evaluación, de los principales actores sociales involucrados directamente en el programa y finalmente, del investigador. La posición "normal" es adoptar la perspectiva de aquél que encarga el trabajo. Una posición más amplia y más útil para el desarrollo de la propia investigación es adoptar una perspectiva que tome en consideración los intereses de los principales actores. Esto es importante no sólo en términos de la realización técnica de la evaluación, sino en particular como un elemento que da legitimidad a los resultados del estudio, de forma que sean tomados en consideración por todos los grupos involucrados. El producto de estas consultas con diversos agentes y el intento de generar un consenso entre ellos se expresa en la utilización de varios criterios. A partir de esos criterios la evaluación global formulará las principales preguntas que dicen relación con aspectos como los siguientes:

¿Qué se ha logrado efectivamente a través del programa?

¿Se han obtenido o no los objetivos y metas perseguidos?

Las metas logradas ¿son las mismas que las que se perseguían inicialmente? ¿Se lograron de forma que satisfacen a los implementadores y a los beneficiarios directos? ¿Se logró producir un cambio en los grupos beneficiarios en la dirección que se deseaba? ¿Se siguieron las normas y disposiciones legales en la implementación?

Una vez formuladas inicialmente las preguntas, es preciso ordenarlas desde las más generales y amplias hasta las más delimitadas, establecer su orden de prioridad y clarificarlas trabajando sobre los siguientes puntos: I) Determinar los objetivos y metas iniciales del programa, se trata de determinar los objetivos y metas establecidos al inicio, su grado de claridad y precisión, teniendo presente que durante la ejecución del programa éstas pueden ser modificadas. La tarea puede realizarse en relación al programa total o sobre alguna de las fases del mismo como por ejemplo, los procedimientos iniciales, los procesos de ejecución, la obtención de las metas o los impactos de las mismas, II) Clarificar la naturaleza de esos objetivos, metas e impactos. En esta fase se trata de establecer si los objetivos, metas e impactos son de corto o largo plazo, si son continuos o esporádicos; fuertes o débiles; conductuales, actitudinales o situacionales, etc. Estas características determinan la naturaleza de los objetivos y metas y, III) Luego hay que señalar cuáles son los procedimientos para medir el desempeño en relación a un criterio determinado y es aquí donde los estándares juegan un papel central por cuanto constituyen la pauta de medida de los logros.

Los estándares pueden ser muy diversos, de acuerdo al interés que se tenga y a la perspectiva desde la que se mire esa evaluación. En general se les considera como un elemento estrictamente técnico; sin embargo, en los programas sociales la elección de un determinado estándar adquiere un fuerte contenido valorativo. A título ilustrativo de estos tipos de estándares, se pueden señalar:

Estándares absolutos. Las metas establecidas en el programa pueden servir de estándar, en cuyo caso cualquier desviación debe ser registrada y analizada. Se le llama estándar absoluto y se establece en la formulación del programa independiente de cualquier posible limitación posterior de recursos.

Estándares históricos. Mediante ellos se comparan los resultados del año o período actual con los de años o períodos anteriores.

Estándares normativos. Se compara el desempeño de un programa con otros programas similares o con programas semejantes de tipo regional, nacional o internacional.

Estándares teóricos. Son los establecidos en el propio diseño bajo el supuesto que "todo sale bien" y de acuerdo a los recursos disponibles.

Estándares negociados o "de compromiso". Son los que se basan en algún procedimiento codificado de fijación de estándares. Como ejemplos se pueden señalar el caso de la gerencia por objetivos y los acuerdos técnicamente fundados que alcanzan los grupos de actores centrales.

El uso de uno o varios estándares debe ser materia de cuidadosa decisión y es un tema vinculado a la elección de los criterios de evaluación.

B) De conformidad con los planteamientos de la evaluación global una segunda área de preguntas centrales a la investigación se refiere a los procesos causales técnicos y administrativos que condujeron a los resultados.

Las preguntas que se formulan son del siguiente tenor: ¿Porqué se obtuvieron esos resultados e impactos? ¿Cuáles fueron los mecanismos causales subyacentes a las tecnologías centrales y administrativas utilizadas? ¿Porqué condujeron al éxito o al fracaso? ¿Cómo operaron esos mecanismos?

En relación a este tema, la evaluación debe introducir la explicitación de los modelos o bases teóricas que están en la raíz de la intervención social, vale decir, de la teoría que sustenta los aspectos sustantivos de la política o del programa.

Vale la pena recordar que una delicada consecuencia de la evaluación de metas inmediatas y, en particular, del uso exclusivo de métodos cuasi experimentales en su ejecución, ha sido que se ha tendido a ignorar la tarea de mejorar el conocimiento de los modelos teóricos subyacentes a la intervención social. Cuando se aplican los diseños de tipo experimental, el programa, fenómeno muy complejo, aparece "in toto" como un estímulo que produce un efecto y por lo tanto no requiere que se explique la lógica interna de tal programa y de sus bases técnicas, sino simplemente que se constaten sus efectos y que sea posible atribuirlos al programa. En estos casos no es posible avanzar en la comprensión de las múltiples e importantes razones por las que una política o un programa tiene éxito o fracasa. Por lo tanto, deben ser complementados con un esfuerzo por hacer explícitos los modelos teóricos sobre los que descansa el programa.

Explicitar la teoría que está detrás de las presunciones causales del programa es tarea ineludible si se quiere contestar la pregunta del porqué se logran las metas o lo que es lo mismo, por la manera en que operan las relaciones causales de la tecnología básica del programa. Sin duda, las teorías en uso más importantes son aquellas que se refieren a los aspectos tecnológicos centrales del programa. Pero, además, se deben estudiar las tecnologías administrativas que operan junto a las sustantivas apoyando la ejecución del mismo.

En este caso, la teoría es el conjunto de proposiciones interrelacionadas que dan cuenta de la manera en que los problemas sociales se generan, operan y la forma en que pueden ser tratados, vale decir las proposiciones que sirven de base a las tecnologías utilizadas para enfrentarlos.[17]

Como se ha dicho con anterioridad, la utilidad de este esfuerzo se puede ver con máxima claridad en el caso de un fracaso de la política o los programas.

Para poder estudiar si hay fallas en la teoría subyacente es necesario diseñar la evaluación incorporando este propósito y aplicar los diseños y técnicas de recolección de datos apropiadas para estos efectos.

Un criterio que permite identificar la teoría es su consistencia con los cuerpos de teorías elaborados por las ciencias sociales y administrativas, que son las que normalmente se utilizan en estos programas, pero esto no descarta otro tipo de conocimientos (ej. biológicos, psicológicos, etc.) según el contenido sustantivo del programa. La forma de estudiar las secuencias causales internas tendrá que expresarse en diseños de investigación que incluyan modelos causales complejos.

El trabajo de examinar los modelos teóricos permitirá avanzar en dos frentes: a) La construcción de un conocimiento válido sobre las bases de la intervención social y b) La adecuada comprensión del fenómeno de la ejecución exitosa de programas sociales. A esto se agrega el hecho que el estudio de los modelos teóricos produce una investigación que va más allá de la ingeniería social que se practica habitualmente y cuyos resultados no ofrecen posibilidad alguna de ser aplicados a otras situaciones similares. De

---

17. CHEN, Huey Isyh, y Peter Rossi. *"Evaluating with sense. The Theory driven approach". Evaluation Review.* Vol. 7, No. 3, 1983.

hecho, este nuevo enfoque permite generalizar, dentro de límites relativamente precisos, proposiciones de algún grado de abstracción.

C) La tercera área que la evaluación global destaca es aquélla que se refiere a la manera en que se obtuvieron las metas e impactos. ¿Cómo se obtuvieron las metas? ¿Cómo operaron los procesos sociales, organizacionales y administrativos? ¿Cómo afectaron al programa las acciones de los burócratas que participaron en la ejecución? ¿Cómo afectaron al proceso las pautas de interacción de los agentes sociales involucrados en el programa? ¿Cómo se interrelacionaron burócratas y grupos beneficiarios a través de la implementación? ¿Cómo ello afectó los resultados?

Junto a las preguntas principales en término de los logros deben preocupar las preguntas que tienen que ver con el cómo y con el porqué, para lo cual es necesario:

I) Identificar los actores sociales principales involucrados en la política o programas, examinando su posición en el campo respectivo, sus intereses específicos en las acciones del programa y las eventuales pautas de interacción que posiblemente se observarán.

II) Definir el campo en que opera el programa, vale decir, la configuración de relaciones entre posiciones que son definidas objetivamente en su existencia. Estas posiciones imponen ciertas determinantes sobre sus ocupantes, agentes o instituciones. El estudio tiene que intentar explicitar las reglas constitutivas del campo y las regularidades que aparecen en él. En este espacio los actores sociales y las instituciones luchan para apropiarse de los productos específicos que están en juego.

Todas estas preguntas agrupadas en tres áreas remiten a la necesidad de diseños altamente complejos y a la utilización de datos de diferentes tipos y de variadas fuentes.

En estos casos la metodología toma un carácter abierto y ecléctico. No descansa en un solo tipo de diseño ni en una sola técnica de recolección de datos. Se trata más bien de abrir el campo para que el uso de datos cuantitativos sea ampliamente complementado con datos cualitativos sobre una amplia gama de factores.

Se trata de integrar enfoques metodológicos como fenomenología sociológica, etnometodología, historia oral, interaccionismo simbólico, etc., para desarrollar una investigación evaluativa que permitirá captar por una parte las pautas de interacción de los actores sociales y la forma en que ellas afectan al programa y sus logros, y por otra parte el proceso de aprendizaje que durante la ejecución del programa experimentan las organizaciones encargadas de él.

Esta complementariedad de los enfoques en evaluación pretende aprovechar las diferentes fuentes de datos, desarrollando una estrategia de investigación que permita responder las principales preguntas de evaluación estudiando las experiencias de los actores sociales centrales del programa, tomando en cuenta el detallado conocimiento sustantivo del problema que ellos poseen.

Este nuevo enfoque se concentra en los procesos "objetivos" y "subjetivos" que influyen en los resultados del programa tratando de mostrar cómo los diferentes factores van operando en el transcurso del tiempo siguiendo una cadena causal, lo que determina variaciones en dichos resultados.

Para ello echa mano a elementos constituidos por datos "objetivos", duros, cuantitativos sobre insumos, acciones causalmente relacionadas y metas logradas, y por otra parte, datos de tipo cualitativo y situacionales destinados a recolectar información sobre las pautas de interacción, las perspectivas y las estrategias de los actores y los factores contextuales.

Como lo ha dicho con propiedad Hellstern, "El uso combinado de la triangulación o mezclas metodológicas de una variedad de métodos de recolección de datos que incluye la observación participante, entrevistas, discusiones de grupo, análisis de documentos y de registros privados y públicos, son necesarios para este enfoque. Esta ventaja es crucial porque significa que el evaluador usa una variedad de enfoques para examinar diferencias sutiles que de otra forma escaparían a su atención. Esto requiere que el investigador seleccione de su repertorio aquellos métodos que son más apropiados para el estudio de una situación determinada desde distintos ángulos".[18]

---

18. HELLSTERN, Gerd Michael, *op. cit.*, pág. 304.

Estos resultados combinados que se producen en relación a la obtención de metas, a los procesos y a la participación de actores sociales aumentan considerablemente la comprensión sobre el programa social, su implementación y sus logros. Aumentan también la legitimidad y la posible utilización de los resultados de la investigación. Su posible utilización se debe de manera principal al hecho que se logra una interpretación mucho más rica, pertinente y ajustada en primer lugar a los requerimientos de la acción gerencial, en segundo término a las necesidades de los encargados de las respectivas políticas públicas y por último a los otros actores sociales involucrados, muy en especial a los grupos beneficiarios.

A partir de las preguntas básicas, el investigador completa el diseño del estudio de acuerdo a las pautas tradicionales. Necesita definir cuidadosamente los conceptos principales que utiliza, especificar las relaciones de las variables y su modelo de operación, puntualizar las necesidades de información, la forma de recolectar los datos necesarios y la estrategia de procesamiento y análisis de los mismos.

Una vez producido el diseño de evaluación, debe ser revisado de acuerdo a criterios técnicos para asegurarse que cumple fielmente su cometido.

Los criterios por los cuales se puede juzgar un diseño de investigación se refieren al grado en que es competente para responder a las preguntas de evaluación, por lo cual hay que analizar si el diseño en cuanto tal, los métodos y las técnicas propuestas darán las respuestas buscadas. En este sentido es necesario examinar si los distintos componentes del diseño cubren las principales preguntas.

Se debe determinar asimismo si el diseño es internamente consistente de manera que asegure que las respuestas sean de buena calidad. Según el grado en que el diseño sea completo y dependiendo de cuan rigurosa fuere su lógica interna, la investigación dará o no respuestas precisas y concluyentes.

En tercer término, es necesario examinar cuan apropiado es el diseño para satisfacer las necesidades de información de los que encargan la evaluación y de los otros actores principales. Corresponde averiguar en este caso, si el diseño permite contestar lo que ellos necesitan saber, cuan concluyentes serán las respuestas y si ellas serán proporcionadas en tiempo oportuno. Asimismo, se debe examinar las posibles limitaciones de la recolección de datos y tomar en cuenta sus implicaciones para la etapa del análisis.

En cuarto lugar, es preciso determinar los grados de viabilidad de la evaluación de acuerdo al diseño presentado. La preguntas que deben responderse son las relativas a si el diseño ha explicitado y tomado internamente en consideración las restricciones en torno a los recursos a utilizar, tales como:

Recursos financieros. En el caso del financiamiento, es necesario determinar si los recursos disponibles permiten, por ejemplo, llevar a cabo una recolección de información en una muestra amplia de lugares donde se ejecute el programa o sólo será posible recurrir a datos de registros para llevar a cabo la evaluación.

Recursos humanos. Respecto de la cualificación del personal, esta restricción puede obligar a que no sea posible presentar un diseño de evaluación que suponga la contratación de un personal que pueda producir análisis sofisticados, dado que no se cuenta con ese tipo de recursos humanos.

Tiempo. En una situación en que el tiempo disponible constituye una restricción para la evaluación, no será posible plantear un seguimiento por un período amplio a un programa si las decisiones finales sobre él son inminentes y los resultados de la investigación deben ayudar a tomarlas.

En cada caso, el diseño de evaluación deberá tomar en cuenta de manera explícita estas restricciones y las formas en que la investigación se ha acomodado a ellas.

3. *Fortaleza y peligros de la evaluación global*

Como se ha señalado antes, lo específico de este enfoque es lo general e integral de su planteamiento usando teorías sustantivas que detallen las relaciones entre los constructos básicos, utilizando indicadores relacionados a dichos constructos y empleando datos de tipo cuantitativo y cualitativo.

Esta amplitud le permite dar cuenta de los resultados sustantivos de la política o del programa y por consiguiente, hace que se entiendan mejor las secuencias de relaciones causales que operan al interior de ellos. Sus resultados no sólo juzgan el cumplimiento del programa sino que pueden servir de base para la construcción de teorías más útiles para la intervención en el campo social.

Todo lo afirmado no debe ocultar que existen peligros en el uso de este enfoque especialmente cuando se pierde el sentido de un acercamiento balanceado al tema.

Si se coloca demasiado énfasis en los aspectos de la interacción de los actores utilizando la fenomenología sociológica o el interaccionismo simbólico, la evaluación puede -no necesariamente- producir sólo una descripción de cómo las metas han ido cambiando, de los procesos efectivos de implementación y de las estrategias de acción de los grupos, todo ello sin referencia clara a las estructuras y normas generales u organizacionales en las que operan y a otros elementos estructurantes que subyacen al programa mismo. En estos casos el resultado en una descripción de estrategias y contra estrategias operando en un campo totalmente abierto y por consiguiente el análisis del proceso no da cuenta de los efectos limitantes de los factores sistémicos.

Hay que evitar este sesgo y tomar seriamente en cuenta los elementos estructurales y los factores institucionales que afectan la implementación de manera directa. Esos elementos y los contenidos de las políticas o programas dan forma a la implementación al definir la arena en la cual el proceso tiene lugar, la identidad y el papel de los diferentes actores principales, los tipos de herramientas permisibles para la acción, y el curso del propio programa al asignar los recursos humanos, financieros, técnicos e institucionales necesarios.[19]

Como se ha expresado en este trabajo este tipo de evaluación es un estudio complejo, difícil de ejecutar, que demanda cualificados recursos humanos y que consume un tiempo considerable y elevados recursos financieros. Al mismo tiempo, es un estudio mucho más completo que permite lograr una mejor comprension del programa y de sus logros y en general obtiene resultados más legitimos para todas las partes involucradas y por consiguiente más utilizables. Dada estas característica debe ser preferentemente utilizada sólo para las más importantes y significativas políticas o programas sociales públicos. En intervenciones más limitadas es posible utilizar diseños más simples y económicos.[20]

---

19. MAJONE, Grandomenico y Aaron Wildavsky. *"Implementation as Evaluation"* en Pressman, Jeffrey, y Wildavsky. *Implementación*. U. of California. Press, 1984.

20. SULBRANDT, José. *"Evaluación del Impacto Social de la acción de las Empresas Públicas"*. Revista Venezolana de Desarrollo Administrativo No. 4, oct. 1983.

En resumen, poner énfasis en modelos globales de evaluación es reconocer que los problemas en la implementación de políticas sociales se deben por una parte a los problemas internos de organización y funcionamiento de los equipos humanos que lo ejecutan, y por otra parte mucho más importante, a las restricciones específicas de carácter político, social, administrativo y tecnológico que afectan a esas políticas y programas.

Lo que aparece finalmente como expresión de la evaluación global o integral es una mezcla entre investigación evaluativa e investigación de implementación que apunta a: a) Definir cuáles han sido los logros, cuánto se ha obtenido, cómo y por qué se obtuvieron, con lo cual no sólo se hace un trabajo de explicar el logro de metas sino también de entender la lógica de la acción, la teoría subyacente a la intervención, y las pautas de interacción de los agentes sociales y sus consecuencias; b) Acumular conocimientos acerca de los mecanismos de implementación en ambientes turbulentos, complejos e inciertos, más allá del caso que se estudia, superando los límites de un trabajo estricto de ingeniería social. Esto conducirá al desarrollo de teorías en diferentes campos que harán avanzar las ciencias de la administración y no quedará como un trabajo de estricta ingeniería social que explica un solo caso, sino que intenta extrapolar los resultados a un universo más amplio de campos similares.

V. EVALUACION Y CONTROL

Un punto a destacar es que una perspectiva que conciba la evaluación casi exclusivamente como un elemento de control, sólo puede debilitar los esfuerzos por mejorar en el futuro los programas sociales y su implementación. Insistir en un enfoque[21] que use la evaluación sólo como un instrumento de control destinado a perseguir las responsabilidades administrativas de los gerentes y funcionarios públicos, significa estimular la desconfianza generalizada de todos los miembros de los equipos de implementación frente a estas investigaciones. La evaluación del futuro estará destinada, más que a controlar y a castigar, a permitir un aprendizaje a partir de los errores, omisiones y dificultades encontradas en la ejecución de las políticas y programas. Este trabajo necesita ser desarrollado por los evaluadores en

---

21. VIVERET, Patrik. *L'evaluation des politiques et des actions publiques*. La documentación francaise, 1989.

conjunto con la gerencia, con los actores directamente involucrados y, en particular, con los grupos beneficiarios. Esto quiere decir que se debe trabajar cooperativamente para desarrollar nuevos conocimientos y mejorar los modelos de ejecución de políticas sociales. La utilización de estos nuevos desarrollos contribuirá a dar respuestas más adecuadas a los problemas que se han suscitado en las implementaciones. Bajo estas nuevas condiciones la evaluación deberá generar un ámbito de aprendizaje en el que cada programa de tipo social sea considerado una especie de experimento y por consiguiente el producto de la evaluación será un conocimiento adecuado para mejorar y modificar el programa y su implementación. En esta misma dirección, la evaluación, en particular la de tipo global generará, por la propia necesidad de recolectar información sobre cada uno de los grupos sociales, un ámbito de consulta y participación ciudadana para los grupos supuestamente beneficiarios de la política, lo que contribuirá a hacerla más participativa y por tanto, a dar más legitimidad a sus conclusiones. Además, ayudará a hacer más democrática y más eficiente a la propia administración pública. Como lo ha expuesto en forma documentada Salmen[22] en sus trabajos para el Banco Mundial, la evaluación entendida en la forma que se ha presentado en este trabajo, permitirá "escuchar al pueblo", esto significa hacerla participativa, hacerla concertada, hacerla legítima a la vista de los actores sociales. Significa que los grupos beneficiarios así como otros actores sociales vinculados al programa podrán hacer oír su voz y dentro de una idea de una comunicación no manipulada permitirá una mejor comprensión de la acción pública, ganar grados de racionalidad, garantizará un intercambio más amplio y serio de información disponible para todas las partes y ayudará a generar acuerdos y consensos cada vez más amplios. En definitiva, cuando los programas tengan en su base acuerdos entre las partes, la ejecución podrá ser mucho más efectiva.

VI. INSTITUCIONALIZACION DE LA EVALUACION

Un punto central en el desarrollo de las actividades de evaluación en relación a políticas y programas sociales lo constituirá su institucionalización en la Administración Pública y en especial, en los organismos encargados de

---

22. SALMEN, Lawrence. *Listen to the people: Participant observer evaluation of development projects.* Oxford V. Press, New York, 1987.

los grandes programas sociales. Con una o dos excepciones, tal institucionalización es inexistente en la Región. Sólo cuando las autoridades gubernamentales entiendan correctamente el rol de la evaluación y su significación estratégica, se podrá iniciarse tal proceso.

Esta institucionalización supone, en primer término, la formación de equipos humanos altamente calificados que puedan diseñar e implementar evaluaciones técnicamente bien concebidas y ejecutadas.

En segundo lugar, implica el desarrollo de estrategias, métodos y técnicas de evaluación apropiadas a las situaciones problemas y a las características específicas de los países del área. Para ello en cada país deben tomarse especialmente en consideración las formas organizativas, la cultura administrativa y las formas de vinculación del aparato público con la ciudadanía, entre otros elementos importantes.

En tercer lugar, supone crear y ubicar en la estructura organizacional del sector público unidades encargadas de la evaluación. Dado el carácter interorganizacional y en muchos casos, interministerial de la mayoría de los programas sociales masivos, y por tanto la necesidad de coordinar los trabajos de investigación, se puede establecer la unidad de evaluación en algún importante organismo público de ese sector ubicándolo al más elevado nivel jerárquico posible, donde pueda tener acceso a los altos decisores en materia de políticas sociales. Un organismo central de ese tipo debe tener fundamentalmente un rol conductor y orientador de las tareas de evaluación y sólo por excepción un rol implementador. En cumplimiento de su papel principal, debería: a) Establecer, desde el inicio de cada programa social masivo, el tipo de evaluación que se llevará a cabo y las principales actividades de evaluación; b) Establecer técnicamente los criterios que serán utilizados para evaluar, y c) Establecer las orientaciones operativas sobre los mecanismos de evaluación.

En cuanto a la gerencia de las tareas de evaluación, es preferible que éstas sean llevadas a cabo de manera descentralizada por organizaciones que tengan especial experiencia y conocimientos técnicos en la materia. En este caso se encuentran los Centros de Investigación Evaluativa de las Universidades, los Centros de Investigación privados que funcionan como organismos no gubernamentales o bien entidades consultoras. Se entiende que estos organismos realizan el trabajo de implementación bajo contrato con la agencia gubernamental y con su dirección y vigilancia. En esta forma se combina una conducción de alta calidad por parte del sector público con una ejecución flexible y adaptada a cada caso particular por parte de los Centros referidos. Una condición indispensable para un eficiente desarrollo de la evaluación bajo este esquema organizacional es que el Organismo Central esté formado por un grupo muy reducido de profesionales altamente capacitados en tareas de evaluación, que puedan identificar los programas que necesitan ser evaluados, plantear las principales preguntas de investigación y señalar las grandes estrategias y pautas de investigación al mismo tiempo que ser capaces de negociar los términos de referencia de los contratos con las agencias no gubernamentales para la ejecución del estudio.

Una forma más descentralizada de institucionalizar la evaluación en el sector público dedicado a los programas sociales sería el establecimiento de Oficinas Ministeriales de Evaluación, constituidas al más alto nivel de cada Ministerio. Estas Oficinas podrían tener un rol directivo y orientador y a su vez, de manera supletoria, un rol implementador para los proyectos que cayesen dentro de su competencia ministerial. Deberán estar constituidas por un pequeño grupo de profesionales muy calificados y con experiencia en evaluación de programas interministeriales. En estos casos es posible establecer "equipos de trabajo conjuntos" entre los Ministerios participantes en la implementación del programa. El equipo de trabajo realizaría un rol de dirección y orientación del proceso de evaluación pero, al igual que en el caso anterior, la implementación de la evaluación debería ser entregada a organismos no gubernamentales existentes sean Centros Universitarios, Centros Privados o Firmas Consultoras.

La forma de operar, tanto en el caso de una gran institución central o de varias oficinas ministeriales ejerciendo un rol directivo y entregando la implantación a organismos no gubernamentales permitirá una adecuada conducción y una flexible, y probablemente innovativa, ejecución. De esta forma se evitará la creación de grandes centros burocráticos, costosos de operar e inflexibles para incorporar nuevos desarrollos y que, terminan siendo parte de la misma cultura administrativa que la de los evaluados, lo que les dificulta su tarea y hace menos relevantes sus conclusiones. Cualquiera sea la forma institucional que se adopte no se debe olvidar que la primera preocupación debe ser la de constituir un grupo de expertos realmente competentes para dirigir estos delicados procesos.

Por último, dentro de una estrategia de desarrollo institucional es importante la creación y el fortalecimiento de centros de evaluación fuera del Sector Público que sean capaces de llevar adelante estas tareas y que sirvan como elemento de control y balance al propio sistema interno de ese Sector. En este sentido, los Centros Universitarios, los organismos no gubernamentales y las organizaciones de consultores deben ser consideradas parte integrante de un "sistema de evaluación" que ayude a cumplir con eficiencia estas críticas funciones.

VII

FORMACION DE GERENTES SOCIALES

¿COMO CAPACITAR EN GERENCIA SOCIAL? LA EXPERIENCIA DEL PRIMER PROGRAMA LATINOAMERICANO DE FORMACION DE GERENTES SOCIALES

BERNARDO KLIKSBERG
JOSE SULBRANDT

I. LAS DEMANDAS POR UNA FORMACION ESPECIALIZADA DEL GERENTE SOCIAL

Existe una inquietud generalizada en América Latina en cuanto a la imprescindibilidad de contar con gerencia de alta calificación para los procesos de implementación de políticas sociales y la gestión de programas sociales.

La situación predominante es de importantes déficit en esta materia. Los países han encontrado serias limitaciones en este aspecto crucial al intentar ampliar sus políticas y programas.

Esta problemática ha sido reiteradamente destacada en los foros continentales recientes sobre la pobreza. Así entre otros fue subrayada, instando a considerarla prioritaria, y abordarla a fondo, en la Reunión Técnica Preparatoria de la II Conferencia Regional de la Pobreza (Santiago de Chile, octubre 1990), en la Conferencia de Ministros (Quito, noviembre 1990), y en la III Reunión Intergerencial Informal sobre Políticas Sociales Integradas en América Latina y el Caribe (Caracas, Sela 1992).

Respondiendo a la generalizada demanda de los países por respuestas técnicas concretas en este campo, el Centro Latinoamericano de Administración para el Desarrollo con la cooperación del Proyecto Regional de Naciones Unidas de Modernización del Estado, abrió un amplio esfuerzo de investigación, y desarrollo orientado a aportar a la región una alternativa especializada de preparación de gerentes sociales, que pusiera a foco la singularidad de este tipo de gestión.

Se adelantaron en ese marco una serie de trabajos que examinaron la experiencia regional e internacional, analizaron los dilemas organizacionales, caracterizacionales de la gerencia de políticas y programas sociales, identificaron el perfil del "gerente social necesario", y los requerimientos formativos pertinentes y aportaron criterios y orientaciones técnicas. Se produjeron al respecto los trabajos: Bernardo Kliksberg, "¿Cómo formar gerentes sociales?, Elementos para el diseño de estrategias"; José Sulbrandt, "Evaluación de políticas y programas sociales masivos en el sector público", y Bernardo Kliksberg "Gerencia Social: una revisión de situación".[1]

En base a dichos trabajos, y la experiencia acumulada por el CLAD y el Proyecto ONU en sus Programas Internacionales de Formación de altos directivos públicos, ambos elaboraron el Proyecto de un Programa Latinoamericano de Formación de Gerentes Sociales, conteniendo metas de aprendizaje a cumplir, diseños curriculares, bases bibliográficas, y una estrategia especial de enseñanza-aprendizaje.

El programa concitó amplio interés en los países y en diversos organismos internacionales y nacionales. Como consecuencia de ese interés, se dictó una primera edición del mismo, en Caracas, iniciada en Junio 1990, copatrocinada por el Ministerio de la Familia de Venezuela - Fundación Escuela de Gerencia Social, el CLAD, el Proyecto Regional ONU de Modernización del Estado, el Proyecto Regional del PNUD para la Superación de la Pobreza, y la Agencia Española de Cooperación Internacional.

Participaron en el Programa cuarenta directivos especialmente escogidos con responsabilidades de conducción en el sector social de 40 instituciones de 15 países de la región, a los que se sumó a su solicitud un país africano. El CLAD y el Proyecto ONU prepararon para el programa un fondo bibliográfico de apoyo con 1.500 documentos técnicos representativos de la

1. Los trabajos referidos están incluidos en B. Kliksberg (comp.). *Cómo enfrentar la pobreza. Aportes para la acción.* Grupo Editor Latinoamericano, Buenos Aires. 2da. edición 1992.

experiencia mundial en esta materia. Asimismo, con la cooperación de la Fundación Escuela de Gerencia Social se produjeron siete casos reales de gerencia social en América Latina.

De acuerdo a las evaluaciones practicadas la experiencia arrojó resultados altamente positivos.

Luego de ajustar el programa en base a esta primera experiencia, el CLAD y el Proyecto ONU, esta vez en esfuerzo conjunto con la UNICEF que consideró muy útil el programa para sus metas y resolvió asociarse al mismo, la Secretaría Nacional de Desarrollo Administrativo del Ecuador, y el Consejo Nacional de Desarrollo de dicho país, con apoyo de la Corporación Andina de Fomento, desarrollaron el primer ''Programa Andino de Alto Nivel de Formación de Gerentes Sociales''.

Realizado en Quito en noviembre 1991, participaron en el programa 54 directivos de organismos públicos y ONGs de Ecuador, Perú, Colombia, Venezuela y Bolivia seleccionados entre varios centenares de postulaciones. El programa fue evaluado muy favorablemente por los participantes, que decidieron a su finalización constituir la Asociación Andina de Gerentes Sociales.

El gran interés despertado por este esfuerzo, ha motivado múltiples demandas hacia el CLAD para su réplica a nivel subregional y nacional por parte de gran parte de los países de la región. Por solicitud expresa de la Cumbre de Presidentes Centroamericanos al CLAD y al Proyecto ONU, se está preparando una réplica del Programa para los países integrantes de la misma, Honduras, Nicaragua, Costa Rica, El Salvador, Guatemala, Panamá, y Belice a efectuarse en Honduras. Asimismo, se han realizado ediciones del programa a nivel nacional en Argentina y Chile (1992).

Por otra parte, en base a los contenidos del programa, el CLAD y el Proyecto ONU han preparado un programa especial para Universidades de toda la región destinado a capacitar catedráticos en la incorporación del área de gerencia social en los curriculums universitarios. Dicho programa se dictó por primera vez en Santa Cruz de la Sierra en 1992, en el Centro Internacional de Desarrollo de la AECI en el marco de la Red Iberoamericana de Instituciones de Formación e Investigación Gerencial Pública copatrocinada por dichas organizaciones y la AECI-INAP de España. Participaron en el Programa Decanos, Directivos y Catedráticos de 32 universidades de 19 países. Universidades de diversos países han puesto en marcha esfuerzos para enseñar gerencia social apoyándose en este Programa (entre ellas, la Universidad Nacional de Buenos Aires, la Universidad Central de Venezuela, las Universidades Ecuatorianas, la Universidad Nacional de Piura en Perú, etc.).

El éxito de esta experiencia y su rápida difusión parece hallarse ligada a su plena correlación con necesidades muy sentidas en la región. Siendo desde ya una experiencia abierta en continuo perfeccionamiento y aprendizaje de la realidad, se considera que puede ser de utilidad poner a disposición colectiva sus bases fundamentales. En lo que sigue se presenta resumidamente el esquema central del Programa.

II. EL PROGRAMA LATINOAMERICANO DE DESARROLLO DE GERENTES SOCIALES

1. *Objetivos del programa*

El tema social se ha convertido en uno de los principales focos de preocupación de los Gobiernos y las sociedades latinoamericanas. La situación social de la región se ha deteriorado francamente en la última década, y las cifras disponibles coinciden en señalar un panorama alarmante.

Frente al agudo proceso de pauperización en curso, los países han coincidido en la Primera Conferencia Regional sobre la Pobreza en América Latina y el Caribe (Cartagena, 1988) en destacar que:

> ''La pobreza constituye uno de los mayores problemas que enfrentan los países de la región para lograr su desarrollo, pues dilapida el capital humano, impide el bienestar colectivo, restringe el mercado interno e incuba inestabilidad social y política''.

Asimismo, han llamado la atención sobre el carácter no coyuntural de la situación resaltando:

> ''La creciente pauperización de la región y el deterioro generalizado de las condiciones de vida de la mayor parte de la población no es accidental o transitoria, sino el resultado de condiciones históricas y estructurales de orden interno e internacional, cuya superación común es tarea ineludible''.

Frente a este panorama, existe marcado interés en la gran mayoría de los países en diseñar y poner en marcha políticas sociales orgánicas y coherentes que permitan encarar la situación. Sin embargo, se han presentado significativas dificultades para lograr este propósito. Algunas de ellas tienen que ver con el predominio del economicismo y los limitados niveles de articulación observables entre las políticas económicas y las sociales, que las limitan y confinan a atenuar los impactos sociales regresivos de las primeras.

Un grupo importante de restricciones está asociado a los problemas gerenciales en la implementación de las políticas sociales. En casi todos los países se plantean, entre otras, cuestiones como las siguientes: ¿Cómo reorganizar el sector social? ¿Cómo solucionar los difíciles problemas de coordinación entre los ministerios, instituciones, y programas que actúan en dicho sector? ¿Cómo focalizar los programas para posibilitar que lleguen efectivamente a los beneficiarios previstos en lugar de desviarse a otros sectores sociales con más capacidad de presión y de acceso a los mismos? ¿Cómo posibilitar la activa intervención de la sociedad civil y de las ONGs en esta materia, y reestructurar las relaciones tradicionales entre Estado y Sociedad Civil en la misma? ¿Cómo optimizar el uso de los recursos asignados a programas sociales? ¿Cómo aprovechar las potencialidades de la descentralización en este campo? ¿Cómo integrar activamente a los programas a los asistidos tal cual es deseable gerencialmente? ¿Cómo mejorar las relaciones Gobierno - ONGs - Comunidades? ¿Cómo medir resultados?

El interrogante gerencial se ha transformado en uno de los principales aspectos a abordar al encarar el problema global. Los avances en esta dimensión clave son esenciales para construir viabilidad para la política social.

Un área estratégica de la problemática de la gerencia social es la de contar con recursos humanos calificados para la extremadamente compleja y delicada labor que significa gerenciar instituciones sociales y programas sociales.

Se requieren gerentes que, entre otros aspectos, estén capacitados para moverse en contextos de alta turbulencia como los que rodean a los programas sociales, tengan habilidades especiales para la coordinación de esfuerzos de múltiples instituciones y ONGs, hayan desenvuelto capacidades desarrolladas para la negociación y la concertación, practiquen estilos gerenciales modernos con orientación participativa, sean capaces de operar procesos permanentes de monitoreo y evaluación para ir ajustando los programas al feedback de la realidad.

Esta área formativa ha sido muy limitadamente abordada en América Latina de modo sistemático. Este Programa se propone hacer un aporte concreto a esta crucial cuestión.

Las metas del Programa Latinoamericano de Desarrollo de Gerentes Sociales, son:

a) Preparar a funcionarios directivos del sector social de la región, en el conocimiento sistemático de los marcos de referencia de que debe disponer un gerente público moderno para un desempeño gerencial exitoso.

b) Proporcionarles capacitación para la aplicación de técnicas gerenciales avanzadas aplicables a la problemática específica de la gerencia social.

c) Facilitarles un panorama de las experiencias y desarrollos internacionales de mayor significación para la región en gerencia social.

d) Contactarlos con casos y experiencias de gerencia social latinoamericanos de alta relevancia.

2. *Estrategias curriculares*

El programa va dirigido a funcionarios en actividad de los Gobiernos de la región con responsabilidades gerenciales en la conducción de organismos sociales o programas sociales concretos y a directivos de ONGs con amplios proyectos en el campo social.

Se propone contribuir a desarrollar las capacidades de los participantes para enfrentar los complejos problemas característicos de la situación organizacional del gerente social. Dichos problemas presentan una marcada especificidad en relación a los problemas de gerencia en general e, incluso, respecto a la gestión en otras áreas del sector público. Por otra parte, por la estrecha vinculación entre la gerencia social y el contexto, tienen en América Latina particularidades muy marcadas. Se trata de poner a foco en el programa este tipo de problemas en toda su singularidad.

Para ello, se ha planeado como estrategia central del programa identificarlos conceptualmente con precisión, abordarlos en "vivo" a través del uso intensivo de casos reales y experiencias y llegar a conclusiones prácticas sobre los enfoques técnicos más productivos.

El diseño curricular preparado parte de estas orientaciones generales. Asimismo, atiende a consideraciones de selectividad estratégica. Teniendo en cuenta las restricciones de tiempo del programa y que sus destinatarios son funcionarios directivos en acción, del amplio espectro de insumos que podrían aportar a estas metas se ha escogido un grupo restringido que se estima de la más alta relevancia.

La labor del Programa se centrará en dos grandes ejes:

a) El gerente social y el contexto.
b) Tecnologías avanzadas de gerencia social.

Se describen a continuación sus contenidos básicos.

a) El gerente social y el contexto

Los programas sociales se hallan profundamente incididos por el contexto global. Constituyen operaciones de acción social de vastos alcances, que están destinados usualmente a amplios sectores de población, que deben movilizar recursos, apoyos y el interés de numerosas organizaciones públicas, privadas, y núcleos sociales variados, para poder tener éxito. En estas condiciones, la gerencia debe tener una percepción afinada y precisa de los procesos en curso en el contexto y su posible evolución, y de las características y comportamiento tendenciales de los grupos claves para el éxito de los programas.

Por otra parte, los programas se mueven en un subcontexto particular. Son programas básicamente integrantes del sector público y deben adecuarse a los diferentes marcos normativos y organizacionales que lo regulan y encontrar el modo de accionar eficientemente dentro de los modos de operación del aparato público. El gerente social es con frecuencia un "gerente público" que debería, por ende, tener un conocimiento riguroso y una comprensión desarrollada sobre dicho aparato para poder insertar su programa con fluidez en el mismo.

Tratando de apoyar la acción del gerente en relación al contexto global y al subcontexto conformado por el mismo sector público, se programa trabajar sobre las siguientes áreas temáticas:

- El contexto económico y social latinoamericano, tendencias previsibles en la década de los 90.
- Los dilemas de la política social en la región.
- Rol del Estado en las sociedades latinoamericanas.
- Políticas Públicas.
- Procesos de modernización y transformación del Estado.
- Estrategias para la superación de la pobreza.

b) Tecnologías avanzadas de gerencia social

¿Cómo lograr eficiencia en gerencia social? Junto a un sistemático y profundo conocimiento del contexto organizacional, el gerente debe disponer del dominio del "estado de las artes" en materia de tecnologías aplicables a este tipo particular de "management". La realización de los programas en el campo, debe afrontar normalmente dificultades de alta complejidad. Muchas de ellas son de naturaleza peculiar, características al tipo de objetivos a lograr usualmente de naturaleza múltiple, a los delicados arreglos organizacionales necesarios para operar los programas, y a los modos de organización social y esquemas culturales de los beneficiarios. En gerencia de programas sociales existe por ejemplo, ilustrando las dificultades, el criterio generalizado de que en esta área la cuestión no se reduce a hacer una entrega eficaz de los servicios o prestaciones, sino que la metodología empleada es un factor fundamental porque puede ayudar a objetivos fundamentales normalmente presentes en los programas como la promoción de la organización de la misma comunidad y el desarrollo de sus potencialidades, o producir efectos en dirección opuesta. Por ende, la metodología se transforma en un medio-meta al que se debe prestar extrema atención, y el impacto final de un programa, en términos de resultado y efectos, puede ser muy diferente según se empleen estilos autocráticos, paternalistas, o participativos.

Hay una importante experiencia internacional en esta materia en continuo crecimiento, significativos desarrollos tecnológicos, y la región misma cuenta con valiosas experiencias de logros y fracasos limitadamente exploradas. Apoyándose en estos elementos, el programa se propone proporcionar a los participantes una formación actualizada en los instrumentos tecnológicos de que puede disponer un gerente social en la década final del siglo. Por las restricciones ya mencionadas, se ha seleccionado un grupo acotado del amplio espectro de tecnologías que resultaría de interés trabajar. Las técnicas escogidas se consideran estratégicas para poder alcanzar los objetivos usuales de los programas sociales en un contexto como el latinoamericano.

Las áreas a desarrollar serán:

- Gerencia estratégica de organizaciones públicas.
- Gerencia interinstitucional.
- Técnicas de negociación.
- Gerencia avanzada de personal.
- Diseño de proyectos sociales.
- Técnicas de focalización y medición en programas sociales.
- Financiamiento de programas sociales.
- Gerencia de tecnologías para programas sociales.
- Participación comunitaria en programas sociales.
- Monitoreo y evaluación de programas sociales.
- Economía popular.

3. *Estrategias de trabajo*

El Programa diseñado se propone, como estrategia central de trabajo, el contacto intensivo con la realidad. Se desea que, por una parte, los participantes reciban insumos fuertemente ligados a casos y experiencias concretas y, por otra, se creen las mejores posibilidades para que puedan transferirlos a lo largo del programa a sus organizaciones y testarlos con los hechos. Se aspira a producir un circuito de enseñanza-aprendizaje-aplicación-retroalimentación, a través del cual los participantes reciban insumos de conocimientos, los utilicen, y alimenten el proceso de aprendizaje con las experiencias resultantes.

A tales efectos, se ha estructurado una estrategia de trabajo que combina diversas metodologías educativas de carácter activo.

El programa consta de cuatro fases sucesivas, que se van apoyando cada una en las anteriores. En caso de limitaciones (de recursos, tiempo, etc.) pueden cumplirse objetivos significativos reduciéndolo a las dos primeras fases.

Primera fase: Construcción de fundamentos

Se propone suministrar a los participantes un panorama básico de los principales desarrollos y avances actuales a nivel internacional y regional, en relación a áreas centrales del curriculum antes expuestas. Para ello, se les entregará un conjunto de documentos técnicos escogidos por su "impacto tecnológico" en las materias respectivas, su modernidad y su representatividad respecto a las tendencias de desarrollo tecnológico en gerencia social. En diversos casos, serán documentos inéditos y, en otros, traducciones de diversos idiomas especialmente preparadas para el programa.

Dichos documentos desarrollarán los ejes curriculares trazados de acuerdo a correlatividades.

El participante los leerá y analizará "a distancia" en su puesto de trabajo durante dos meses y medio, y de acuerdo a orientaciones de lecturas planificadas.

Segunda fase: Profundización

El objetivo es desarrollar sistemáticamente y en profundidad las áreas incluidas en el curriculum, para tratar de llegar al aprendizaje de estructuras conceptuales y técnicas claves de las mismas. Para ello, apoyándose en las lecturas de la etapa anterior, se realizará una concentración total de cuatro semanas de duración. En la misma, se trabajará cada una de las áreas con la conducción de especialistas internacionales que, además de dominar los temas respectivos, hayan tenido amplia experiencia directa de campo en los mismos y tengan una visión comparada de diversas realidades nacionales.

La labor se llevará a cabo por vías totalmente activas, empleándose dinámicas grupales, resolución de problemas, trabajos sobre casos latinoamericanos de gerencia social, redes, simulaciones, etc.

Tercera fase: Desarrollo de un proyecto gerencial

La meta de esta fase es que los participantes implementen un proyecto o aspectos de un proyecto relativo a una de la áreas de gerencia social, dirigido a aportar a un problema real de sus organizaciones, utilizando los elementos recibidos en las dos etapas anteriores.

El problema a abordar sería identificado al inicio del programa y, la fase segunda de profundización, apoyará al participante en el diseño de una estrategia apropiada para el proyecto gerencial con que tratará de enfrentar dicho problema.

Esta fase se realizará en el lugar de trabajo del participante por un período de seis meses. Finalizará con la producción, por el participante, de un documento refiriendo su experiencia con el proyecto adelantado y las conclusiones que extrajo de la misma.

Cuarta fase: Retroalimentación e integración

Se propone un doble objetivo. En primer lugar, reunir a los participantes para que expongan sus experiencias con los proyectos, sus conclusiones y compartan e intercambien experiencias. En segundo término, producir una integración final global de los elementos recibidos en las cuatro fases, que ''cierre'' el proceso de aprendizaje.

4. *Evaluación*

La labor de los participantes en el programa será evaluada con vistas a la retroalimentación del proceso de aprendizaje. A tal fin al finalizar la segunda fase de profundización, se realizará un ejercicio de aplicación de los conocimientos trabajados en la primera y segunda fase a situaciones gerenciales concretas. Por otra parte, se evaluará el proyecto de acción gerencial desenvuelto.

5. *Participantes*

Se estima que en el Programa participarán representantes de aproximadamente quince países de la región. El número total de participantes será estrictamente limitado, a efectos de optimizar el cumplimiento de las metas fijadas. Los participantes deberán ser propuestos por sus gobiernos, reunir los requisitos de perfil a continuación precisados y ser aceptados finalmente por el Consejo Académico del Programa.

Los participantes deberán:

- Contar con un grado universitario profesional.

- Estar desempeñando un puesto directivo en organismos del sector social o en un programa social significativo, o en ONGs que trabajen en programas sociales, u ocupar un cargo jerárquico docente o de investigación en instituciones formativas o académicas que trabajen para el sector social.

-Tener más de tres años de experiencia en cargos en el sector público, o en OGNs.

Al postular un participante, la institución gubernamental respectiva se compromete a asignarle funciones directivas en materia social en los dos años siguientes a la finalización del programa. A su vez, el postulado se obliga a trabajar en el Gobierno en ese campo por igual lapso.

Las instituciones gubernamentales y OGNs que postulan participantes se comprometen asimismo a apoyarlos en las labores previstas en las diversas fases del programa y a cooperar activamente con ellos en la realización del proyecto gerencial.

6. *Conducción académica del programa*

El diseño original del Programa, sus contenidos curriculares, base bibliográfica y estrategia instruccional, fueron preparados por Bernardo Kliksberg (PNUD-CLAD) y José Sulbrandt (PNUD-CLAD).

El Programa Latinoamericano de Desarrollo de Gerentes Sociales dictado en Caracas, fue dirigido académicamente por Bernardo Kliksberg (Director Proyecto PNUD-CLAD), Clemy Machado de Acedo (Presidente Fundación Escuela de Gerencia Social) y José Sulbrandt (Experto internacional Proyecto PNUD-CLAD).

Contó con un Consejo Directivo integrado por la Dra. Marisela Padrón, Ministra de la Familia de Venezuela, Lic. Ana Brouwer de Du Bois, Secretaria General del CLAD, Dr. Luis Thais, Director del Proyecto Regional del PNUD para la Superación de la Pobreza, Dr. Bernardo Kliksberg, Dra. Clemy de Acedo, Dr. Julio Boltvinik, Coordinador del Proyecto Regional del PNUD para la Superación de la Pobreza, José Sulbrandt. La coordinación organizativa del Programa estuvo a cargo del Lic. Ives Cunill (CLAD), y Soc. Yonaide Sánchez (Fundación Escuela de Gerencia Social).

El Curso Andino de Alto Nivel de Formación de Gerentes Sociales fue orientado académicamente por Bernardo Kliksberg (PNUD-CLAD), José Sulbrandt (PNUD-CLAD), Claudio Creamer (Secretario General de Desarrollo Administrativo del Ecuador, SENDA), Carlos Rodríguez (SENDA), José Carlos Cuenta Zavala (UNICEF), Iván Fernández (CONADE). Fueron coordinadores del Curso: Ives Cunill (CLAD), y Silvia Gutiérrez (SENDA).

En ambos programas participaron como docentes, especialistas de dilatada trayectoria internacional en las áreas respectivas, entre ellos, Ministros, expertos de organismos internacionales, y conductores de programas sociales relevantes.

VIII

MODELOS EXITOSOS DE GERENCIA SOCIAL

EL MODELO ESCANDINAVO: DEL ALIVIO DE LA POBREZA A LOS ESTADOS CON SISTEMAS AVANZADOS DE PROTECCION*

ANDERSEN COSTA ESPING
WALTER CORPI

Este trabajo es un producto provisional de un proceso de investigación más extenso, en el cual comparamos el desarrollo de la política social en 18 países de la OCDE durante el período 1930-1980. El proyecto está siendo financiado por Swedish Delegation for Social Research (la Delegación Suiza para la Investigación Social), Bank of Sweden Tercentennial Foundation (La Fundación Tricentenaria del Banco de Suecia) y German Marshall Fund (Fondo German Marshall) de Estados Unidos. Se presentó una versión preliminar de este trabajo en el Taller de Estudios Comparativos sobre Distribución y Política Social en las Naciones Industriales Avanzadas, European Consortium for Political Research (Consorcio Europeo para la Investigación Política). Los autores desean agradecer a los participantes de este taller, así como a los editores de este volumen, por sus generosos y valiosos comentarios sobre este manuscrito.

INTRODUCCION

En el transcurso del siglo XX, la mayoría de las democracias capitalistas industrializadas más avanzadas han dejado atrás el legado de las viejas leyes contra la pobreza. El concepto del Estado asistencial frecuentemente ha llegado a ser interpretado virtualmente como sinónimo del capitalismo avanzado. Diversos estudios señalan la tendencia, aparentemente irresistible, hacia una convergencia internacional en el compromiso del Estado con el bie-

*Incluido en "The Escandinavian Model", Edited by Erickson, Hansen, Rigen and Unsitdo. M.E. Sharpe. Inc. London, 1987 Traducido con autorización de los editores.

nestar social. Alegan que virtualmente todos los países han experimentado un crecimiento monumental de su gasto social público, que grupos de población cada vez mayores se han convertido en beneficiarios de los servicios y transferencias gubernamentales, y que el desarrollo de los programas es crecientemente similar en su alcance y función (Perrin 1969; Rimlinger 1971; Kaim-Caudle 1973; Wilensky 1975; Flora & Heidenheimer 1981).

Sin embargo, la evidencia a favor de una tesis de convergencia podría ser menos sólida de lo que generalmente se supone. Las tendencias del gasto social se volvieron claramente más divergentes en la era de la posguerra, al igual que las tasas de cobertura de los programas de seguridad social.[1] Y ya sea que muestren divergencia o convergencia, tales índices, tan crudos, son incapaces de identificar variaciones estructurales importantes en las características organizativas e institucionales de los ''Estados asistenciales'' contemporáneos, tales como el grado de uniformidad distributiva, el alcance y fortaleza de los derechos sociales, o la naturaleza del control social y estratificación inherentes a los programas de bienestar social.

A fin de comparar tales propiedades estructurales, es fructífero diferenciar entre un modelo de Estado asistencial ''marginal'' (residual) y uno ''institucional'' (Wilensky y Lebeaux 1965; Titmuss 1974; Mishra 1977; Korpi 1980 y 1983: cap. 9). El **modelo marginal** parte de la premisa de un compromiso con la soberanía del mercado. Estipula que los gobiernos sólo juegan un papel limitado en la distribución de la asistencia social. Una política social marginal parte de la hipótesis que la enorme mayoría de la población puede contratar su propia previsión social y que el Estado sólo necesita intervenir cuando los canales normales de distribución fallan. Por lo tanto, los sistemas marginales de bienestar social tienden a apuntar hacia aquel residual humano que es incapaz de implementar la autoayuda. De allí, que los límites de los compromisos públicos sean estrechos y que se prefiera

1. Para las 18 democracias capitalistas industrializadas, la correlación de orden cero entre el gasto en seguridad social (como porcentaje del PIB per cápita fue de 0,16 en 1959 y 0,11 en 1974). La desviación estándar del gasto social (como porcentaje del PIB) fue de 3,9 en 1950, pero de 4,8 en 1974. En forma similar, si promediamos el porcentaje de la población cubierta por los cuatro principales programas de seguridad social (jubilación, desempleo, accidentes y enfermedad), la tendencia apunta hacia una mayor divergencia.

el énfasis liberal clásico en las soluciones del mercado y el individualismo autosuficiente.

En contraste, el **modelo institucional** no reconoce ningún límite fijo para los compromisos públicos con la previsión social. El punto de vista subyacente es que el bienestar del individuo es responsabilidad del colectivo social: se cuestiona seriamente la capacidad de la familia o del mercado para asegurar una distribución óptima de la asistencia social. Más aún, el modelo institucional promueve el principio de que todos los ciudadanos deberían tener igual derecho a un nivel de vida decente, y que los plenos derechos y condiciones sociales de ciudadanía deberían estar garantizados incondicionalmente. En este sentido, los derechos sociales son legalmente un paralelo de los derechos de propiedad (Reich 1964). El Estado asistencial institucional supuestamente tenderá a limitar y suplantar parcialmente al mercado como vínculo distributivo de la asistencia social.

El interrogante es, cómo examinar empíricamente las variaciones del Estado asistencial respecto a tales características estructurales. El grado de desarrollo de un Estado asistencial institucional puede ser capturado empíricamente por tres variables claves: desobjetización, solidaridad y alcance de la política social. Tomadas en conjunto, describen los temas centrales en torno a los cuales han girado las batallas históricas por la legislación social.

La primera dimensión es el grado hasta el cual las necesidades deben ser satisfechas a través del mercado laboral o, como alternativa, a través de mecanismos políticos. Mide la fuerza del derecho a la asistencia social en base a la ciudadanía social, en contradicción con los ingresos del mercado o, quizás, parentesco y altruismo comunitario. Nos ocupa el grado hasta el que la situación de vida típica del individuo está liberada de la dependencia del mercado laboral. En el caso de un modelo de mercado capitalista puro, el poder laboral es un producto básico. En este caso puro, la asistencia social está relacionada con el dinero en efectivo. En contraste, la institucionalización del bienestar social tiende a desobjetizar las necesidades así como la posición económica del individuo, dado que la ciudadanía y la necesidad se convierten cada vez más en condiciones suficientes para recibir asistencia social (Korpi1980, 1983; cap. 9 y Esping-Andersen 1981b). La fuerza del derecho -y el grado de desobjetización- pueden ser determinados empíricamente examinando hasta qué punto los derechos son incondicionales, el grado hasta el que se satisfacen las necesidades humanas normales a través de programas sociales, y hasta qué punto está garantizado políticamente un nivel de vida adecuado.

La segunda dimensión es **estratificacional** y se dirige a las relaciones de posición entre los ciudadanos, dentro del marco de la política social. Un modelo residual que confíe en el mercado para distribuir la asistencia social general y que limite la participación pública a sólo una clientela limitada, tenderá a reforzar el sistema de estratificación generado por el mercado. Sería de esperar que a los receptores de la asistencia social se les diera una posición estigmatizadora, mientras que la posición de la población restante refleja el individualismo autosuficiente, centrado en sus propios intereses, promovido idealmente por el mercado. En cambio, el modelo institucional de asistencia social tiende a promover mecanismos de amplia solidaridad social y universalismo, porque la clientela de la política social abrazará a la población completa y porque sus premisas se basan en la idea de la responsabilidad social colectiva. De acuerdo a esto, esperaríamos observar un patrón de posición fundamentalmente diferente, encajado en el programa social de un Estado asistencial de tipo institucional; el universalismo reemplazará a la selectividad, grupos diversificados serán tratados uniformemente; las responsabilidades financieras se trasladarán del individuo a la totalidad; los programas tenderán a ser amplios y también redistributivos.

La tercera dimensión se refiere al rango, o dominio, de las necesidades humanas satisfechas por la política social. Como señalan Flora y Heidenheimer (1981), la historia del Estado asistencial también puede ser escrita como una perpetua controversia en torno a sus límites permitidos. Sin embargo, la misma cuestión de los límites incluye dos elementos. Primero, ¿hasta qué punto está preservada la lógica del mercado capitalista en el diseño de los programas? Este elemento se incluye dentro del tema de la desobjetización. Segundo, y lo que nos preocupa aquí, ¿qué conjunto de necesidades humanas es trasladado del mercado a las decisiones y responsabilidad del colectivo, y por lo tanto políticas? Es posible hablar de un ''núcleo'' de programas de mantenimiento de ingresos del Estado asistencial, pero lo que nos interesa es hasta qué distancia del núcleo se extiende la polítca social. Los límites del Estado asistencial obviamente han sido reducidos en Estados Unidos, donde, por ejemplo, no existe una atención de la salud integrada a nivel nacional. En principio, un tipo de Estado asistencial institucional no reconocerá límites fijos para su rango de acción, mientras que el tipo residual típicamente se restringe a los programas núcleo. De acuerdo a esto, la diferencia es una cuestión de caso público vs. privado, o de política contra el mercado. Un Estado asistencial institucional buscará limitar y erradicar las disponibilidades privadas, tales como hospitales, y tenderá a movilizar la política social hacia un campo de necesidad y distribución en constante expansión.

LOS ESTADOS ASISTENCIALES ESCANDINAVOS DESDE UNA PERSPECTIVA INTERNACIONAL

Los países escandinavos son renombrados a nivel internacional por sus Estados asistenciales altamente desarrollados. De hecho, esto está subyacente en la noción de un modelo peculiarmente "escandinavo". Con frecuencia, este modelo es identificado en términos de un gasto social inusualmente fuerte, beneficios y servicios de un alto nivel y un alto grado de intervención gubernamental. Los países escandinavos tienden a adecuarse a este panorama, aunque esto no es, ni de lejos, lo que hace del modelo algo único a nivel internacional.[2] En cambio, su principal característica distintiva reside en el grado hasta el cual la política social se ha vuelto amplia e **institucional**. Como sugeriremos en las próximas páginas, los cuatro países nórdicos -Dinamarca, Finlandia, Noruega y Suecia- tienden a constituir un conglomerado o grupo distintivo entre los países capitalistas avanzados, con respecto a su tipo de Estado asistencial.

En algunos países, como Australia, Nueva Zelanda y Estados Unidos, la política social ha retenido fuertes elementos residuales. Se organizan numerosos beneficios sociales en planes de asistencia social probados por los medios o recursos, y una gran proporción de la población -si no la mayoría- depende de seguros y servicios contratados en forma privada. Otro grupo de países ha construido sus "Estados asistenciales" sobre la base del modelo clásico de seguro, el cual estipula que los beneficios de la asistencia social dependen de las contribuciones y empleo previos. Los países del continente europeo frecuentemente han edificado sobre los cimientos corporativistas de

2. En 1974, el gasto social como porcentaje del PIB varió desde el mayor nivel de 24,4 en Suecia hasta el mínimo de 15,4 en Finlandia, cayendo Dinamarca y Noruega entre ambos límites. El promedio entre los 18 países industrializados de la OCDE era de 17,0.

los primeros seguros sociales "Bismarckianos". Aunque existe una considerable variación en estos conglomerados en el continuo residual-institucional, algunas características básicas del residualismo tienden, sin embargo, a ser preservadas. Los programas sociales se organizarán en torno a grupos ocupacionales y la posición del mercado laboral tiende a condicionar los beneficios, lo cual implica, típicamente, que grandes grupos quedan excluidos y confían fuertemente en la asistencia pública, la caridad privada, o la familia.

Los Estados nórdicos, sin embargo, se han desarrollado en una dirección característicamente institucional. El "modelo escandinavo" es un producto de la era de la posguerra, ya que tanto en términos de los orígenes como de los primeros acontecimientos de la política social, los países nórdicos eran relativamente poco distintivos.

El rasgo característico del Estado asistencial institucional escandinavo contemporáneo puede ser expresado en términos de tres características esenciales. Primero, la política social es amplia en su intento por ofrecer asistencia social. El alcance de la intervención pública está definido en forma más amplia que en la mayoría de las demás naciones, y la política abarca un extenso rango de necesidades sociales. En otras palabras, los principios del Estado asistencial son llevados más lejos en la sociedad civil de lo que es común a nivel internacional. También es amplio en el sentido que los gobiernos tienden a seguir un enfoque holístico e integrado para la política social, cuya meta apunta a asegurar un sistema unificado de protección social. La segunda característica distintiva es el grado hasta el cual se ha **institucionalizado** el principio de derecho social. Los Estados asistenciales escandinavos han investido a los ciudadanos con un derecho básico a recibir una gama sumamente amplia de servicios y beneficios que, en general, tiene la intención de constituir un derecho democrático a un nivel de vida socialmente adecuado. La tercera característica es la **naturaleza solidaria y universalista** de la legislación social. El Estado asistencial apunta a integrar e incluir a toda la población, más que a enfocar sus recursos hacia grupos problema en particular. Se emplea activamente la política social, en la búsqueda de una sociedad más equitativa. Desde una perspectiva comparativa internacional, los cuatro países tenderían a converger en torno a esos principios. Sin embargo, desde un ángulo interescandinavo, se evidencian diferencias importantes.

En este trabajo revisaremos el desarrollo del Estado asistencial escandinavo examinando tres áreas importantes de políticas. Dado que una de las características más resaltantes del modelo escandinavo es su enfoque holístico, idealmente deberíamos examinar las políticas sociales en su totalidad. Pero las limitaciones de espacio convierten a la tarea en algo impracticable. Hemos seleccionado las políticas de mantenimiento de ingresos que, indudablemente, constituyen el núcleo histórico del desarrollo del Estado asistencial. En segundo lugar, examinaremos las políticas del mercado laboral en parte debido a la importancia que se otorga al pleno empleo en el modelo escandinavo, y en parte porque las políticas de empleo dan una buena idea del ''alcance'' del Estado asistencial. Finalmente, incluimos una comparación de las políticas de vivienda como ejemplo particularmente dramático de los problemas involucrados en la socialización del consumo y en la subordinación del mercado privado a la regulación política.

PRIMERAS POLITICAS DE SEGURIDAD SOCIAL

A excepción de Finlandia, que se encontraba bajo el dominio de la Rusia Imperial, después de mediados de los años 1800 los países nórdicos eran monarquías constitucionales, pero se demoraron en industrializarse. El auge de los movimientos de la clase trabajadora no se produjo sino hasta las dos últimas décadas del siglo XIX y, por lo tanto, el terreno político estaba dominado por una coalición entre las fuerzas conservadoras, aristocráticas y burguesas liberales, para las cuales los temas políticos más candentes eran los aranceles, las franquicias y la política exterior. Al igual que en el resto del mundo, las viejas leyes contra la pobreza, más humanas, fueron reemplazadas por sistemas de alivio de la pobreza disuasivos, punitivos y severos, diseñados según el principio de ''menos elegibilidad''. Los intentos por instituir diversos planes de beneficencia y asistencia social se veían obstaculizados en general por la negativa de los agricultores liberales a aumentar los niveles tributarios. Las sociedades de beneficencia y asociaciones de beneficencia mutua, voluntaria, jugaron un papel relativamente importante durante esta época temprana, particularmente en Dinamarca, más liberal e industrialmente avanzada.[3]

3. El subsidio voluntario por enfermedad cubría al 30-40% de la población en Dinamarca. En otros países, tales sistemas eran modestos y menos significativos (Rasmussen 1933; Kuhnle 1978).

Cuadro 1

Panorama General de las Reformas de la Seguridad Social en Escandinavia: Año y Tipo de la Primera Reforma

	Accidentes	Enfermedad	Desempleo	Pensión a la vejez	Asistencia social (alivio a la pobreza)
Dinamarca					
Año de la 1ra. reforma	1898	1892	1907	1891	1803, Ley Contra la Pobreza (blanda)
Naturaleza de la reforma	Voluntaria/ privada	Voluntaria/ privada	Voluntaria/ sindicatos	Alivio a los pobres, prueba de medios	1860, Ley Contra la Pobreza (dura) 1933, Asistencia social
Finlandia					
Año de la 1ra. reforma	1895	1963	1917	1937	1852, Ley Contra la Pobreza (blanda)
Naturaleza de la reforma	Semi-obligatoria/ privada	Obligatoria/ universal	Voluntaria/ sindicatos	Sistema de seguro universal obligatorio	1897, Ley Contra la Pobreza (dura) 1922, Alivio de la pobreza (blanda) 1957, Asistencia social
Noruega					
Año de la 1ra. reforma	1894	1909	1906	1936	1845, Ley Contra la Pobreza (blanda)
Naturaleza de la reforma	Seguro obligatorio con fondos del Estado	Seguro obligatorio para los trabajadores	Voluntaria/ sindicatos	Sistema obligatorio y universal, prueba de medios	1863, Ley Contra la Pobreza (dura) 1900, Alivio de la pobreza (blando) 1965, Asistencia social
Suecia					
Año de la 1ra. reforma	1901	1891	1934	1913	1847, Ley Contra la Pobreza (blanda)
Naturaleza de la reforma	Voluntaria/ privada	Voluntaria/ privada	Voluntaria/ sindicatos	Universal, prueba de ingresos	1871, Ley Contra la Pobreza (dura) 1918, Alivio de la pobreza (blando) 1956, Asistencia social

Al igual que en casi todos los demás países, el período al cierre del siglo XIX requirió que se prestara mayor atención política al problema laboral. Las recesiones económicas y la formación de una clase trabajadora organizada significaron un aumento significativo del conflicto en torno a la legislación social. Ya sea que hayan sido inspiradas por los acontecimientos externos o no (Kuhnle 1978), tanto el partido liberal como el conservador empezaron a promover la idea del seguro y, simultáneamente, a aceptar la idea de hacer una distinción entre los pobres merecedores de ayuda y los que no lo eran. Los socialistas no tenían virtualmente ninguna influencia política directa, pero característicamente hicieron causa común con los pequeños propietarios rurales y los estratos urbanos progresistas en torno a la lucha por los privilegios universales y la reforma social. Dirigían la mayor parte de sus ataques contra las duras leyes contra la pobreza existentes, y también se oponían a los planes de seguridad social. Sin embargo, durante este período los socialistas empezaron a cristalizar su propia concepción de la política social. Significativamente, forjaron dos de los principios más importantes que, en años posteriores, han llegado a caracterizar las reformas sociales democráticas. En primer lugar, propugnaban el concepto de los derechos sociales, en contraposición con la condicionalidad estigmatizadora del alivio de la pobreza y la ideología autosuficiente del seguro. En segundo lugar, formularon el principio de un enfoque solidario y universal para la protección social.[4]

Entraron en juego dos tendencias divergentes en los países nórdicos, en términos del surgimiento de la legislación social.

En Dinamarca y Suecia, donde el impulso liberal era más fuerte, el cambio de siglo dio origen a una serie de planes de seguro social legislado y voluntario, con una pequeña participación del subsidio público (Cuadro 1). En Noruega y Finlandia, la legislación inicial se adecuaba más a los principios ''Bismarckianos'' (Kuhnle 1978).

---

4. El principio del derecho, en realidad, se derivaba de su interpretación teórica del análisis de la plusvalía según Marx. Dado que toda la riqueza económica era fruto del trabajo de los trabajadores, lógicamente ellos también debían tener derecho a los beneficios sociales. **De facto**, sólo implicaría devolverles lo que por derecho ya era suyo (Rasmussen 1933: 144 ff). El universalismo era considerado como una contrarrespuesta a las intenciones fragmentadoras, atomizadoras o controladoras de clases subyacentes tras la reforma social burguesa (por ejemplo, Jungen 1931).

Ninguno de los cuatro países introdujo el seguro de pensión, aunque tanto los liberales como los conservadores proponían ocasionalmente diversos planes de seguros. En cambio, la respuesta inicial entre los países escandinavos fue reformar la asistencia pública existente. Dinamarca fue la primera en reconocer formalmente el derecho a la asistencia pública entre los pobres merecedores de beneficencia, permitiendo que se pagara una renta fija por vejez a los ancianos y lisiados sobre la base de una prueba de medios. La falta de aparición de planes para el seguro a la vejez en esta época temprana, ha tenido una profunda influencia en la introducción posterior en Escandinavia, del modelo de ''pensión del pueblo'', universal, a una tasa uniforme.

Con muy pocas excepciones, el período hasta la década de 1930 dio origen a planes de seguro social típicamente liberales, como era la tendencia a nivel internacional (Perrin 1969). Los cuatro países adoptaron primero el sistema Ghent de seguro de desempleo (seguro de paro forzoso), voluntario y controlado por los sindicatos. El seguro de enfermedad, tanto en Dinamarca como en Suecia, estaba legislado de modo que se adecuara a los fondos mutuales para enfermedad ya existentes, aunque los noruegos introdujeron el seguro obligatorio para los trabajadores de menores salarios, inspirándose en Bismarck más que en Lloyd George. Debido a su liberación de Rusia en 1917 y la posterior guerra civil -en la cual los Rojos fueron tanto derrotados como fuertemente reprimidos- la reforma social sufrió profundas demoras en Finlandia. De hecho, el seguro de enfermedad tuvo que esperar hasta 1963.

La pensión a la vejez se convirtió en un tema cada vez más politizado. En este caso, el acontecimiento más significativo se produjo en Suecia, donde, en 1913, se introdujo un plan contributorio universal, de tasa uniforme (Elmer 1960). En realidad, dado que garantizaba a todos los jubilados una pensión básica, sin importar sus contribuciones y empleos previos, este plan podría ser considerado como el ''abuelo'' de la legislación escandinava posterior referente a las pensiones. En la práctica, rompía tanto con el principio de la asistencia social a través de la prueba de medios, que caracterizaba a la legislación danesa, como con el seguro de vejez, que caracterizaba a la mayoría de los programas europeos. Era la primera instancia de legislación social que reconocía plenamente el principio de derecho universal. En Noruega, los liberales, probablemente inspirados por sus hermanos suecos, sostuvieron un plan similar que, sin embargo, se frustró (Seierstad 1975). Es digno de mención que dichos esquemas hayan sido introducidos por los liberales y no, como podría esperarse, por los socialistas.[5] Puede alegarse que la preocupación comparativamente mayor de los liberales escandinavos por la protección social, y su disposición a abrazar principios universalistas desechando simultáneamente gran parte de la ideología tradicional de autosuficiencia, estaba relacionada con la base electoral predominantemente campesina y reducida (Elmer 1960).

Aunque durante esta era predominantemente liberal se aprobó todo un conjunto de legislación social, la asistencia pública continuaba siendo la principal fuente de protección social. La legislación sobre socorro de los indigentes era reformada sucesivamente hasta convertirse en planes de asistencia pública moderna; sin embargo, se continuaba castigando a los receptores, y seguían perdiendo sus derechos civiles.

Los sindicatos y partidos socialdemócratas crecieron rápidamente durante la década de 1920 y especialmente en la Gran Depresión de los años 30. Los socialdemócratas daneses y suecos ya habían participado en varios gobiernos de coalición durante los años 20. Aunque su influencia política directa puede haber sido débil, se veían obligados cada vez más a forjar una política social que fuera distintivamente propia. La figuras socialdemócratas, tales como Möller y Wigforss en Suecia, y Zeuthen y Steincke en Dinamarca, jugaron un papel muy importante en la búsqueda de una política social socialista funcional. Cementaron los ideales ya embrionarios del universalismo, ahondándolos y ampliándolos, convencidos de que la política social podrá ser un vehículo importante para eliminar las divisiones dentro de las clases trabajadoras, así como modificar las desigualdades de clases en general. La búsqueda de una política basada en principios solidarios los llevó a enfatizar la necesidad, más que el desempeño, como criterio para la distribución. En Noruega, los socialdemócratas estuvieron comprometidos con una estrategia revolucionaria antiparlamentaria hasta finales de los años 20, y por lo tanto se preocuparon menos del reformismo social inmediato. En Finlandia, sin embargo, después de la guerra civil, las fuerzas socialistas se encontraban debilitadas y divididas en socialdemócratas y comunistas, y el país estaba regido por grupos conservadores.

5. Aunque la ley de jubilación de 1913 de Suecia fue aprobada por un gobierno liberal, su formato recibió una influencia importante del líder socialdemócrata Hjalmar Branting (Elmer 1960; 33).

El momento histórico de cambio se presentó con la Depresión de 1930, y la formación de una alianza parlamentaria estable entre los partidos socialdemocráticos, representando a las clases trabajadoras, y los partidos centristas, que representaban a los agricultores. Esto permitió a los partidos socialdemocráticos de Suecia, Noruega y Dinamarca, introducir una política de crisis activa. El ''modelo de Estado asistencial escandinavo'' también tiene su origen en esta realineación política.

EL PERIODO DE LA SOCIALDEMOCRACIA

Sería un error teleológico sostener que los socialdemócratas ya tenían un plan maestro para el Estado asistencial moderno en los años 30. Este surgió gradualmente, y no sin el compromiso y la participación de los partidos no socialistas. La reforma social era una de las principales prioridades de los Gabinetes socialdemócratas durante la Depresión, y ciertamente en Suecia, el partido llegó a desarrollar una estrategia a largo plazo para la plena ciudadanía social e industrial. Pero, en general, las energías políticas se concentraban en los problemas inmediatos de manejo de la crisis y auxilio económico.

Con algunas notables excepciones, las reformas de seguridad social fueron pospuestas hasta después de la Segunda Guerra Mundial. Esto se debió en parte a la importancia primordial de aliviar el desempleo. El inicio de la guerra -con Dinamarca y Noruega ocupadas, y Finlandia participando activamente- también dio fin a todo plan de reforma. Por otra parte, el período de inactividad en el frente de la política social fue aprovechado para elaborar programas a largo plazo para la era de la posguerra.

Durante la década de 1930, se emprendieron algunas reformas importantes. En Dinamarca, los socialdemócratas introdujeron una reforma administrativa que consolidaba los esquemas ya existentes. Evidentemente, esto implicaba un reconocimiento temporal del sistema liberal anterior. Sin embargo, la reforma fue históricamente significativa porque reemplazaba el modo de asignación de beneficios anteriormente discrecional por el principio moderno del derecho al beneficio.

En Finlandia, no existían las condiciones para una reordenación socialdemócrata, como en los demás países nórdicos. La única reforma importante de los años 30 fue un plan de jubilación puramente en base al seguro, pero universal. No ofrecía un alivio inmediato a la vejez, ya que un prolongado período de contribución evitaba que se realizase ningún pago hasta 1949 (Kuusi 1964). Las guerras de Finlandia con la Unión Soviética, a partir de 1939, pusieron fin a cualquier reforma adicional.

Noruega y Suecia estaban involucradas más activamente en la reforma social. Esto se explica por el hecho que la era anterior había dejado mayores brechas en la protección que en el caso de Dinamarca. De allí que los socialdemócratas noruegos legislaran una pensión universal, pero de prueba de ingresos, bastante similar a la de Suecia. La reforma contaba con el apoyo de los partidos burgueses. Una pensión a la invalidez le siguió de inmediato, y el primer y único seguro obligatorio por desempleo de Escandinavia entró en vigencia en 1938. El empuje socialdemócrata hacia el universalismo se evidencia en la extensión de la cobertura tanto a los pescadores como a los pequeños agricultores. En Suecia, las reformas más importantes fueron mejoras en el sistema de pensión. En 1934, en contra de la resistencia considerable de algunos sindicatos, se aprobó un seguro de desempleo de acuerdo con el sistema Ghent, que implicó el apoyo del Estado, y un grado considerable de control público sobre los fondos del seguro de desempleo, controlados anteriormente por los sindicatos.

Fue durante el período de la posguerra que se sentaron las bases fundamentales del Estado asistencial moderno. Aunque anteriormente Escandinavia apenas había diferido de las tendencias internacionales, el nuevo período dio origen a un modelo exclusivamente escandinavo. Este modelo está caracterizado por una convergencia internórdica considerable. Por lo común, Suecia encabezaba la tendencia y los otros tres países seguían sus pasos algunos años después. Sin embargo, podemos observar que la construcción del Estado asistencial en la posguerra se produjo en dos etapas. En la primera, la principal preocupación era establecer un sistema amplio de protección social universal sobre la base del sistema de prestaciones de tasa uniforme. Durante la década de 1960, la tendencia varió hacia los beneficios relacionados con los ingresos y un mayor énfasis en la adecuación.

CRECIMIENTO DEL ESTADO ASISTENCIAL EN LA ERA DE LA POSGUERRA

Las bases de los sistemas de seguridad social actuales fueron sentadas durante los primeros 10-15 años después de la Segunda Guerra Mundial. Una era el énfasis en la solidaridad, expresado en la cobertura universal y el trato equitativo a todos los ciudadanos, y en un sistema de financiamiento progre-

Cuadro 2

Panorama General de las Reformas de la Seguridad Social en Escandinavia en la Era de la Posguerra: Año y Tipo de Reforma que Constituye la Base del Sistema Actual

	Accidentes	Enfermedad	Desempleo	Pensión a la vejez	Jubilación
Dinamarca					
Año de la reforma	1959/64	1960/71	1966	1956/64	1964
Naturaleza de la reforma	Universal/ obligatoria, 1964: graduada por ingresos	Universal/ obligatoria, finan.por Estado, grad.por ingresos	Voluntaria/ sindicatos graduada por ingresos	Tasa uniforme universal, financ.por el Estado (con suplementos).	ATP muy modesto
Finlandia					
Año de la reforma	1965	1963	1960	1957	1967
Naturaleza de la reforma	Universal/ obligatoria	Universal/ obligatoria fin.tripartita	Voluntaria/ sindicatos. Estado paga 67%	Tasa uniforme universal, financ.por el Estado	Obligatoria y universal para todos los empleados. Voluntaria para trabaj.autónomos. Relacionada con los ingresos
Noruega					
Año de la reforma	1958	1956/71	1959	1957	1967
Naturaleza de la reforma	Universal/ obligatoria	Universal/ obligatoria, financ.Estado, grad.por ingresos	Universal/ obligatoria	Tasa uniforme universal, financ. por el Estado	Obligatorio y Universal para todos los empleados. Voluntaria para trabajadores autónomos. Relacionada con los ingresos.
Suecia					
Año de la reforma	1954	1955	1974	1948	1959
Naturaleza de la reforma	Universal/ obligatoria	Universal/ obligatoria, financ.Estado, benef.relac. con ingresos	Apoyo en dinero efectivo a los no cubiertos por plan contr. por sindicato	Tasa uniforme universal, financ. por el Estado (1969: suplementos a personas no ATP)	Obligatoria y universal para todos los empleados. Voluntaria para trabaj. autónomos y sin empleo. Relac.con ingresos. Después de 1973, 100% financ.por emplea

sivo. La otra era el ideal de los derechos sociales a un mínimo de seguridad y asistencia. En resumen, Escandinavia se encaminaba en la dirección de la idea de **ciudadanía social** de T.H. Marshall en casi todos los aspectos de su legislación social.

En la búsqueda de metas, Escandinavia aplicó políticas que eran radicalmente opuestas a las de la mayoría de los demás países. En los casos en que la respuesta internacional consistía en ampliar la cobertura y protección agregando nuevos grupos a los sistemas de seguros ya existentes, Escandinavia construía programas universales, no contributorios y unificados. El modelo era más Beveridge que Bismarck.[6]

Como se observa en el Cuadro 2, Suecia encabezó la gran oleada de reformas de la posguerra con una pensión no contributoria, de tasa uniforme, en 1948. Se eliminaron los requisitos anteriores de elegibilidad según los medios, y todos los ciudadanos de 67 años de edad recibieron la misma pensión básica. el esquema fue imitado por las otras tres naciones a mediados de los años 50. Significaba una victoria tanto sobre la vieja forma de asistencia como sobre el sistema de seguro preferido por los partidos burgueses. Sin embargo, esta fue sólo una victoria parcial, ya que las reformas permitieron -y en realidad fomentaron- el desarrollo por separado de planes de seguro de pensión privados. Esto fue así particularmente en el caso de Dinamarca, donde al esquema se le adicionaron fuertes incentivos tributarios a los planes privados de ahorro para jubilación (Friis 1981; Vestero-Jensen 1981).

Después de la reforma del plan de pensiones, la tendencia hacia la institucionalizacion incluyó la universalización del seguro contra accidentes. Una de las diferencias más importantes con el modelo de seguros del pasado se produjo en el caso de las reformas al seguro de enfermedad. Hasta el momento, los cuatro países mostraban una proliferación de fondos de subsidios por enfermedad privados y voluntarios, favorecidos generalmente con ingentes subsidios públicos. En el nuevo sistema fueron puestos totalmente bajo el control del sector público (Elvander y Heidenheimer 1981). La

6. Sin embargo, el modelo escandinavo fue considerablemente más allá que Beveridge, quien insistió en retener el elemento del seguro en el sistema de seguridad social británico. Sin embargo, debe observarse que los países escandinavos han retenido el sistema de seguro tanto para protección contra el desempleo como para accidentes.

cobertura es universal y obligatoria para todos los ciudadanos. Legalmente, los empleados -y posteriormente los trabajadores autónomos- tienen derecho a recibir subsidio por enfermedad. En Suecia, la reforma se enfrentó a la oposición de los partidos burgueses, los cuales trataron de obstaculizar la socialización completa del sistema de seguro de enfermedad, pero en las subsiguientes reformas de los otros tres países se observó muy poca oposición.

El proceso de institucionalización también incluyó la asistencia social, con un esfuerzo por eliminar los restos del trato punitivo y estigmatizador de los beneficiarios.[7] Los esquemas de seguro por desempleo fueron actualizados, pero se retuvo el principio de control de los fondos por parte de los sindicatos, excepto en Noruega.

Alrededor de 1960, Dinamarca, Noruega y Suecia ya habían sentado las bases para el Estado asistencial institucional moderno. Finlandia las alcanzó a mediados de los años 60. Los elementos básicos del nuevo orden eran, primero, la universalización de la cobertura. En contraste con casi todos los demás países, los derechos a prestaciones se hicieron extensivos a todos los ciudadanos, incluyendo amas de casa y otros grupos no activos. Así, la elegibilidad se divorció en gran medida del desempeño en el trabajo o cualquier otro tipo de participación en el mercado. En segundo lugar, los derechos a recibir prestaciones fueron independizados de las contribuciones individuales, ya que la mayor parte de la responsabilidad financiera fue trasladada a los ingresos públicos y/o contribuciones obligatorias de los empleadores (Cuadro 3).

Tercero, la tendencia inicial apuntaba a ofrecer beneficios equitativos a una tasa uniforme para todos, especialmente dentro del sistema de pensión. Cuarto, se realizaron intentos por ampliar los compromisos públicos hasta abarcar más y más áreas de bienestar social, tales como una amplia red de servicios sociales, protección total en cuanto a salud, viviendas a precios accesibles a través de alquileres subsidiados y otros planes (ver más adelante una discusión detallada de la política habitacional) y la introducción de programas de bienestar familiar.

---

7. Así, por ejemplo, en Suecia la estipulación que los ciudadanos permanentemente dependientes de la asistencia social perderían el derecho al voto, fue abolida en la década de 1940.

En general, el conflicto político e ideológico no se concentró tanto sobre cada reforma en particular, sino sobre el tema general de la institucionalización. Por supuesto, algunas reformas específicas despertaron oposición, pero las líneas principales de controversia fueron marcadas por la oposición -en principio- de los partidos burgueses a la institucionalización como tal. En Dinamarca y Suecia, los liberales y conservadores intentaron obstaculizar el compromiso de los socialdemócratas con una responsabilidad pública amplia por el bienestar de todos los ciudadanos, apoyando en cambio un enfoque más selectivo. Se sostenía que la prosperidad de posguerra había eliminado la necesidad de un Estado activista, y que la responsabilidad pública debía restringirse a los grupos problema restantes. En Noruega, la oposición burguesa era considerablemente más débil que en cualquier otra parte. De hecho, en 1945 todos los partidos noruegos acordaron seguir un programa común para la política de asistencia social de la posguerra, el llamado programa Folketrygd. Este programa, que es representativo del ideal de política social de los cuatro países, prometía: a) Eliminar la necesidad de asistencia social, b) Garantizar un ingreso básico estándar aceptable para todos, c) Asegurar un trato uniforme y equitativo para todos, poniendo énfasis en una mayor igualdad, y d) Promover el pleno empleo continuo (Lund y Langholm 1967).

En general, puede decirse que los socialdemócratas ganaron la batalla por la institucionalización, aunque no sin concesiones, particularmente en Dinamarca. Los daneses, por ejemplo, se vieron obligados a ceder ante las demandas liberales de pensiones privadas con preferencias tributarias. En Finlandia, el movimiento hacia la institucionalización de la seguridad social fue propugnado por varias coaliciones políticas, principalmente entre los grupos agrarios, socialdemócratas y comunistas.

En cuanto las reformas fueron implementadas, empezaron a producir nuevos problemas. El tema dominante en los años subsiguientes fue el interrogante de la adecuación y reemplazo de ingresos. El sistema de beneficios básicos a una tasa uniforme creó varios problemas. En primer lugar, representaba un problema de indexación, de modo que los beneficios y pensiones no se quedaran atrás respecto a la evolución de los ingresos y precios generales. En segundo lugar, beneficios universales a una tasa uniforme significaban que quienes devengaban altos ingresos generalmente los suplementaban con seguros adicionales, mientras que los grupos de bajos

Cuadro 3

Distribución de la Responsabilidad Financiera de los Gastos en Asistencia Social en Escandinavia

	Ingresos generales del Gobierno			Contribuciones del empleador			Contribuciones del empleado		
	1954	1964	1975	1954	1964	1975	1954	1964	1975
Dinamarca	75	82	88 [a]	3	3	10	12	15	2
Finlandia	61	60	39	23	33	52	6	8	10
Noruega	66	53	30	11	22	47	24	25	23
Suecia	87	62	65	3	21	24	10	17	11

Fuente: Seguridad Social en los Países Nórdicos (1969: 48 y 1978: 50)

(a) Obsérvese que las cifras para 1975 no son comparables directamente con las de los años anteriores, ya que la definición de los gastos sociales ha sido alterada.

ingresos (y especialmente aquellos que no devengaban ingresos) se quedaban atrás. De allí que el sistema pusiera en peligro el compromiso con la solidaridad y la igualdad. Finalmente, y como punto de importancia considerable, aunque el empleo casi pleno y el crecimiento económico habían erradicado casi por completo la pobreza tradicional, quedaba aún una extensa clientela de ancianos e inválidos, particularmente dependientes de los beneficios sociales, cuya posición era económicamente desventajosa y precaria. Esto produjo dos respuestas políticas.

Primero, y empezando en Suecia a mediados de la década de 1950, los socialdemócratas propusieron un complemento a la pensión básica existente, en forma de un esquema de jubilación o incapacidad por vejez (ATP) obligatorio, financiado por los empleadores y relacionado con los ingresos, que se aplicaría a todos los empleados y trabajadores autónomos. La iniciativa dio origen a uno de los conflictos políticos más polarizados y prolongados de la historia de Suecia en la posguerra (Molin 1965). Aunque los empleadores y los partidos burgueses pudieran llegar a ratificar la idea de una pensión suplementaria vinculada a los ingresos, se oponían violentamente al compromiso del movimiento sindical con el control de los fondos de pensión por el sector público, y también estaban en contra de la fuerte carga financiera impuesta sobre los empleadores. Después de tres años de bruscos enfrentamientos políticos, los socialdemócratas ganaron la batalla por un estrecho margen.

En Noruega, un esquema similar de jubilación fue negociado inicialmente en 1960 a través de la contratación colectiva. Un gobierno burgués lo promulgó en forma de ley en 1967, dando así nuevas evidencias de la naturaleza relativamente consensual del desarrollo de la política social en Noruega (Kuhnle & Solheim 1981). Sin embargo, no hay duda que los liberales noruegos habían aprendido de la experiencia de Suecia y querían evitar las pérdidas electorales sufridas por los liberales suecos por haberse opuesto a la reforma (Elvander 1980). En 1962, Finlandia adoptó un plan tipo ATP muy similar al de Suecia. Esta reforma fue propugnada por los socialdemócratas y los sindicatos de trabajadores. Pudo ser llevada a cabo debido a la concesión que se hizo para los conservadores y empleadores: los fondos fueron organizados en empresas aseguradoras privadas y se introdujo un grado bastante elevado de segmentación ocupacional en los fondos de jubilación.

Sólo en Dinamarca el movimiento sindical se ha visto virtualmente impotente para legislar una reforma semejante (Esping-Andersen 1980; Vester-Jensen 1981). Los socialdemócratas lograron una reforma ATP sumamente modesta en 1964, como parte de un paquete de políticas generales sobre ingresos, pero los beneficios son tan escasos que apenas si afectan los ingresos por jubilación, y las contribuciones son tan bajas que casi no llegan a promover el desarrollo de fondos. Se intentó nuevamente un ATP al estilo sueco en 1967, pero de inmediato fue obstaculizado en el Parlamento. En 1971, el gobierno aprobó una ley sobre ''pensiones sociales'', que contempla la formación de ciertos fondos en el sector público para suplementos futuros de pensiones. Sin embargo, no es financiado a través de las contribuciones de empleadores o empleados, sino a través de ingresos públicos por recaudaciones tributarias. De allí que aún no exista en Dinamarca un programa de jubilación relacionado con los ingresos y que el papel de las pensiones privadas y ocupacionales continúen jugando un papel amplio y controversial.

Las reformas ATP se destacan como un punto de cambio decisivo en la política social escandinava de la posguerra, dado que simbolizan un principio novedoso en el Estado asistencial. La respetada idea de otorgar beneficios iguales para todos abre camino a la idea que los ciudadanos deberían estar protegidos contra las pérdidas de ingresos, y que los beneficios deberían estar relacionados estrechamente con los ingresos o ganancias a los que estaban acostumbrados, idea que, hasta cierto punto, ya había sido concretada en relación con las reformas del seguro de enfermedad. Durante la década de 1960, los cuatro países pasaron del esquema de tasa uniforme al principio de graduación según los ingresos para las compensaciones por enfermedad, accidentes y desempleo, así como en los sistemas de pensiones.[8]

El nuevo énfasis sobre los beneficios relacionados con los ingresos estaba motivado por varias consideraciones. El sistema de tasa uniforme por sí solo era considerado problemático, dado que los beneficios generalmente eran inadecuados y porque daba origen a esquemas privados. Los movimientos sindicales apoyaban el sistema vinculado con los ingresos principalmente como método para poner a los trabajadores y grupos en desventaja a la par de los empleados públicos, más privilegiados, y los empleados con salarios

8. La reforma sueca de subsidio por enfermedad de 1955 fue el primer caso donde se empleó este nuevo principio.

privados, quienes ya tenían planes graduados según los ingresos. Sin embargo, la compensación graduada por los ingresos contradice el compromiso con una mayor igualdad, dado que el resultado neto es que los beneficios reflejan las desigualdades distributivas existentes. Este problema fue atacado mediante la introducción de un despliegue de beneficios suplementarios según los ingresos probados, diseñados para elevar a los grupos de menores ingresos y a aquellos que no podían optar a recibir el ATP, hacia los estratos receptores de mayores beneficios. En relación con los planes de pensión ATP, los gobiernos ofrecieron un suplemento transitorio de pensión para aquellos que no podrían participar en el esquema ATP. También se han extendido beneficios suplementarios en otros programas. La nuevas disposiciones de graduación según los ingresos, combinadas con los suplementos a las familias de bajos ingresos, indudablemente han estrechado la brecha de ingresos entre los receptores de asistencia social y aquellos económicamente activos.

Respecto al desarrollo, cobertura y seguridad de ingresos del programa, los Estados asistenciales escandinavos se han vuelto claramente institucionales. Sin embargo, existe una serie de características que generalmente reciben una menor atención analítica, pero que tienen profundas consecuencias para el grado de institucionalización.

Una característica importante del modelo escandinavo es hasta qué punto el derecho a un nivel de vida normal está divorciado del criterio del mercado. El sistema ha emancipado a los individuos de la compulsión tradicional a trabajar y ahorrar para los tiempos difíciles, en un grado bastante considerable. En este sentido, los viejos dogmas liberales de autosuficiencia y los nuevos dogmas liberales de ''ayuda para autoayudarse'' han sido reemplazados por un poderoso compromiso con la responsabilidad social colectiva para el bienestar óptimo de los ciudadanos. La política social ha roto con la lógica de mercado tradicional de varias maneras. Primero, la decisión de abandonar el modelo tradicional de seguridad social también elimina una serie de condiciones que normalmente determinan la elegibilidad y los beneficios, tales como un historial de empleo y/o un período mínimo de haber estado empleado (o ser empleable). Por otra parte, el surgimiento de las pensiones ATP ciertamente ofrece un incentivo al trabajo, y el impulso hacia los beneficios graduados por ingresos puede ser considerado como una concesión al método distributivo de los mercados.

La segunda forma en que la política de asistencia social de Escandinavia -al igual que sus contrapartes en otros países de Europa- rompe con el sistema de mercado, reside en la **eliminación** de las condiciones típicas de cumplimiento de requisitos, tales como períodos de espera para obtener beneficios en efectivo en caso de enfermedad. En forma similar, el período de duración de los beneficios fue extendido profundamente. Esto, en combinación con niveles muy elevados de reemplazo de ingresos y requisitos de contribución virtualmente inexistentes, dan a cada personal una fuerte seguridad de ingresos garantizados. Una característica final del "modelo escandinavo" es **la forma en que se financian los gastos en asistencia social.** El principio subyacente ha sido el de distribuir la responsabilidad de financiamiento en forma solidaria a través de la sociedad, en vez de vincular los beneficios a la contribución individual. Por lo tanto, los ingresos generales del gobierno juegan un papel importante en el financiamiento del gasto social, particularmente en Dinamarca.

Como hemos visto, el sistema de mantenimiento de ingresos de los cuatro países ha tendido a evolucionar en forma bastante similar en el área de la posguerra. A nivel internacional, se destacan entre casi todas las demás naciones: sus condiciones de elegibilidad son excepcionalmente liberales; los beneficios son casi uniformemente superiores que en cualquier otra parte del mundo; en la mayoría de los casos, la cobertura es universal y el método imperante para financiar la seguridad social confía en principios relativamente redistributivos y solidarios. Más aún, aunque en el área de las pensiones el papel de los esquemas privados y aquellos negociados ocupacionalmente continúan siendo significativos, tales esquemas son marginales tanto en el mantenimiento de ingresos como en el cuidado de la salud y en un gran número de servicios sociales. Adicionalmente, la importancia tan escasa de la asistencia pública por prueba de medios atestigua la amplitud del sistema y el grado hasta el cual los derechos de ciudadanía social están institucionalizados efectivamente en el área del mantenimiento de ingresos. Sin embargo, en los cuatro países, los beneficios suplementarios por prueba de ingresos, tales como asignaciones para la vivienda, han crecido significativamente desde la década de 1960. Aun si su clientela está definida ampliamente, igualmente constituye una forma novedosa de apuntar a la población a la que se intenta atender.

Un problema cada vez más común a los Estados asistenciales de estas naciones a medida que empiezan a dar frutos, es la dificultad para reconciliar principios posiblemente mutuamente conflictivos. La intensidad de este problema es especialmente evidente ahora, bajo condiciones de un crecimiento económico lento, y hasta negativo. Por ejemplo, se ha vuelto cada vez más evidente que el costo fiscal de un Estado asistencial universalista, con beneficios generosos, es difícil de sostener cuando el crecimiento falla. Sin embargo, si los gobiernos se volcaran hacia una mayor selectividad de la población beneficiaria, el método de prueba de ingresos, o reducciones estándar por ahorro de costos, la solidaridad subyacente y esencial se evaporaría fácilmente, siendo entonces más probable que los estratos privilegiados recurrieran a alternativas privadas. En Noruega, el auge petrolero ayudó a evitar tales alternativas negativas, pero está claro en todos los países nórdicos que el Estado asistencial es nuevamente objeto de enfrentamientos políticos e ideológicos. Por ejemplo, en Suecia los partidos conservador y liberal han empezado a discutir a favor de bruscos recortes del Estado asistencial, apuntando hacia un patrón de política social más marginal.

Sin embargo, debe reconocerse que lo que describimos aquí como el modelo escandinavo oculta importantes divergencias entre las cuatro naciones. Finlandia generalmente se ha quedado a la zaga en el desarrollo del Estado asistencial. Ahora tiene una cobertura de asistencia social que alcanza el elevado nivel de Escandinavia, pero los beneficios tienden a mantenerse a menores niveles. En varios aspectos, Dinamarca es un valor atípico más liberal. Esto se evidencia principalmente en la política de pensión. Hemos observado que los partidos no socialistas han vetado repetidamente una reforma genuina de jubilación tipo ATP. De allí que las pensiones a la vejez en Dinamarca sean sustancialmente inferiores para el ciudadano promedio. Esto, fomentado por concesiones tributarias desacostumbradamente favorables, ha llevado a una proliferación de planes de jubilación individuales y por grupos contratados en forma privada, lo cual, como resultado, ha alimentado el dualismo del Estado asistencial. Así, los jubilados en Dinamarca están altamente estratificados, ya que los planes privados generalmente pertenecen sólo a los trabajadores "de cuello blanco" y los mejor pagados. Sólo una minoría de los trabajadores manuales disfruta de pensiones ocupacionales privadas, y hasta el seguro de jubilación privado individual es poco común entre los trabajadores no calificados (Vester-Jensen 1981: 74). Esto contrasta bruscamente con Suecia, donde las pensiones ocupacionales negociadas en forma colectiva cubren a los trabajadores manuales así como a los empleados asalariados, pero donde éstas, sin embargo, casi quedan ahogadas en comparación con la importancia de la pensión popular y del ATP.[9] En vista de los recientes recortes al Estado asistencial y los cambios institucionales impuestos por ley, todo indica que Dinamarca se está alejando más del "modelo escandinavo".

POLITICA DEL MERCADO LABORAL[10]

El mercado laboral es un determinante clave de las condiciones de vida de quienes devengan salarios. También es de importancia crucial para las relaciones entre el capital y la mano de obra, ya que es en el mercado laboral que la mano de obra aparece como producto básico. La distribución desigual de recursos de poder entre las partes en el mercado laboral se evidencia en el hecho que la mano de obra depende para su supervivencia de las oportunidades de empleo ofrecidas por los empleadores. Puede suponerse que el mantenimiento de esta dependencia es una meta básica de los empleadores. Es previsible que los esfuerzos por parte de los asalariados para usar su poder político a fin de moderar o debilitar su dependencia de las oportunidades de empleo ofrecidas por los empleadores, generen problemas políticos claves.

Un intento por disminuir la dependencia de los asalariados de las oportunidades en el mercado laboral, es el ofrecimiento de fuentes alternativas de subsistencia a través del seguro social. Un paso aún más significativo en esa misma dirección es el uso del poder político para crear y mantener el pleno empleo. Como observó Kalecki (1943: 78), puede esperarse que los esfuerzos políticos por mantener el pleno empleo generen una intensa oposición de parte de los intereses empresariales, ya que "su instinto de clase

9. La dificultad de estimar las pensiones privadas es inmensa, especialmentte dado que muchos planes individuales de jubilación no suelen figurar en las estadísticas nacionales. En Dinamarca, el gasto de jubilación del sector privado equivale aproximadamente al 38% del gasto público total en pensiones (despues de deducir las pensiones de los servidores públicos). La cifra comparable para Noruega es de aproximadamente 7%, y para Suecia de alrededor del 12%. Los porcentajes recién mencionados deberían considerarse sólo como aproximaciones. Por otra parte, la distancia relativa entre los países debería representarse con bastante precisión. A nivel internacional, Dinamarca se agrupa con un grupo de países, tales como Estados Unidos, Canadá, Austria y Suiza, en los cuales los programas privados son muy importantes. Noruega y Suecia se agrupan en el otro extremo, junto con Alemania, Austria y Holanda. En cuanto a Finlandia, las cifras no son muy confiables, pero todas las indicaciones apuntan a señalar que los planes privados representan menos del 10% (en 1968). Las cifras comparativas se derivan de Esping-Andersen (1982).

10. Esta sección se basa en OCDE (1972), OCDE (1974), OCDE (1977), NU (1978,1980a, 1980b, 1980c), NAUT (1982) y Elvander (1980).

les dice que el pleno empleo duradero es poco saludable según su punto de vista y que el desempleo forma parte integral del sistema capitalista normal''. Las fluctuaciones en el nivel de desempleo afectan la efectividad de los recursos de poder de la mano de obra y el capital. En las recesiones económicas, los ciudadanos se vuelven más dependientes de la ''confianza empresarial'' para el aumento de la inversión y el alivio de la recesión. En la medida en que los ciudadanos, a través del Estado y de la maquinaria gubernamental, asuman la responsabilidad de crear y mantener un pleno empleo, decrecerá su dependencia de los intereses empresariales. Por lo tanto, puede esperarse que la creación y mantenimiento del pleno empleo sea un problema en los límites del Estado asistencial.

En los países nórdicos, la proporción de la población dentro de la fuerza laboral es relativamente elevada.[11] Sus niveles de desempleo son algo más difíciles de comparar, ya que las bases de las estadísticas de desempleo son diferentes. En general, el nivel de desempleo entre 1955-1979 ha sido menor en Noruega (1,4 en promedio) (Anuario Internacional de Estadísticas Laborales, 1958-79 ; 1972-79), donde ha permanecido a un muy bajo nivel aun durante la crisis económica internacional que se inició en la segunda mitad de la década de 1970. En Suecia, los niveles de desempleo han tendido a ser algo mayores que en Noruega (promedio 1,7%) (Ibid., 1956-79; 1962-79), aunque bajos desde un punto de vista internacional. Además, su desempleo ha sido mantenido a niveles relativamente bajos desde después de mediados de los 70. En Finlandia, el desempleo ha sido mayor que en Suecia (2,8 de promedio), a pesar de una emigración a gran escala hacia Suecia (Ibid., 1952-79) y aumentó significativamente a fines de la década de 1970. Dinamarca inició el período de la posguerra con niveles de desempleo muy elevados (9,3%), que disminuyeron considerablemente durante los años 60 y principios de los 70 (3,5 % en promedio). Por lo tanto, los niveles de desempleo han sido muy elevados allí desde 1975 (11,2%).[12]

---

11. En Dinamarca, Noruega y Suecia, no menos del 92% de los hombres de 25-64 años de edad participaba en la fuerza laboral en 1974. La proporción en Finlandia era de sólo el 87%. Tres de los países nórdicos también tenían tasas sumamente elevadas de participación femenina en la fuerza laboral. De las mujeres de 25-64 años de edad, un 69% completo participaba en la fuerza laboral en Finlandia, 66% en Suecia y 63% en Dinamarca en 1974. Sin embargo, sólo el 50% de las mujeres noruegas estaba en la fuerza laboral (NUA 1978:1, p.60).

12. Porcentaje de asegurados en los principales fondos de seguro de desempleo, 1955-1978, según Resúmenes Estadísticos de Dinamarca.

El mercado laboral se ve afectado por una multitud de factores que determinan el estado general de la economía. Así, el gobierno puede intentar disminuir los niveles de desempleo a través de políticas económicas generales anticíclicas. A más largo plazo, el gobierno puede combatir el desempleo a través de políticas industriales para facilitar la expansión o contracción de diferentes ramas de la industria, por ejemplo, la manufactura y la agricultura. La políticas regionales son importantes para contrarrestar algunos tipos de desempleo estructural. Sin embargo, el gobierno también puede intervenir directamente en el funcionamiento del mercado laboral. Podemos distinguir tres tipos de intervención política en el mercado laboral: 1) Programas que apuntan a afectar la oferta de mano de obra, 2) Programas destinados a influenciar la demanda de mano de obra, y 3) Medidas que facilitan el equiparamiento entre los aspirantes a empleo y los empleos. Desde esta perspectiva, la política del mercado laboral surge como una serie de programas selectivos que complementan a otros tipos de políticas, las cuales afectan el estado del mercado laboral.

Al clasificar los programas del mercado laboral en tipos institucionales y marginales, aparece una variable clave en la medida en que un programa intenta evitar el desempleo, es decir, no se limita a aliviar las consecuencias del desempleo. Otro factor importante es hasta qué punto un programa intenta aumentar el nivel de empleo. En una política social de tipo institucional, una de las tareas centrales consiste en impedir el desempleo y ofrecer empleo a todo aquel que esté dispuesto a trabajar. Sin embargo, un tipo de política social marginal se limita al mantenimiento de los niveles de vida de los desempleados. En el modelo marginal, el ofrecimiento público de empleo para aquellos incapaces de vender su poder laboral en el mercado, ha sido realizado tradicionalmente en forma de una Ley contra la Pobreza.

A falta de casas de misericordia (hospicios), se diseñaron proyectos de obras públicas de forma que no redujeran los incentivos del mercado normal para los trabajadores. Así, los proyectos de obras públicas pagaban salarios marcadamente inferiores a las tasas corrientes o por debajo de las tasas establecidas a través de la contratación colectiva. Frecuentemente, sólo se escogían aquellos proyectos que, de todos modos, no habrían sido iniciados por los canales normales y que, por lo tanto, podían ser considerados como poco rentables para los empresarios.

El cambio de políticas de empleo marginales a institucionales ha sido más espectacular en Suecia. El nuevo gobierno socialdemócrata, al asumir el mando en 1932, en plena depresión, dejó de lado la idea de proyectos de alivio de salarios bajos, diseñados para no competir con la empresa privada. En cambio, tanto las autoridades regionales como las nacionales iniciaron proyectos de obras públicas que pagaban salarios que no significaban una reducción respecto a la oferta de las contrataciones colectivas. El nuevo gobierno introdujo simultáneamente una activa política económica de manejo de la demanda agregada a través de déficit presupuestarios diseñados para aliviar la depresión. Estas medidas, que posteriormente fueron conocidas como políticas económicas keynesianas, implicaban el surgimiento de dos principios importantes. Primero, el Estado asumía la responsabilidad de ofrecer trabajo a los ciudadanos cuando el mercado no lograba hacerlo. Segundo, el Estado asumía el derecho a intervenir en los procesos del mercado a través de medidas políticas diseñadas para evitar las consecuencias negativas de los ciclos empresariales.

Durante el período posterior a la Segunda Guerra Mundial, la mayoría de los gobiernos de Occidente se enfrentaron a decisiones de políticas en relación con el dilema inflación-desempleo. En Suecia, los intentos por resolver este dilema dieron como resultado una importante expansión de las políticas del mercado laboral, convirtiéndose en lo que ha llegado a conocerse como la **política activa del mercado laboral.** Después de una congelación de salarios de dos años, impuesta a los sindicatos a fines de la década de 1940, el gobierno socialdemócrata, siguiendo las ideas desarrolladas por los economistas sindicales Gösta Rehn y Rudolf Meidner, intentó resolver el dilema con una combinación de políticas económicas y de recursos humanos.

Las ideas rectoras de la política activa de mercado laboral se apartaban de la observación que, en cualquier momento dado, el nivel de la demanda varía considerablemente entre los diferentes sectores de la economía. En los sectores de ciertas dimensiones, las medidas generales para estimular la demanda a fin de mantener el pleno empleo, llevarían a un recalentamiento inflacionario de la economía. Por lo tanto, es más eficiente mantener un nivel general moderado de demanda en la economía, y combinarlo con políticas de mercado laboral selectivas que apunten hacia áreas y sectores con problemas de empleo en particular. Tales programas selectivos no sólo incluirían proyectos de obras públicas, sino también una variedad de medidas, por ejemplo, empleo protegido, apoyo a las empresas en áreas deprimidas y estimulación de la movilidad geográfica y ocupacional de la fuerza laboral. La política activa de mercado laboral se convirtió en parte central de las políticas económicas para un crecimiento económico equilibrado.

El desarrollo de políticas activas de mercado laboral en los países nórdicos ha seguido un camino similar, aunque la oportunidad de su implementación ha variado considerablemente. En todos los países, los esfuerzos directos por aumentar la demanda laboral se iniciaron con programas de inversión pública -típicamente construcción de carreteras- a fin de ofrecer empleos manuales en las áreas deprimidas. A partir de ese arranque, los programas han evolucionado hacia esfuerzos cada vez más complejos para combatir el desempleo bajo diferentes circunstancias y en categorías distintas de la fuerza laboral. Las políticas se han dirigido gradualmente hacia la fuerza laboral en su totalidad, no sólo aquéllos con dificultades. Por lo regular, Suecia ha encabezado el movimiento y ha iniciado programas que fueron adoptados gradualmente por los demás países. Los países también han desarrollado órganos públicos de naturaleza aproximadamente semejante, para administrar sus políticas activas de mercado laboral.

Un indicador importante de los esfuerzos por desarrollar una política activa de mercado laboral es el grado hasta el que los países han desarrollado órganos administrativos capaces de llevar a cabo tales políticas (OCDE 1972: 171). Estos esfuerzos involucran tanto el establecimiento de una autoridad única del mercado laboral, investida con poderes legales y los medios económicos necesarios para actuar en el mercado laboral, así como complementar a la autoridad central con ramas regionales y locales que puedan llegar hasta los empleadores y quienes buscan empleo. En los países nórdicos, los gobiernos locales iniciaron sistemas de colocaciones o bolsas de empleos cerca de fines de siglo. A partir de ese principio, las autoridades del mercado laboral se han ido desarrollando en diversos grados.

En Suecia, la meta política del pleno empleo fue establecida por el movimiento laboral a fines de la Segunda Guerra Mundial. Para empezar, esta meta se enfrentó a una resistencia significativa de los partidos burgueses. La autoridad central del mercado laboral, **Arbetsmarknadsstyrelsen (AMS),** fue fundada en 1948 y asumió el control de los servicios de empleo. Aunque las dimensiones relativas del personal de este organismo autónomo (0,60/ 1000 de la fuerza laboral cerca de 1975) no es mayor que sus contrapartes en los demás países nórdicos, el servicio público de empleo sueco puede ofrecer una proporción mucho mayor de todas las vacantes de empleos externos disponibles en el mercado laboral (60% en los años 70). Desde 1979, esta proporción probablemente ha aumentado como resultado del requisito que los empleadores deben notificar al servicio público de empleo sobre sus vacantes. Sin embargo, al igual que en los otros países nórdicos, tanto los empleadores como quienes buscan empleo en general tienen libertad de escoger a quién desean, o qué trabajo quieren

En Finlandia, la política del mercado laboral fue activada gradualmente durante la década de 1960 y el Estado asumió la responsabilidad de los servicios de empleo en 1961. (Para la década de 1970, el servicio actuaba como intermediador para el 30% de las vacantes externas). Un paso crucial fue el establecimiento de un organismo central para manejar los recursos humanos, el Ministerio del Trabajo, en 1970 y la aprobación de la Ley de Empleo en 1972. Estas medidas aumentaron las ambiciones de contar con una política activa de mercado laboral, y mejoraron los medios para la misma. Los empleadores públicos deben reportar las vacantes a los servicios de empleo.

La dirección del mercado laboral noruego, el Directorado del Trabajo, forma parte del Ministerio del Gobierno Local y el Trabajo. Este Directorado fue formado por primera vez en 1974 como resultado de la Ley de Empleo promulgada ese mismo año. El énfasis sobre el pleno empleo en Noruega se vio subrayado por una enmienda constitucional en 1954 a efectos de que "será el deber de los organismos del Estado crear las condiciones que aseguren que toda persona físicamente capacitada pueda ganarse la vida mediante su trabajo". Sin embargo, el Directorado del Trabajo continuó siendo más débil que su contraparte en Suecia (15% de las vacantes de trabajos externos disponibles en los años 70), lo cual refleja en parte el hecho que la piedra fundamental para el mantenimiento del pleno empleo en Noruega fueron las políticas industriales y crediticias, más que las políticas del mercado laboral. Sin embargo, desde mediados de la década de 1970, se han activado políticas selectivas de los recursos humanos en Noruega. La Ley de Empleo de 1974 requería formalmente de los empleadores que reportaran las vacantes de empleos al servicio público de empleos, pero en gran parte esto continuó siendo letra muerta de la ley. Sin embargo, desde 1979 se están realizando esfuerzos por aumentar el papel del servicio público de empleo.

Desacuerdos políticos y la relativa poca fuerza del movimiento laboral danés han inhibido el desarrollo de una política activa de mercado laboral en Dinamarca, donde, más aún, el órgano administrativo central para desarrollar e implementar las políticas del mercado laboral continúa siendo sumamente débil. El Ministerio del Trabajo de Dinamarca no ha recibido poderes para crear e implementar políticas contra el desempleo. Se creó un servicio público de empleo en una fecha tan tardía como 1969, y sólo actúa como mediador para el 15% de las vacantes externas. En comparación con los demás países nórdicos, el personal de los organismos del mercado laboral también es limitado (o,46/1.000 de la fuerza laboral). El servicio público de empleo juega un papel comparativamente marginal en los procesos de equiparación en el mercado laboral.

Especialmente en Finlandia, Noruega y Suecia, las políticas de desarrollo regional han sido acompañantes significativos de las políticas activas del mercado laboral. Noruega difiere de los demás países nórdicos en el grado en que han intentado afectar indirectamente el estado del mercado laboral, a través de políticas industriales. Después de la Segunda Guerra Mundial, Noruega creó un programa nacional de desarrollo industrial, programa que implica planificación del Estado, así como control del Estado sobre el crédito de inversión. Aunque los intrumentos para la planificación de la industria por parte del Estado pronto se limitaron a actuar como órganos de consulta conjunta, los controles del Estado sobre los préstamos para inversión fueron desarrollados hasta convertirse en herramientas poderosas para guiar el desarrollo industrial. Dado que otorgaba créditos a bajo costo a la industria, así como casi pleno empleo a los asalariados, esta estrategia podía ser llevada a cabo con un consenso político relativo. Involucraba la creación de un aparato amplio e integral del Estado para la asignación del capital de inversión, incluyendo bancos de inversión del Estado en la industria, vivienda, agricultura e industria pesquera. Así, además de un papel considerablemente más significativo para las industrias del Estado, en Noruega, más que en ningún otro país nórdico, el Estado asumió el papel de principal proveedor de crédito. En 1978-79, la participación del sector público en las colocaciones totales fue del 52% en Noruega, en comparación con 25% en Suecia y un insignificante 1% en Dinamarca. En Dinamarca, las políticas industriales han jugado un papel relativamente insignificante. Sin embargo, Suecia y Finlandia han intensificado sus políticas industriales desde fines de los años 60.

Además de políticas activas de mercado laboral el problema de la inflación-desempleo ha sido abordado mediante **políticas de ingresos** en Dinamarca y Finlandia, donde el Estado ha participado con los partidos en el mercado laboral. Ocasionalmente, también se han producido arreglos de salarios con la participación directa del gobierno en Noruega. Sin embargo, particularmente en Suecia, los sindicatos han alcanzado un acuerdo informal sobre las políticas económicas y salariales con los gobiernos socialdemócratas.

Aunque los tipos de programas que se han desarrollado en los países nórdicos durante el período de la posguerra son aproximadamente similares, el énfasis que se ha puesto en los diferentes tipos de programa varía considerablemente entre ellos. De los programas que apuntan a las personas en particular, el ofrecimiento de empleo temporal ha ocupado tradicionalmente el lugar central. Estas medidas han consistido en proyectos especiales de trabajo en el sector público, apuntados al trabajo manual, por ejemplo, construcción de viviendas y carreteras. Cuando las mujeres y los jóvenes llegaron a constituir una proporción cada vez mayor de los desempleados, y cuando los proyectos de inversión del tipo tradicional se volvieron cada vez más intensivos en capital, los países nórdicos empezaron a movilizarse gradualmente para ofrecer empleo temporal en sitios regulares de trabajo, en vez de proyectos especiales de trabajo. La mayoría de esas vacantes en trabajos temporales se habían producido en los servicios públicos, pero también se las encontraba en el sector privado. Generalmente, apuntaban a categorías particulares entre los desempleados, frecuentemente a los jóvenes e impedidos. Un efecto secundario de este desarrollo es que los trabajos temporales en los sitios regulares de trabajo ofrecen mejores oportunidades de integrar a las personas a la vida de trabajo. En 1978, Suecia, Finlandia y Noruega mantenían las dos terceras partes, o más, de sus vacantes de trabajos temporales en sitios regulares de trabajo, mientras que Dinamarca continuaba con cinco de cada seis vacantes en proyectos especiales de trabajo.

Los programas para subsidiar el empleo en tareas regulares generalmente disminuyen las desventajas competitivas de categorías específicas de la fuerza laboral, o de regiones geográficas, y por lo tanto afectan las políticas de contratación de los empleadores. Noruega y Suecia han desarrollado subsidios de empleo para las regiones deprimidas. En Suecia, el subsidio a los salarios está orientado hacia el entrenamiento de empleados en las áreas no industriales, mientras que Noruega entrega subsidios generales al empleo en las regiones periféricas. Finlandia también cuenta con diversos programas similares. Suecia, Finlandia y Dinamarca han empezado a desarrollar programas de subsidios salariares para promover la contratación de los más jóvenes, que entran en el mercado laboral. En Noruega, sin embargo, los programas para jóvenes se limitan a proyectos especiales de trabajo. También en los demás países, el grueso de los programas para jóvenes continúa apuntando a la creación de empleos temporales. En todos los países nórdicos, aproximadamente la tercera parte de los costos de los programas de empleos apuntados a las personas en particular, está dirigida a los grupos de jóvenes.

Todos los países nórdicos tienen **programas para subsidios al empleo de grupos específicos,** tales como ancianos, impedidos y desempleados de larga data. En Dinamarca, aquéllos que han perdido el derecho a recibir beneficios por desempleo tienen legalmente derecho a ocupar los ofrecimientos de trabajo por lo menos durante nueve meses. En términos de costos, este programa es el que predomina entre las políticas danesas de mercado laboral. Noruega, y especialmente Suecia, han desarrollado extensos programas de subsidios salariales para el empleo de personas impedidas en los sectores privado o público. Los subsidios salariales a los impedidos -que representan en Suecia el 75% del salario- componen aproximadamente la mitad de los costos totales para los programas apuntados a las personas en particular en Suecia y Noruega. Los programas daneses y finlandeses de naturaleza similar son mucho más limitados. Todos los países nórdicos han desarrollado además programas de diversa duración para el entrenamiento ocupacional de los jóvenes como aprendices en las empresas privadas.

Los programas para evitar variaciones estacionales, por ejemplo, en la industria de la construcción, tradicionalmente han sido significativos en Suecia, Noruega y Finlandia. A partir de este principio, en la década de 1970 la línea de defensa contra el desempleo ha tendido a ser trazada cada vez más dentro de las empresas. En vez de esperar hasta que los empleados se hayan vuelto desempleados, se han realizado cada vez más intentos por evitar despidos y aumentar las perspectivas del empleo. Tales medidas, apuntadas a los empleadores más que a los empleados, revelan una frontera parcialmente nueva en la lucha contra el desempleo. Estos programas pueden clasificarse de acuerdo a si intentan mantener o aumentar el empleo.

Involucran medidas tales como órdenes de producción a las empresas financiadas públicamente, apoyo para inventarios y diferentes tipos de subsidios salariales a las empresas.

Los programas para mantener el empleo han sido desarrollados principalmente para contrarrestar el desempleo coyuntural. Se han desarrollado programas a corto plazo para apoyar a las empresas en la medida en que se abstengan de producir despidos, en los cuales el apoyo está vinculado con la cantidad de empleados que habrían sido despedidos de otro modo, o, por ejemplo, con el aumento en el valor de los productos en inventarios de la empresa. Uno de los principales tipos de programas para contrarrestar el desempleo cíclico es el llamado "fondos de inversión", en el cual las empresas pueden reservar parte de sus utilidades en fondos libres de impuestos y recurrir a ellos -en consulta con las autoridades del mercado laboral- para cubrir las inversiones en períodos de recesión. Estos fondos de inversión han probado ser importantes herramientas anticíclicas. Una última línea de defensa contra el desempleo es el intento de posponer el cierre de empresas por un período de tiempo, por ejemplo, a través de órdenes gubernamentales a las empresas, o mediante el apoyo económico directo.

Los programas diseñados para aumentar el empleo generalmente se han dirigido contra el desempleo estructural. Entre estos programas, aquellos que apuntan a las áreas económicamente deprimidas han sido claramente los más importantes. También con respecto a tales políticas regionales, los países nórdicos han desarrollado programas aproximadamente similares, aunque su mezcla ha variado. En este contexto, los préstamos y subsidios a la inversión han resultado importantes en todos los países. Los subsidios a los salarios o ayuda para el entrenamiento de empleados han sido comunes en Suecia, Finlandia y Noruega. También se ha utilizado el apoyo a las empresas que se trasladan hacia áreas periféricas.

Otro aspecto de los esfuerzos por disminuir los problemas de desempleo en las áreas periféricas es el **apoyo a la movilidad geográfica.** Aunque tales programas tienen relativamente poco costo, han afectado a un número considerable de personas.

En la década de 1970, se realizaron crecientes esfuerzos por combatir el desempleo a través de la optimización de la fuerza laboral mediante el **entrenamiento ocupacional.** En Suecia, estos programas de entrenamiento se dirigen a las personas de más de 20 años de edad que están desempleadas o amenazadas por el desempleo. También puede darse entrenamiento a las personas dispuestas a ocupar cargos cuando exista una escasez de mano de obra. Los aprendices reciben apoyo económico mientras participan en programas de distinta duración. Estudios de evaluación indican que tales programas de entrenamiento son relativamente exitosos en canalizar a las personas hacia empleos lucrativos. Aunque Finlandia y Noruega han seguido el patrón de Suecia respecto al entrenamiento ocupacional, Dinamarca se ha demorado en desarrollar tales programas.

Como se señaló antes, un indicador del grado hasta el cual las políticas contra el desempleo de un país han pasado de ser marginales a institucionales, es hasta qué punto intenta el país ofrecer trabajo o entrenamiento ocupacional a los desempleados, en vez de limitarse a suministrarles un nivel de vida decente. Los países nórdicos difieren considerablemente en la medida hasta la que se han encaminado hacia un tipo institucional semejante de política de mercado laboral.

Si examinamos los costos presupuestarios totales para todos los tipos de programas relacionados con el desempleo, incluyendo el gasto público en seguro de desempleo, encontramos que a fines de los años 70, Dinamarca y Suecia estaban claramente adelantadas respecto a Finlandia y Noruega en términos de gasto per cápita (Cuadro 4). Sin embargo, un examen más minucioso de los costos relativos de los diferentes tipos de programas en dichos países, revela grandes diferencias (Cuadro 5). En Dinamarca, una proporción abrumadora de los costos totales fue canalizada a través del programa de seguro de desempleo. Esto refleja que Dinamarca no ha logrado imponer políticas que mantengan reducido el desempleo. En cambio, el compromiso ha apuntado a desarrollar un seguro de desempleo sumamente generoso, que otorga hasta un 90% de reemplazo del ingreso durante períodos de desempleo, y puede durar hasta cuatro años. Mantener el desempleo a largo plazo ha resultado ser un asunto fuertemente costoso. Como se señaló arriba, también aproximadamente la cuarta parte de los gastos en programas apuntados a las personas en particular se refieren a los programas de empleo garantizado para los desempleados durante un período prolongado. En comparación con el costo de mantener a los desempleados, los programas para evitar y combatir el desempleo se han vuelto relativamente marginales.

Cuadro 4
Gasto Público en Políticas del Mercado Laboral en los Países Nórdicos en 1979
(en coronas suecas)

	Dinamarca	Finlandia	Noruega	Suecia
Gasto total (millones)	8.904	2.568	960	11.356
Gasto por cada 1.000 personas, 16-64 años	2.749	850	382	2.158

Fuente: NU (años 80), NUB (1980:1).

En contraste con las políticas marginales de mercado laboral de Dinamarca, Suecia ha desarrollado políticas que avanzaron bastante hacia el tipo institucional. Allí, el seguro de desempleo ofrece beneficios apenas mediocres y sólo representa el 10% del gasto total de las políticas del mercado laboral. Esto refleja la política sueca de ofrecer trabajo a los desempleados, no subsidios de asistencia. Por lo tanto, se han realizado grandes esfuerzos por contrarrestar el desempleo y ofrecer entrenamiento ocupacional o trabajos a los desempleados. Los diversos tipos de programas de entrenamiento y empleo representan aproximadamente las tres cuartas partes del gasto total. Al ofrecer entrenamiento ocupacional o trabajos temporales a los desempleados, disminuyen los aspectos descalificadores y desmoralizadores del desempleo, y se aumenta la producción socialmente valiosa. Resulta interesante observar que los costos por persona en la fuerza laboral son ligeramente inferiores para el paquete de programas institucionales de Suecia que para el programa marginal de Dinamarca.

Aunque de tamaño relativamente moderado, durante la década de 1970 Finlandia avanzó considerablemente hacia una política institucional del mercado laboral. Noruega, confiando en las políticas industriales y de crédito para mantener el pleno empleo, no ha encontrado necesario complementarlas con una política institucional de mercado laboral completamente desarrollada.

POLITICA DE VIVIENDA

La política activa del gobierno para la vivienda es un fenómeno relativamente reciente. Hasta el período de la posguerra, muy pocos países asumían ninguna responsabilidad significativa para el financiamiento, producción o suministro de viviendas. Si lo hacían, era generalmente una medida temporal inducida por una crisis aguda en el mercado de la vivienda, o por el desempleo masivo, como ocurrió durante los años 30. Las pocas iniciativas emprendidas antes de fines de la Segunda Guerra Mundial, comúnmente estaban limitadas a las autoridades gubernamentales locales (Donnison 1967; Heidenheimer et al. 1975).

En Escandinavia, como en el resto del mundo, la política de vivienda antes de la guerra era, en el mejor de los casos, residual. Los gobiernos locales participaban ocasionalmente en planes modestos de vivienda para los desposeídos y, de vez en cuando, ofrecían subsidios al alquiler o introducían controles de alquileres. Pero las viviendas en los cuatro países escandinavos continuaban siendo casi exclusivamente un producto de primera necesidad del mercado. En Dinamarca y Suecia, asociaciones cooperativas de vivienda, sin fines de lucro, jugaron un papel bastante importante en la construcción de viviendas para la clase trabajadora. De hecho, los movimientos laborales establecieron sus propias sociedades cooperativas de vivienda, las cuales aún prosperan.

El auge de la democracia socialista en el período de la Depresión no constituyó el mismo momento histórico decisivo respecto a la vivienda como lo fue para la seguridad social y la política del mercado laboral. Es verdad que los gobiernos aceleraron la construcción para aliviar el desempleo, pero estos esfuerzos eran programas de empleo, no una política de vivienda como tal. En realidad, fue la misma guerra que -al igual que en numerosos otros países- dio origen a una política de vivienda activista y concertada. En los cuatro países, la guerra impuso una moratoria a la nueva construcción, en momentos en que se estaba acelerando la migración urbana. En Finlandia, el lento ritmo de la construcción en la época anterior a la guerra, combinado con la fuerte destrucción ocurrida durante la guerra y la necesidad de reubicar a una proporción considerable de población, se sumaron a la grave situación de escasez después de 1945.

Las nuevas reformas a la vivienda (1946 en Dinamarca, 1948 en Finlandia, 1946 en Noruega y 1946 en Suecia) implicaban un nuevo papel poderoso del Estado en casi todos los aspectos del mercado de la vivienda. Sin embargo, ya existía una regulación considerable del gobierno por la extensión durante la posguerra de los rígidos controles de precios y materiales que habían existido en tiempos de guerra. Sin embargo, estos primeros actos legislativos significaron un total rompimiento con los principios anteriores. En Dinamarca, Noruega y Suecia, y moderadamente en Finlandia, la política de vivienda se encaminó claramente hacia la dirección institucional. El gobierno asumió el control del financiamiento de la vivienda y, utilizando esos poderes, también llegó a influenciar en gran medida los precios y su distribución. El mecanismo del mercado privado quedó marginado **de facto**.

Si omitimos a Finlandia, en un principio el enfoque era virtualmente idéntico. Además de controles bastante complejos sobre materiales, parámetros de viviendas, techos de costos y áreas semejantes, el Estado dominaba la asignación de créditos. Virtualmente todas las nuevas viviendas eran construidas con préstamos del Estado, que ofrecía intereses fijos a tasas inferiores a las del mercado. En Finlandia, la intervención del gobierno tenía un alcance más moderado. En 1948 se creó un instituto de crédito público (ARAVA), pero sus recursos eran relativamente reducidos, y los préstamos subsidiados sólo estaban disponibles -y lo siguen estando- sobre una base de prueba de medios. De allí que en Finlandia imperara el principio del residualismo.

El gobierno también buscó influenciar la producción de viviendas. En Dinamarca, Noruega y Suecia, se daba una posición privilegiada a las asociaciones cooperativas para la vivienda. La vivienda pública, por otra parte, continuaba siendo insignificante a excepción de Suecia, donde los proyectos de gobierno locales y cooperativos habían sido comunes. Respecto al tipo de construcción, los países difieren. En Noruega, la Ley de Vivienda apoyaba a las viviendas unifamiliares, que, debido al otorgamiento de préstamos públicos subsidiados (hasta el 100% del costo) estaban al alcance de una gran mayoría. En Dinamarca y Suecia, en los años 40 y 50, se puso énfasis en la construcción de apartamentos urbanos, ya sea para alquiler o en cooperativa.

Así en Dinamarca, las cooperativas representaban más de la tercera parte de la construcción nueva total; en Suecia, quizás más. En Finlandia, la situación era totalmente diferente. Desde 1945, la mayor parte del financiamiento gubernamental y la construcción subsidiada habían estado dirigidas hacia las viviendas rurales unifamiliares. Esto estaba motivado por la necesidad de reubicar a un gran número de finlandeses de áreas conquistadas por la Unión Soviética, o reponer las viviendas de las regiones Orientales, que habían sufrido extensos daños durante la guerra. Después de 1950, se dio primera prioridad a la construcción de apartamentos urbanos pero, en contraste con las otras tres naciones nórdicas, el papel de las cooperativas fue insignificante (Naciones Unidas 1966; 25-28, Anexo II; 1979: 38-40). Más aún, Finlandia promovía las viviendas ocupadas por sus propietarios. Así, aproximadamente el 80% de todos los préstamos públicos se destinó a viviendas de propiedad privada (Kuusi, 1964). Evidentemente, este patrón podría ser equiparado al modelo noruego (que estimulaba las pequeñas viviendas de propiedad privada), excepto por el hecho que en Finlandia, los préstamos públicos sólo eran ofrecidos a un máximo del 60% (y generalmente menos) del costo total, en comparación con un 100% en Noruega.

Cuadro 5

Distribución del Gasto Gubernamental en Políticas del Mercado Laboral según el Tipo de Programa en los Países Nórdicos en 1979

Tipo de programa	Dinamarca	Finlandia	Noruega	Suecia
Asistencia en dinero a desempleados	84%	33%	43%	10%
Medidas de política de empleo apuntadas a personas en partic.	10	47	29	45
Medidas de política de empleo apuntadas a empresas	1	0	9	13
Entrenamiento mercado laboral	4	20	16	31
Mayor movilidad geográfica	0	0	2	1
	100%	100%	100%	100%

Fuente: NU (1980a) (NUB 1980: 1), p. 102.

Cuadro 6
Gasto Público en Vivienda como Porcentaje del Gasto Público Total

	1955	1965	1970	1975
Dinamarca	12	1	2	3
Finlandia				
Noruega	17	8	16	12
Suecia	11	6	7	5

Fuente: Elvander (1980: 275).

Cuadro 7
Porcentaje de Construcción Total de Viviendas con Préstamos del Estado
(incluyendo tasas de interés garantizadas por el Estado)

	1958	1970	1978
Dinamarca	73	34	17
Finlandia	60	44	42
Noruega	64	75	82
Suecia	94	88	90

Fuente: Administración Nórdica de la Vivienda (1981).

La política de vivienda nórdica en los primeros 10-15 años después de la guerra se ocupaba, sobre todo, de maximizar el volumen, dado que la escasez era considerada como un problema más importante que los temas de distribución o estándares de las viviendas; y, de hecho, los resultados fueron impresionantes. Los países nórdicos se adjudicaron algunos de los volúmenes de construcción más elevados a nivel internacional. En resumen, la política de vivienda -por lo menos en Noruega, Suecia y Dinamarca- había cambiado del residualismo al institucionalismo casi de la noche a la mañana. El papel público activista era de naturaleza general, más que selectiva, dominando el financiamiento y guiando la producción de acuerdo con las prioridades sociales agregadas. Las políticas selectivas jugaban un papel menor, principalmente en términos de planes de subsidio al alquiler para familias con niños. Sin embargo, estos eran moderados. A pesar de ello, la política en general tenía una clara tendencia a favor de las viviendas para familias de menores ingresos.

La característica convergente de la política de vivienda nórdica de la posguerra empezó a desmoronarse a fines de los años cincuenta. Noruega y Suecia retuvieron un firme control público, y hasta lo reforzaron, pero Dinamarca cambió bruscamente hacia el liberalismo y el dominio del mercado después de 1958. La política de vivienda volvió a convertirse en residual. Finlandia no ha sufrido ningún cambio significativo de políticas.

En Dinamarca, la cuestión de la vivienda estuvo extremadamente politizada desde fines de los años 50 en adelante. Los partidos burgueses, respaldados por poderosos grupos de interés, alegaban que el problema de escasez se había aliviado,de modo que ya no se necesitaban los controles. Más aún, se sostenía que el mercado privado sería un mecanismo superior para proveer de viviendas según la diversidad de preferencias sociales. Como parte de un compromiso general de políticas entre el gobierno social-demócrata y los partidos burgueses, se promulgó una nueva ley de vivienda en 1958. Estipulaba que el Estado se retiraría del mercado de financiamiento, dejándolo a los ahorros privados, institutos de préstamo y bancos convencionales.

Este enfoque de **laissez-faire** fue cementado aún más en el compromiso de vivienda de 1966, que se convirtió en uno de los temas más politizados de la política danesa moderna (Wilhjelm 1971; Esping-Andersen 1980). Aunque la ley contemplaba un fondo para financiamiento, que otorgaba créditos especiales a los constructores cooperativos, gradualmente eliminaba los controles restantes (incluyendo los controles sobre alquileres) a lo largo de los años subsiguientes. Buscaba estimular la propiedad privada de la vivienda a través de generosas deducciones tributarias sobre los pagos de intereses. Una enmienda contemplaba una expansión del sistema existente de subsidios a los alquileres sobre una base de prueba de ingresos. El resultado fue el dominio casi completo del mercado sobre el financiamiento, producción y distribución, y una vez más la vivienda se convirtió en un artículo de primera necesidad puro. La privatización del mercado de la vivienda que sobrevino a consecuencia de esto, dio como resultado un marcado aumento (82% de toda la producción de vivienda) en la proporción de las viviendas construidas en forma privada en la década de 1970. Los Cuadros 6 y 7 indican el papel del Estado en el financiamiento de la vivienda, y el Cuadro 8 muestra la magnitud de las exoneraciones impositivas para los propietarios de viviendas como porcentaje del gasto público directo total en la vivienda.

Aunque se produjo una oposición política masiva a las reformas **laissez-faire** tanto dentro del movimiento laboral como desde los partidos socialistas, los principios básicos de las leyes de 1958 y 1966 se mantienen inalterados en la legislación posterior. Los subsidios al alquiler han aumentado, especialmente para los jubilados, y la tendencia distributiva desigual se ha corregido hasta cierto punto, modificando las deducciones tributarias de los propietarios de vivienda. A fines de la década de 1970, en respuesta al creciente desempleo, el gobierno otorgó préstamos y subsidios para proyectos de eliminación de ''barrios'' (favelas, villas miseria, etc.) y otros similares. Esto hace recordar la política de vivienda durante los años 30.

La privatización de la política de vivienda danesa ha producido resultados sorprendentes del lado de la oferta. Comparativamente, Dinamarca goza del menor grado de hacinamiento,[13] 6,0 en comparación con 47,0% en Finlandia, 12,0% en Noruega y 16,0% en Suecia (Bostadsstyrelsen 1976), aunque los costos promedio de vivienda por familia son elevados (Cuadro 8). El **laissez-faire** puede haber estimulado la producción masiva, pero no sin efectos

13. Según la norma II (1970), se define al hacinamiento como más de dos personas por cuarto, excluyendo cocina, baño y una habitación común.

secundarios problemáticos concomitantes. Por una parte, la expansión posterior a 1958 se ha producido principalmente en el área de viviendas unifamiliares -alimentada por concesiones tributarias extraordinariamente generosas- y en una rápida conversión de apartamentos en alquiler en condominios.

Esto ha tenido efectos distributivos negativos que, bajo ningún manejo de las estadísticas, es compensado por los subsidios de alquileres y el limitado estímulo público a los constructores cooperativos (Wilhjelm 1971: 52-53; Esping-Andersen 1980: 448).[14] Las altas tasas de inflación obviamente han fomentado la naturaleza distributiva desigual del sistema. Otra consecuencia de la política de vivienda danesa ha sido su estímulo a la especulación y el drenaje de los ahorros (Esping-Andersen 1980).

Con algunas modificaciones, tanto Noruega como Suecia mantuvieron su enfoque institucional para la política de vivienda. En Noruega, una reforma de 1966 redujo la proporción del Estado en el financiamiento total, de modo que se espera en general que los grupos de mayores ingresos aporten personalmente un porcentaje del crédito total. Después de 1966 se introdujo un plan de subsidio de alquileres, con la intención política de garantizar que los costos de vivienda no superaran el 20% de los ingresos de un trabajador. Esto podría haberse logrado (ver Cuadro 9). La deducción de impuestos de los intereses para propietarios de viviendas nunca ha jugado un papel importante en Noruega, dado que los subsidios se han concentrado en el financiamiento a través de préstamos públicos garantizados, a bajos intereses, con descuentos especiales para las familias de bajos ingresos. Como resultado, la política de vivienda noruega ha sido distributivamente la más equitativa de Escandinavia. Existe una equidad tributaria entre arrendadores y propietarios (muchos de los cuales también están en el sistema cooperativo), y los costos promedio de las viviendas están entre los más bajos de los cuatro países (Elvander 1980; Guldbrandsen y Torgerson 1978; Socialdepartement 1967). Dentro del sector de arrendamiento, los constructores cooperativos han predominado y, de hecho, Noruega tiene ahora la mayor proporción de vivienda cooperativa.

14. Alrededor de 1970, el valor de las deducciones impositivas de un propietario de vivienda era equivalente a DKr. 2.500 millones, lo cual puede compararse con el valor de las asignaciones para alquiler y gasto social, que equivalían a unos DKr. 600 millones en conjunto (Wilhelm 1971: 53).

Cuadro 8
Deducciones Impositivas de los Propietarios de Vivienda como Porcentaje del Gasto Público en Viviendas

	1955	1965	1970	1975
Dinamarca	6	235	175	159
Finlandia	--	9	10	40
Noruega	0	8	4	11
Suecia	0	12	24	77

Fuente: NBO (1977: 25).

Cuadro 9
Costo de la Vivienda. Gasto Promedio como Porcentaje de los Ingresos Brutos de una familia con dos niños (1979-80)

	Costo promedio como % de ingresos brutos de la familia		Alquiler promedio incluyendo subsidios como % de ingresos	
	Propietarios	Inquilinos	Bajos ingresos	Ingresos med.
Dinamarca	31	16	28	20
Finlandia	21	18	12	20
Noruega	11	13		
Suecia	14	16	10	13

Fuente: Administración Nórdica de la Vivienda (1981).

Suecia siguió hasta 1967 el camino fijado por la reforma de 1946, pero empezó a adoptar una "dirección danesa" a mediados de la década de 1970. De hecho, el papel del Estado aumentó sustancialmente después de mediados de los años 50 en relación con el "programa del Millón", extremadamente ambicioso. Este prometía la construcción de un millón de nuevas viviendas en un período de diez años (la meta fue alcanzada). Utilizando ahorros acumulados en los fondos de jubilación ATP, el capital fue canalizado hacia un programa de vivienda dominado fuertemente por asociaciones constructoras de cooperativas más gobiernos locales. Se dio prioridad a la construcción de apartamentos en áreas que posteriormente se convirtieron en pueblos satélites, acaloradamente discutidos y criticados.

Durante la década de 1960, el financiamiento privado, así como la construcción de viviendas unifamiliares, mantenían una participación sólo periférica en el mercado. El énfasis estaba puesto claramente en la reducción de la escasez a través de un volumen máximo de producción bajo un control casi total del Estado. Después de 1967, la participación del Estado en el financiamiento total se redujo y se prestó mayor atención a la cuestión de la distribución. De allí que Suecia haya desarrollado lo que probablemente sea el mayor plan de subsidios a la vivienda del mundo. Cubre la mayor parte de los costos de alquiler para los jubilados, así como una proporción considerable de los costos de vivienda para las familias de bajos ingresos. Se extendió a tal grado que, para principios de los años 70, casi la mitad de las familias con niños y la mayoría de los jubilados estaban recibiendo subsidios. Sin embargo, a diferencia de Noruega, la política de vivienda sueca no se ha encaminado hacia la equidad distributiva entre arrendadores y propietarios. Durante la década de 1970, un cambio en la política de vivienda ha llegado a favorecer la propiedad privada de viviendas a través de generosas deducciones tributarias que resultan particularmente atractivas en un entorno inflacionario, donde la tasa impositiva marginal es extraordinariamente elevada. De hecho, el papel de la construcción privada ha crecido espectacularmente en los años 70, y, mas aún, las deducciones impositivas de los propietarios de viviendas han crecido relativamente (ver Cuadro 7). A nivel distributivo, el sistema sueco es menos equitativo que el noruego, pero más que el danés (Elvander 1980).

La política de vivienda finlandesa ha sufrido menos cambios importantes que en Dinamarca y Suecia. En la década de 1950, el papel del sector público era sustancialmente menor que en cualquiera de los otros países nórdicos, pero considerando el liberalismo extremo de la política danesa posterior a 1958, Finlandia debe ser considerada ahora como a mitad de camino entre el caso danés y el sueco. Durante los años 50, la participación del gobierno en el financiamiento total de viviendas fue apenas del 15% (en comparación con aproximadamente el 50% en los otros tres países). El papel relativamente pasivo del Estado ha continuado aproximadamente igual, aunque con algunas modificaciones. La enorme mayoría de las construcciones continúan siendo privadas, el papel de las cooperativas es mínimo y, dada la importancia marginal del crédito público, las deducciones impositivas para los propietarios juegan un papel significativo. El efecto distributivo de las deducciones tributarias es, como alega Kuusi (1964), inequitativo y distributivamente a favor de los grupos de medianos y altos ingresos, aunque quizás no tan dramáticamente como en Dinamarca. Al igual que los otros tres países, los subsidios de alquileres han crecido durante los años 70. La vivienda pública siempre ha sido algo más extensa que en los otros países nórdicos, hecho que puede reflejar la necesidad de compensar una tendencia que de otro modo se inclinaría fuertemente hacia la clase media. Como se expresó antes, el hacinamiento en Finlandia debido a la escasez de vivienda es casi cuatro veces superior al promedio de los otros países.

CONCLUSIONES

En general, la política social escandinava ha experimentado un proceso de institucionalismo que se ha vuelto tanto rápido como extenso, y existen evidencias considerables que sugieren que los cuatros países nórdicos han formado un modelo de Estado asistencial distintivo a nivel internacional. Este es principalmente un fenómeno de la posguerra, dado que tanto sus orígenes históricos como su desarrollo temprano apenas si se desvían de las tendencias imperantes en otras democracias capitalistas.

Naturalmente, el modelo escandinavo de asistencia social tiene muchas características en común con naciones igualmente avanzadas. La mayoría de los países han hecho extensiva la cobertura a la gran mayoría de su población, elevado los niveles de beneficios a fin de asegurar su adecuación, liberalizado las condiciones de elegibilidad e introducido indexación salarial o de costo de vida. En forma similar, una característica común a muchos países es la tendencia a extender la política social hacia un creciente conjunto de necesidades. Al igual que Escandinavia, la mayoría de las naciones tiene actualmente un sistema de salud nacional amplio y algunas también han instituido programas de recursos humanos o una política de vivienda amplia e integrada.

Pero hay características claves en el enfoque escandinavo que la diferencian de las demás. En primer lugar, los límites tradicionales del Estado asistencial han sido traspasados en mayor grado de lo acostumbrado, y las responsabilidades públicas han marginado y hasta reemplazado la acción privada y el mecanismo del mercado en forma bastante extensa. Esencialmente, el cuidado hospitalario privado es casi inexistente, al igual que la educación privada; excepto en Dinamarca, los planes privados de jubilación juegan un papel insignificante. En forma similar, el grado de responsabilidad pública en las áreas de vivienda y empleo, al menos en Noruega y Suecia, probablemente no tiene paralelo en casi ninguna otra nación.

En segundo lugar, el compromiso del modelo escandinavo con el universalismo y la igualdad de condición va más allá que en la mayoría de los demás países. Los programas centrales de mantenimiento de ingresos han buscado deliberadamente eliminar los diferenciales entre grupos de población, ya sean por sexo, ingresos u ocupación, de modo de alcanzar una igualdad de trato y una amplia solidaridad. Aun en los esquemas ATP, que se dirigen a los participantes del mercado laboral, los principios universalistas apoyaron la inclusión de todas las categorías de empleados, incluyendo servidores públicos y hasta los trabajadores autónomos. Podría decirse que el concepto de la ciudadanía social ha sido tomado en forma más literal aquí que en ninguna otra parte, no sólo porque la cobertura es universal, sino también porque existe un intento deliberado por asegurar que todos los ciudadanos sean tratados en términos equitativos. Irónicamente, el renovado énfasis sobre beneficios suplementarios determinados por los ingresos es propugnado en términos de tales principios equitativos, aun si involucran problemas de fijación del objetivo social.

En tercer lugar, los niveles de beneficios y los parámetros del servicio social son muy elevados. De hecho, esta es una de las concepciones internacionales comunes sobre el modelo escandinavo. Pero es importante comprender que, sin beneficios óptimos y servicios a niveles aceptables también para los ciudadanos más acomodados, es virtualmente imposible sostener un tipo de Estado asistencial institucional. Claramente, si los hospitales públicos no pueden ofrecer los mejores niveles disponibles, los privilegiados se volcarán rápidamente a las alternativas, poniendo así en peligro la meta de igualdad de condición. En forma concomitante, la solidaridad amplia probablemete daría paso a protestas tributarias de la clase media y una reacción contraria del Estado asistencial. Los programas enfocados con precisión y adecuados según la medición de recursos, pueden tener un mayor potencial redistributivo por dólar gastado que los programas universales. Pero la preocupación dominante de la legislación de políticas sociales escandinavas en este sentido ha sido dar prioridad a la solidaridad antes que a una redistribución de ingresos de concepción estrecha. En cambio, el logro de la redistribución de ingresos ha sido apuntado hacia áreas de políticas alternativas, tales como gravámenes y contratos colectivos. También debería observarse que en áreas tales como el cuidado de la salud, el enfoque institucional ha tenido éxito en gran medida en lograr una distribución de acuerdo con la necesidad y por lo tanto en abolir el legado de una distribución según los ingresos y la clase social.

Cuarto, los Estados asistenciales en Escandinavia probablemente tienen un efecto "desobjetizante" más fuerte que en otras partes. Así, por ejemplo, las tasas de reemplazo de ingresos para los beneficios en efectivo por enfermedad se acercan a los ingresos promedio de los trabajadores; y con la virtual eliminación de las condicionalidades contributivas o de empleo, así como de los días de espera, la compulsión a trabajar a cualquier costo se ve relajada en gran medida. Las pensiones generosas y un acceso cada vez más fácil a una jubilación temprana o reentrenamiento de los recursos humanos, ayudan a asegurar un grado significativo de independencia personal de los requisitos del mercado laboral.

Pero el nivel de institucionalización del Estado asistencial varía entre los cuatro países escandinavos, tanto históricamente como en el presente. Históricamente, Finlandia llegó tardíamente a ser un Estado asistencial, y para los años 70 su cobertura de seguro social había alcanzado el alto nivel de Escandinavia, mientras que el nivel de beneficios aún se había quedado a la zaga, al igual que la adecuación de algunos servicios. Por otra parte, en términos del grado de institucionalización del Estado asistencial, Dinamarca ha llegado a constituir un caso sustancialmente más marginal. La proliferación de planes privados de jubilación atestigua un cierto residualismo en el campo del mantenimiento de ingresos; la política de vivienda posterior a 1958 significaba un regreso a la supremacía del mercado; y, a pesar de numerosos intentos, jamás llegó a desarrollarse una política amplia del mercado laboral. Así, en una comparación escandinava, el Estado asistencial danés es más dualista, y las desigualdades continúan siendo más amplias respecto a los recursos para vivienda y pensiones. Sin embargo, el fortalecimiento de las fuerzas del mercado en la política habitacional sueca durante los años 70 también debería señalarse. En el área de la política de mercado laboral, el tipo de política institucional con un fuerte énfasis en el pleno empleo se ha desarrollado más en Suecia, mientras que Dinamarca, especialmente, retiene una política marginal, aunque espléndida, concentrada en el mantenimiento del ingreso para los desempleados.

El enfoque institucional del ‘‘modelo escandinavo’’ es un fenómeno característico de la posguerra. El hecho que esto coincidiera históricamente con la subida al poder político de los partidos socialdemócratas -al menos en Dinamarca, Noruega y Suecia- amerita examinar una posible conexión directa. ¿Son los Estados asistenciales escandinavos un logro particularmente socialdemócrata?

En la literatura comparativa de los Estados asistenciales, el argumento típico es que -a diferencia de la era anterior a la guerra- la política social de la posguerra se ha desarrollado en gran medida sobre la base de la concertación política (Flora y Alber, 1981; Kuhnle, 1981; Alber, 1982). En parte, se alega que las naciones con constelaciones políticas ampliamente divergentes han establecido, en la era de la posguerra, Estados asistenciales bastante similares. Y en parte, se sostiene que la mayoría de las reformas se produjeron sin un conflicto abierto ni una polarización ideológica. Para dar cuenta del fuerte desarrollo asistencial en países en los que los movimientos laborales son comparativamente débiles, Wilensky (1981) ha sugerido que los partidos católicos y demócratas-cristianos han encabezado las reformas progresistas precisamente porque deben competir por la clientela electoral laboral.

Kuhnle y Solheim (1981) han presentado este argumento específicamente para los países nórdicos, donde se sostiene que el desarrollo del Estado asistencial generalmente procedió sin conflictos ni oposición de parte de los partidos no socialistas. El ejemplo clave, evidentemente, es Noruega, donde los socialdemócratas y los partidos burgueses firmaron conjuntamente un acuerdo en 1945, comprometiéndose al programa **Folketrygd.** Por lo tanto, en esta perspectiva analítica es difícil alegar que la institucionalización del

Estado asistencial se ha desarrollado como resultado de pugnas políticas, y sería imposible explicar tanto las variaciones internacionales como las escandinavas, como un resultado de las diferencias en el poder de los movimientos laborales para afectar la legislación y las reformas.

Aunque el caso noruego es congruente en varios aspectos significativos con una interpretación de consenso o concertación política, la evidencia está mucho más mezclada en los demás países. Esencialmente depende de cómo se estudie el problema. Tomemos el caso de la reforma de la pensión en Dinamarca. Antes de la ley de 1956, las líneas políticas estaban marcadas bruscamente entre los socialdemócratas por una parte, quienes apoyaban la pensión universal de tasa uniforme y, por la otra parte, los partidos liberales y conservadores, quienes proponían pensiones basadas en seguros y graduadas según los ingresos, oponiéndose al plan de los socialdemócratas. La reforma socialdemocráta fue aprobada, con el apoyo eventual del partido radical, aunque se enfrentó a la amplia oposición del Parlamento. Sin embargo, **posteriormente** todos los partidos políticos llegaron a apoyar la pensión de tasa uniforme cuando percibieron su amplio respaldo popular entre el electorado. Se puede identificar toda una serie de otras reformas sociales en las que imperó un agudo conflicto político. El caso más dramático es claramente el problema de las jubilaciones ATP en Suecia, donde un conflicto altamente polarizado (incluyendo un referéndum y elecciones parlamentarias extraordinarias) persistió durante varios años antes que se aprobara el plan socialdemócrata en el Parlamento (con la mayoría por un voto). En Dinamarca, la política de vivienda ha estado sujeta crónicamente a intensos conflictos y el deseo de los sindicatos y los socialdemócratas de obtener un plan de pensión estilo ATP ha sido vetado repetidamente por las mayorías de los partidos burgueses.

Sin embargo, en gran medida, el conflicto y la oposición quizás no son tan evidentes en las medidas legislativas concretas como en las luchas por los principios. Así, cuando después de 1945 los partidos socialdemócratas tanto en Dinamarca como en Suecia empezaron a desplegar sus planes para expansiones importantes del Estado asistencial, la oposición del partido burgués fue feroz en relación a temas tales como la delimitación de la población beneficiaria versus el universalismo, financiamiento y grado de extensión de los compromisos públicos en áreas nuevas de política social. Es improbable que los partidos socialdemócratas pudieran haber obtenido sus pensiones universales, generales, financiadas por impuestos o, en el caso de Suecia, el compromiso con una política activa de mercado laboral para el pleno empleo, de no haber sido por su poder parlamentario. Y la ausencia de jubilaciones ATP, aunada a los incentivos para esquemas privados en Dinamarca, sólo puede explicarse por la falta de poder de los socialdemócratas daneses en comparación con los partidos suecos y noruegos. En forma similar, los socialdemócratas daneses se vieron obligados a aceptar el acuerdo habitacional de 1965-66, dado que su política alternativa era considerada impracticable por la falta de una mayoría parlamentaria.

Por lo tanto, parece posible en general alegar que en la medida en que los Estados asistenciales escandinavos se han encaminado en una dirección institucional, está relacionada firmemente con las posiciones de poder relativas de los movimientos laborales socialdemócratas en estos países. Una hipótesis semejante -que parte de la distribución de recursos de poder entre colectividades o clases sociales- se vuelve más plausible cuando observamos que, comparativamente, el partido socialdemócrata danés ha sido considerablemente más débil durante todo el período de la posguerra que sus contrapartes en Suecia o Noruega. Los socialdemócratas daneses generalmente han tenido que depender de coaliciones y cooperación con uno o varios de los partidos burgueses, y su participación promedio del electorado ha permanecido decididamente inferior a las cifras comparativas en Noruega o Suecia. Adicionalmente, dado que en un contexto internacional los movimientos socialdemócratas escandinavos se cuentan entre los más fuertes y estables en términos de duración en el gobierno y fortaleza parlamentaria, una interpretación basada en la distribución de los recursos de poder también podría explicar posiblemente por qué los Estados asistenciales escandinavos en general son particularmente institucionales.

Sin embargo, tanto el caso de Finlandia como el de Noruega requieren una explicación adicional. En casi todos los respectos, el Estado asistencial de Finlandia ha llegado a parecerse al sueco y al noruego, aun si el partido socialdemócrata finlandés y su movimiento sindical han continuado siendo bastante débiles y divididos durante la mayor parte de la era de la posguerra (Capítulo 1). Obviamente, el Estado asistencial finlandés ha retenido hasta cierto punto elementos residuales importantes. En contraste con Noruega y Suecia, el esquema ATP finlandés está segmentado por ocupación y organizado en fondos de seguros privados, arreglo que fue rechazado por los socialdemócratas en Suecia. Además, la política habitacional finlandesa nunca se desarrolló en una dirección institucional. A pesar de tales calificaciones, el Estado asistencial finlandés no puede ser explicado fácilmente sólo por la tesis de un poder socialdemócrata. Se formó principalmente por la coalición del partido agrícola del centro, que representa los intereses de los pequeños propietarios, y los partidos de la clase trabajadora (socialdemócratas y comunistas). Un motivo adicional es la tendencia a la difusión a través de la nación. El diseño de las reformas finlandesas indudablemente fue tomado prestado de la legislación sueca anterior.

Finalmente, para Noruega hay pocas instancias **de facto** en las que los partidos burgueses se hayan opuesto a las proposiciones socialdemócratas. Pero primero deberíamos señalar que el programa del Estado asistencial aunado a un plan para una política de pleno empleo garantizado, fue diseñado por el movimiento laboral durante su exilio en Londres en el período de la guerra, y que los socialdemócratas mantuvieron una mayoría parlamentaria absoluta durante casi dos décadas despúes de la guerra. Más aún, como señala Elvander (1980), la oposición del partido burgués a la reforma ATP en los años 60 habría sido políticamente contraproducente en vista de lo que había ocurrido anteriomente en Suecia. Finalmente, sería una exageración afirmar que los conflictos políticos por el Estado asistencial estuvieron totalmente ausentes en Noruega. Existió una oposición burguesa, por ejemplo, a la abolición de los días de espera para recibir la asistencia en efectivo, y también a la reducción de la edad a la cual se adquiriría derecho a la pensión en la década de 1970. Pero, a fin de interpretar el desarrollo del Estado asistencial noruego de la posguerra, uno podría afirmar con igual facilidad que los partidos no socialistas fueron obligados a asentir, así como uno podría afirmar que los socialdemócratas daneses se vieron obligados a aceptar las posiciones del partido burgués respecto a la política habitacional, política del mercado laboral y reforma de la pensión a la vejez. De acuerdo a esto, el tema del consenso o concertación en la política social también es una cuestión de poder.

LA EXPERIENCIA DE VILLA EL SALVADOR: DEL ARENAL A LOGROS FUNDAMENTALES A TRAVES DE UN MODELO SOCIAL DE AVANZADA

CARLOS FRANCO

El propósito de este trabajo es relatarles la experiencia del desarrollo de una comunidad peruana cuyo nombre es Villa El Salvador. Por cierto, las características que ha tomado el desarrollo de esta comunidad son en un cierto plano, semejantes a las características que adoptan otras comunidades tanto peruanas como latinoamericanas en su propio desarrollo. Sin embargo, esta experiencia presenta ciertas características que según un amplio consenso internacional al respecto la singularizan, la distinguen de otras experiencias conocidas. Acaso por ello mi intención en lo que sigue es presentar aquellos rasgos que según mi opinión son intrínsecos originales de esta experiencia de desarrollo comunal. Acaso convenga aproximarnos a la experiencia de Villa El Salvador describiendo precisamente las condiciones en las cuales comienza su desarrollo. Corría el año 71 cuando en Lima se produce un hecho que conmueve a la opinión pública: me refiero a la invasión de unos terrenos por un grupo de aproximadamente 200 pobladores que se instalan en un área cercana a las áreas residenciales de los grupos sociales de más altos ingresos del país. Esta área era propiedad de poderosas empresas inmobiliarias privadas, propiedad del Estado e incluso, propiedad de la iglesia y de cooperativas de vivienda. A los pocos días de realizada la primera invasión, sin embargo, ocurre un hecho insólito porque centenares y miles de familias que habitaban en las zonas tugurizadas del casco urbano como los llamados pueblos jóvenes situados en la periferia de la ciudad comienzan a acudir a la zona de manera tal que no pasan dos semanas y de pronto la invasión congrega ya aproximadamente 40.000 a 50.000 personas. Este hecho determina una ampliación del área invadida y se produce entonces una conversión de un problema inicialmente poblacional o de ocupación de un territorio en un problema político, en vista de la amplitud que había tomado la invasión y la extensión del área ocupada. Se producen pronunciamientos de parte de todas las organizaciones interesadas en la resolución del problema. Los diarios, la radio, la televisión, convierten esta invasión en noticia de primera plana, y por tanto el hecho se convierte en un hecho político que abre un debate nacional a propósito de si conviene o no en esos años iniciar una suerte de reforma urbana. Una vez producido el hecho, el Gobierno interviene, se produce una represión policial que concluye finalmente con la pérdida de la vida de uno de los pobladores y la intervención de la iglesia. Como había una preocupación especial del gobierno de la época por resolver el problema, se determina una solución aparentemente extraña para los usos y costumbres del país. Se llega a una suerte de acuerdo entre el gobierno y los pobladores que determina que estos sean trasladados a un vasto arenal situado aproximadamente a 19 km. al sur de Lima, en el cual comienza a desarrollarse la historia de la comunidad de Villa El Salvador. Desde ese momento hasta el momento actual han transcurrido aproximadamente 21 años. Para poder valorar la experiencia, se debe recordar, que esa comunidad inicialmente de 50.000 personas, se ubica en un escenario original que es un inmenso arenal, desprovisto por tanto de todos los recursos necesarios para la preservación, la conservación y el desarrollo de la vida. Al mismo tiempo, esta área se encuentra desvinculada de los medios de comunicación, de modo tal que había que recorrer 3 km por parte de los pobladores para poder encontrar recién las pistas de acceso a sus centros de trabajo en Lima. Es en ese escenario natural, desafiante, privado de recursos que comienza la historia de Villa El Salvador, pero conviene también tener en cuenta que en estos años, la sociedad, la economía, la política y el Estado en el Perú, entraron en una profunda crisis. En estos años el producto bruto interno en el país no ha crecido, a pesar de que la población lo hizo a un promedio de tres y luego 2.6 de crecimiento demográfico. Esto quiere decir que entre el crecimiento de la población y el crecimiento de la producción se produjo una brecha progresivamente más dramática; en segundo lugar, en esta misma época el porcentaje de la participación de los trabajadores en la distribución de la renta, se redujo de 48% en los años 70 a aproximadamente 21% en los últimos años. Esto quiere decir que durante este período se ha producido una concentración dramática del ingreso y una suerte de generalización de la pobreza en el país. Finalmente, conviene también recordar que en los últimos años el aparato productivo no estuvo en condiciones de brindar empleo adecuado a la población. Según estadísticas del año 89, solamente se encontraba en una situación de empleo adecuado el 20% de la población económicamente activa, que es otra manera de decir que el subempleo se ha convertido en la modalidad de existencia de la población y la cultura del trabajo en el Perú. Estos datos permiten advertir que durante todo el transcurso de la vida de la comunidad ella no ha contado con un apoyo sólido, masivo y oportuno de recursos públicos; acaso por ello todo aquello que puede hoy en día registrarse en Villa El Salvador, es producto del esfuerzo de la propia comunidad. Si cualquiera ingresa algún día en esta comunidad advertirá que sobre la base de lo que fue inicialmente un arenal, se han construido aproximadamente 50.000 viviendas, de las cuales el 90% fueron levantadas por el esfuerzo de los pobladores. En Villa El Salvador habitan ahora aproximadamente 250.000 personas. Esas viviendas se organizan en unas 300 manzanas, en 110 grupos residenciales, y en 7 sectores. Cerca del 75% de las viviendas tienen instalados servicios de agua y desagüe y un 80% de servicios de luz eléctrica. Por otro lado, la comunidad dispone de 64 establecimientos educativos, 41 núcleos de servicios integrados de salud, educación y recuperación nutricional. Está atendida en sus necesidades de salud por aproximadamente 51 tópicos, 4 centros de salud comunitaria de los cuales 2 son hospitales para la atención materno-infantil, tiene un moderno centro de análisis y despistaje de enfermedades e incluso una red de farmacias que le permiten atender relativamente bien las necesidades de salud de su población. Importa recordar también que el abastecimiento de la comunidad es servido por 31 mercados, aproximadamente 1.100 pequeñas bodegas, y finalmente uno puede ahora percibir que la estructura vial interna funciona relativamente bien, al amparo de 4 rutas principales de carácter paralelo y 7 avenidas perpendiculares que comunican a las diferentes áreas de la comunidad. Existen ahora medios de comunicación que vinculan fluidamente a la población con la capital. Pero acaso más importante que todo ello, sea verificar el hecho comprobado que esta comunidad ha logrado ciertas metas sociales cuya importancia no es desdeñable. Me refiero, por un lado, al hecho de que la matrícula escolar cubre hoy aproximadamente el 87% de los niños en edad escolar en estudios primarios y cerca del 95% de los jóvenes en aptitud de realizar estudios secundarios. Importa igualmente recordar que el grado de analfabetismo es de 3.5. Tanto en el primer caso, matrícula escolar, como en el segundo, analfabetismo, esta población siendo pobre presenta un nivel muy superior a los niveles del país en general. En relación con un problema común a los asentamientos populares más pobres, en Villa El

Salvador la mortalidad infantil se cifra actualmente en 67 x 1.000; es largamente inferior al promedio de 88 a 95 niños que mueren antes de cumplir el primer año de vida en el Perú. Agreguemos a ello también la tasa de mortalidad bruta en Villa El Salvador que es 6.7 x 1.000, inferior a la tasa promedio en el país. Esto quiere decir que ciertas metas sociales importantes han sido alcanzadas por la comunidad, que simultáneamente con ello ha estado en condiciones de construir sus viviendas y desarrollar su infraestructura de servicios, su equipamiento residencial sobre la base de su propio trabajo.

En estas circunstancias conviene preguntarse cómo una comunidad desprovista inicialmente de recursos y enfrentada a los desafíos de una naturaleza hostil y seca y en el contexto de una crisis tan profunda del país ha podido obtener estas metas. Es precisamente aquí cuando conviene referirse a las características particulares que tiene el desarrollo de la comunidad en comparación con el desarrollo de otras comunidades. Villa El Salvador presenta tres características que la diferencian de cualquier otra comunidad. En primer término, una modalidad de organización y distribución del espacio que no encuentra comparación al menos con lo ocurrido en este plano en otras comunidades populares en el Perú. En segundo lugar, la específica modalidad de organización de la población que no tiene parangón alguno, creo yo, no solamente en relación con el Perú sino con América Latina, y finalmente me refiero también al contenido de su proyecto de desarrollo económico y social que es probablemente uno de los signos distintivos de la experiencia de la comunidad. Tratemos brevemente de referir las características básicas de cada uno de esos planos. El diseño urbanístico del espacio en Villa El Salvador fue realizado de un modo tal que se trataba con él, de ir generando progresivamente en el tiempo una ciudad relativamente autosuficiente desde el punto de vista de su equipamiento y que pudiese entablar con Lima, una relación saludable, extraña al patrón de desarrollo desordenado que ha seguido no solamente la capital del Perú, sino las principales capitales de la región. El diseño urbanístico o residencial de Villa El Salvador está basado en la presencia de cuatro áreas. Un área para la vivienda y para la residencia de los pobladores. En segundo lugar, y aunque esto parezca extraño, sabiendo que es en un desierto donde comienza la experiencia, un área agropecuaria. En tercer lugar una área para el desarrollo industrial y finalmente un área que mezcla el turismo a través de una zona arqueológica y un área de playa. Es evidente que el diseño de esta forma de distribución del espacio no tendría sentido si no hubiera habido en el arquitecto o el grupo de arquitectos que diseñaron la ciudad, el deseo de producir la construcción de una ciudad. El diseño de la zona urbana residencial presenta también ciertas características que importa registrar aunque fuera brevemente. Se siguió un patrón uniforme de ubicación de la población en lotes de 140 mt^2 que terminan constituyendo una manzana, alrededor de 18 a 24 manzanas forman un grupo residencial y entre 22 y 24 grupos residenciales forman un sector. Esto, por cierto, crea condiciones de uniformidad en el desarrollo y en la ocupación del espacio en Villa El Salvador.

Importa retener una característica del grupo residencial que tiene indudables consecuencias en relación con la organización posterior de la población de la Villa. La agrupación de manzanas define un grupo residencial, el grupo residencial se distingue porque tiene un área central en la cual se fueron instalando el local comunal, un programa de educación no escolarizada para niños, un tópico de salud, una pista o una cancha deportiva y una suerte de plaza lugareña. Ello determina que el conjunto de las familias que habitan en las manzanas organizadas alrededor del espacio central del grupo residencial convierten a ese espacio central en una zona de intercambios frecuentes, sobre todo los días finales de la semana donde allí acude la gente a las reuniones comunales, allí llevan a sus hijos a recibir la primera atención médica, allí llevan a los niños a realizar los primeros aprestos educativos, allí se desarrollan competencias deportivas y en la plaza se producen frecuentes interacciones entre el grupo que habita el grupo residencial. Esa es la forma de decir que por las condiciones en que está diseñado ese espacio, las familias de Villa El Salvador viven volcadas hacia su experiencia social interna. En otros términos, solamente las familias que viven en las fronteras de la comunidad, están en contacto directo con el contexto de la ciudad, pero la casi totalidad de la población vive por esta suerte de terminación especial, volcada sobre sí misma. Como veremos después, este diseño especial, tendrá consecuencias notables en la organización de la población; probablemente no es por azar que el diseño urbanístico de Villa El Salvador concluyó por recibir el Premio Nacional de Arquitectura y Desarrollo Urbano del país. Cuando nos asomamos a la organización de la población vamos a encontrarnos con ciertas características difícilmente imaginables en relación con experiencias de tipo similar. Los dirigentes que formularon el diseño organizativo de la comunidad lo hicieron pensando en que esa organización debería enfrentar el notable desafío de la supervivencia de una población de inicialmente 50.000 personas ante un escenario desértico y sin recursos. En segundo lugar, se pensó que esta organización debería tener competencias o funciones distintas a aquellas que tienen las organizaciones populares comunes y corrientes. En otros términos, la organización comunal debería tener las funciones propias de un órgano de gobierno local. En tercer lugar, se supuso que debiendo la comunidad desarrollar su proyecto de participación y de autogestión, debería montarse una estructura organizativa y funcional que diera acceso a la mayor parte de la población a los cargos dirigenciales en los diversos niveles jerárquicos de la institución. Finalmente, se propuso un modelo organizativo que al propio tiempo incorporara a los pobladores en su condición de habitantes de un territorio, con la incorporación de ellos mismo, pero en sus funciones como productores, comerciantes, agentes culturales, etc. Estos propósitos son los que finalmente terminan convirtiendo a la organización en una organización simultáneamente política, popular, educativa; en otros términos, en una organización de base territorial y funcional.

Esta organización es la que es responsable de los logros que señalé en la primera parte del trabajo. Es conocido el hecho de que la experiencia ha recibido el estímulo de numerosos reconocimientos internacionales. En 1973, la Organización de las Naciones Unidas para la promoción de la Educación y la Cultura, premia a Villa El Salvador porque allí se desarrollaba una de la más desafiantes experiencias en educación popular. Posteriormente, en el año 87, Naciones Unidas reconoce esta ciudad como una suerte de promotora ejemplar de formas de vida comunitaria. Ese mismo año, España le otorga el premio Príncipe de Asturias, por el impresionante desarrollo en el área social y cultural alcanzado por la comunidad. Internamente, en el país esta comunidad ha recibido el reconocimiento de instituciones que la premian por hechos aparentemente insólitos en relación con el escenario natural con que la experiencia se fue desarrollando. Así, recibió un premio por ser la comunidad que presenta un mayor grado de forestación y arborización y es indicada por un diario de circulación nacional como el personaje colectivo del año.

Cada uno de estos reconocimientos son una suerte de testimonio de los logros alcanzados por una comunidad organizada. Esto nos obliga a preguntarnos cómo es que en la práctica se organiza la comunidad. En relación con ello, importa referir que la CUAVES (comunidad urbana autogestionaria Villa El Salvador) se organiza en tres niveles: un nivel de manzana, un nivel de grupo residencial y un nivel central comunal. En cada uno de estos tres planos de organización territorial se produce la misma estructura de cargos, vale decir, que en todos estos planos, a través de asambleas se nombran responsables en producción, comercialización, servicios, educación y salud y ascendentemente se reproduce esta misma estructura de cargos en el grupo residencial y en el Consejo Ejecutivo Comunal pero en este último caso, el Consejo Ejecutivo Comunal se dota además de secretarías de apoyo de planificación, en asuntos económicos-financieros, en administración y relaciones. Es evidente que la comunidad no habría tomado esta forma organizativa, si no se había planteado el derecho de ejercer las funciones, los objetivos y los procedimientos propios de un organismo de gobierno local. Simultáneamente con ello, esta organización tiene también lo que podríamos llamar a una suerte de posición ideológico-política y un programa de desarrollo, que son características más bien propias de los partidos políticos. Complejiza más la definición de la naturaleza de esa organización el hecho de que también funciona como una organización popular común y corriente, vale decir, representa los intereses de la comunidad frente al Estado. Presiona, negocia y pacta con el Estado, y representa y defiende reivindicativamente los intereses de sus miembros. CUAVES es y no es simultáneamente; es decir, presenta y no presenta simultáneamente las características de un partido político, de un órgano de gobierno local y de una organización popular. Ello, lleva a que no haya espacio, no haya actividad que no estén sometidas a la regularización, a la organización de la propia comunidad.

Finalmente, importa destacar el hecho de que a diferencia de cualquier otra experiencia que yo conozca, al menos en América Latina, en los años iniciales de su vida organizada se autodefine como una comunidad propulsora de la autogestión, y en virtud de ello define una estrategia de desarrollo basada en consideraciones tales como las siguientes: Primero, que era necesario resolver los problemas del ingreso y empleo de la población a través de la creación de empresas productivas y de servicios. Pero estas empresas deben tener modalidades de propiedad comunal, cooperativa, autogestora. Es cierto que en la comunidad, las familias desarrollan talleres en sus viviendas pero la comunidad establece con ellos una relación que reconociendo el status individual o familiar de esas empresas, pretende vincularlas de una manera planificada con los proyectos de desarrollo de empresas autogestoras a cargo o previstas en su plan de desarrollo.

En segundo lugar, esa estrategia afirma la necesidad de que las empresas que se localicen o se creen en Villa El Salvador no solamente atiendan los problemas del empleo, sino que usen preponderantemente insumos locales. Concurrentemente define el desarrollo económico-productivo de Villa El Salvador, sobre la base del uso de dos tecnologías, la adaptación de tecnologías locales y su propio desarrollo, como la utilización de tecnologías de punta. También CUAVES se propone que las empresas que se fueran creando en la comunidad deberían articular sus flujos productivos, comerciales y financieros con otras empresas existentes en los otros escenarios en donde desarrolla su vida la población obrero-marginal y finalmente, con la propia industria del país, de modo tal de generar una estructura productiva endógena que le diera la masa de capital suficiente para poder desarrollarse con relativa independencia.

Esa suerte de propuesta inicial genérica tenía que servirse de ciertos instrumentos para su propia implementación y desarrollo. Es en este sentido que la comunidad acuerda por un lado, generar como un instrumento organizador y promotor del desarrollo empresarial una empresa que elabore los proyectos de inversión, que realice los expedientes técnicos necesarios, que agencie los recursos para impulsar el desarrollo de las empresas, que reclute el personal, que diseñe los trabajos de ingeniería básica y de diseño, que seleccione el equipamiento, y que ponga en funcionamiento las empresas para preparar su personal para luego transferirlas. Este es un instrumento fundamental para la promoción y desarrollo económico en Villa. Pero simultáneamente, sabiendo que es preciso financiar este desarrollo productivo deciden promover la constitución de una caja de crédito que use los propios recursos de la comunidad. Finalmente, deciden el pasaje progresivo de las empresas que se creen hacia el área industrial reservada para su propio desarrollo, por tanto, una empresa promotora, una caja de crédito, un espacio territorial para el crecimiento industrial constituyen conjuntamente con los órganos de planificación de producción de CUAVES, los instrumentos para colocar en operación el plan de desarrollo.

¿Cuál fue la evolución de ese proyecto original hasta el momento actual? Ocurrió con Villa El Salvador lo que supongo ocurre con la vida de las personas; es decir, que entre sus propósitos individuales y el peso de las circunstancias, que no siempre están sujetas al control, se produce una interacción que no siempre concluye con la concreción de los objetivos inicialmente planteados. Lo cierto es que el apoyo que recibió esta experiencia en sus primeros años por parte del Estado fue bruscamente interrumpido en el año 75, cuando un cambio en el Gobierno determina el retiro de todo apoyo público estatal a Villa El Salvador, y al mismo tiempo, se desata la persecución de sus dirigentes y en algunos casos el apresamiento o destierro de otros, sometidos a una represión y un cerco policial, y la Villa sufre una situación de estado de emergencia y suspensión de garantías. CUAVES, como organización comunal es profundamente golpeada por esas circunstancias y entra en un proceso de crisis que se extiende hasta el año 83. Ello determina que en el año 83, la comunidad que estaba situada en un área dominada por un municipio externo a ella, reclame la constitución de un gobierno municipal propio. Esta demanda es aceptada, se forma el gobierno local de Villa El Salvador a través de la estructuración de un municipio. Entonces, ciertas funciones que anteriormente eran privadas de CUAVES pasan a ser ejercidas por el órgano local del Estado, el municipio. Durante esos años crecen los intereses específicos y sectoriales de diversos grupos que forman la población de Villa El Salvador, y asistimos a la presencia y desarrollo de organizaciones tales como federaciones de mujeres, federaciones de pequeños productores industriales, federaciones de comerciantes, etc. Estas organizaciones, sin embargo, mantienen con la organización matriz de la población, una relación extraña, mezcla de negociaciones, acuerdos y conflictos. Ese mismo patrón de relación es el que gobierna los vínculos entre CUAVES y el municipio. Tienen acuerdos en un área importante de la actividad comunal, pero también tienen evidentes desacuerdos. Sin embargo, lo que es preciso indicar es que tanto las organizaciones representativas que se generaron luego de la creación de CUAVES, como el municipio, están convencidos de que sus propios desarrollos no pueden realizarse en conflicto con CUAVES ni en acuerdo con esta organización. Acaso por ello es que aquí hay que dar cuenta de dos actos que me parecen absolutamente inusuales en cualquier otra comunidad a nivel nacional o latinoamericano. Es tan fuerte aún la influencia de la organización matriz de la población, que hasta los propios partidos políticos que actúan en la comunidad están obligados en la ocurrencia de las elecciones, a que sus candidatos concurran a la casa matriz de la organización comunal para firmar una suerte de acta de compromiso y acatamiento por la cual se obligan, si es que son elegidos en la Alcaldía, a desarrollar el programa que defina la organización comunal. A la vez, el mismo municipio firma un acta con la CUAVES, por la cual la ley comunal se convierte en ley municipal. Esto significa, por tanto, que un órgano del Estado y los órganos políticos están en cierta medida regulados por una organización social, pero al mismo tiempo las relaciones existentes entre la CUAVES y las otras organizaciones de la población surgidas en estos años, determinan que la sociedad civil Villa El Salvador tenga una densidad y una articulación profundamente características.

Cuando se ingresa al conocimiento de la vida social de Villa El Salvador, uno no termina de saber nunca con claridad donde comienza una organización y donde concluye otra, porque la interpenetración no solamente es política o funcional, sino también organizativa. Pero simultáneamente cuando nuestra mirada se detiene en el análisis de las relaciones entre el gobierno local y la sociedad civil en Villa El Salvador, uno tampoco logra saber donde comienza el Estado y donde termina la sociedad civil, o viceversa. Esto, por tanto, nos está refiriendo una forma de funcionamiento de esa comunidad con pocos referentes en otras experiencias. En esta comunidad se ha desarrollado un sistema de gestión, basado en la co-administración de todos los asuntos públicos y sociales a través de la precedencia de las organizaciones sociales de CUAVES y el municipio. Esas organizaciones se encuentran en todos los programas de emergencia, en el control del parque industrial, en el accionar de lo que será dentro de poco la banca local, en el fondo de inversiones de la comunidad; por tanto, me estoy refiriendo aquí a un sistema de co-asociación de co-administración de co-gestión del conjunto de la vida social y pública de Villa El Salvador. Esto acaso sea una demostración de que en esa área, las relaciones entre la sociedad y el Estado han adoptado un perfil y un contenido, una forma que no se encuentra en otras experiencias. Probablemente este es el único caso en el Perú en el cual el Estado a través de su órgano local transfiere funciones públicas sustantivas a la gestión autónoma por parte de la comunidad. Un ejemplo acaso ilustre de lo que he señalado, es que hasta el monto de los impuestos no puede ser determinado exclusivamente por el municipio sino que tiene que pasar por la aprobación de la organización comunal y lo mismo pasa con el saneamiento legal, con la regulación del suelo, etc.

También otra característica implícita de esta forma extraña de relación entre las asociaciones y el Estado en Villa, es que las organizaciones sociales y CUAVES específicamente, se han convertido en sujetos del gasto público porque usan con relativa autonomía recursos presupuestales para la gestión de sus propias obras de desarrollo. Nada de ello ocurriría, por cierto, si es que los responsables del órgano municipal no estuvieran convencidos de que no pueden gobernar sin el concurso de la organización comunal.

En los últimos años, comenzó a funcionar el parque industrial bajo la administración conjunta del municipio, la CUAVES y la Asociación de pequeños empresarios. Si uno ingresa hoy en día a ese parque industrial advertirá una inmensa actividad, se han terminado los trabajos de habilitación de pistas, electricidad y agua, se han construido una buena cantidad de lotes donde comienzan a implantarse las empresas, comienzan a funcionar maquicentros que dan apoyo y maquinaria a los productores industriales que allí trabajan, se han instalado hasta este momento alrededor de 20 empresas, se constituyen módulos en las líneas de textil, metalmecánica, fundición ligera, etc. Hay una sala de exposición para ventas y contrataciones, se desarrollan cursos de capacitación para ventas y contrataciones, se desarrollan cursos de capacitación en el área productiva, tecnológica, de gestión financiera, de comercialización de exportación, e incluso, algunas de esas empresas comenzaron ya a exportar.

Encontramos también, que adonde fue un desierto existe ahora una zona agropecuaria que no por azar en el año 88 tenía ya alrededor de 2.700 cabezas de ganado lechero, tenía cerca de 25 mil a 35 mil cabezas de ganado para abastecer centros de engorde, tenía 7 mil porcinos, 35 mil aves, etc. Esto ha ocurrido en un desierto y en una situación de evolución dramática del contexto nacional. Sin embargo, y a pesar de los logros antes señalados en términos sociales, Villa El Salvador continúa siendo una comunidad pobre en el Perú. En relación con ello, son altas sus tasas de desempleo, su estructura productiva sigue siendo escasa a pesar de la presencia de aproximadamente 1.000 pequeñas empresas unipersonales o familiares. Aún el 75% u 80% de los ingresos familiares se dedican a los gastos de alimentación y transporte. Ello deriva de un problema que no se circunscribe exclusivamente al caso de Villa El Salvador sino que tiene que ver con todos los proyectos de desarrollo local. ¿Por qué una comunidad que ha sido capaz de lograr metas sociales importantes, no es por lo menos hasta ahora, capaz del desarrollo de metas económicas o productivas autosuficientes? No pretendo responder esta pregunta, pero sí indicar, que al menos en el caso del Perú y la experiencia de Villa El Salvador, lo que está demostrando es que las posibilidades de desarrollo productivo de una comunidad mantienen una relación estrecha con el desarrollo general del país. Una experiencia de desarrollo local puede alcanzar ciertas metas hasta un determinado nivel, pero si no cuenta con el abrigo de políticas públicas constantes en el tiempo que den un soporte o apoyo a la experiencia, lo más probable es que ellas no puedan desarrollarse plenamente. Por cierto, ese es un problema cuya complejidad excede largamente a las metas de este trabajo, pero yo reclamaría la atención para las características específicas del desarrollo de esta comunidad ejemplar, porque creo que es una fuente casi inagotable de lecciones para aproximarse al mejor conocimiento de la realidad de la vida, de la organización, y el desarrollo de las comunidades pobres, no solamente en el Perú sino en América Latina.